# 4차 산업혁명과 미중 패권경쟁

## 정보세계정치학의 시각

4차 산업혁명과 미중 패권경쟁
정보세계정치학의 시각

2020년 5월 11일 초판 1쇄 인쇄
2020년 5월 21일 초판 1쇄 발행

엮은이 김상배
지은이 장형욱, 정은교, 김채윤, 이수범, 이수빈, 오한결, 이건표, 황지선, 이성윤

편집 김천희
디자인 김진운
마케팅 최민규

펴낸이 윤철호·고하영
펴낸곳 ㈜사회평론아카데미
등록번호 2013-000247(2013년 8월 23일)
전화 02-2191-1133
팩스 02-326-1626
주소 03978 서울특별시 마포구 월드컵북로12길 17

이메일 editor@sapyoung.com
홈페이지 www.sapyoung.com
ISBN 979-11-89946-59-3 93340

이 저서는 2016년 대한민국 교육부와 한국연구재단의 지원을 받아 수행된 연구임(NRF-2016S1A3A2924409); 이 저서는 2019년 서울대학교 정치외교학부(글로벌 리더스 프로그램)의 지원을 받아 수행된 연구임.

# 4차 산업혁명과 미중 패권경쟁

## 정보세계정치학의 시각

김상배 엮음

사회평론아카데미

# 차례

# 머리말

## 미중 패권경쟁의 정보세계정치학

김상배

이 책은 2019년 2학기에 서울대학교 정치외교학부 〈글로벌리더십연습〉 세미나를 통해서 진행된 젊은 지성들의 지적 탐구를 담은 학술보고서이다. 서울대학교 정치외교학부는 2015년부터 '글로벌 리더스 프로그램'(GLP)의 일환으로 3-4학년 학생들을 대상으로 한 세미나 수업을 진행하고 있다. 2015년 2학기에 〈글로벌리더십연습〉 세미나의 학술보고서로 『신흥권력과 신흥안보: 미래 세계정치의 경쟁과 협력』(사회평론, 2016)을 펴낸 이후 이번에 두 번째로 학술단행본을 출판하게 되었다.

학부생들이지만 재학 중에 대학원생에 준하는 지적 훈련을 받고 '공부의 맛'을 알게 하자는 취지로 진행된 세미나 수업이었는데, 이번에도 기대 이상의 좋은 성과를 내게 되어 이렇게 묶어서 출판할 용기를 내게 되었다. 아직 지적 훈련기에 있는 학생들의 글이라 미흡한 부분도 없지 않다. 그럼에도 이들의 글 안에 담긴 문제제기의 참신성이나 논문의 완성도라는 점에서 볼 때, 단순한 습작의 수준을 넘어서는 가능성을 보여주었음은 물론이고 관련 주제를 연구하는 기성학자들에게도 의미 있는 메시지를 던졌다고 자평해 본다.

2019년 2학기 〈글로벌리더십연습〉 세미나의 주제는 '4차 산업혁명 시대의 미중경쟁'이었다. 최근 국내외 국제정치학계의 최대 화두로 부상한 미국과 중국의 글로벌 패권경쟁이라는 논제를 차세대 글로벌 리더인 필자들의 관심에 접목시켜 4차 산업혁명 시대의 도래라는 미래의 지평에 담아 보았다. 세계경제의 선도부문(leading sector)인 4차 산업혁명 분야에서 벌어지는 미중경쟁을 통해서 필자들이 탐구하고 싶었던 것은 그들이 몸담고 있는 삶의 공간으로서 한반도에 덮쳐올 바깥세상의 구조변동이었다.

〈글로벌리더십연습〉 수업은 강의실과 현장수업을 이어가는 방식으로 설계되었다. 강의실에서 관련 주제에 대한 기성학자와 전문가들의 글을 읽고 토론을 펼쳤을 뿐만 아니라 다양한 세미나와 학회를 찾아 발표와 토론의 현장을 참관했다. 학기말에는 글로벌 리더스 프로그램의 물적 지원에 힘입어 책 속에서만 상상했던 연구대상과 관련된 현장을 직접 찾아가는 기회도 마련하였다. 이번 세미나 수업에 참여한 필자들이 선택한 현장은, '중국의 4차 산업혁명 현장'이라고 할 수 있는 중국 선전(深川)이었다.

2019년 12월 18-20일의 2박3일 동안의 학술답사 일정에서 필자들은 짧은 시간이었지만 묵직한 지적 충격을 받는 경험들을 했다. 선전 소재 대한무역투자진흥공사(KOTRA)와 선전 지역의 창업 인큐베이팅 공간으로 유명한 따공팡(大工坊), 그리고 최근 5G시대의 강자로 떠오른 중국 기업 화웨이의 스마트폰 생산라인 등을 찾아서 보고 듣고 말했다. 때마침 선전을 방문 중이던 광저우 주재 한국총영사관의 경제 담당 영사와의 토론의 시간도 가졌다. 한국어나 영어뿐만 아니라 한중 통역으로도 진행되었던 설명과 토론의 과정에서 달아올랐던 필자들의 호기심과 깨달음이 지금도 느껴지는 것 같다.

현장답사를 떠나기 전에 문제의식을 다잡았던 필자들의 학적 탐구는 학기가 끝난 후 겨울방학 기간에 짬을 내어 마무리되었다. 필자들이 구해온 '구슬 서 말'을 꿰어서 보배로 엮어낸 '끈'은 수업을 통해서 배우고 익혔던 '정보세계정치학'의 이론과 개념들이었다. 이 책의 본문에서 다양한 방식으로 인용하여 적용하고 있는 '네트워크 세계정치이론'이나 '3차원 표준경쟁,' 또는 '이익-제도-관념의 구성적 제도주의' 분석틀은 민감한 학술적 감수성으로 기성학계의 논의를 짧은 시간 안에 체득해낸 필자들의 노력을 여실히 보여준다.

이렇게 해서 세상에 나오게 된 이 책은 크게 세 부분으로 구성되었다. 편의상 미중 패권경쟁을 기술·산업·표준 등과 같은 경제 분야와 안보·동맹·외교와 같은 국제정치 분야, 그리고 담론·규범·매력 등과 같은 사회문화 분야의 셋으로 나누어 필자들이 공들여 쓴 9편의 글들을 분류했다. 각 부에 나뉘어 실린 글들은 해당 부분의 주제에만 관련되는 것은 아니고 세 분야 모두에 직간접적으로 연계되었음은 물론이다. 각 부를 관통하는 문제의식은 오늘날 미중경쟁이 어느 한 부문에만 관련된 주도권 경쟁이 아니라 21세기 세계정치의 모든 분야에 걸쳐서 진행되는 글로벌 패권경쟁의 양상을 지닌다는 것이었다.

제1부 '기술·산업·표준의 미중 패권경쟁'에는 반도체, 인공지능, 5G 이동통신, 차세대 자동차(특히 전기자동차) 산업, 핀테크 분야의 플랫폼(특히 모바일 지급결제) 등의 분야에서 진행되고 있는 미국과 중국의 패권경쟁을 다룬 세 논문을 실었다. 이 세 편의 논문을 관통하는 인식은 오늘날 미중경쟁은 '자원권력'의 관점에서 본 단순한 제품경쟁이나 기술경쟁이 아니라 해당 분야의 게임의 규칙을 지배하는 표준과 플랫폼을 장악하기 위한 새로운 양식의 권력경쟁(이른바 네트워크 권력경쟁)이 벌어지고 있다는 것이었다.

제1장 '미중 기술 패권경쟁과 중국 정부의 역할: 반도체, AI, 5G 통신기술 산업을 중심으로'(장형욱)는 4차 산업혁명 분야에서 수행되는 중국 정부의 역할을 분석하였다. 4차 산업혁명 시대를 맞아 중국 정부는 반도체, AI, 5G 통신기술, 사물인터넷 등 최첨단 산업 기술을 자국의 저성장 기조를 돌파하고 세계 패권국인 미국의 경제력을 따라잡기 위한 재도약의 기회로 삼고 있다. 제1장은 중국 정부가 이른바 '발전지식국가'(developmental knowledge state)로서 4차 산업혁명 시대에 대응하여 구사하는 일련의 정책들을 살펴보고, 그 결과 미국과의 기술패권 경쟁 속에서 중국의 지식 생산 네트워크가 어떻게 작동하

고 있는지를 분석했다. 우선 거시적 수준에서 중국의 사회 이념과 발전 계획을 조망했다. 사회주의와 국가 발전주의의 역사적 결합 속에서 '중국제조 2025'라는 발전 계획이 가지는 맥락을 살펴본 후, 반도체, AI, 5G 통신기술 산업에서 중국 정부가 펼치는 정책의 양상, 집행 조직의 특성 등을 분석했으며 미국의 견제에 대응해나가는 중국 정부의 역할을 규명했다. 반도체, AI, 5G 통신기술은 4차 산업혁명 시대 ICT 신산업의 중추로 기능하기에 이 산업 부문에서 국제 기술 표준을 선점하는 국가는 결국 21세기의 패권국이 될 것으로 예견된다. 중국 정부가 반도체 등 기간산업의 미비와 단순한 산업 생태계, 정부 실패의 가능성을 딛고 '팍스 시니카'(Pax Cinica) 시대를 열 수 있을지 여부는 결국 중국과 미국 중 어느 나라가 더 많은 기술혁신과 국제표준 선점을 일구어내는지에 달려 있을 것이다. 이러한 맥락에서 제1장은, 중국 정부가 벌이고 있는 네트워킹의 역할을 발전지식국가의 '메타 거버넌스' (meta-governance)라는 맥락에서 살펴보는 작업이 미중경쟁의 승패를 진단하는 데에 도움을 줄 것이라고 주장한다.

제2장 '차세대 자동차 산업의 미중 패권경쟁: 전기자동차 산업의 3차원 표준경쟁'(정은교)은 전기자동차 산업을 배경으로 미국과 중국이 벌이고 있는 신흥무대에서의 패권경쟁을 다루었다. 제2장은 전기자동차의 핵심 기술을 확보하고 관련 기술의 표준을 장악하려는 경쟁, 전기자동차 산업을 뒷받침하는 제도의 차원에서 벌어지는 표준경쟁, 전기자동차가 미래 도시담론인 스마트시티와 연결되면서 일어나는 담론표준경쟁의 '3차원 표준경쟁'에 주목한다. 전기자동차의 핵심 기술인 배터리 기술을 확보하기 위한 미중 대표 전기자동차 기업들의 전략의 배경에는 자유경쟁 시스템을 가진 미국과 자국 시장을 보호·육성하려는 중국의 시각 차이가 작용하였다. 한편 배터리 충전방식의 국제

표준을 두고 미국, 유럽, 일본, 중국 등이 복합적으로 협력과 경쟁관계를 이루는 양상에도 주목해야 한다. 전기자동차 산업의 제도적 지원책으로는 재정적 지원, R&D 투자, 인프라 구축의 세 가지가 있다. 미국은 소비자를 대상으로 한 재정적 지원과, 배터리 기술에 집중된 R&D 투자, 민관 협동 방식의 충전소 설치 등의 지원책을 펼친다. 이에 비해 중국은 산업 보호 육성을 위한 보조금 정책, 다양한 분야의 R&D 투자, 정부 공공사업으로서의 충전소 설치 정책을 모색한다. 최근 중국이 이런 보조금 정책을 폐지해 나가면서, 그동안 중국 기업들이 미국에 대적할 정도로 성장을 했는지의 결과가 판가름 날 것으로 예견된다. 전기자동차는 자율주행 자동차, 커넥티드 카, 공유 모빌리티와 함께 미래 모빌리티 혁명을 이끌 핵심 사례이다. 이는 미래형 도시인 스마트시티의 담론과 연결되는데, 스마트시티를 통해 새로운 거버넌스를 구축하려는 미국과 도시경쟁력을 확보한 신도시를 구축하려는 중국의 담론 차이는 모빌리티 규범담론의 차이를 야기했다.

제3장 '미중 디지털 금융표준 경쟁과 중국의 핀테크 전략: 모바일 지급결제(TPP) 플랫폼을 중심으로'(김채윤)는 오늘날 핀테크가 미래 성장의 발판으로 간주되면서, 세계적으로 핀테크와 모바일 금융 서비스 플랫폼을 둘러싼 경쟁의 전망이 강화되고 있는 현실에 주목한다. 제3장은 미중 디지털 금융질서 경쟁이라는 맥락 속에서 중국 핀테크의 부상과 확산 및 국제화의 구체적인 동학을 국제정치적 시각에서 분석할 것을 주장한다. 더불어 효과적인 분석을 위해 이익-제도-관념 간 상호작용에 주목하는 '구성적 제도주의'의 틀을 원용하였다. 이에 근거하여, 중국의 핀테크와 모바일 금융 서비스 발전은 국가주도 과학기술 담론과 실용주의 노선, 비즈니스 모델 구축을 둘러싼 이해관계의 경합, 모바일 환경과 핀테크 정책 및 제도의 세 가지 요인들이 중층적

으로 작용한 결과로 파악될 수 있다. 현재의 상황을 종합할 때, 핀테크와 특히 데이터 부문에 있어서 중국과 미국의 경쟁은 앞으로 치열해질 것으로 전망된다. 현재 미중 간 자신의 플랫폼을 확장하기 위한 노력은 직접적 충돌은 없고 오히려 경쟁적 공존을 유지하는 모습을 보이기에, 직접적 충돌이 나타난다고 단정 지을 수는 없다. 하지만 최근 나타났던 중국 금융시장의 개방은 역으로 해외에 대한 데이터의 개방을 의미하기도 하며, 이는 향후 중국 내부에 유입되는 해외 데이터에 관한 우려를 불러일으킬 수 있다. 점차 심화되는 디지털 금융표준 경쟁 속에서 한국은 전략적으로 디지털 국제결제 표준 문제의 중요성을 재평가함과 동시에 적절한 국제정치적 전략에 대한 지속적인 고민이 필요할 것으로 보인다.

제2부 '안보·동맹·외교의 미중 패권경쟁'은 2019년 한 해 동안 미중관계를 뜨겁게 달구었던 사건인, 이른바 '화웨이 사태'를 다루었다. 특히 필자들의 관심사는 미국과 중국이 펼쳐나가는 새로운 기술패권 경쟁의 구조 속에서 여타 주변 동맹국들과 '중견국'에 해당하는 국가들이 내보였던 대응방식의 내용과 그 차이였다. 이른바 '파이브 아이즈'(Five Eyes) 동맹국인 호주와 영국의 사례, 미국의 인도·태평양 전략의 맥락에서 보는 일본과 인도의 사례, 그리고 미중경쟁의 구조에서 비슷한 위상을 차지하고 있는 독일과 한국의 사례를 비교·분석하였다.

제4장 '화웨이 사태와 파이브 아이즈 동맹국의 대응: 호주와 영국의 사례'(이수범)는 화웨이를 둘러싼 미국과 중국 간의 갈등에 있어서 미국의 동맹국들이 보인 반응을 비교·분석하였다. 특히 미국의 핵심 동맹국이라고 할 수 있는 파이브 아이즈 국가인 호주와 영국이 미국의 요구를 일방적으로 수용하기보다는 다양한 형태의 정책적 대응을 보

이고 있음에 주목하였다. 제4장은 이러한 정책적 대응을 안보 위주의 현실주의적 접근이나 상호의존 위주의 자유주의적 접근 또는 전형적인 구성주의 접근으로 보기보다는 새로운 이론적 시각을 원용하여 분석한다. 제4장이 원용하는 현실주의적 구성주의는 주어진 권력 구도상에서 각 국가가 형성하는 서로 다른 이익 담론이 그 국가의 중견국 정체성을 구성한다고 주장한다. 이러한 중견국 정체성은 화웨이라는 타자에 대한 상대적 위협인식에 영향을 미침으로써 서로 다른 정책 결정을 야기했다는 것이다. 호주와 영국은 공통적으로 미중 사이의 경쟁과 5G 기술의 산업, 안보 프레임 간의 경쟁이라는 전략적 환경에 동일하게 직면해 있지만, 화웨이 장비 사용 여부에 있어서 서로 다른 선택을 하고 있다. 호주는 미국을 중심으로 한 동맹국 내부에서 입지를 높이고, 5G 안보 프레임 내에서의 입지를 다지는 중견국 정체성을 보이기에 화웨이에 대해 상대적으로 높은 위협인식을 가진다. 반면 영국은 미국과 중국 사이의 교량 역할을 추구함과 동시에 5G 기술에 있어서 산업적인 중요성과 안보적인 고려 사이에서의 균형을 잡으려는 중견국 정체성을 보이기에 화웨이에 대해 상대적으로 낮은 위협인식을 가진다.

제5장 '미중 기술패권 경쟁과 일본과 인도의 네트워크 전략: 화웨이 사태에 대한 대응을 중심으로'(이수빈)는 일본과 인도가 화웨이 사태에 대해서 보인 대응을 행위자-네트워크 이론의 시각에서 분석하였다. 특히 제5장은 화웨이 사태를 둘러싸고 미국과 중국이 벌이고 있는 기술패권 경쟁을 살펴보는 시각의 정립을 강조한다. 중국은 급속도로 부상하면서 제시하는 일대일로 구상을 경제적인 인프라 투자 프로젝트라고 표현하지만, 미국은 이를 중국의 주변국가 식민지화를 통한 패권 획득을 위한 수단이라고 보고 경계하고 있다. 다시 말해, 중국은

권력 획득을 위해 자국뿐 아니라 일대일로를 통해 다른 국가들에 대한 경제적 투자를 바탕으로 자국 주도의 네트워크를 구축하고자 하며, 미국 또한 이를 방어하기 위해 인도태평양 전략과 반(反)화웨이 동맹을 동원해 중국을 봉쇄하고자 하는 외교적 행보를 보이고 있다. 제5장의 주요 관심은 이러한 미국과 중국의 동맹 경쟁 속에서 나타나는 일본과 인도의 대응방식상의 차이이다. 일본과 인도는 모두 미국과 중국의 기술패권 경쟁에서 화웨이를 두고 선택을 요구 받고 있다. 그러나 일본과 인도는 아시아의 역내 패권을 노리고 있을 뿐만 아니라 미중 사이에서 자국의 이익을 추구하는 과정에서 대응전략상의 차이를 노정하고 있다. 제5장은 이러한 일본과 인도의 동맹전략의 차이를 행위자-네트워크 이론에 적용해 분석하였으며, 이를 바탕으로 미국과 중국의 압박 사이에서 자국의 이익을 주도적으로 추구하고 있는 양국의 사례를 통해서 한국은 어떤 길로 나아갈지에 대한 시사점을 얻고자 했다.

제6장 '화웨이를 둘러싼 미중경쟁과 중견국 외교전략: 독일의 사례가 한국에 주는 함의'(오한결)는 화웨이를 둘러싼 미중 경쟁이 심화하는 현시점에서 독일과 한국의 외교전략의 차이에 주목하였다. 독일과 한국을 비롯한 중견국들은 양국의 경쟁에 따른 구조적 공백을 포착하는 한편, 이러한 외교적 공백을 메우고 자국의 권력을 구축하는 데 노력을 기울이고 있다. 이와 관련하여 기존의 현실주의적 접근은 패권 경쟁의 양상에서 주변국들의 대응 양상에 관한 폭넓은 이해를 구하는 데 한계를 지니고 있었다. 따라서 제6장은 네트워크 이론의 관점에서 독일의 외교전략을 탐구하고, 한국의 사례에 가지는 의의에 주목했다. 특히 제6장은 네트워크 이론에서 제시된 4단계의 외교전략 개념을 통해 독일이 취한 중견국 외교전략의 수립 배경과 실제적인 작동 양태를 이해하는 것에 주안점을 두었다. '글로벌 밸류체인'의 재구성에 따른

구조적 공백은 국가의 정치, 안보적 고려요인과 상호작용함으로써 독일에 외교적 기회를 제공하였으며, 이에 독일은 상대적으로 미약한 자원권력을 보유하였던 안보 부문에서 개방적인 플랫폼을 위시한 선도적 이니셔티브를 내세움으로써 네트워크 권력을 획득하고자 하였다. 제6장은 이러한 독일의 중견국 외교전략은 궁극적으로 중견국으로서 유사한 속성을 지닌 한국의 외교전략을 분석하고 평가하는 데 함의를 줄 수 있을 것이라고 주장한다.

　제3부 '담론·규범·매력의 미중 패권경쟁'은 인프라, 이미지, 소셜 미디어 등과 관련된 데이터 안보의 문제, 바이오 데이터 분야에서 생체인식(특히 안면인식) 기술의 사례, 그리고 미래 영화산업의 주도권을 놓고 벌이는 경쟁의 사례에 주목하여 미국과 중국이 벌이는 패권경쟁을 분석하였다. 제3부에 실린 세 편의 논문이 초점을 둔 부분은, 기술·산업이나 외교·안보 경쟁의 차원을 넘어서, 추상적인 차원에서 이해될 수 있는 담론과 규범의 주도권 경쟁, 또는 보편적 매력발산의 경쟁의 전개 양상이었다.

　제7장 '데이터 안보와 미중 담론경쟁: 인프라, 이미지, SNS의 안보화 담론을 중심으로'(이건표)는 최근 정보화 사회의 등장과 함께 데이터를 활용하는 기기 및 서비스가 증가하면서 데이터 안보가 새로운 사이버 안보 이슈로 등장하고 있음에 주목하였다. 데이터와 관련하여 기존에는 미국을 비롯한 서방 국가의 기업이 주도권을 지녔다면, 최근 중국 기업이 성장하면서 데이터 분야에서 중국의 부상과 미국의 견제라는 틀이 뚜렷하게 드러나고 있다. 제7장은 안보화 이론을 활용하여 데이터 안보 분야에서의 미중경쟁을 분석하였는데, 안보 행위자의 선포, 청중의 인정, 비상행위로 구분되는 안보화 이론의 3단계 분석틀을 원용하였다. 또한 다양한 중국 기업 중 미국을 비롯한 서방 국가에 진

출한 네트워크 인프라 기업인 화웨이, 이미지 데이터를 활용하는 하이
크비전과 다후아, SNS에서 데이터를 활용하는 틱톡을 분석 대상으로
선정하였다. 제7장의 분석에 따르면 미국은 중국 기업의 제품 및 서비
스가 백도어와 같은 이슈로 인해 위험할 수 있다는 점을 지적한 후 해
외 동맹국을 활용하여 국제사회의 공감을 얻고 나아가 실질적으로 기
업의 운영을 막는 등의 비상행위를 취하였다. 특히 사례별로 분석을
진행하였을 때 미국은 공통적으로 데이터의 유출이라는 의제를 가지
고 안보화의 측면에서 접근을 시도하였다. 하지만 이에 대한 중국 기
업 및 정부의 대응은 서비스에 따라 달라지는 양상을 보였다. 중국 기
업 및 정부는 미국의 문제제기에 대해 국제표준에 맞추어 규범을 수용
하려는 모습을 보였지만, 동시에 안보화 관련 쟁점이 사실이 아니라고
반박하며 사안에 따라 중국을 중심으로 하는 새로운 규범을 만들어내
려고 하였다.

제8장 '안면인식 기술과 미중 바이오 데이터 경쟁: 패권-인권-주
권의 3차원 게임'(황지선)은 21세기 미중경쟁의 한 단면을 이해하기
위해 생체인식 기술, 특히 안면인식 분야에서 나타나고 있는 바이오
데이터 경쟁의 양상을 살펴보았다. 미국과 중국이 생체인식 분야에서
벌이는 경쟁을 분석하기 위해 기업, 사회, 정부를 모두 고려해야 한다
고 주장한다. 이 세 가지 행위자 차원에서 나타나는 패권, 인권, 주권
의 권리 개념의 충돌 양상을 살펴보고 미중 바이오 데이터 경쟁에 있
어서 기술표준, 제도표준, 관념표준을 세우기 위한 노력들을 살펴보
았다. 먼저, 안면인식 분야에서 나타나는 '패권의 게임' 속에서 표준을
장악한 미국이 패권을 유지하기 위해 펼치는 전략과 이에 대한 도전
국 중국의 '새로운 표준'을 위한 움직임이 나타나는 양상을 살펴보았
다. 또한 프라이버시 레짐에서 나타나는 '인권의 게임'에서는 미국과

중국의 다른 인권 담론이 낳는 프라이버시에 대한 인식의 차이와 이것이 안면인식 기술 발전에 주는 영향을 분석하였다. 이와 더불어 데이터 법안에서 나타나는 '주권의 게임'을 살펴볼 때 미국과 중국의 고유한 데이터 주권 담론이 안면인식 데이터 이동을 어떻게 규제하는지 살펴보고, 미중 안면인식 경쟁 양상 속에서의 의미를 파악하였다. 이 모든 논의를 진행하는 과정에서 패권, 인권, 주권에 있어서 한 가지 행위자의 이해관계만 고려되는 것이 아니며, 각각의 행위자와 권리개념 그리고 목적의 충돌이 미래권력론에 던지는 함의를 파악해야 한다고 주장한다.

제9장 '영화산업의 디지털 변환과 미중 매력경쟁: 실리우드와 찰리우드, 그리고 그 사이의 한류'(이성윤)는 기술경쟁 및 표준경쟁과 더불어 미중 양국 간에 벌어지고 있는 매력경쟁에 주목하여 영화산업 분야의 미중경쟁을 살펴보았다. 특히 실리콘밸리와 할리우드의 합성어인 '실리우드'와 중국과 할리우드의 합성어인 '찰리우드' 개념을 원용하여 미중 매력경쟁 구도 속에서 한국이 모색할 대응방안을 제시하고자 했다. 실리우드는 마블을 포함한 할리우드 영화 제작사들의 흥행을 배경으로 시작되었고, 찰리우드는 완다 기업을 포함한 중국 기업들의 성장을 배경으로 시작되었다. 이후 실리우드와 찰리우드는 정보화와 인터넷 및 스마트폰의 발달로 영화관 안의 관객들을 넘어 영화관 밖의 시민들의 일상생활에 대해 강력한 영향력을 행사할 수 있게 되었다. 최근 실리우드 현상과 찰리우드 현상은 OTT 서비스, 전자 상거래, 온라인 게임을 중심으로 전개되었고, 현재의 실리우드 비전과 찰리우드 비전은 웹툰을 중심으로 전개되고 있다. 실리우드 현상과 찰리우드 현상의 시대에는 넷플릭스, 유튜브, 아마존과 유쿠, 아이치이, 알리바바의 경쟁이 벌어졌으며, 그 이후에는 타파스와 쿠웨이칸 만화의 경쟁

이 벌어지고 있다는 것이다. 이러한 상황에서 한국은 한류 3.0에 부합하는 새로운 문화자원을 발굴해야 하는데, 이 경우 웹툰이 가장 적합한 콘텐츠라는 것이 제9장의 인식이다. 한국은 미국과 중국보다 한 단계 앞서 웹툰을 발전시켰고 웹툰의 영화화를 시도한 적이 있다. 따라서 한국의 웹툰을 전 세계적으로 알린 후 이를 영화화할 수 있다면 한국은 한국과 할리우드의 합성어인 '콜리우드' 비전의 실현을 모색하는 것이 가능하지 않겠냐는 것이다.

　이 책이 나오기까지 많은 분들의 도움을 얻었다. 특히 이 책의 작업에 공동저자로 참여한 9인조 젊은 지성들의 노고를 치하하고 아울러 감사의 마음을 전하고 싶다. 한 한기 동안 보여주었던 필자들의 젊은 열정과 지적 의지가 없었다면 이 책은 세상에 나올 수 없었을 것이다. 학생들의 미완성 초고들을 예닐곱 번 이상씩 읽어보고 코멘트를 주면서도 지지치 않고 새로이 힘을 낼 수 있었던 것은 바로 이러한 열정과 의지에 공감했기 때문이었던 것 같다. 물론 이러한 젊은 지성들의 고민의 흔적을 '역사'로 기록하고 싶은 욕심도 있었음을 고백하지 않을 수 없다. 〈글로벌리더십연습〉의 조교로 참여하고 중국 선전 답사를 무사히 다녀올 수 있게 이끌어준 김지이 씨에 대한 감사의 말을 잊을 수 없다. 선전의 여정에 기꺼이 벗이 되어준 최정훈 씨에게도 감사한다. 2016년부터 시작하여 2019년에도 글로벌 리더스 프로그램(GLP)의 운영을 위한 기금을 출연해준 리더스코즈메틱의 김진구 대표께 깊은 감사의 마음을 전한다. 또한 이 책의 작업이 진행되는 동안 한국연구재단의 한국사회기반연구사업(Social Science Korea, 일명 SSK)의 지원이 있었음도 밝혀둔다. 끝으로 새롭게 벌이는 지적 시도의 취지를 알아주시고 항상 흔쾌히 출판을 맡아 주신 사회평론아카데미 출판사 관계자들께도 감사의 말씀을 전한다.

# 제1부

# 기술·산업·표준의 미중 패권경쟁

# 제1장

## 미중 기술 패권경쟁과 중국 정부의 역할
### 반도체, AI, 5G 통신기술 산업을 중심으로

장형욱

## I. 머리말

오늘날 중국 정부는 4차 산업혁명 시대를 맞아 반도체, AI(Artificial Intelligence, 이하 AI), 5G 통신기술, 사물인터넷 등 최첨단 산업 기술을 자국의 저성장 기조를 돌파하고 세계 패권국인 미국의 경제력을 따라잡기 위한 재도약의 기회로 삼고 있다. 실제로 중국은 2010년대 들어서 노동인건비의 상승으로 인해 기업 경영 환경이 악화되는 중진국의 함정에 빠져 경제성장률이 점차 둔화되고 있다. 뉴노멀 시대에 진입한 중국은 4차 산업혁명의 핵심 기술에 있어서 우위를 선점함에 따라 산업구조의 전환과 미래 먹거리 창출을 일구어내기 위해 노력하고 있다. 하지만 중국은 최근 미국과의 무역 분쟁으로 인해 반도체 등 핵심 산업의 글로벌생산네트워크(Global Value Network)에서 배제될 위험에 처하며 치명타를 입기도 하였다. 이에 중국 정부는 반도체 등 국가 기반산업의 자급률을 높이기 위한 '중국제조 2025'를 발표하거나, AI나 빅데이터 등 ICT 신산업의 발전을 위해 주요 전략 분야를 설정함으로써 공업화와 정보화의 융합을 국가 주도로 끌어나가는 모습을 보이고 있다. 세계 제조업 경쟁력 보고서(Deloitte 2016)에 따르면, 중국은 이러한 노력으로 말미암아 2020년경에는 한국과 일본, 독일을 차례로 제치고 미국에 이은 세계 2위 정도의 경쟁력을 확보할 것으로 보인다.

중국의 4차 산업혁명에의 대응에 대한 기존의 연구는 주로 거시적 수준에서 중국 중앙정부의 역할을 단차원적으로 다루었다. 차정미(2018)는 중국 정부가 4차 산업혁명을 어떻게 인식하고 있는지 그 담론과 전략들에 대해 포괄적으로 접근한 바 있다. 홍성범(2018)은 중국 국무원의 '차세대 인공지능 발전규획'을 분석함으로써 중국의 4차 산업혁명 부문 중 AI 산업 생태계 현황을 조망했다. 하지만 4차 산업혁명은 21세기 정보혁명과 마찬가지로 국가가 유일한 행위자로서 견인해나갈 수 있는 분야가 아니다. 즉 기술, 정보, 지식의 세계정치는 더는 국가 영역에서만 배타적으로 머무를 수 없고 실제로 민간 전문가들이 참여하는 세계 정치 주체의 네트워크화를 요구한다(김상배 2014). 중앙정부와 지방정부, 국영기업과 민간 대기업, 중소 스타트업, 그리고 학계까지 다양한 행위자들이 서로 얽혀서 지식 생산의 네트워크를 이룬다. 따라서 단차원적인 중앙정부 수준의 접근보다는, 이들이 이루고 있는 네트워크를 해체하고 4차 산업혁명 시대를 맞이하여 중국 정부가 벌이고 있는 네트워킹의 역할을 이른바 '발전지식국가'의 '메타 거버넌스'라는 맥락에서 살펴보고자 한다.

따라서 이번 연구의 목적은 중국 정부가 발전지식국가로서 4차 산업혁명 시대에 대응하여 구사하는 일련의 정책들을 살펴보고, 그 결과 미국과의 기술 패권경쟁 속에서 중국의 지식 생산 네트워크가 어떻게 작동하고 있는지 분석하고자 한다.

제숩(Jessop)에 따르면 국가는 다양한 행위자가 활동하는 장을 마련하고, 상이한 거버넌스 메커니즘의 호환성과 일관성을 유지하며, 정책 공동체 내에서 대화와 담론 형성의 조직자 역할을 담당하고, 정보와 첩보를 상대적으로 독점하며, 거버넌스 관련 분쟁을 호소하는 장을 제공하고, 시스템 통합과 사회적 응집을 목적으로 권력 격차의 심화를 조정하며, 개인과 집단 행위자의 정체성과 전략적 능력과 이해관계를 조정하고, 거버넌스가 실패하는 경우 정치적 책임을 지는 등의 메타 거버넌스 역할을 담당한다(Jessop 2003). 결론적으로 우리는 각각의 산업 분야에서 중국 중앙정부가 어떻게 위와 같은 메타 거버넌스의 역할을 수행하고 있는지 살펴봄으로써 미중 기술 패권경쟁 속에서 중국의 대응 양상을 파악할 수 있을 것이다.

이번 연구는 우선 거시적 수준에서 중국의 사회 이념과 발전 계획을 조망하고자 한다. 사회 이념은 발전지식국가로서의 국가 정체성을 형성하며, 정치적·경제적 지도층 사이에 공유되는 정부 규범으로서 정부의 정책 전반에 깔린 일종의 행동 준거와 같이 기능한다. 예를 들어, 중국의 경우 발전국가론에 입각하여 미국보다 적극적인 산업 부흥 정책을 집행하고 있으며, 이는 비단 유리한 기업 환경을 조성하는 수준을 넘어 비국가 행위자들을 직접적으로 국가 발전 전략의 일원으로 구성하는 단계에까지 영향을 미치고 있다. 또 이렇게 생산한 지식 기술 자원을 도구적으로 국가 정당성을 확보하는 데에 이용한다는 점에서 '도구적 지식국가'로서의 모습을 보인다.

이어지는 III, IV, V절에서는 각각 반도체, AI, 5G 산업에서 중국의 사회 이념이 국가 정책으로 구현되는 양상을 분석하고자 한다. '중국제조 2025'와 같은 중국 국무원의 중장기 발전 계획 토대 위에서 구현되는 중범위 수준의 제도로는 산하 기관들이나 지방정부의 산업 육성책을 분석할 수 있다. 중국 국무원의 중장기 발전 계획은 중국 지도부의 이념이 구체화되어 공식적으로 구현된 문서로, 공산당 네트워크를 통해 하달되어 여타 정부 행위자들에게 일종의 행동 지침으로 기능하며 다양한 비국가 행위자들을 구속하는 정책 집행으로 이어지기 때문에 살펴볼 만하다. 이후 반도체, AI, 5G 산업에서 중국 중앙정부, 지방정부, 국영기업, 민간 대기업 및 중소 스타트업 그리고 학계가 어떠한 구조를 형성하여 일상적 절차를 수행해나가는지 살펴보고자 한다.

## II. 4차 산업혁명과 발전지식국가로서의 중국

### 1. 중국의 사회 이념 속 발전지식국가의 양상

중국은 덩샤오핑의 집권기까지 자력갱생을 주요 원칙으로 삼고 사회주의 이념 아래 군사 중심의 경제발전을 이루어나갔다. 하지만 1978년 덩샤오핑은 남순강화 이래 대약진 운동과 문화대혁명 등으로 피폐해진 경제를 되살리고, 물질적 풍요를 선제적으로 달성하기 위해 과감한 개혁개방 정책을 선도해나간다. 중국의 저발전 상태를 본격적으로 문제화하고, 이러한 위기 조성을 통해 서구 발달국가와 같은 공업 선진국으로 도약할 것을 제시하였다. 도시 지역에서는 적극적인 외자의 도입으로 광둥성의 선전이나 푸젠성의 아모이 등에 경제특구를 설치하고, 동부 연안을 따라 상하이, 광저우 등의 경제기술개발구가 설치되었다. 하지만 중국은 이 당시에는 패권국가를 지향하지 않았다. 덩샤오핑은 당시 미국과 러시아라는 강대국이 실존하는 국제정치 속에서, 낮은 자세로 조용히 실력을 길러야 한다는 도광양회(韜光養晦)를 정책기조로 삼으며 로키(low-key) 전략을 유지한다.

2000년대 들어서 발족한 후진타오 정권에서 역시 2020년의 GDP를 2000년의 4배 정도로 상정하여 중진국 반열에 들어서는 것을 목표로 하고, 전면적인 소강사회의 건설을 목표로 내걸었다. 국제사회에서 중국위협론이 부상하자, 세계 패권국을 목표로 하기보다는 중국 내부 정치의 안정을 통해 인민들의 생활이 향상되고, 의식이 충분한 상태에 이르는 것을 우선시하겠다는 화평굴기(和平崛起)의 정신을 내세운 것이다. 하지만 이후 중국은 2008년 세계금융위기 극복과 성공적인 베이징 올림픽 개최 등을 모멘텀으로 삼아 미국을 제치고 세계 제일의

패권국이 되기 위한 야심을 점차 드러냈다. 다시 말해, 중국은 발달국
가를 능가하는 패권국가로의 도약을 국민들에게 목표로 제시함으로써
이들을 발전주의 담론에 계속 묶어놓고 공산당의 정당성을 입증하는
데에 활용하고자 했다(박정현 2019). 시진핑 정권에서는 주변국들에게
중국의 핵심 이익을 훼손당하지 않고, 해야 할 일은 적극적으로 해야
한다는 유소작위(有所作为)를 내세우며 패권국가 이념을 드러냈다. 이
는 곧 2017년 19차 공산당 전국대표회의에서 위대한 중화민족의 부흥
이라는 중국몽(中国梦) 개념으로 이어졌다. 이러한 중국몽에는 미국의
패권에 도전하는 중국으로서의 군사적 팽창과 제도적 우월성 입증이
필수적이며, 이를 위해서는 국가 주도적인 기술개발과 경제성장이 그
성공사례로서 뒷받침될 수 있어야 한다.

중국은 사회주의와 국가 발전주의의 제도적 유산 아래, 발전지식
국가로서의 면모를 보여 나가고 있으며 이는 4차 산업혁명에의 대응
에서도 마찬가지로 적용되고 있다. 근대 이후 국가는 지식을 생산하
는 과정에서 다른 행위자들보다 더 중추적인 역할을 자임하게 되었
다. 즉, 모든 지식의 생산은 국가의 이익과 권력을 증진한다는 전제 아
래 명분을 획득하게 된 것이다(Strange 1994). 지식의 생산이 경제성
장의 동력으로 여겨지며, 동아시아 지역에서는 발전국가와 지식국가
가 결합한 형태의 발전지식국가가 등장하였다(김상배 2014). 중국 역
시 경제성장이 최우선적인 국가 이념으로 자리 잡았으며, 중국 국무
원이라는 응집력 있는 국가 기구가 국가 주도의 경제발전계획을 집행
할 수 있는 강력한 정책 수단을 확보하였으며, 민간 기업들과 밀접한
지식 생산 네트워크를 형성하고 시민사회에 정부가 직접적으로 관여
해나갈 수 있다는 점에서 발전지식국가로의 면모를 보이고 있다(윤상
우 2018). 하지만 물론 여기에 더해 중국의 독특한 사회주의적 유산은,

신자유주의를 기반으로 성장한 한국이나 대만과는 구별되는 특성을 부여한다. 김종우(2018)에 따르면 중국은 지적재산권 소유를 모호하게 인정하고 있으며, 거대한 국영 영역이 존재하고, 지방정부의 분권화가 중복 투자 문제를 일으킬 만큼 심화되었다는 점에서 구별점을 갖는다고 설명한다. 특히 한국과 일본은 경제기획원이나 통상산업성 등 단일한 조정기제를 기반으로 경제성장을 추진해나갔던 것과 다르게, 중국은 영도소조(領導小組)를 매개로 보다 다양한 분야에서 유연한 집단지도체제를 구사하고 있다. 이처럼 사회주의의 영향 아래, 중국은 한국이나 대만, 일본 등 동아시아 발전국가와는 비슷하면서도 구별되는 지점의 발전지식국가의 면모를 보이고 있다.

이러한 중국 정부의 발전지식국가적 양상은 4차 산업혁명에의 대응 양상에서도 드러나고 있다. 기술은 역사적으로 국민국가가 형성되고 전개되는 과정에서 핵심적 역할을 담당했으며, 19세기 후반에 이르러서는 국민국가의 대외적 팽창 과정에서 부국강병을 지향하는 전략적 자원으로서의 역할을 담당했다(Pearton 1982). 4차 산업혁명으로 대변되는 반도체, AI, 5G 통신기술 등의 전략적 ICT 신산업은 시진핑 정부에 의해 적극적으로 국가 비전에 통합되고 있다. 그는 2018년 5월 중국과학원 및 중국공정원 원사대회 중 과학기술의 중요성을 강조하며 자주적인 기술 패권 확보를 장려한 바 있다.

"과학기술이 오늘처럼 이렇게 국가의 운명에 깊은 영향을 끼친 적이 없고, 오늘처럼 이렇게 국민의 삶과 행복에 영향을 끼친 적이 없었다. 우리에게 관건인 기술은 다른 누구에게 달라고 할 수도, 살 수도, 구걸할 수도 없는 것이다."(시진핑 2018)

그렇다면 발전지식국가로서의 중국이 위와 같이 4차 산업혁명 시대의 지식 생산을 강조하는 이유는 무엇인가? 우선 4차 산업혁명의 속성 자체가 중국의 제도적 우월성 확보와 정합적이라는 사실이 시진핑과 중국 공산당에게 유리하게 작용한다. 하라리(2018)는 4차 산업혁명을 통해 민주주의와 독재 체제 간의 상대적 효율의 변화가 일어나고 있다고 분석하였다. 20세기 민주주의의 우월성은 데이터 가공 시스템의 효율성 덕분이었는데, 21세기 디지털 4차 산업혁명 시대에는 독재국가가 DNA를 포함한 모든 생명, 사회 정보의 정보 집중과 디지털 가공의 효율에서 민주주의 국가를 압도해 민주선거와 자유시장을 무의미하게 할 수 있다고 진단했다.

또 시진핑 정부는 AI 등의 새로운 과학기술을 이용해 사회 불안정 요인을 통제하고 관리하고자 하는 의도를 대외적으로 밝히기도 했다. 시진핑 주석은 2018년 중앙정치국 집단학습에서 'AI와 사회 관리의 결합'을 거론하며 AI를 활용한 안면인식 기술이나 다양한 개인정보 분석에 기초한 빅데이터를 국가의 사회 통제에 활용할 수 있음을 시사하였다. 예를 들어, AI 기술은 신장(新疆)이나 티베트 지역의 소수민족 분리독립 운동을 사전에 파악하고 진압하는 데에 효과적인 수단으로 사용되었다. 실제로 중국 안면인식 기술업체 센스네츠(SenseNets)은 자사 AI 기술을 활용해 확보한 신장 위구르족 250만 명의 위치정보와 개인정보를 중국 당국과 공유했다고 밝혔으며, 이 회사가 수집한 빅데이터는 위구르족의 ID 카드번호, 주소, 생년월일 등 개인정보를 포함한다(Jing and Dai 2018).

4차 산업혁명에 있어서 중국 정부는 이러한 발전주의 담론과 중국몽 이념 하에서 적극적으로 산업 견인책을 구사하고 있다. 이처럼 4차 산업혁명 시대에 부상하는 새로운 지식을 국가 주도로 생산하려는 중국의 발전지식국가적 행보는 거시적으로 조망했을 때, 미래전략의 차원에서 중국이 지향하는 세계질서의 비전과 긴밀히 연결되어 중요한 의미를 보이고 있다고 할 수 있다(김상배 2018).

## 2. 중국의 발전계획 '중국제조 2025'

중국 국무원은 2015년 5월 독일의 '인더스트리 4.0'을 모델로 삼아 13차 5개년 계획(2016-2020) 기간 동안 4차 산업혁명 흐름에 적응하고 첨단 제조업 육성을 위한 산업정책으로 '중국제조 2025'를 발표했다. 이 정책은 제조업과 정보통신기술을 결합하여 제조 강국으로 도약하려는 첨단제조업 육성정책으로서 13차, 14차 5개년 계획기간(2016-2025)의 국가 주도의 발전 전략이자 산업 고도화 전략이다(이민자 2019). 국무원은 제조업의 고부가가치화를 목표로 하여 향후 30년간 중국제조업 발전전략을 3단계로 제시했다. 1단계(2015-2025년)에는 중국제조업을 독일, 일본 수준으로 제고하여 세계 제조 강국에 진입하고, 2단계(2026-2035)에는 글로벌 제조 강국 중간수준에 도달하고, 3단계(2036-2045)에는 세계 제조업 제1강국으로 부상하겠다는 것이다.
　'중국제조 2025'에서는 중국 정부가 전략적으로 육성할 미래성장동력 산업으로 10대 산업을 선정하였다. 독일 인더스트리 4.0이 강조하는 스마트제조와 연관이 깊은 차세대 정보기술, 고정밀 수치제어 및 로봇산업을 비롯해, 항공우주장비, 해양장비 및 첨단기술 선박, 선진 궤도교통설비, 에너지절약 및 신에너지 자동차, 전력설비, 농업기계장비, 신소재, 바이오의약 및 고성능 의료기기 등이 포함되었다(이문형 2016). 그 중 반도체 산업은 중국 제조업 분야의 최우선 산업부문으로 선정되었고, 중국 정부는 반도체 자급자족 비율을 2020년 40%, 2025

년 70%로 각각 높이고 반도체 제조 능력도 그에 걸맞게 상향 조정하기로 하였다.

'중국제조 2025'에서 제시된 핵심기술 육성을 지휘하기 위해서 국가과학기술영도소조가 2018년 8월에 발족하였다. 리커창 총리가 조장, 류허 부총리가 부조장을 맡아 그 무게감을 더했으며, 5G, AI나 사물 인터넷 등 신형 인프라 확충을 통해 미중 기술 패권경쟁 시대에 효과적으로 대응하고 있다. '중국제조 2025'에서는 혁신을 강조하고 있는데, 우선 제도적으로 제조업 혁신센터 설립을 지원하고 있다. 신소재, 5G 통신기술, 바이오 등 R&D 혁신센터를 2020년까지 15개, 2025년까지 40개를 설립하여 혁신이 지속적인 재생산을 목표로 삼았다. 국가 주도의 혁신센터에서 기업들이 과학기술 프로젝트에 적극 참여할 수 있도록 정책적인 지원도 확대할 방침이다. 또한 산업혁신연맹을 구축해 학계 역시 참여할 수 있는 환경을 조성하고자 했다. 이러한 산-관-학 연계를 통해 제조업체의 매출액 대비 R&D 지출 비중을 2013년 0.88%에서 2025년에는 1.68%로 증가시키는 목표를 설정하였다.

## III. 반도체 산업과 중국

### 1. 반도체 산업 현황과 미중 경쟁의 양상

반도체는 IT 산업의 쌀로 비유되며, 4차 산업혁명의 전개와 함께 그 수요가 크게 증가하고 있다. 2016년 3600억 달러에 달하는 반도체 수요는 10년 이내 4~10배 성장할 것으로 예측되며 5G 등 통신장비의 발달과 사물인터넷의 확산, AI 산업의 발전으로 인해 반도체 산업의 잠재력은 폭발적인 것으로 평가된다(조현석 2018).

중국 정부는 반도체 설계와 제조의 전공정, 후공정 등 공정 단계별 균형성장을 목표로 구체적인 진흥정책을 지속적으로 추진하였다. 전공정은 우선 팹리스(Fabless)와 파운드리(Foundry) 공정으로 나뉘게 되는데, 전자는 반도체 설계와 판매 공정만을 의미하며 후자는 반도체 설계회로업체로부터 설계도면을 받아 수탁 생산하는 공정을 가리킨다. 이어지는 후공정은 이렇게 만들어진 반도체 회로를 정리하고, 외부의 접속선과 연결함으로써 패키징하는 과정이다. 반도체 산업에 있어서 자급률을 향상시키려면 이 세 공정의 균형 있는 발전이 매우 중요하기에, 중국 정부는 세 분야의 고른 발전을 도모하고 있다. 먼저 중국은 2018년 기준 세계 팹리스 시장 점유율 11%를 보이며, 세계 50대 팹리스 기업에 하이실리콘, 스프레드트럼 등 11개 업체의 이름을 올렸다(IC Insights, 2019). 이는 이미 세계 시장 점유율 1% 미만의 한국 등을 제친 결과다. 하지만 파운드리 공정에 있어서 2019년 기준 중국은 4.4% 미만의 시장 점유율을 보이며 한국이나 미국 등에 비해 저조한 수치를 기록하였다. 따라서 중국 정부는 파운드리 공정에 있어서 SMIC(中芯國際), 후공정 분야의 JCET(長電科技) 등을 주요 기업으로 선정하고 공격적인 투자를 감행하고 있다.

AI나 5G 통신기술 등 다른 4차 산업혁명 분야와 다르게, 반도체 산업은 집중적인 투자와 개발을 통한 챔피언기업의 육성이 매우 효과적이기에 국영기업을 육성하고 있는 것도 주요한 특징으로 꼽을 수 있다. 칭화유니는 교육부 칭화대 과학기술개발총공사로 시작하여 이후 칭화유니그룹으로 사명을 변경하였으며, 현재 칭화대 산하 국영기업 칭화홀딩스와 선전시 정부 산하 투자회사인 선전투자 홀딩스가 최대 지분을 보유하고 있다. 칭화유니는 총자산 45.8조 원과 산하 518개 자회사를 거느리며 중국 반도체 기업 1위를 달리고 있다. 특히 이 기업은 '중국제조 2025'의 집행 아래 설립되었던 국가반도체투자기금의 발기인 중 하나로 전체 펀드 규모의 43%를 집중적으로 자회사에 투자받고 있다. 이들의 성장은 중국 정부가 '중앙 국가기관 IT제품 구매계획 공고'를 통해 중국산 서버를 대량 구매하는 등 내수시장의 뒷받침으로 인해 더 가속화되고 있다.

이 밖에도 다양한 민간 중국 기업들은 공격적인 미국 반도체 기업 인수합병을 통해 그 사업의 규모를 확장하려고 시도하고 있다. 하지만 이러한 시도들은 미중 기술 패권경쟁 속에서 미국의 국가안보적인 고려에 의해 저지되고 있는데, 실제로 2015년에서 2016년까지 중국 기업들이 시도한 미국 반도체 기업 인수와 투자 21건 중에 4건이 CFIUS(Committee on Foreign Investment in the United States)의 심사에서 저지되었다(Jackson 2017). 페리콤, 페어차일드, 웨스턴디지털, 글로벌커뮤니케이션 반도체의 경우가 이에 해당한다.

기업 인수합병 시도 저지 외에도 미국 정부는 적극적으로 거래 제한 조치를 통해 중국의 반도체 굴기를 가로막으려 하고 있다. 미국 상무부는 2018년 10월 중국의 메모리 반도체 기업 푸젠진화반도체(福建晉华, JHICC)와 미국 기업과의 거래를 금지시키는 조치를 발표한 바있다. 푸젠진화반도체가 양산할 메모리 칩 능력이 미국의 군사시스템용 칩 공급업체의 생존에 심대한 위협으로 작용할 수 있다며 이 회사에 대한 미국 기업들의 수출을 제한하는 조치를 취했다고 밝혔다. 2019년 5월 트럼프 대통령은 미중 무역 갈등의 고조 속에서 미국 정보통신기술을 보호하는 행정명령을 통과시키고, 미국 상무부가 화웨이와 70개 계열사를 거래차단기업 목록인 블랙리스트에 올려 미국 기업과의 거래를 중지시켰다. 제재 직후 퀄컴과 인텔, 브로드컴, 마이크론,

코보 등 주요 미국 반도체 기업이 거래를 끊었다.

하지만 중국 정부의 적극적인 지원 아래 화웨이는 스마트폰에 들어가는 주요 반도체 칩을 미국산에서 중국산과 네덜란드산 등으로 다변화하였다. 실제로 화웨이의 프리미엄 스마트폰 '메이트 30'은 2019년 9월 말 출시 이후 중국에서 700만 대 이상 팔리는 등 선전했는데, 미국산 부품이 한 개도 들어가지 않았다. 미국 반도체 기업이 납품하던 전원관리 칩은 화웨이 자회사인 하이실리콘과 대만 미디어텍이 공급했으며, 이외에도 대부분의 중요 부품을 하이실리콘이 자체 개발하였다. 이처럼 미중 기술 패권경쟁 속에서 중국 정부는 반도체를 4차 산업혁명의 기초 소재가 되는 핵심 분야로 인식하고, 미국의 견제에 대응하기 위해 중앙정부와 지방정부, 국영기업과 민간기업 간 생산 네트워크를 쌓아 올려 산업의 자급자족화를 이루어내고 있다.

## 2. 중국의 반도체 산업 육성 정책

중국은 일찍이 반도체 산업의 중요성을 인식하고 국가 주도로 반도체 생산 네트워크를 구축해나갔다. 우선 1996년 '909' 반도체 기술 진흥 프로젝트가 시작되어, 주요 반도체 대기업을 국가 주도로 육성하고 상업화하였으며 그 결과로 상하이 화홍 마이크로일렉트로닉스 등 5대 대기업이 생겨났다(Ning 2009). 중국 정부는 소수의 자립적이며 수직적으로 통합된, 세계적인 경쟁력을 갖춘 IT 산업의 챔피언 기업을 육성하는 전략을 택한 것이다. 이후 2000년대 중반에는 2006년 2월 중국 국무원 명의의 '중장기 과학기술진흥계획(2006-2020)'과 2011년 2월 정책회람 4호 '소프트웨어와 IC 산업 진흥/확대 촉진정책'을 통해 소프트웨어와 반도체 부문의 원천기술개발과 재료기술 및 공정기술

연구 개발이 중점적으로 추진되었다(Lu 2015).

그러나 중국의 반도체 구매량에 비해 중국은 질적, 양적 측면에서 모두 미국, 한국, 일본, 대만 등에 뒤처졌다고 평가되었다. 2014년 중국 국무원 공업정보기술부의 정보화 국장 먀오웨이가 반도체 기업의 강력한 구조조정을 밝히며 중장기 발전 프로젝트를 천명한 '국가 반도체 산업 발전계획'은 이러한 맥락에서 추진되었다. 반도체 산업 발전을 위한 국가반도체산업발전영도소조를 설치하였는데, 정치국 위원이며 중국 국무원 부총리인 마 카이가 추진단장을 맡았다. 이는 공업정보기술부, 국가발전개혁위원회, 재무부, 과학기술부 등 4개 관련 부처와 기타 산업계와 과학계 대표들이 참여하는 태스크포스 조직으로, 기능적인 업무의 정점에 위치하여 중앙과 지방의 관료기구들을 통제하였다(Liberthal 2004). 이 최고위급 영도소조는 정부부처 간, 그리고 정부와 산업계 간 전략 조정을 원활하게 하였다. 이어서 중국 국무원은 국가제조강국건설 영도소조를 2015년 6월에 출범시킴에 따라, 그 산하에 국가제조강국건설전략 자문위원회를 설치하고 반도체 분야 정책 평가 업무를 맡겼다.

13차 5개년 계획은 2016년 발표되어 반도체 산업을 전략적 신흥산업으로 설정하고, 2014년에 시작한 국가 반도체 산업 발전계획의 집행 단계에 있어서 구체적인 원칙들을 제시하였다(Goodrich 2016). 이에 따라 중국은 중앙정부와 지방정부, 대기업, 금융계와 산업계 등의 다양한 행위자들을 중심으로 '반도체 산업 주식투자 펀드'를 조성하였고 반도체 기업들의 연구개발, 인수합병 등을 위한 자금을 공급하고 있다. 중국 국가개발투자공사는 2017년 인공지능 반도체 분야를 선점하기 위해 캄브리코에 1억 달러를 투자하기로 결정하는 등, 직접적인 자금 투하를 통해 칭화유니그룹이나 SMIC, 하이실리콘 등을 반도체 제조와 설계의 챔피언기업으로 육성하고자 시도하고 있다.

이처럼 반도체 산업에 있어서 중국의 중앙정부 측 컨트롤타워는 정치국하 영도소조가 맡고 있다(陈峰·杨宇田 2019). 이 영도소조는 공업정보기술부 등 중앙정부 부처, 선전 시 등의 지방정부, 국영기업 칭화유니, SMIC이나 하이실리콘 등의 다양한 민간기업과 금융계, 산업계, 학계 등이 이루고 있는 반도체 생산 네트워크의 중심성을 제공함으로써 국가 주도의 반도체 산업을 이끌어나가고 있다. 영도소조라는 중국 정부의 특색 있는 다원적 집단지도형 모델이 중국의 발전지식국가적 조직 기반으로 활용되고 있는 것이다.

중국은 중국제조 2025의 계획 아래 이전 절에서 살펴본 국가반도체발전기금 이외에 다양한 펀드를 중앙정부와, 지방정부, 재계 차원에서 마련하였다. 이들은 중국 기업에 대한 재정적 지원을 기반으로 미국 기업을 위시한 해외 반도체 기업들에 대한 공격적 인수합병을 감행하게 하고 있다(陈颖桦 2019). 실제로 국가반도체발전기금 발기 이전에 중국 기업의 대(對)미국 반도체기업 인수합병은 6건으로 2억 1300만 달러 규모였다(Yue and Lu 2017). 하지만 중국제조 2025 이래 2017년까지 미국 기업의 인수합병 건수는 34개에 달했으며 그 규모는 80억 달러에 이르렀다.

더불어 중국 정부는 국외 기업들을 해외직접투자에 있어서 조인트벤쳐와 기술이전을 강제하는 방향으로 규제하고 있다. 이는 1) 해외 자본의 지분율 캡과 조인트벤쳐 강제, 2) 사업 확장에 있어서 케이스별 허가제 운영, 3) 해외 기업의 기술 이전 강제, 4) 해외 기업의 중국 본토에서의 R&D 강제, 5) 수출 관련 규제 및 중국 인적, 물적 자원 이용 강제 등으로 특징화된다.

실제로 인텔, SK하이닉스, 삼성전자 등이 관련 규제정책을 준수

함으로써 중국 정부로부터 사업권과 보조금을 획득하였다. 글로벌파
운드리나 대만 소재의 TSMC와 UMC 역시 생산공정을 중국 본토에 마
련하겠다고 계획하고 있는 실정이다. 미국의 IBM은 중국의 스주파워
코어, 팀섬, 완다인터넷테크그룹 등에, 인텔은 칭화유니그룹에, 엔비
디아는 바이두에 중국 시장 진출을 위해 직접투자를 시행하였고, 이
밖에도 HP나 퀄컴, 마이크론, 시스코, AMD, 웨스턴디지털 등 굵직한
미국 IT 기업들은 모두 중국 기업들에 2014년부터 활발히 투자해왔
다(U.S. International Trade Commission 2019). 총 25개의 굵직한 미
국 기업들이 중국 시장 진출을 위해 조인트벤쳐를 구성하였다. 이들은
250억 달러 규모의 생산량을 보이며 미국 반도체 생산량의 26%를 차
지한다는 점에서 미국 입장에서 결코 간과할 부분이 아닌 것으로 보
인다. 또한 USTR(2018)의 보고서에 따르면, 중국에 진출한 미국 기업
중 응답 기업 19%가 기술 이전을 노골적으로 요구받은 적이 있으며
그 중 3분의 1이 중국 중앙정부 당국에서 온 요청이었다고 밝혔다.

## IV. AI 산업과 중국

### 1. AI 산업 현황과 미중 경쟁의 양상

AI는 단연 4차 산업혁명 시대의 핵심 산업이다. AI는 스마트 홈, 스마
트 팩토리, 스마트 유통 등 다양한 산업에 전방위적으로 확산되고 있
다(鄔一龙 2019). 무인드론, 자율주행차를 통한 스마트시티의 구축, 이
미지인식을 통한 암의 발병 유무 진단, 안면인식을 통한 범죄자 추적
까지 모든 것이 가능해진 중국은 이미 AI 산업의 확실한 선도국으로

자리 잡았다고 볼 수 있다. 실제로 중국 AI 시장 규모는 2018년 415억 위안(약 7조 원)에서 70% 이상 증가하여 올해는 700억 위안(약 11조 원)을 상회할 것으로 전망된다(呂文晶 et al. 2019). 현재 중국은 이미 AI 분야에서 미국과 양강 구도를 형성했으며, 심층 학습 분야에서는 이미 미국의 연구량을 넘어섰고 기계 학습의 차이도 크지 않다. 1999-2017년까지 전 세계 AI 특허 건수 10여만 건 중, 미국을 제치고 중국이 37%를 차지하여 가장 활발한 특허활동 움직임을 보이고 있다(박소영 2019). 질적으로도 중국의 AI 기술 역량은 미국에 밀리지 않는데, 실제로 시멘틱 스칼라에 등재된 미중 양국의 논문 인용 현황을 분석해 보면, 중국은 인용지수 상위 50%에서는 2019년, 상위 10%에서는 2020년, 상위 1%에서는 2025년에 미국을 능가할 것으로 예측되었다(이왕휘 2019).

이와 같이 양적, 질적으로 매우 빠른 속도로 성장하는 중국의 AI 굴기를 막기 위해 미국은 관세 부과, 수출 제한 조치 등의 수단을 동원하고 있다. 미국 정부는 중국이 미국의 지식재산권을 빼앗고 있다는 이유로 2018년 중국산 수입품에 대해 25% 관세를 부과한 바 있다. 관세 부과는 AI를 활용한 고성능 의료기기, 산업 로봇, 정보통신기술과 인공지능 반도체 등 첨단기술제품 항목에 집중되었는데 이 품목들은 '중국제조 2025'의 10대 핵심 업종이라는 점에서, 미국은 미중 무역 분쟁을 통해 단순히 단기적인 경제 이익을 확보하려기보다는 중국의 지식 굴기 자체를 지연시키는 것으로 보인다(구기보 2018).

미국 상무부는 2019년 10월 중국 기업 8개와 신장 지역 자치정부 기관 등 20개를 인권탄압, 미국의 국가안보에 반하는 행위를 했다는 이유로 블랙리스트에 올렸다. 역시 미국 정부의 승인 없이 미국 기업으로부터 부품을 구매할 수 없게 하는 조치다. 조치를 받은 8개 기업

중 4곳이 AI 기업이며, 이 기업들은 중국의 현재 AI 시장의 발전 현황을 보여준다는 점에서 주목할 만하다.

우선 제재받은 4곳의 AI 기업 중 하나는 센스타임(商湯科技)이다. 센스타임은 현재 중국 AI 업계에서 가장 앞서가는 기업으로 평가받고 있으며, 소프트뱅크의 기업 가치 평가 결과 70억 달러를 상회할 것으로 나왔다. 센스타임은 알리바바의 지원 아래 세계 최고 수준의 안면 인식 기술을 보유하고 있으며, 구글의 알파고보다 먼저 인간과의 대결에서 승리한 AI 기술을 개발하기도 하였다. 실제로 중국 당국은 이 기술을 범죄 수사에 활용하고 있는데, 충칭(重慶)시 공안국은 40일 만에 69명의 범죄 용의자를 찾아내고 14명을 체포하기도 했다(박성훈 2019). 또 스마트 빌딩 구축의 일환으로 중국은 다싱(大興)국제공항에서 센스타임의 기술을 활용하여 58가지 지능형 승객 보안검사 시스템을 관리하고 있다. 두 번째 제재 기업인 쾅시(曠視)는 딥 러닝 소프트웨어를 설계하는 AI 회사로 중국 정부에 관련 프로그램을 납품하고 있다. 이어서 아이플라이텍(科大訊飛)은 음성인식 분야에서 두각을 보이는 AI 기업으로 화웨이나 샤오미 등 중국 스마트폰 대부분이 아이플라이텍의 기술을 탑재하고 있다. 이투커지(依圖科技) 역시 이미지 인식 기반 AI 기업으로, 최근 미국과 공동으로 아이의 질병 여부를 판별할 수 있는 AI 모델을 개발한 바 있다.

## 2. 중국의 AI 산업 육성 정책

2015년 5월, 중국 국무원은 '중국제조 2025'를 통해 AI를 제조업 분야의 디지털화를 위한 개념으로 처음 인지하였다. 이후 2016년 5월, 국가발전개혁위원회는 '인터넷플러스와 AI 3개년집행계획'을 통해 AI를 미래 신흥 산업으로 인식하고, 컴퓨터 비전, 스마트 오디오 프로세싱, 바이오메트릭스, 자연어 처리, 스마트 결정 관리와 인간-컴퓨터 상호 작용 등을 핵심 기술로 설정함과 동시에 국가 교육, 운송, 보건, 안보, 사회경영 분야에 적극적으로 채택함을 선언한 바 있다. 이를 위해 핵심 기업들의 연구개발비를 지원하며, 표준 설정, 지적 재산권 보호, 인적 개발, EU와 국제 협력 강화, 지방정부에서의 실험 지원 등을 정책화하였다. 2017년 7월, 중국 국무원 명의의 '차세대 인공지능 발전규획'을 통해 인공지능은 공식적인 국가 전략의 일환으로 자리매김한다. AI 핵심산업을 2030년까지 1500억 달러 규모의 AI 중심 산업과 1조 5천억 달러 규모의 유관 산업 부흥을 일구어내겠다는 계획을 발표하고, 1) 기술혁신, 2) 지능경제, 3) 지능사회, 4) 인프라, 5) 국가 기초과학 기술 발전으로 하위 정책 목표를 분류한다.

위 국가발전계획에 의거하여 산업정보과학부는 구체적인 액션 플랜을 발표한다. 자율주행차, 이미지인식 기술, 지능운송 체계 등 산업을 정책적으로 지원하고, 반도체나 이미지센서 등 하드웨어 제조 역량을 강화하며, 국가인프라 건설에 있어서 관련 기술을 적극 도입하는 방향 등이 제시된다. 이어서 이들은 2018년 바이두, 알리바바, 텐센트, 아이플라이텍, 센스타임을 산업 분야별 핵심 오픈 플랫폼으로 지명하고 해당 분야의 스타트업과 학자들과의 기술적, 재정적 협업을 요구한다. 2018년 교육부는, AI 기초 역량 강화를 위한 방안을 발표하며 기초교육현장에서 AI 교과를 반영하고, 교과서를 편찬하며 학교 서비스에서의 AI 기술 접목을 정책화하였다.

2019년, 시진핑은 AI 산업의 발전과 다른 산업과의 연계 방향에 대해 조사할 것을 주문하였고 이에 국가발전개혁위원회는 '중국 인공지능의 2019 장려계획'을 발간함으로써 18개 산업 분야를 설정하고 관련 발전 현황을 감독하였다. 또 2019년 8월, 산업정보과학부는 '차세대 AI를 위한 국가 공개 플랫폼 지시사항'을 통해 추가적으로 10개의 기업을 관련 산업 분야에 배정하였다. 이들은 각 분야의 리드 기업으로서, 하위 기업들의 기술 발전을 지원하고, 이들을 글로벌생산네트워크에 편입하며, 수집한 데이터와 알고리즘을 제공한다. 산업정보과학부는 이들에 막대한 재정을 지원하며, 기업들은 직접 오픈 플랫폼 리드기업으로 지원하고 일련의 심사 과정을 거쳐 선정되었다. 미국 정부는 중단기적인 수익을 중시할 수밖에 없는 민간 기업들과 장기 프로젝트를 추진하기 어렵고, 수많은 업체 간 경쟁으로 인한 중복투자를 조정할 능력을 갖추지 못했다는 점에서 이 같은 중국과 다르다고 할 수 있다(이왕휘 2019).

중앙정부뿐만 아니라, 지방정부 수준에서도 적극적인 산업 견인 정책을 구사하고 있다. 지방정부는 AI 연구에 있어서 보조금을 제공하고, 벤처캐피탈은 관련 펀드를 조성하며, 도시의 여러 기반 시설을 기업들의 실험실로 제공하고 있다. 2018년 동안 12개 성시─베이징, 상하이, 광둥(廣東), 안후이(安徽), 샤먼(厦門), 쓰촨(四川), 헤이룽장(黑龍江), 장쑤(江蘇), 푸젠(福建), 허난(河南), 광시(廣西)─가 첨단 산업 육성 계획을 발표한 바 있다. 그 중 난징 시는 2017년부터 4년간 4억 5000만 달러를 조성하여, AI 스타트업을 지원하고 보조금을 지급하고 있다. 중국 정부의 이러한 정부 주도형 기술 발전은 이미 고속철도(2007-2017) 부설과 2015년 스타트업 부흥 계획에서 성공한 바 있다. 리카이푸(2018)는 경험적으로 살펴볼 때 이런 접근은 아주 비효율적이나, 역설적으로 아주 효과적이라고 지적하였다(Lee 2018). 분명 많은 양의 재원이 낭비될 것이나, 중국의 정치 지도자들은 그 프로젝트가 실패했다고 해서 정치적으로 공격받지 않는 정치문화가 형성되어 있다는 것이다.

더불어 중국 정부의 정책관은 기술공리형(techno-utilitarianism)이라고 규정할 수 있다. 예를 들어 자율주행차 산업을 운영하는 데에 있어서, 미국 정부는 우선적으로 트럭 운전자 노조 등을 고려하며 해당 산업이 다른 사회적 요소에 어떻게 영향을 미치는지 검토한다. 또 이들은 도덕적 질문에 직면하기도 하는데, 만약 자율주행차가 갈림길에서 딜레마적인 상황을 연출할 때 어떻게 접근해야 할 것인가(운전자가 원래대로 가던 길을 가면 2명이 죽고, 방향을 틀면 1명이 죽는 공리주의의 딜레마적인 상황과 같다) 혹은 더 많은 사람을 살리기 위해서 자율주행차 안에 탑승한 사람을 죽여도 되는가 식의 문제다. 중국 정부는 철저하게 공리주의적 관점을 사업의 대원칙으로 기업에 제시함으로써 신속하게 강행한다. 이런 정책문화로 말미암아 중국의 기업들은 지방정부와 더욱 신속하게 AI 실험들을 전방위적으로 구사할 수 있었다.

즉, 미국의 IT 산업이 인권에 대한 고려로 인해 사업 추진에 있어서 윤리주의적 제약이 있을 수 있는 것에 반해, 중국은 지방정부와 민간기업을 중심으로 스마트 시티 구축 등 신속하게 대규모 실험들을 펼쳐나갈 수 있었다. 특히 중국은 미국보다 개인정보 관리에 있어서 느슨한 제도적 환경을 갖추고 있기 때문에, AI 기업들이 절대 다수의 사용자에 대한 빅데이터를 수집하고 처리하기 용이하다. 압도적인 내수시장 규모와 정부의 기술공리형 정책관을 바탕으로 중국의 AI 기업들은 음성인식 및 안면인식 분야에서 이미 미국 기업보다 앞서 있으며, 일본이나 한국 등 동양권 시장 확대에도 유리한 경쟁력을 지니고 있다(곽배성 2017).

## V. 5G 통신기술 산업과 중국

### 1. 5G 통신기술 산업 현황과 미중 경쟁의 양상

5G 통신기술은 기존 4G LTE 통신기술보다 최대 100배 빠르게 데이터를 전송할 수 있게 하는 신기술이다(박헌영 2019). 5G는 결국 빅데이터 분석 기술과 연계되어 AI, 자율주행차, 가상현실(Virtual Reality) 등 데이터 용량이 큰 산업의 근간으로 기능하며 스마트 시티, 스마트 공장 등 사물인터넷 사업 역시 실현 가능하게 한다는 점에서 반도체, AI에 이은 4차 산업혁명의 핵심 기술이라고 할 수 있다. 즉 5G는 빅데이터, AI, 사물인터넷 등 광범위한 4차 산업혁명 부문들을 잇는 다리의 역할을 수행하기에 차세대 이동통신망 국제 기술표준을 누가 설정하는지의 문제는 미중 기술 패권경쟁에 있어서 핵심적일 수밖에 없다. 결국 패권을 구성하고 유지하는 데에는 제도와 규범, 즉 플랫폼을 누가 먼저 설정하는지가 중요한 것이다(배영자 2018).

　　미국은 ZTE와 화웨이로 대표되는 중국의 5G 산업 국제 기술표준 선점을 막기 위해 경제 제재 조치들을 부과한 바 있다. 미국 상무부는 2018년 ZTE가 무역제재 대상인 이란에 수출했다는 혐의로 12억 달러 벌금을 부과하고 미국 기업과 거래를 금지했고, ZTE는 파산 직전의 위기까지 내몰렸었다. 이후 8월에 트럼프 행정부는 미국 행정기관이 ZTE와 화웨이 등 중국 통신 장비를 조달하는 것을 금지하는 국방수권법을 통과시켰다. 이외에도 미국은 중요한 동맹을 이루고 있는 파이브 아이즈(Five Eyes) 국가들(영국, 뉴질랜드, 호주, 캐나다, 미국 등 5개 국가)에게 중국 통신 장비를 사용하지 말라고 압박을 넣었으며, 실제 각국의 산업 부문 장비 채택에 있어서 화웨이 등은 타격을 입을 수밖에 없었다(U.S. House of Representatives 2012). 특히 화웨이는 현재 삼성전자나 에릭슨 등 경쟁업체에 비해 우수한 성능과 30% 정도 저렴한 가격을 선보이고 있으나, 미국 정부는 보안에의 취약점을 적극적으로 내세우며 반(反)화웨이 동맹전선을 구축하고 있다. 실제로 중국의 '국가정보법 개정안'에 따르면 중국 정부가 화웨이에 정보 제공을 요청하면 화웨이는 거부할 수 없는 것이 사실이다(유희석 2018). 이 밖에도 화웨이나 ZTE의 통신 장비에 도청이나 정보 유출이 가능한 백도어가 존재하며, 이 같은 고급 정보가 중국 정부에 전달될 수 있다는 우려가 확산되었다.

미국은 적극적으로 '중국제조 2025'를 통해 실현되고 있는 중국의 5G 산업 부흥을, 반화웨이 동맹을 형성하며 저지하려고 시도하고 있으며, 화웨이는 연 매출의 15% 정도를 연구개발에 투자하며 통신장비에 들어가는 부품의 자급화를 도모하고 압도적인 기술력과 가성비를 중심으로 세계 시장에 어필하고 있다. 실제로 영국 국가사이버보안센터는 화웨이 5G 통신장비를 사용하더라도 보안 위험을 제한할 수 있는 방법이 있다고 밝히며 반화웨이 동맹에서의 이탈을 시사하였다(Ram 2019). 이 같은 맥락에는 화웨이의 대규모 대(對)영국 투자가 있었기에 가능한 측면이 있다.

이처럼 신흥 무대의 미중 경쟁 속에서 미국과 중국은 5G 통신기술 플랫폼을 선점하기 위해 치열한 전쟁을 벌이고 있다. 이와 같은 미중 플랫폼 경쟁이 벌어지는 기술의 문턱은 '제조업 문턱'과 '네트워크 문턱' 등 두 가지의 하위 문턱으로 나뉠 수 있다(김상배 2018). 이미 화웨이 등 챔피언기업을 중심으로 우수한 제품생산력과 기술혁신력을 보임으로써 '제조업 문턱'을 넘어선 중국이 세계 5G 통신기술 인프라 구축에 있어서 '네트워크 문턱'을 넘기 위해서는 미국이 펼치는 전통적 국가 간 안보 동맹 네트워크를 극복해야 할 것으로 보인다.

## 2. 중국의 5G 통신기술 산업 육성 정책

중국의 화웨이는 5G 통신기술 무선 접속 네트워크(RAN) 설비에 있어서 세계를 선도하고 있다. 2023년에 이르면 중국 화웨이의 세계 시장 점유율은 24.8%로, 스웨덴의 에릭슨(22.9%)과 핀란드의 노키아(22.7%)를 앞설 것으로 예측되며 ZTE나 삼성을 훨씬 뛰어넘는 규모다(Strategic Analytics 2019). 현재 미국에는 이 설비 부문을 선도할 기업이 없기에 5G 통신기술은 사실상 중국의 압승이 예상되는 첫 번째 세대일 가능성이 크다.

　5G 통신기술 주파수 분배에 있어서도 중국과 미국의 차이가 드러나고 있다. 미국은 주파수 영역대에 있어서 황금주파수대라고도 불리는 일명, '골디락스 존' 분배에 어려움을 겪고 있다(Stacey 2019). 1-6GHz에 해당하는 골디락스 영역을 배타적으로 사용하기 위해 애플, 마이크로소프트, 페이스북, 구글, 에릭슨 등이 다투고 있으며 미국 정부는 이를 효과적으로 중재하고 있지 못한 상황이다. 더불어 미국의 민간방송업자들은 3.7-4.2GHz에 해당하는 주파수대를 할당 받고 싶어 하나 연방통신위원회의 비준이 나오지 않아 어려움을 겪고 있는 실정이다. 황금주파수대라고 불리는 영역 대부분을 미국의 경우 정부와 군사용으로 사용하고 있기 때문에, 민간 사업자들을 중재하여 잘 배분할 상황이 되지 않는 것이다. 이에 연방통신위원회는 Sub-6GHz부터 24-100GHz에 해당하는 MM Wave 대를 배분하고 싶어 하나, 낮은 주파수 영역대가 더 멀리 정보를 송출하게 해준다는 기술적 차원에서 미국이 중국에 비해 5G 통신기술의 상업적 이용에 뒤처질 수밖에 없는

것이다.

중국에서는 공업신식화부, 국가발전개혁위원회, 과학기술부 등 3개의 정부 부처와 민간기업, 학계가 참여한 'IMT-2020 Promotion Group'이 2013년 2월 발족하고 이를 구심점으로 하는 5G R&D 사업이 추진되고 있다. 'IMT-2020'은 2020년 이후의 IMT 기술을 검토하고 시장, 네트워크, 주파수 등의 기술요구 사항과 국제 표준화단체 연구교류 등에 관한 활동을 수행하고 있으며, 현재 'IMT-2020'의 의장직을 맡고 있는 전신연구원 측은 2013년 10월을 기점으로 5G 연구개시를 공식화했다.

중국 정부의 공업신식화부에서는 2016년 10월 '차세대 정보기술 산업 계획(2016~2020년)'을 발표해 중장기 5G 이동통신 산업 발전 가이던스를 제시했다. 2017년 3월 양회에서는 5G를 차세대 신흥 산업으로 지정했으며, 단계적으로 2018년까지 핵심 기술개발 및 테스트 구축을 완료하고, 2019년까지 네트워크 인프라를 구축하며, 2020년 상용화시키겠다는 계획이며 5000억 위안의 대규모 투자 자금도 집행할 예정이다. 중국 공업신식화부는 5G 이동통신을 2016~2018년 1단계, 2018~2020년 2단계 등 총 2단계로 나누어 상용화를 추진하고 있으며, 1단계는 핵심기술개발 및 시험단계로 하고 2단계는 상용화 제품 개발 및 실증을 목표로 추진하고 있다. 공업신식화부는 현재 2단계를 진행하고 있으며, 2020년까지 새로운 중국의 5G 이동통신 표준을 만들 것이라고 발표하였다.

이 밖에도 'FuTURE Mobile Communication Forum'은 5G 통신 기술 연구개발의 국제연대에 중점을 둔 국제기구로 중국 업체 이외에 해외 벤더나 캐리어의 중국 연구기관, 대학 등 총 26개 기관이 참여하고 있으며, 2015년 6월 워킹그룹 '5G SIG'를 발족시켜 정기적으로 기술교류를 수행하며, 2015년 11월 5G백서 '5G: Rethink Mobile Communications For 2020'을 발간하였다. 'FuTURE Mobile Communication Forum'의 창립회원으로는 화웨이, ZTE, 차이나텔레콤, 차이나모바일, 차이나유니콤, CATR, Fiber Home Technologies, SHRCWC, 다탕텔레콤, 레노버, 노키아, NTT도코모, 퀄컴, 삼성전자 등이 있고, 일반회원으로는 에릭슨, 히타치, NEC, 후지쓰, 인텔, Keysight 등이 참여 중이다.

이처럼 5G 산업에서 드러나는 중국의 발전지식국가적 특성은, 정부가 조직한 반(半)정부기구의 역할이 강조되고 있다는 점이다. 이 반정부기구는 다양한 정부 부처와 국내 민간기업, 학계 그리고 다양한 해외 기업을 포괄한다. 중국 정부의 5G 산업 정책은 영토적 경계를 넘어서 국제적이고 지역적이기도 하며 때에 따라서는 초국적 차원의 제도적 연결망을 구축해나가고 있다. 중앙정부가 수행해왔던 기능과 권한을 다양한 하위 단위체에게 분산하고 이전함으로써 다양한 행위자들의 자원을 활용하는 것이다. 이러한 정부 주도의 반정부기구는 국가가 제시하는 정책지침과 투사하고자 하는 거시적 수준에서의 정부 이념을 효과적으로 개별 기업 활동과 시장으로 침투시킨다. 4차 산업혁명 시대에 있어서 민간기업의 창의적인 기술력과 자본력, 네트워크력이 점차 강조됨에 따라 중국 정부가 국영 수준에서 운용할 수 있는 사업의 범위가 축소되었기 때문에 이러한 중국 특색의 새로운 조직이 탄생했다고 볼 수 있다.

## VI. 맺음말: 발전지식국가 중국의 부상과 한계

4차 산업혁명 시대를 맞이하여 중국과 미국은 본격적으로 기술 패권 경쟁에 돌입하였다. 지난 근현대사를 되돌아보면 한 시대의 기술을 선도했던 국가는 글로벌 패권을 향유하였으며, 그렇지 못한 국가는 도태되어 자연스레 세계 패권경쟁에서 밀려나는 경향을 확인할 수 있다 (Gilpin 1987). 실제로 증기기관의 기술혁신으로 발생한 1차 산업혁명은 영국에 패권국의 위상을 부여하였으며, 중화학공업에 기초한 2차 산업혁명은 기존 패권국이었던 영국을 독일과 미국으로 치환되게 하였다. 20세기 후반의 3차 정보화 혁명 이후 소련이 몰락하고 미국이 유일한 패권국의 지위를 향유하였으며, 미국은 전자 가전이나 컴퓨터 산업에서 일본의 부상을 성공적으로 막아낸 바 있다.

위와 같은 역사적 맥락을 고려해볼 때, 오늘날의 관세 부과와 수출 제한 조치 등으로 대변되는 미중 무역분쟁의 핵심은 단순히 미국의 대중 무역적자 문제를 넘어 4차 산업혁명을 기반으로 한 기술 패권경쟁이라고 볼 수 있다. 이번 연구에서 살펴 본 반도체, AI, 5G 통신기술은 4차 산업혁명 시대 ICT 신산업의 중추로 기능하기에 이 산업 부문에서 국제 기술표준을 선점하는 국가가 21세기의 패권국이 될 것이라고 유추할 수 있는 것이다. 현재 중국은 4차 산업혁명 시대의 어젠다를 선점함으로써 미국의 경제 패권에 도전하기 위해, 기존 제조업 분야에서 보였던 발전국가에서 탈피하여 새로운 산업 특성에 걸맞는 양상을 보여주고 있다. 최첨단 기술 지식 분야에서 국가가 역할을 강화하려 하면 할수록 국가가 모든 것을 스스로는 할 수 없는 상황이 발생하기에, 국가의 존재적 형태가 다양한 비국가 행위자에 의해 일정 부분 변화를 겪고 있는 것이다(김상배 2014).

그러나 4차 산업혁명에 직면한 중국은 다음과 같은 한계를 갖는
다. 우선 중국이 반도체굴기 등을 앞세워 자급력을 확보하고자 시도하
고 있으나, 여전히 반도체와 같은 기간산업의 글로벌밸류체인은 미국
이 압도하고 있다. 2018년 메모리반도체 시장 기준 한국(58%), 미국
(28%), 비메모리반도체 시장 기준으로 미국(70%)이 압도적인 비중을
보이고 있다(이왕휘 2019). 해외 산업의존도가 높은 가운데 중국의 기
업들이 얼마나 자급자족화를 현실화할 수 있을지는 미지수다. 두 번째
로, 산업 생태계가 미국에 비해 단순하고 작아서 거래제한 조치나 인
수합병제한 조치 등 미국의 대응에 취약하다는 점을 들 수 있다. 실제
로 CBInsights가 2019년 2월 집계한 100대 스타트업 기업을 보면, 미
국이 78개, 영국과 이스라엘이 각각 6개, 중국이 5개, 일본, 독일, 캐
나다, 인도가 각각 1개씩 보유하고 있다(이왕휘 2019). 미국에 비해 단
순한 4차 산업 생태계를 보유함으로써, 보조금 지급 등 정부 지원이
용이한 측면이 있었으나 반대로 외부 충격에 그만큼 취약할 수밖에 없
는 것이다. 마지막으로 중국의 정부 실패 가능성은 언제든지 열려 있
다. 영도소조라는 특수한 중국식 조직이 마련되었다고는 하나, 정풍운
동과 반부패운동 이래 공산당 내 관료들의 보신주의는 역동적인 4차
산업혁명의 성격과 부합하지 않는 측면이 있다. 압도적인 전문성을 자
랑하는 미국의 행정 부처들과 의회 인력들에 비교해보았을 때, 중국
공산당 내 경직된 문화 풍토가 과연 혁신을 주도할 수 있을지도 회의
감이 드는 지점이다.

종합적으로 중국 정부는 사회주의와 국가 발전주의의 제도적 유
산 아래, 4차 산업혁명 시대에 적합한 발전지식국가로 변모해가고 있
다. 미중 기술 패권경쟁 속에서 미국도 관세 부과, 거래 제한 조치를
통해 중국 기업을 글로벌생산네트워크에서 분리하려고 시도하고 있으

며 AI나 5G 통신기술에 대한 국가전략을 본격적으로 고려하고 있다. 그러나 미국 역시 중국의 발전규획과 비교해보았을 때 행정 명령 중심의 국가 전략이 체계적이지 않고 구체적이지도 못하다는 비판에 직면해 있다(이왕휘 2019). 또 미국은 중국과 달리 민간기업과 학계를 중심으로 산업이 발전해왔기에, 국가 주도로 다양한 네트워크 행위자들을 엮어내고 중심성을 부여해온 역사적 경험치가 중국에 비해 부족하다고 평가할 수도 있다. 새롭게 부상하는 중국이 과연 미중 기술 패권경쟁에서 승기를 잡고 '팍스 시니카' 시대를 열 수 있을지 여부는 두 국가가 제공하는 메타 거버넌스 속에서 얼마나 더 많은 기술 혁신과 국제 표준 선점이 일어나는지에 달려 있을 것이다.

# 참고문헌

곽배성. 2017. "중국 AI 기술, 미국을 추월할까?'『POSRI 이슈리포트 2017』.
　　포스코경영연구원.
구기보. 2018. "미중 무역분쟁과 한국의 대응."『성균차이나브리프』통권 49호. 성균관대학교
　　성균중국연구소.
김상배. 2014.『아라크네의 국제정치학: 네트워크 세계정치이론의 도전』. 한울 아카데미.
＿＿＿. 2018. "4차 산업혁명의 국제정치학: 주요국의 담론과 전략, 제도."『4차 산업혁명론의
　　국제정치학』. 사회평론아카데미.
＿＿＿. 2018. "신흥 무대 미중 경쟁의 정보세계정치: 분석 틀의 모색."『신흥 무대의 미중
　　경쟁: 정보세계정치학의 시각』. 한울아카데미.
김종우. 2018. "중국의 반도체 굴기와 국가의 역할."『사회과학논집』제49집 2호.
박성훈. 2019. "화웨이 견제한 美, 이번엔 中의 '인공지능 굴기' 막아섰다."『중앙일보』2019.
　　10. 09.
박소영. 2019. "중국 AI 시장의 주요 트렌드."『성균차이나브리프』7권 2호. 성균관대학교
　　성균중국연구소.
박정현. 2019. "천안문사태 이후 중국 발전주의 담론의 목표와 指向."『중국근현대사연구』83.
　　중국근현대사학회.
박현영. 2019. "미중 화웨이 갈등 그 뒤엔… 12조 달러 5G 선점 경쟁."『중앙일보』2019. 02.
　　19.
배영자. 2018. "미국과 중국의 패권경쟁: 중국 인터넷 기업의 도전과 인터넷 주권 이념을
　　중심으로."『신흥무대의 미중경쟁: 정보세계정치학의 시각』. 한울아카데미.
유희석. 2018. "미국 등 전 세계 화웨이 보이콧 세 가지 이유."『머니투데이』2018. 12. 18.
윤상우. 2018. "중국 발전모델의 진화와 변동."『아시아리뷰』제7권 2호.
이문형. 2016. "중국제조 2025 추진 현황과 평가."『성균차이나포커스』27권 0호.
　　성균관대학교 성균중국연구소.
이민자. 2019. "중국제조 2025와 미·중 기술 패권경쟁."『현대중국연구』20권 4호.
　　현대중국학회.
이왕휘. 2019. "중국의 AI 굴기."『성균차이나브리프』7권 2호. 성균관대학교 성균중국연구소.
조현석. 2018. "미중 반도체 산업 경쟁."『신흥 무대의 미중 경쟁: 정보세계정치학의 시각』.
　　한울아카데미.
차정미. 2018. "중국의 4차 산업혁명 담론과 전략, 제도."『동서문제연구』제30권 10호.
　　연세대학교 동서문제연구원.
홍성범. 2018. "중국의 인공지능(AI) 굴기와 스마트 경제."『성균차이나브리프』6권 2호.
　　성균관대학교 성균중국연구소.

Deloitte. 2016. *Global Manufacturing Competitiveness Index report.*

IC Insights. 2019. *Strategic Reviews Towards the Semi-Conductor Manufacturers.*

Gilpin, Robert. 1987. *The Political Economy of International Relations.* Princeton: Princeton University Press.

Goodrich, Jimmy. 2016. "China's 13th Five-Year Plan: Opportunities & Challenges for the U.S. Semiconductor Industry," *U.S.-China Economic & Security Review Commission's Hearing on China's 13th Five year Plan.*

Harari, Yuval Noah. 2018. *Why Technology Favors Tyranny.* October 2018 Issue, the Atlantic: Boston.

Jackson, James K. 2017. "Report of the Committee on Foreign Investment in the United States," *Congressional Research Service.*

Jessop, Bob. 2003. *The Future of the Capitalist State.* Cambridge: Polity Press.

Jing, Meng and Sarah Dai. 2018. "Here's What China is Doing to Boost Artificial Intelligence Capabilities," *South China Morning Post* 2018. 05. 10.

Lee, Kai-Fu. 2018. *AI Superpowers: China, Silicon Valley and the New World Order.* Houghton Mifflin Harcourt.

Liberthal, Kenneth. 2004. *Governing China: From Revolution through Reform.* New York and London: W. W. Norton.

Lu, Allen. 2015. *Overview of China Semiconductor Industry.* SEMI.

Ning, Lutao. 2009. *China's Rise in the World ICT Industry: Industrial Strategies and the Catch-up Development Model.* London and New York: Routledge.

Pearton, Maurice. 1982. *The Knowledgeable State: Diplomacy, War and Technology since 1830.* London: Burnett Books.

Ram, Aliya. 2019. "Huawei Lashes Out At U.S. Political Campaign," *Financial Times* 2019. 02. 14.

Stacey, Kiran. 2019. "US companies battle for control of 5G spectrum," *Financial Times* 2019. 10. 21.

Strange, Susan. 1994. *States and Markets Second Edition.* London and New York: Pinter.

Strategic Analytics. 2019. *Huawei has two point lead in 2023 5G Global Market RAN Forecast.*

U.S. House of Representatives. 2012. *Investigative Report on the U.S. National Security Issues Posed by Chinese Telecommunications Companies Huawei and ZTE.* Permanent Select Committee on Intelligence Report.

U.S. International Trade Commission. 2019. "Chinese Semiconductor Industrial Policy," *Journal of International Commerce and Economics.*

USTR. 2018. *Section 301 Report.* 2018. 03. 22.

Yue, C. Patrick and Tian Lu. 2017. "China's Latest Semiconductor M&A," *Rodium Group Report.* 2017. 11. 16.

Xi Jin-Ping. 2018. 중국과학원 제19차 원사대회 및 중국공정원 제14차 원사대회 시진핑 주석 연설, 인민망. http://kr.people.com.cn/n3/2018/0529/c203278-9465177.html

鄢一龙. 2019. "第四次工业革命与超级智能时代." 清华大学.

陈峰·杨宇田. 2019. "应对美国对华技术出口限制的产业竞争情报需求与服务研究 —
　　以半导体产业为例." 情报杂志.

陈颖桦. 2019. "我国半导体行业跨国并购动因及绩效分析 —以长电科技为例." 浙江大学.

吕文晶·陈劲·刘进. 2019. "政策工具视角的中国人工智能产业政策量化分析." 科学学研究.

제2장

# 차세대 자동차 산업의 미중 패권경쟁
## 전기자동차 산업의 3차원 표준경쟁

정은교

## I. 서론

4차 산업혁명과 정보통신혁명으로 일컬어지는 기술의 발전은 우리 삶의 전반적인 변화를 이끌고 올 것이다. 2016년 6월 4차 산업혁명을 처음으로 공론화한 다보스 포럼의 의장인 클라우드 슈밥은 포럼에서 "이전의 1, 2, 3차 산업혁명이 전 세계적 환경을 혁명적으로 바꿔 놓은 것처럼 4차 산업혁명이 전 세계 질서를 새롭게 만드는 동인이 될 것"이라고 밝힌 바 있다. 4차 산업혁명은 기술들이 서로 융합하는 초연결, 지식이 데이터화되면서 나타난 초지능을 특징으로 하기 때문에 기존 산업혁명에 비해 더 빠른 속도로 광범위한 영향을 끼친다. 이러한 과정 속에서 인공지능, 빅데이터 등 지능정보기술이 로봇공학, 환경 등과 결합되어 새로운 국제정치의 무대를 만들고 있다.

국제정치학에서 신흥 무대란, 기존의 군사·경제 영역 이외에 새로운 세계정치 경쟁과 협력이 벌어지는 기술, 정보, 지식, 문화, 커뮤니케이션 등의 영역을 뜻한다(김상배 2018, 2). 이전에는 학계의 관심이 군사 안보와 경제 무대에 초점이 맞춰졌다면, 이제는 신흥 무대에서 벌어지는 경쟁과 협력의 메커니즘 또한 국제정치질서를 이해하는 데 있어 중요한 배경이 되었다. 특히 데이터, 환경 등 몇몇 무대는 다른 무대에 비해 빠른 속도로 성장하며 타 무대의 변화를 추동한다는 점에서 신흥 선도부문이라고 불린다. 신흥 선도부문에서 벌어지는 강대국들의 경쟁의 동향은 국제정치 질서를 읽는 데 매우 중요한데, 최근 학계에서는 미국과 중국 간 경쟁에 주목하고 있다.

본 논문에서 초점을 맞춘 신흥 무대는 21세기 선도부문으로서 '차세대 자동차' 산업이다. 차세대 자동차 산업은 전통적인 자동차 제조 기술뿐 아니라 에너지, 환경, 로봇, IoT 기술 등 여러 최첨단 기술이

집약되어 있으면서 이 기술들의 발전을 추동하는 미래 유망 산업분야
이다. 이러한 차세대 자동차 산업의 주도권을 확보하기 위해서는 제작
과정뿐 아니라 유통과 판매 과정의 표준을 장악하고, 교통체계의 담론
을 설립하는 데까지 다차원적인 표준경쟁을 넘어야 한다. 차세대 자동
차를 둘러싼 표준경쟁은 4차 산업혁명 전반을 누가 주도할 것인지의
방향에도 영향을 미치기 때문에 다차원적으로 분석할 필요가 있다. 본
논문은 차세대 자동차 산업 중 가장 대표적이고 미중경쟁이 본격화되
고 있는 전기자동차 산업을 중심으로 논의를 이끌어갈 예정이다.

전기자동차란 전기로 구동되는 전동기를 사용하여 움직이는 자동
차를 의미한다. 전기자동차는 구동방식에 따라 순수 전기차(EV), 하
이브리드(HEV), 플러그인 하이브리드(PHEV) 등으로 분류된다. 순수
전기차는 전기 에너지만으로 움직이는 전기자동차이다. 하이브리드
전기자동차는 보조동력으로 모터를 구동하면서 기존 화석연료를 사용
하는 내연기관 엔진을 사용한다. 플러그인 하이브리드는 엔진과 전기
모터라는 두 가지 구동방식을 취한 하이브리드 전기자동차이지만 배
터리를 전기로 충전해 사용하는 순수 전기 자동차의 장점을 결합한 자
동차이다. 특히 앞으로 배터리를 사용하는 순수 전기차와 플러그인 하
이브리드가 전기자동차 산업을 주도할 것이라는 예측이 나오고 있다.

이와 관련하여 전기자동차의 핵심 부품인 배터리의 기술경쟁력을
확보하는 것이 주요 과제로 떠오르고 있다. 나아가 전기자동차 충전방
식과 관련하여 미국, 유럽, 중국 등 강대국들 간 국제 표준을 마련하려
는 움직임이 이어지고 있다. 특히 급속 충전방식과 관련하여 자국의
표준을 국제 표준으로 설립하기 위해 주요 국가들이 경쟁과 협력의 메
커니즘을 이루는 점에 주목해야 한다. 이는 향후 스마트시티와 관련한
차세대 자동차 운행의 국제규범을 마련하는 것과 함께 차세대 자동차

산업에서 패권을 차지하는 데 중요한 요소이다.

전기자동차 산업에서의 미중경쟁에 관한 기존 국제정치학계의 논의는 미흡하다고 할 수 있다. 신흥 미중경쟁의 사례로 전기자동차 산업이 주목받기 시작한 것은 비교적 최근의 일이다. 기존에는 미국과 중국의 국방부 예산, 군대조직 등 군사안보적인 면모나 무역경쟁 등 경제적인 면에만 초점이 맞추어져 있었고, 최근에도 전기자동차 산업은 사이버 안보나 빅데이터 등 다른 신흥무대에 비해 중요성이 부각되지 못했다. 또한, 전기자동차 산업이 가진 '시장경쟁'적 특성 때문에 해당 주제가 경영학 등 다른 학계를 중심으로 이루어진 점도 요인으로 작용한다. 그러나 중국 정부가 2015년 발표한 '중국제조 2025'에서 대표 산업에 전기자동차 산업을 포함시키며 정부 주도적 성장을 유도하고, 2018년 벌어진 미중 무역경쟁으로 중국의 전기자동차 산업이 타격을 입으면서 전기차 산업이 갖는 국제정치적 함의가 점차 주목받게 되었다.

차세대 자동차와 같은 신흥 무대에서 벌어지는 패권경쟁의 양상은 전통적인 국제정치학에서 보는 자원권력을 두고 벌어지는 경쟁으로만 보기에는 불충분하다. 전기자동차 산업에서도 마찬가지로, 품질 좋은 자동차를 누가 더 많이 생산해내는지 등의 단편적인 시각으로 미중경쟁을 바라보면 곤란하다. 이 글에선 '3차원 표준경쟁'의 분석틀을 이용하여 전기자동차 산업에서 벌어지는 미중경쟁의 양상을 복합적으로 탐구하고자 한다. 미국과 중국이 벌이는 표준경쟁이란 첫째로 선도 시장에서 주로 기업들이 좀 더 유리한 게임의 규칙으로서 기술 표준을 장악하려고 벌이는 경쟁이다. 둘째로 이들의 표준경쟁은 해당 분야에 적합한 국가정책과 제도를 둘러싼 표준경쟁이다. 마지막으로, 가장 넓은 의미에서 표준경쟁은 차세대 산업에 대한 기술 담론을 둘러싼 포괄적 의미의 관념과 가치의 표준경쟁이다(김상배 2014).

　본 논문은 기술·제도·담론의 3차원 표준경쟁의 분석틀을 바탕으로 전기자동차 산업에서의 미중경쟁을 분석한다. 제2절에서는 전기자동차 산업에서 나타는 기술표준경쟁의 차원에서 전기자동차의 핵심 기술의 표준을 차지하고자 하는 미국과 중국의 주요 자동차기업들의 동향을 파악할 것이다. 제3절에서는 전기자동차 산업에서 국제 표준을 차지하기 위해 미국과 중국 정부가 벌이는 제도적 지원을 비교한다. 제4절은 전기자동차 산업을 넘어 자율주행자동차, 커넥티드 차량 등 차세대 자동차 산업의 변화와 이와 관련하여 미국과 중국이 펼칠 담론 경쟁의 내용을 구상해본다. 끝으로, 이러한 미중 3차원 표준경쟁 속에 담긴 패권경쟁적 의미를 살펴보고, 이와 관련하여 앞으로 한국이 나아갈 방향을 간략하게 제시한다.


## II. 미중 전기자동차 기술표준경쟁

### 1. 전기자동차 배터리 기술경쟁-테슬라와 비야디를 중심으로

첫 번째 기술경쟁과 관련해서는 전기자동차와 관련한 각국의 기업들이 벌이는 기업전략을 비교하는 것이 중요하다. 미국의 경우 국내 첨단산업단지인 실리콘밸리 기업들의 주도로 전기자동차 산업이 부상하는 모습을 보인다. 특히 미국 시장은 전기자동차 업체 간의 치열한 경쟁을 통해 2018년 미국 유명 경제잡지『포브스(Forbes)』조사 기준 테슬라(Tesla)가 시장의 50% 이상을 차지하고, 그 뒤를 미국의 제너럴 모터스(GM), 일본의 도요타(Toyota), 독일의 BMW 등 전통 자동차 업체들이 차지하고 있다. 반면 중국의 경우 정부의 폐쇄적인 보호 정책과 막대한 보조금 혜택으로 중국 로컬 기업들이 시장을 점령하고 있다.[1] 이를 보면 중국은 외국 기업들과의 합작을 제외하고는 로컬 기업들이 산업 경쟁력을 확보했지만, 미국은 자유로운 경쟁원칙을 바탕으로 국외 기업들에 더 개방적임을 알 수 있다.

이처럼 다른 배경 하에서 미국과 중국의 전기자동차 기업들이 서로 다른 방식으로 기술경쟁력을 확보한다는 점은 주목할 만하다. 각국의 대표적 전기자동차 생산기업인 테슬라와 비야디(BYD)를 주요 예시로 들면서 기술혁신의 정도를 비교하겠다. 특허는 기술혁신의 결과를 나타내는 지표로 유용한 수단이 된다(오새새 외 2017). 우선 테슬라의 핵심 특허는 배터리 시스템 및 관리 기술과 관련된다. 오새새 등이 분석한 테슬라의 특허 포트폴리오에 의하면, 최근 3년간 출원한 특허 중 약 70%(160건 중 111건 이상)가 배터리 관련 기술이며, 배터리 안정성 확보에 필수적인 과열 방지 분야는 이 중 44건으로, 양적인 측면뿐 아니라 질적으로도 독보적인 포트폴리오를 구축했다. 이를 통해 테슬라는 중대형 세단급 전기차 'Model S' 제작이 가능했다. 또한, 충전 스테이션과 관련한 특허도 14건을 등록해 충전 인프라 확대와 관련하여 경쟁력을 갖추고자 하였다.

중국 전기차 산업의 특허는 아직 그 규모에 비해 질적인 수준은 낮다고 볼 수 있다. 그러나 중국 내 대표적 전기자동차 기업인 비야디의 기술력은 중국 내 타 기업들과 차별화되는데, 비야디는 '2017 중국 자동차 산업 기술력 평가'에서 국내 누적 특허 건수(2016년 말 기준) 2

---

1    CleanTechnica에서 조사한 2019년 상반기 중국 내 전기자동차 기업들의 시장점유율을 비교해보면, 비야디가 22%로 가장 큰 시장점유율을 확보하고 있고, 그 뒤를 같은 중국 기업인 SAIC, Geely, BAIC 등이 따르고 있다.

만 2262건, 특허경쟁력지수 24.9로 중국 자동차 업계 1위를 기록했다. 특히 비야디는 배터리 기술과 배터리 운용기술에 강점을 갖고 있다. 1995년 설립된 비야디는 본래 휴대폰 배터리 업체로 출발했으나 2002부터 중국 국영 전기자동차 회사를 인수하며 중국 전기자동차 분야 선두업체로 변모했다. 비야디의 전기자동차에 대한 기술 투자는 업계 최고 수준이며, 세계적으로 전기차 3대 핵심기술(배터리, 모터, ECU(전자제어장치))을 동시에 보유한 유일한 업체이다(변국영 2019).[2]

한편 이 두 기업의 공통점으로 모두 배터리 기술에 특히 관심을 두고 있는 것을 알 수 있다. 전기자동차 종류 중 순수 전기자동차(Ev)의 전망이 기대되면서 핵심 부품인 배터리 기술경쟁력을 확보하는 것이 중요해졌기 때문이다. 미래에셋대우증권에 따르면 글로벌 전기차 배터리 시장 규모는 2018년 15조 1000억 원에서 2019년 25조 원으로 1년 만에 약 60%가 성장하고, 2023년에는 95조 8000억 원 수준으로까지 늘어날 것으로 예상된다. 각국의 전기자동차 기업들은 독자적인 배터리 부품을 마련하거나 다른 배터리 업체들과의 합작을 통해 배터리 시장을 선점하고자 한다(유근형 2019).

현재 글로벌 전기차 배터리 시장은 정부의 전폭적인 지원을 받은 중국을 중심으로 중국, 일본, 한국 세 국가가 독점하고 있는 추세이다(유근형 2019). 특히 전 세계 전기차 시장의 50%를 차지하는 중국은 전폭적인 보조금 정책으로 CATL, 비야디 등 자국 배터리 업체들을 육성했다. 시장조사기관 SNE 리서치에 따르면 중국의 CATL은 2018년

---

2  관련 기사에 따르면 비야디의 자동차 및 배터리 분야 연구개발 투자는 2010년 이후 연평균 21% 증가해 같은 기간 관련 매출 증가율(14%)을 크게 웃돌았다. R&D 집중도(매출 대비 연구개발 투자)는 중국 자동차 업계 최고 수준이며 2018년 상반기 8.9%에 달해 테슬라(6.8%, 동기간)를 초과했다. 2017년 연구개발 투자 49억 7000만 위안(7억 6000만 달러), 2018년 상반기 30억 1000만 위안(4억 6000만 달러)이다.

세계 전기차 배터리 시장점유율 1위를 기록했으며, 자체적으로 전기
자동차를 생산하는 비야디 또한 전기차 배터리 분야에서 시장점유율 3
위를 기록하며 일본의 파나소닉(Panasonic)을 추격하고 있다.

한편 미국의 테슬라의 경우 자체적으로 배터리를 만들기보다 다
른 배터리 제조사와의 합작을 추구하는 방식을 고수해왔지만 최근 들
어 구체적인 방식의 변화를 보이고 있다. 그동안 테슬라는 일본의 파
나소닉과 협업하여, 파나소닉의 배터리에만 의존해왔다. 그러나 2019
년 초 파나소닉이 테슬라의 경쟁업체인 도요타와 전기차 배터리 합작
사 설립을 추진하면서 관계가 틀어졌다. 테슬라는 상하이 기가팩토리
3 공장의 배터리 납품사로 한국의 LG화학을 선정하고, 캐나다의 초고
속 배터리 제조 전문업체 하이바 시스템(Hibar System)을 인수했다.
또 2019년 11월에는 CATL과 전기차용 배터리 공급을 위한 예비 계약
을 체결했다고 한다(Bloomberg 2019). 이러한 테슬라의 다원화 전략
은 배터리 부품 의존도를 낮추고자 하는 의도를 갖고 있으며, 동시에
중국과 유럽 등에 대규모 공장 단지[3]를 설립하는 것은 물류비용을 절
감하면서 해당 시장에 진출하고자 하는 목적이 있다.

정리하자면, 전기자동차와 관련된 주요 기술력을 확보하는 방안
과 배경에서 미국, 중국의 주요 기업들은 차이를 보인다. 창립 시초부
터 전기자동차 제작으로 시작한 테슬라가 기업 생존과 차별화를 위해
지속적인 기술 개발을 한 것이 성공의 원천이었다면, 중국의 비야디의
경우 이전 배터리 기술을 다루던 이력과 적절한 인수가 우선적인 성공

---

3   테슬라는 전 세계에 총 4개의 '기가팩토리'를 두고 있다. 2014년 설립된 미국 네바다주
    르노에 위치한 배터리 공장, 2017년 완공된 뉴욕주 버팔로에 있는 태양광 전지 생산 공
    장, 2018년 중국 상하이에 세워진 전기차 조립 공장, 그리고 2021년 완공 예정인 독일
    베를린에 있는 엔지니어링·디자인 공장이다.

요인으로 작용했다고 볼 수 있다. 특히 전기자동차 기술의 핵심인 배터리 분야에서는 보조금 요인이 작용해 중국 기업들이 우위를 차지하였다. 이에 테슬라의 경우 최근 합작 기업의 다원화를 통해 시장 진출의 지역화를 노리고자 한다.

## 2. 전기자동차 급속충전방식을 둘러싼 국제표준 설립경쟁

전기자동차 보급이 확산되고 다양한 종류의 전기자동차가 개발되면서 이 전기자동차를 충전하는 방식의 표준을 두고 주요 국가와 기업들이 경쟁을 벌이고 있다. 전기자동차 충전 규격을 통일하는 표준을 설정하는 것은 운전자가 차종에 상관없이 충전할 수 있다는 점에서 전기자동차의 상용화에 기여한다. 뿐만 아니라, 충전방식의 표준을 장악하는 것은 전기차 충전소 등 미래 주요 사회 인프라를 구축하는 데도 권력으로 작용할 수 있기에 매우 중요하다.

전기차를 충전하는 방식은 입력전류의 파형에 따라 교류(AC)와 직류(DC)로, 충전하는 속도(시간)에 따라 급속충전과 완속충전으로 나뉜다. 일반적으로 완속충전은 교류 전원을 이용하여 충전시간이 5~6시간 내외이며, 종일 주행을 마친 뒤 집이나 공용주차장에서 배터리를 충전하는 때에 사용한다. 반면 급속충전은 직류 전원을 이용하기 때문에 15~30분이라는 비교적 빠른 시간 동안 차내 배터리에 전기를 충전하는 식으로, 이동 중에 전기를 충전하고 다시 주행하기 위한 목적으로 활용한다. 현재 완속충전방식은 미국, 일본, 한국 등에서 공통으로 AC 단상 5핀을 규정하여 갈등이 적지만, 급속충전방식과 관련해서는 기술표준경쟁이 치열하다.

전기통신 분야의 규격을 통일하기 위한 국제기구인 국제전기기술위원회(IEC)는 공식적으로 5가지의 급속충전방식을 규정하고 있다. 북미와 유럽이 각각 사용하고 있는 CCS[4]와 일본의 차데모(CHAdeMO), 중국의 GB/T, 마지막으로 테슬라에서 독자적으로 개발해 사용하고 있는 슈퍼차저(Super Charger)가 그것이다.

CCS는 Combine Charging System의 약자이고, 미국자동차공학회 표준(SAE)으로 지정되어 SAE Combo라고도 불린다. CCS는 2011년에 개발되어 북미와 유럽에서 사용되고 있으며, 북미에서 사용되는 것은 Combo 1, 유럽에서 사용되는 것은 Combo 2라고 불린다. Combo라는 뜻은 DC와 AC 단자를 동시에 포함한다는 의미로, 완속충전과 급속충전이 이 CCS 하나로 모두 가능하다는 굉장히 큰 장점이 있다. 이 외에도 충전시간이 테슬라의 슈퍼차저보다 빠르고, 차데모 방식에 비해 차량 정보통신에 유리하다는 장점이 있다. 폭스바겐(Volkswagen), BMW, 포드(Ford), 제너럴모터스(GM) 등 미국과 유럽의 자동차 회사들이 CCS 방식을 사용한다. 2018년 11월에는 테슬라 역시 유럽에 수출하는 자사 전기자동차의 충전방식을 CCS로 하겠다는 연합을 맺었다.

차데모는 마찬가지로 2011년 도쿄전력이 개발한 급속충전방식이다. 차데모(CHAdeMO)라는 이름은 이중적인 의미를 갖고 있는데, "Charge to Move"라는 의미 외에도 일본어로 "お茶でも?(차 한 잔 어때요?)"라는 뜻으로, 차 한 잔 마실 시간 동안 충전이 가능하다는 이미지를 소비자들에게 구축하고자 했다는 설이 있다. 차데모는 최대 150kW를 출력할 수 있다. 차데모는 닛산(Nissan)이나 미츠비시(Mitsubishi) 등 일본산 전기자동차들만이 주로 사용하는 방식이지만, 이

---

4    IEC에선 미국과 유럽의 표준 방식을 두 가지로 나누었지만, 본 논문에서는 두 방식 모두 기본적으로 CCS 방식을 사용하므로 통합해서 총 4종류로 구분하였다.

차들이 전 세계적인 판매량을 기록하면서 국내 표준에 그치지 않고 국제 표준으로 진출할 수 있게 되었다. 2019년 1월 조사된 바에 따르면 일본과 유럽, 미국 내 차데모 충전기는 각각 7400대, 7900대, 2900대를 기록했다고 한다.

중국은 GB/T라는 독자적인 충전방식을 국내 표준으로 설정하고 있다. GB/T는 2015년에 개발되어 중국에서 생산되는 모든 전기자동차는 해당 방식을 따르도록 의무화되어 있다. 테슬라, 닛산, BMW 등의 외국 기업 역시 중국에서 판매하는 전기자동차에는 GB/T 방식의 충전 규격을 설정한다. GB/T 방식은 다른 급속충전방식에 비해 개발이 늦었지만, 중국 정부의 전기자동차 보급 확대와 GB/T 의무 설치 등의 지원을 통해 전 세계 시장에서 80% 이상이라는 높은 점유율을 차지하고 있다. 그러나 이런 높은 점유율을 가지고 있음에도 GB/T 방식이 독자적인 국제 표준으로 자리 잡지 못한 이유는 GB/T의 설치가 중국 역내에 한정되어 있기 때문이라는 한계도 존재한다.

일본과 중국은 CCS에 대항하여 급속충전방식의 국제 표준을 차지하기 위해 협력하는 모습을 보인다. 2018년 8월 중국의 '중국전력기업연합회'는 일본의 '차데모협의회'와 함께 전기차 충전과 관련한 표준 규격을 공동으로 개발하는 협약을 체결했다. 양 협회는 중국의 GB/T 방식과 일본의 차데모 방식을 통일하여 새로운 충전방식을 개발할 계획이라고 밝혔다. 새로 개발될 충전방식은 전기 트럭 및 버스 등 고용량 배터리 충전에도 활용 가능할 전망으로, 이를 위해 일본은 고속충전 및 안전관리 기술을 제공하고 중국은 규격 책정 및 부품 공급을 담당할 예정이라고 한다. 새로운 충전방식은 개발이 완료되면 중국에 우선 설치 후, 경과를 보고 일본에도 설치될 예정이며, 차례로 유럽 및 인도에도 설치될 계획이다. 중국의 GB/T 방식과 일본의 차데모 방식이 충전 인프라의 약 94%를 차지하는 점을 고려한다면 새로 개발되는 충전 규격이 글로벌 전기차 충전 표준으로 채택될 가능성이 크다(엄호식 2018).

한편 유일한 비국가 행위자로서 테슬라가 자사의 독자적인 충전 방식인 슈퍼차저를 국제 표준으로 세우려고 한 시도가 주목할 만하다. 슈퍼차저는 2012년 개발된 테슬라만의 급속충전방식으로, 최대 120kW를 출력할 수 있다. 2019년 1월 테슬라는 미국 내 595대의 슈퍼차저 충전기를 설치했고, 420대를 추가로 설치할 계획이라고 밝혔다. 그러나 슈퍼차저는 테슬라의 제품에만 호환할 수 있었기 때문에 단독으로 국제 표준이 되기에는 한계가 있었고, 현재 테슬라는 차데모와 호환을 할 수 있는 어댑터를 구매자들에게 제공하고 있다(Eric 2019).

전기자동차의 수요가 높아지면서 전기자동차의 필수 고려사항인 충전방식을 두고 주요 국가 간 표준경쟁이 일어나고 있다. 특히 각 충전방식들이 개발된 국가 내에서 독자적인 표준이 된 후 이를 기반으로 국제 표준이 되려는 방식을 취한다는 공통점이 있다. 수출하는 지역에 맞춰 전기자동차 업체가 제품마다 다른 충전방식을 호환시키는 것도 같은 이유로 볼 수 있다. 한편 각국은 국제 표준을 확보하기 위해 협력해 새로운 표준을 개발하는 등 다양한 메커니즘을 취하고 있다.

## III. 미중 전기자동차 제도표준경쟁

### 1. 미국의 전기자동차 산업 지원정책

전기자동차 산업을 지원하는 정부의 지원정책은 크게 재정적 인센티브 제도와 R&D 지원, 관련 인프라의 구축 등으로 나누어 볼 수 있다 (Xingping Zhang et al. 2014, 5). 미국은 2011년 오바마 대통령이 전기차 지원정책을 발표한 이래 전기차 보급 확산 정책에 적극적인 행보를 보인다. 오바마 정부 이후 미국은 전기차 보급을 활성화하기 위해 공공기관에서 구매하는 공무차량의 50%를 플러그인 하이브리드차나 전기차로 의무화하였다.

우선 미국의 경우 실리콘 밸리의 자유경쟁 메커니즘에서의 산업의 발달을 기반으로 하기 때문에, 정부의 지원 역시 자국의 전기자동차 회사를 선정해서 차별적으로 지원하는 방법보다는 소비자를 대상으로 구매 시 인센티브 혜택을 주는 방식을 주로 하고 있다. Lu Jieyi가 2018년에 작성한 기사에 따르면, 인센티브 제도와 관련하여 미국 연방정부는 2010년부터 구매한 플러그인 전기자동차(PEV)에 세금 감면 혜택을 주는 재정적 인센티브 정책을 펼치고 있다. 세금 감면의 범위는 전기자동차의 중량 등급이나 배터리의 용량에 따라 2500~7500달러 정도이며, 충전장치의 경우에도 약 2000달러의 보조금을 지급한다. 미국은 40여 개의 주 차원에서도 전기자동차 보급을 활성화하기 위해 별도의 인센티브 제도를 운용하고 있다.[5]

재정적 지원 이외에도 기술개발과 관련해 R&D를 지원하는 것은 연구 비용을 절감하고 전기자동차의 성능을 향상하기 위해 필수적이다. 전기자동차와 관련된 미국의 R&D 지원은 배터리에 집중적으로 이루어져 왔다. 미국 정부는 특정 '프로젝트'를 만든 뒤, 해당 프로젝

---

5    캘리포니아는 탄소 배출제로(zero emission) 자동차와 플러그인 하이브리드 전기자동차(PHEV)에 리베이트를 제공하고, 저소득 가정에는 추가로 2000달러를 제공한다. 워싱턴과 뉴저지는 자동차 판매 및 사용세에서 전기자동차를 면제한다. 루이지애나와 메릴랜드는 차량당 최대 2500~3000달러의 세금 감면 혜택을 제공한다.

트를 담당할 기업, 연구 기관, 대학 등을 선정하거나 경쟁을 통해 선별한 뒤 이들에게 지원금을 주는 식으로 R&D 지원을 한다. 미국의 공공교통 혁신 프로젝트와 저/무탄소 배출(Low-No) 차량 프로젝트는 주정부, 민간기업, 비영리 단체 및 대학에 탄소 배출제로 대중교통에 관한 연구를 수행할 수 있도록 재정적 지원을 제공한다(Xingping Zhang et al. 2014, 12). 이 차량 프로젝트는 2017년에 도시와 대중교통 제공 업체에 약 5500만 달러의 R&D 자금을 제공했다.

　　미국 에너지부는 에너지혁신프로그램(ARPA-E)을 통해 배터리, 자동제어 시스템 및 효율적인 전기자동차 충전기와 같은 여러 전기자동차 관련 연구들을 지원했다. 이 프로그램의 예시로 스탠퍼드 대학교는 EV에 전력을 공급하는 배터리의 비용과 무게를 줄일 수 있는 다기능 배터리 섀시 시스템[6]에 대한 연구에 약 300만 달러의 지원을 받았다. 또한, 아칸소주의 전력 회사는 ARPA-E로부터 받은 400만 달러로 전기자동차 충전 프로세스의 속도를 높이는 연구를 진행했다.

　　재정적 지원과 기술투자 외에도 중요한 것이 인프라 구축이다. 전기자동차를 위한 인프라를 건설하는 데 있어 가장 대표적인 사례는 충전소를 설치하는 것이다. 충전소를 설치하는 것은 전기자동차의 보급에 있어서 매우 중요한 기반이 되지만, 충전소 설치와 자동차 보급의 문제 중 어느 쪽이 먼저인지에 대한 선행관계가 분명하게 확립되지 않

---

6　ARPA-E 홈페이지에 따르면 스탠퍼드 연구팀은 배터리의 충전 및 기능 상태를 실시간으로 평가하는 센서가 통합된 배터리를 개발했다. 해당 모니터링 시스템은 변형 상태, 온도 및 초음파 유도 파를 측정하는 작동기와 및 센서 네트워크로 구성되었는데, 기존 감지 기술에 드는 비용을 감소하는 장점이 있다. 연구팀은 배터리의 구조적 강도를 높이기 위해 리튬-이온 재료를 고강도 탄소 섬유 복합재나 내구성이 좋은 알루미늄이 내장된 다기능 에너지 저장 복합재를 개발했다. 스탠퍼드 팀이 새로 개발한 배터리는 전체 중량을 최대 30% 절감하여 연료 소비를 줄일 수 있을 것으로 예상한다.

아 정치인들에게는 문제가 되기도 한다.

Xingping Zhang의 동일 논문에 따르면, 전기자동차 충전소를 설치하는 작업은 각 정부가 이를 순수 공공사업, 민관 합작사업, 순수 민간사업 중 어떤 종류로 보는지에 따라 달라진다. 미국은 민관 합작사업 모델 하에서 충전소를 설치하고 있다. 이 경우 사업의 투자자는 미국 정부이지만 실제 충전소를 설치하는 작업은 모든 기업들이 자유롭게 참여할 수 있다. 이들은 경쟁을 통해 설치권을 가져올 수 있다. 10개 이상의 미국 주 정부는 충전소를 설치해주는 기업들에 이에 대한 리베이트와 세금 감면을 제공하고 있다. 로스앤젤레스 수전력 자원부(DWP)는 충전소를 설치하는 상업고객들에게 충전기 한 대당 최대 4000달러를 지원한다. 애리조나 주의 거주자들은 자택 내에 충전소를 설치할 경우 최대 75달러의 세금을 감면받는다.

## 2. 중국의 전기자동차 산업 지원정책

중국의 전기자동차 판매량은 2015년 이후 미국을 넘어 지금까지 세계 1위를 유지하고 있다. 이 배경에는 중국 정부의 전폭적인 지원이 뒷받침하고 있다. 중국 정부는 2015년 '중국제조 2025' 전략을 발표하며 그 대표 산업 중 하나로 전기자동차 산업을 포함하고 이를 집중적으로 개발하는 보호 육성 정책을 펼쳤다. 중국 정부의 전기자동차 개발정책의 핵심은 첫째, 환경 보호 및 에너지 문제해결, 둘째, 전기자동차 분야에서의 새로운 산업표준 제정, 셋째, 로컬 브랜드의 핵심기술 개발 등으로 정리할 수 있다.

중국의 전기자동차 판매량 증가의 주요인은 중국 정부의 면세 및 보조금 지원정책이라고 말할 수 있다. 중국은 2014년부터 2017년까지 전기자동차에 대한 구매세를 면제했으며 2018년 이를 2020년까지 연장했다. 또 중국 중앙정부는 소비자 보조금 프로그램을 시작했는데, 2010년부터 시작한 보조금 프로그램은 2년 또는 3년마다 갱신되면서 자격 기준을 높이고 보조금 액수를 점차 줄여가고 있다.[7] 이 외에도 베이징, 선전 등 중국의 지방정부도 중앙정부가 지원하는 보조금의 50% 수준의 지방 보조금을 지원하고 있다. 중국은 이러한 보조금 정책을 활용해 산업 보호 육성 정책을 펼친다는 점에서 미국과 다르다.

이 차이점은 위에서 말한 전기자동차 배터리 분야의 보조금 정책에서 자세히 살펴볼 수 있다. 중국은 정부가 선정한 제조사의 배터리를 사용한 전기자동차에 보조금을 우선 지급하는 제도를 도입하였는데, 여기서 선정된 제조사는 CATL, 비야디 등 자국 제조사가 대부분이다(이경민 외 2016, 225). 이 제도에 따라 중국에 제품을 수출하고 싶은 해외 전기자동차 기업들은 중국 제조사의 배터리를 사용하는 것이 유리하다. 중국 배터리 제조업체들은 이처럼 중국 정부의 보호막 아래에서 양질전화의 과정을 거친 것으로 보인다. SNE리서치의 김병주 상무는 "중국의 전기자동차와 배터리 업계는 양적 성장에서 질적 성장으로의 전환점에 있다"라며 2020년 중국 정부의 전기차 배터리 보조금 폐지와 관련하여 "난립한 배터리 기업들의 구조 조정과 기술력 높은 중국 내 우수 배터리 기업의 집중 성장이 이루어질 것"이라고 예측했다

---

7    EESI에서 작성한 기사에 따르면, 2010년에는 구매한 플러그인 하이브리드 전기자동차 (PHEV)에 따라 대당 약 635~7941달러의 보조금을 지원받았고, 순수 전기자동차(EV)에 대해서는 대당 약 9530달러의 보조금을 받았다. 이 당시 지급된 보조금은 전기자동차 비용의 약 40~60%를 차지했다. 2013년에 PHEV에 대한 보조금은 5600달러로 조정되었으며 EV에 대한 보조금은 차량의 주행 범위에 따라 5600~9530달러로 책정되었다. 2016년에 다시 갱신된 보조금은 각 PHEV에 대해 최대 4765달러, 각 EV에 대해 최대 8736달러였다. 2017년과 2018년에는 2016년을 기준으로 보조금이 약 20% 정도 삭감될 것이고, 2019년과 2020년에는 2016년 기준으로 약 40% 정도가 감소할 전망이다.

(김겨레 2018).

중국은 기술개발에 대한 정책적 지원도 아끼지 않고 있다. 2001년 중국은 새로운 에너지 기술개발을 목표로 소규모의 R&D 프로그램을 설립했다. 이 프로그램은 새로운 에너지 기술이 경제적 이윤을 창출하고 환경 문제를 완화할 수 있다는 확신을 중국 정부에 심어 주었다. 이후 2006년 중국 정부는 과학기술부(MOST)가 관리하는 국가첨단기술 R&D 프로그램(863 프로그램)을 통해 110억 1,000만 위안(약 1억 8,800만 달러)을 R&D에 투자했다. 또한, 2012년 발표한 〈에너지 절약 및 신에너지 자동차산업규획〉에 따르면 중국 정부는 2020년까지 1000억 위안을 투입하여 핵심기술 개발, 자동차 시범 보급, 충전 인프라 확충 등을 결정하였고, 소비세 감면, 기업 소득세 감면, 연구개발비용 공제 등도 함께 시행하기로 하였다. 이러한 지원에 힘입어 중국의 전기자동차 시장은 2012년 기준 1.3만 대의 판매량을 기록하였으나 2016년에는 50만 7천 대로 크게 증가하였다. 그해 전 세계 전기차 판매량은 77만여 대 수준인데 이 중 65% 이상이 중국에서 판매된 것이다(이경민 외 2016).

인프라를 구축하는 미중의 정책을 비교해 볼 때, 중국은 미국과 달리 전기자동차 충전소를 설치하는 작업을 순수 공공사업으로 여긴다(Xingping Zhang et al. 2014, 14). 중국에선 중국국가전력망공사(SGCC)나 중국남방전력망공사(CSPG)가 충전소 시장을 독점한다. 이러한 방식 때문에 미국이 충전소를 설치하는 기업들에 리베이트 혜택을 부여하는 반면, 중국은 지방정부에 보조금을 부여한다. 중국의 지방정부는 정해진 전기자동차 구매량을 충족하는 등 특정 조건을 만족하는 경우 중앙정부로부터 충전소를 건설하기 위한 보조금(약 1,400만 달러)을 지원받는다. 한편 2014년 중국 정부는 중앙 도시와 일부 도시 및 공공기관에서 사용하는 차량의 30% 이상을 전기자동차로 운영할 것을 규정했고, 2016년에는 이 목표를 50% 이상으로 수정했다. 이 때문에 중국 내 주요 도시에서는 전기자동차를 많이 찾아볼 수 있는데, 중국 선전의 경우 세계 최초로 시내 모든 버스와 택시를 전기자동차로 전환하여 주목을 받았다. 중국은 2020년까지 1만 2,000개의 전기차 충전소를 건설할 계획이며, 이는 약 500만 대의 전기자동차를 수용할 수 있는 규모이다.

한편 2020년부터 중국 정부가 전기자동차와 관련된 산업에 대한 보조금 정책을 전면 폐지하겠다고 발표한 것과 관련하여 향후 중국 전기차 산업의 미래를 두고 갑론을박이 이어지고 있다. 일각에서는 중국이 보조금 정책을 폐지한다면 지금껏 중국 정부의 보호 아래 있던 중국 전기자동차 기업들이 경쟁력을 잃고 중국의 높은 점유율도 낮아질 것이라는 다소 부정적인 입장을 보인다. 또한, 보조금이 없어지면서 전기자동차나 배터리 분야의 중견·중소 업체가 타격을 받을 것이라는 비판도 존재한다. 실제로 SNE리서치에 따르면 2019년 9월 전 세계 전기차 배터리 사용량은 10.0GWh로 지난해 같은 기간보다 10.5% 감소했다. 이 중 CATL과 비야디는 각각 10%, 71%의 하락세를 기록했다. 배터리 사용량의 감소와 함께 중국 전기자동차 업체도 타격을 입었다. 중국의 유명 전기차 제조사 '니오'는 직원의 10%인 1,200명을 감원하기로 했다. 중국판 테슬라를 표방했던 중국의 전기차 스타트업 '패러데이퓨처'의 창업자 자웨팅은 최근 실적 부진으로 최고경영자에서 물러나고 미국 법원에 파산 신청을 했다.

그러나 한편으로는 오히려 보조금 정책 폐지를 통해 지금껏 아무런 성과 없이 보조금만 받던 기업들을 골라내고 선진 기술을 가진 역내 기업들이 더욱 시장을 넓힐 수 있는 기회가 될 것이라고 보는 시각도 있다. 중국 재정부가 전기차 보조금 삭감 조치에 대해 "신(新)에너지 자동차 산업의 고도화된 발전을 지원하기 위한 것"이라고 설명한 것은 이러한 시각을 반영한 것이다. 2019년 12월 18일 면담을 가진 대한무역투자진흥공사(KOTRA) 선전무역관 김영석 과장은 "비야디 등 중국 역내 대표적인 전기자동차 기업들은 이미 보조금 지원 없이도 해외 업체들과 경쟁할 정도로 성숙해졌다. 중국 정부도 이를 알고 있기에 지금이 적정 시기라 느껴 보조금을 폐지하는 것일 것"이라며 긍정적인 견해를 내놓았다.

정리하자면, 미국 정부는 전기자동차 시장 내의 자유로운 경쟁을 방해하지 않는 차원에서 재정적 지원을 주로 시행하는 반면, 중국의 경우 국내 기업을 위주로 한 보조금 정책과 산업 보호 정책을 통해 빠른 속도로 전기자동차 산업을 육성해냈다. 그러나 정도의 차이는 있지만, 미국과 중국 모두 다양한 차원에서의 제도적 지원을 제공하고 있었는데, 이와 같은 배경에는 아직 전기자동차 산업이 기존 자동차 산업에 비해 힘이 약하면서도 미래 국가경쟁력을 이끌 핵심 분야라는 점이 작용한 것으로 보인다.


## IV. 미중 전기자동차 담론표준경쟁

### 1. 차세대 자동차 산업과 모빌리티 혁명

서론에서도 제시한 바 있지만 전기자동차는 차세대 자동차의 일부이고, 이는 통틀어 모빌리티의 혁명이라고 말할 수 있다. 인공지능(AI), 빅데이터, 클라우드의 발전으로 모빌리티는 더 이상 자동차 산업의 전

유물이 아닌, 다양한 산업 분야와 연계된 선도 산업이다. 2019년 11월 19일 여의도 콘래드호텔에서 열린 '제7차 글로벌 리더스 포럼'에서 블룸버그 모빌리티의 총괄 디렉터인 알리 이자디 나자파바디는 향후 자동차 업계를 주도할 키워드로 커넥티드 카(Connectivity), 자율주행(Autonomous Driving), 공유 차량(Shared Mobility), 전기차(Electricity) 등 'CASE'를 제시했다. 그리고 이 CASE로 대표되는 모빌리티 혁명은 스마트시티의 논의와 연결된다.

자율주행은 자동차가 스스로 주변 환경과 차량 상태를 인식, 판단, 제어해 목적지까지 안전하게 주행하는 기술을 말한다. 자율주행 자동차는 부착된 GPS 카메라와 레이저, 레이더 센서 등을 통해 주변 환경을 인식한다. 미국자동차공학회(SAE)는 자율주행 자동차를 다섯 단계로 분류한다. 사람이 직접 모든 운전을 담당하는 것이 0단계라면, 현재 출시되고 있는 카메라와 센서 등을 이용하여 정속 주행을 하는 대부분의 자동차들은 1단계이고, 속도와 방향을 조정하면 2단계이다. 자동차가 스스로 장애물을 감지하고 회피하면 3단계를 얻고, 4단계부터는 완전자율이 가능하게 된다. 그리고 5단계가 되면 브레이크, 페달이 없이 안전하게 완전자율주행이 가능한 자동차가 나오게 된다. 현재 많은 자동차 제조업체들은 2021년까지 4단계 자율주행 자동차의 상용화를 목표로 하고 있다.

'공유 모빌리티'는 '공유'와 '모빌리티'의 합성어로, 공유경제가 이동수단에 적용된 미래차이다. 이동수단은 특정 개인의 소유일 수도 있고, 공유 모빌리티 플랫폼을 제공하는 회사일 수도 있다. 공유 모빌리티는 우버(Uber), 그랩(Grab), 타다(TADA), 킥고잉 등 차세대 모빌리티 종류 중 가장 일상생활과 밀접한 종류이다. 공유 모빌리티는 교통 문제를 해결하고 주차 공간 부족 등의 문제를 해결할 수 있다는 장점이 있는데, 이 때문에 미래 스마트시티의 기반시설로서 '공유' 스마트 모빌리티가 논의되고 있다.

'커넥티드 카'는 이름 그대로 네트워크에 연결된 자동차에서 실생활과 관련된 다양한 서비스를 체험할 수 있는 개념이다. 커넥티드 차량은 자동차와 무선통신의 결합이 인터넷에 연결돼 차량을 원격으로 제어하거나 교통정보 서비스를 제공받는 기술로부터 발전했다. 이 기술이 점점 고도화되고 AI 기술을 탑재해 자율주행이나 주행보조 기능을 제공해주는 미래차로 주목받고 있다. 교통정보, 목적지와 관련된 기술 제공뿐만 아니라 AI 딥러닝 기술을 활용해 차량 탑승자의 건강까지 체크해주는 기술도 커넥티드 차량의 특징이다. 만약 자율주행 기능이 더해진 커넥티드 차량이라면 운전자가 운전을 할 수 없는 상황이라고 판단했을 때 자율주행 모드로 스스로 전환해 가까운 병원으로 안내해주는 기능도 탑재될 전망이다. 이름에서도 볼 수 있듯이 커넥티드 카는 정보와 기술의 연결과 융합의 산물이라는 점에서 차세대 자동차로 주목받는다.

특히 커넥티드 카는 소프트웨어 기술과 하드웨어 기술의 융합으로, ICT 기업들과 전통 자동차 기업들 간의 협력과 경쟁이 중요하다. 최근 구글, 애플, 바이두 등 여러 ICT 기업은 스마트폰 이후 차세대 자동차와 인터넷망을 연결하는 분야에 관심을 가진다. 이들은 커넥티드 카 시장에서의 소프트웨어 플랫폼을 선점하고자 하는데, 커넥티드 카의 운용체계를 장악하고 인터넷이 연결된 다양한 서비스 등을 플랫폼을 통해 제공함으로써 커넥티드 카 담론을 장악할 수 있기 때문이다. 애플은 인포테인먼트(information과 entertainment의 합성어로, 정보와 즐거움을 동시에 줄 수 있다는 의미의 용어) 플랫폼 카플레이(Car-Play), 구글은 안드로이드 오토를 각각 자체 개발하고 있다. 중국의 최대 포털 기업 바이두 역시 중국 최초의 커넥티드 카 플랫폼인 카라이프(CarLife)를 개발하였다. 아우디, 폭스바겐, 벤츠, 포드, 볼보, 제너럴모터스, 현대자동차 등 여러 전통적인 자동차 제조사들이 이들의 플랫폼을 지원하고 있으며, 제조사들은 한편으로 한 자동차가 최대한 많은 플랫폼을 지원할 수 있도록 하기 위해 협업을 강화하고 있다.

여러 플랫폼들이 제공하는 운용체계 뒤에 있는 국가 간의 담론 차이도 무시할 수 없다. 특히 앞으로의 차세대 자동차들이 인터넷 접속 서비스가 필수화되면서, 차세대 자동차의 운용체계는 도시 혹은 국가 전체의 데이터망과 연결된다. 이는 도시모델에 대한 국가의 담론 설정과도 연관된다. 차세대 자동차는 모두 4차 산업혁명과 정보통신기술의 발전으로 새로이 논의되는 '스마트시티' 내에서의 주요 교통수단이다. 스마트시티란, 교통, 환경, 주거 등 도시의 기반시설이 데이터 통신망을 통해 연결되어 있는 미래 도시상을 의미한다. 이 스마트시티와 차세대 자동차들이 만들 새로운 교통체계와 관련하여 국가들이 서로 다른 도시 담론과 교통 규범을 설립하려는 경쟁을 벌일 것으로 예상된다.

## 2. 스마트시티 담론과 미래 교통체계를 둘러싼 미중 규범경쟁

스마트시티에 대한 담론과 정책은 나라별, 지역별로 다양하다. 국제표준기구(ISO)는 스마트시티를 "도시민들에게 서비스와 삶의 질을 변화시키기 위해, 도시의 지속 가능성과 탄력성을 향상시키는 속도를 극적으로 향상시키고, 도시가 시민사회에 어떻게 영향을 주는지, 협력적 리더십 수단들에 어떻게 적용되는지, 도시운영 구성요소들과 도시 시스템에서 어떻게 작동하는지, 데이터와 통합 기술을 어떻게 사용하는

지를 근본적으로 개선시키는 도시"로 정의하고 있다.

　　그러나 실제 스마트시티 설립 목적과 정책 방향은 선진국과 개발도상국별로 차이가 있다. 주로 선진국의 경우, 기존의 낡은 도시의 인프라를 정비함과 동시에 ICT를 접목하여 새로운 서비스와 에너지 효율화 및 탄소 저감 등을 추진 중이며 빅데이터 정보를 활용하거나 거버넌스 구축에 집중하고 있는 추세이다. 반면 중국, 인도 등의 개발도상국에서는 도시경쟁력을 확보하고 경제적 성장을 목표로 설정하여 대규모 자본을 투입하는 신도시 건설 등의 형태로 사업을 추진하고 있다(김태형 외 2019). 이러한 스마트시티에 대한 선진국과 개발도상국의 다른 비전은 앞서 이야기한 차세대 자동차들이 스마트시티 내에서 지켜야 하는 교통체계의 담론과 도덕적 규범에도 차이를 만든다.

　　미국 연방 교통부는 미래 교통부문을 선도하기 위해 2015년 2월 "Beyond 2045 Traffic"이라는 30년 프레임워크를 제시했다. 연방 교통부는 스마트시티의 특성을 크게 3개의 카테고리로 나누어 제시했는데, 기술 요소, 혁신적 도시교통 요소, 그리고 스마트시티 요소가 그것이다(송태진 2016). 이 요소들은 교통체계라는 하나의 부문뿐 아니라 빅데이터, 환경, 사회인프라 등 여러 도시부문에 연계되어 있다. 이 중 스마트시티 요소 중에서 '사생활 침해 및 보안'은 개인정보 보호와 관련한 미국의 입장을 보여준다. 스마트시티는 그들의 시스템이 수집하고 저장하는 개인정보와 관련 정보의 저장 가능 수준을 정확히 파악하고, 시스템의 효율성과 개인정보 보호 사이에서 보안 수준을 조절한다. 스마트 모빌리티와 관련하여 미국은 보안 문제는 반드시 스마트시티 시스템 내에서 통합되어야 하며, 보안 위험은 실시간으로 지속적으로 관리되어야만 한다는 생각을 갖고 있다. 이러한 미국의 스마트 교통체계 규범은 ICT 기술을 기반으로 한 서비스 제공과 이를 통한 밑으로부터의 거버넌스 사회라는 스마트시티 담론을 기반으로 설정된다.

반면 중국은 도시문제 해결을 위해 국가 차원에서 2011년부터 스마트시티 정책을 추진하였다(Fan Yang 2018). 중국 국가발전개혁위원회는 2011년 추진한 12번째 5개년 계획사업에서 500여 개 도시를 대상으로 한 대규모 혁신사업을 계획하였다. 중국은 단기적으로는 기존 도시를 재생하고 기능적으로 편리한 신도시나 글로벌 도시를, 장기적으로는 기술의 풍요를 의료·복지·교육·생활에 접목해 지속가능하고 인간화된 스마트 도시를 건설하는 것을 목표로 삼았다.

중국 내 스마트시티 프로젝트를 실행 중인 항저우 시는 알리바바와 전략적 협력 관계를 구축하고 2017년 알리클라우드 기반의 도시 관리 프로그램인 'ET 도시브레인'을 도입하였다. 'ET 도시브레인'은 항저우 내 다양한 데이터를 통합 및 네트워크화하여 도시의 '데이터 신경망'을 구축하고 알리바바의 AI 칩을 탑재한 슈퍼컴퓨터를 통해 분석 처리한다. 'ET 도시브레인'은 항저우 구급센터와 연결되어 출동한 구급차를 위해 최적 경로 산정 및 구급차가 모든 골목을 통과하는 시간을 정확히 계산하여 신호등을 자동 조절함으로써 현장 도착 시각을 50% 단축하였다. 항저우의 'ET 도시브레인' 프로젝트는 IDC '2018 스마트시티 아시아태평양 어워드'에서 교통부문 대상을 수상하였다.

이러한 중국형 스마트시티의 비전은 거버넌스 사회를 만들기보다, 효율적으로 굴러가는 '거버먼트 도시'에 맞추어져 있다. 'ET 도시브레인'을 진행한 알리바바의 기술위원장인 왕지안은 "사생활 침해 문제가 우리가 해결해야 할 가장 우선적인 문제임은 확실하다"면서도 도시브레인과 연동된 항저우의 CCTV의 범죄자 검거 기능 등을 언급하며 "이런 면에서 도시브레인 프로젝트가 가져다주는 이익은 그런 우려를 능가한다"고 말했다. 중국의 경우 개인정보 보호와 스마트시티 시스템의 효율성 중 후자를 중시한다. 이는 중국이 스마트시티와 스마트 모빌리티와 관련한 국제적 담론과 규범을 설정하는 데 있어 장애물로 작용할 가능성이 있다. 이미 중국형 스마트시티 모델을 수입하는 다른 국가들에서 사생활 침해에 대한 우려가 일어나고 있다.

2018년 우즈베키스탄은 중국 국영투자기업 중신그룹·허난 코스타 등과 '안전한 도시' 프로젝트 이행 협약을 체결했다(Jardine Bradley 2019). 해당 프로젝트에는 도시 감시 시스템·전자정부·정보통신기술(IT)·원격의료 개발 등이 포함된다. 우즈베키스탄은 이번 프로젝트를 통해 스마트 도시 구축 등의 효과를 기대하지만, 현지에서 중국의 감시 기술이 확대되면서 이로 인한 사생활 침해와 중국의 정치 및 전략적 영향 증가 등이 발생할 수 있다는 우려가 제기되었다. 특히 중국이 AI를 통한 안면인식 기술을 광범위하게 도입하고 현지에서 무슬림 소수민족 위구르족을 추적·통제했다는 보도가 나온 바 있어 경계심이 더욱 높아진 바 있다.

요약하자면 국가 또는 지역마다 다양한 개념의 스마트시티 정의가 존재하고 관련 정책도 다양화되어 있는 현실에 따라 스마트시티의 가장 핵심적인 인프라 중 하나인 스마트시티 교통부문에 대한 명확한 담론 표준도 구축되어 있지 않은 실정이다. 스마트시티 교통부문에 대한 개념 정의가 되어 있지 않아 스마트시티 교통체계의 역할 및 구축 방향, 스마트시티 교통서비스 등에 대한 전반적인 목표 및 구축전략 또한 부재한 상황이다. 이에 대한 연장선상으로 커넥티드 카 기술과 개인정보 보호에 관해 미국과 중국의 입장이 충돌한다. 미국은 개인정보 보호와 스마트시티 시스템의 조화를 최대한 찾는 반면 중국은 개인정보가 중요함을 인정하면서도 스마트시티의 효율성을 우선시하는 모습을 보인다. 이는 각국이 스마트시티 모델을 해외에 수출할 때 영향을 미치기도 한다.

## V. 결론

차세대 자동차 산업은 기존 자동차 산업과 달리 제조업뿐만 아니라 데이터, 로봇, 환경 등 4차 산업혁명 담론과 함께 주목받고 있는 첨단 기술들이 융합된 21세기 신흥 선도부문이다. 이러한 신흥 선도부문의 경쟁은 해당 산업 분야에서 벌어지는 기업 간 경쟁인 동시에 국가 간 경쟁이며, 개별 부문의 기술경쟁을 넘어 패러다임 전반을 주도하기 위한 다차원의 패권경쟁이다(김상배 2017). 이 중 전기자동차 산업은 차세대 자동차 중에서 자율주행 자동차와 함께 가장 논의가 활발히 이루어지고 있는 분야이다. 본 논문에서는 전기자동차 산업에서의 패권을 두고 미국과 중국이 벌이는 패권경쟁의 양상을 기술, 제도, 담론의 3차원의 표준경쟁에 대입하여 살펴보았다.

　첫 번째 기술경쟁과 관련해서는 미국과 중국의 주요 전기자동차 기업들이 벌이는 경쟁의 양상을 살펴볼 수 있다. 특히 미국의 테슬라와 중국의 비야디 기업의 기술특허를 비교하였을 때, 테슬라는 배터리 안전성, 배터리 충전 스테이션 등 부품과 인프라와 관련하여 두루 양적, 질적인 기술경쟁력을 확보했다고 볼 수 있다. 비야디의 경우 다른 중국 전기차 업체들의 특허가 양적인 측면에 집중되어 있는 것과 달리 상대적으로 특허의 질이 높고, 배터리 기술과 배터리 운용기술에 집중되어 있었다. 두 기업이 모두 배터리 기술에 관심을 두고 있다는 점도 주목할 만하다. 배터리는 전기자동차의 핵심 부품으로, 전기자동차 산업의 확장과 더불어 배터리 시장도 커지면서 각국의 전기자동차 기업들은 다른 배터리 업체들과 협력하거나 독자적으로 배터리를 개발하는 방안을 취한다.

전기자동차의 급속충전방식을 두고 북미와 유럽, 일본, 중국, 그리고 테슬라가 벌이고 있는 표준경쟁도 주목해야 한다. 북미와 유럽은 미국에서 개발한 CCS를 표준으로 사용하고 있고, 일본과 중국 역시 자국에서 개발한 차데모와 GB/T를 국내 표준으로 사용한다. 각국은 국제 표준을 수립하기 위해 동맹을 맺는 선택을 하기도 한다. 작년 일본과 중국이 차데모 방식과 GB/T 방식을 융합한 새로운 표준 규격을 개발하는 협약을 맺었는데, 현재 두 충전방식이 전체 급속충전 인프라의 94%를 차지하는 점을 고려하면 이 새로운 표준 규격이 국제 표준으로 설정될 가능성이 매우 크다. 한편 이러한 국가 주도의 기술표준 선점 상황에서 비국가 행위자인 테슬라가 독자적으로 개발한 슈퍼차저를 국제 표준으로 세우려고 한 점도 이례적이다.

국가마다 정도는 다르지만, 전기자동차 산업의 뒤에는 이를 육성하기 위한 정부의 제도적 지원이 존재하고, 이들 간 제도 경쟁이 벌어지고 있다. 전기자동차 산업을 지원하는 정부의 지원정책은 크게 재정적 인센티브 제도와 R&D 지원, 관련 인프라의 구축 등으로 구분할 수 있다. 특히 중국의 경우 보조금 정책이 전기자동차 산업 성장의 핵심 요인이다. R&D의 투자의 경우도 미국은 주로 배터리 기술에 집중되어 있고, 중국의 경우 핵심기술 개발, 충전 인프라 확장 등 다양한 방면에 이루어진다는 차이가 있다. 관련 인프라를 구축하는 것에 있어서는 충전소 설치와 전기자동차 사용 의무화 정책을 들 수 있다. 특히 중국은 2016년 주요 도시 내 대중교통이나 공공기관에서 사용하는 차량의 50%를 전기자동차로 대체할 것을 의무화했다.

반면 중국 정부가 2020년부터 전기차와 배터리에 지급되던 보조금을 전면 폐지하기로 결정하고 나서부터 중국 전기차 산업의 전망에 대한 의견이 갈리고 있다. 일각에서는 중국 정부의 보호가 사라지면서 중국 전기차 기업들이 경쟁력을 잃을 것으로 전망하지만, 현재 중국의 주요 전기차 대기업들은 해외 업체들과 대등한 기술력을 갖추었기 때문에 해볼 만하다는 것이 전문가들의 의견이다.

한편 4차 산업혁명과 함께 기존 자동차 산업은 소위 'CASE', 커넥티드 카, 자율주행, 공유차, 전기차로 대변되는 모빌리티 혁명을 겪을 것으로 보인다. CASE형 미래 자동차는 데이터 통신망을 통해 연결된 미래 도시인 '스마트시티'의 교통수단이다. 스마트시티의 정의와 정책에 대해서는 각국이 다양한 태도를 보이지만, 특히 미국과 중국, 선진국과 개도국을 중심으로 스마트시티에 대한 담론이 대립하는 양상을 보인다.

스마트시티의 핵심 인프라인 교통체계에 관해서도 충돌이 발생한다. 이와 관련하여 미래 자동차 교통체계에 대한 미국과 중국의 규범경쟁이 또한 불거질 것으로 예상된다. 대표적으로 커넥티드 차량과 관련하여 발생하는 개인정보 보호 문제와 관련하여 미국은 개인정보와 스마트시티의 운영 효율성을 조화시키고자 하는 한편 중국은 후자를 더 강조하는 특징을 갖는다. 이는 향후 각국이 스마트시티 모델을 수출할 때 다른 국가들로부터 호감을 얻는 데 중요한 요인으로 작용하기도 한다.

첨단 기술이 융합된 신흥 선도 부문에서의 표준경쟁은 장차 국제정치의 패권을 쥐는 것과 연관되기 때문에 이를 두고 강대국 간의 경쟁이 치열하다. 전기자동차 산업은 다른 선도 부문에 비해 비교적 최근 부상한 이슈로, 이 부문에서 주도권을 잡으려는 미국과 중국의 표준경쟁이 일어나고 있다. 아직까지 경쟁의 수준은 각자 다른 표준모델을 가지고 이를 전파하려는 정도에 지나지 않는다. 그러나 전기자동차 산업이 스마트시티 등 미래 담론과 연결되면서 이 같은 표준경쟁이 어떤 식으로 심화될지 귀추가 주목된다.

이러한 상황에서 한국이 펼칠 대응방안에도 관심을 주목해야 한다. 한국의 전기자동차 시장은 세계 표준에 비해 미미한 수준이며, 배터리 시장에서 LG화학 등이 선전하고 있지만 미국과 중국처럼 전기자동차 산업 육성의 지원제도가 제대로 마련되지 않은 탓에 고전을 면치 못하고 있다. 그러나 중국의 보조금 정책이 풀리면서 한국 배터리 업계에 새로운 기회가 올 전망이다. 이를 중심으로 정부가 적극적인 산업 육성 정책을 펼쳐 경쟁력을 확보해야 한다. 또한 규범의 차원에서도, 한국형 스마트 모빌리티 담론을 구상해야 한다. 한국은 도시경쟁력과 복지를 결합한 한국형 스마트시티를 건설하고, 전파하고 있다. 모빌리티 차원에서도 한국은 한국형 스마트시티에 걸맞는 스마트 모빌리티 규범 설립을 통해 독자적인 해결책을 찾아야 할 것이다.

# 참고문헌

강신. 2019. "中 전기차 시장 판매 석 달째 하락⋯ 전기차 거품? 일시 조정?" 『서울신문』
　　2019. 11. 25.
길재식. 2018. "바퀴달린 AI 로봇...자동차로 몰리는 ICT기업." 『전자신문』 2018. 11. 01.
김겨례. 2018. "'삼성 · LG 中배터리 공장 정상화 가능성'-SNE리서치." 『이데일리』 2018. 05.
　　13. edaily.co.kr/news/read?newsId=01521926619208592&mediaCodeNo=257&O
　　utLnkChk=Y
김상배. 2014. 『아라크네의 국제정치학』. 한울아카데미.
김상배 외. 2017. 『4차 산업혁명과 한국의 미래전략』. 사회평론아카데미.
김태형 외. 2019. "스마트시티 교통체계 구축전략 및 실행방안 연구." 한국교통연구원
　　기본연구보고서.
변숙영. 2019. "BYD는 어떻게 글로벌 전기차 1위로 성장했나." 『이데일리』 2019. 07. 22.
박태준. 2019. "내년 유럽 전기차 · 배터리 시장은 '전쟁터'." 『전자신문』 2019. 11. 24.
석주원. 2019. "중국, 스마트시티 공공안전 책임지는 스마트보안 산업 동향." 『CCTV 뉴스』
　　2019. 07. 09.
송태진. 2016. "미 연방 교통부의 스마트 시티 도전." 『월간교통』 05.
엄호식. 2018. "전기차 충전기 기술, 일본과 중국에 주도권 뺏기나." 『보안뉴스』 2018. 11. 02.
오새새 외. 2017. "중국 전기자동차 산업의 발전과 기술경쟁력 비교 분석-특허 통계를
　　중심으로-." 『e-Eurasia』 41(3). CSF 중국전문가포럼.
유근형. 2019. "반도체 이후 먹거리는 전기차 배터리⋯ 불붙은 글로벌 주도권 경쟁."
　　『동아일보』 2019. 10. 07.
이경민 외. 2016. "전기차 지원정책의 유형과 실효성에 대한 탐색적 연구-한국, 중국, 미국의
　　구입지원정책 비교 분석-." 한국자원경제학회.
이민영. 2019. "중국 보안 기술 수입하는 중앙아, 스마트 시티 vs 감시 체계." 『아시아투데이』
　　2019. 08. 13.
이성용. 2019. "특허로 바라본 '테슬라(Tesela)'." 『특허뉴스』 2019. 07. 29.
이영웅. 2019. "'테슬라-파나소닉' 동맹 깨졌다⋯LG화학, 테슬라 中공장에 배터리 납품."
　　『아이뉴스 24』 2019. 08. 23.
이희옥. 2019. "혁신국가 · 스마트도시 향한 중국의 도전." 『서울경제』 2019. 10. 29.
정다슬. 2019. "美테슬라, 네번째 기가팩토리 독일 베를린에 짓는다." 『이데일리』 2019. 11.
　　13.
조현석 외. 2018. 『신흥 무대의 미중경쟁』. 김상배 편. 한울아카데미.
홍석윤. 2019. "알리바바 '시티 브레인' 교통체증 해결사." 『이코노믹리뷰』 2019. 03. 23.

Bradley, Jardine. 2019. "China's Surveillance State Has Eyes on Central Asia,"
　　*ForeignPolicy* 2019. 11. 15.

Claude, Crampes et al. 2019. "Which standard should be implemented for charging electric vehicle batteries?" *Toulouse School of Economics* 2019. 02. 07.

Emma, Jarratt. 2019. "Tesla acquires Canadian battery specialist, Hibar Systems," *ELECTRIC AUTONOMY* 2019. 10. 04.

Eric, C. Evarts. 2019. "Tesla opens access to CHAdeMO chargers for Model 3 drivers," *Green Car Reports*.

Jose, Pontes. 2019. "China Electric Vehicle Sales Jump 175%, Up To 4.8% Of Auto Market In January!" *CleanTechnica* 2019. 02. 24.

Lingzhi Jin. 2019. "Comparison of the electric car market in China and the United States." ICCT.

Lu Jieyi. 2018. "Comparing U.S. and Chinese Electric Vehicle Policies," *EESI* 2018. 02. 28.

Niall, McCarthy. 2017. "Tesla Dominates The U.S. Electric Vehicle Market [Infographic]," *Forbes* 2017. 08. 14.

Sandalow, David et al. 2019. "Electric Vehicle Charging in China and the United States." Columbia Center on Global Energy Policy.

Sbordone, Danilo et al. 2014. "EV charging stations and modes: International standards." Institute of Electrical and Electronics Engineers.

Tyfield, David et al. 2018. "Stasis, dynamism and emergence of the e-mobility system in China: A power relational perspective," *Technological Forecasting and Social Change* 126.

Xingping Zhang et al. 2014. "Policy Incentives for the Adoption of Electric Vehicles across Countries," *Sustainability* 6(11).

Yang Fan. 2018. "Privacy concerns in China's smart city campaign: The deficit of China's Cybersecurity Law," *Asia & The Pacific Policy Studeis* 5(3). Australian National University.

APEC. 2012. "China Energy Saving and New Energy Vehicle Industry Development Program (2012–2020)."

ICCT. 2018. "Global and U.S. electric vehicle trends."

IEA. 2018. "Global EV Outlook 2018."

_____. 2019. "Global EV Outlook 2019."

ISO. 2017. "ISO and smart cities."

"CHINA MANUFACTURING 2025: PUTTING INDUSTRIAL POLICY AHEAD OF MARKET FORCES." European Union Chamber of Commerce in China, 2017.

"Tesla Reaches Preliminary Battery-Supply Deal With CATL," *Bloomberg*. 2019. 11. 06.

Multifunctional Battery Chassis Systems, ARPA-E, https://arpa-e.energy.gov/?q=slick-sheet-project/multifunctional-battery-chassis-systems

Tesla Gigafactory, https://www.tesla.com/gigafactory?redirect=no

제3장

# 미중 디지털 금융표준 경쟁과 중국의 핀테크 전략
## 모바일 지급결제(TPP) 플랫폼을 중심으로

김채윤

## I. 머리말

정보통신혁명은 금융업의 거대한 전환을 가속화하고 있다. 핀테크
(Fintech)는 Finance(금융)와 Technology(기술)를 융합한 합성어로,
신흥 선도부문 기술의 발달과 함께 금융업의 새로운 비즈니스모델을
창출하고 있다. 금융과 기술이 상호 융합하게 된 가장 중요한 배경에
는 블록체인과 분산원장기술, 무선통신기술과 사물인터넷, 바이오 인
증, 빅데이터와 인공지능, 클라우드 컴퓨팅을 포함하는 다양한 디지털
기술의 등장이 있다(PwC 2016 & 2017; 이현태 외 2018). 이 기술은 지
급 결제, 모바일 지급, 투자 자산관리, 크라우드펀딩, P2P 대출 등과
같은 새로운 금융서비스를 가능하게 만들었다(금융결제국 2017).

오늘날 핀테크가 미래 성장의 발판으로 간주되면서, 세계적으로
핀테크와 모바일 금융 서비스 플랫폼을 둘러싼 경쟁의 전망이 강화되
고 있다. 이는 신흥 선도부문과 IT기술을 둘러싼 플랫폼 경쟁과 맥을
같이 하며, 그 중심에 있는 국가들은 바로 미국과 중국이다. 기본적으
로 미국이 핀테크 관련 원천 기술을 개발했다는 점에서 주도권을 쥐고
있지만, 최근 전자상거래, 간편 결제, 세계적 유니콘 기업(기업가치가
10억 달러 이상인 비상장 기업) 모두에서 미중 간의 격차가 줄거나, 역
전되는 현상이 나타나고 있다(이왕휘 2018). 특히 핀테크의 거래 규모
에 있어 중국이 미국의 규모를 압도하고 있다(Woetzel et al. 2017, 2).

핀테크 산업에서 '편 모으기' 경쟁이 가장 치열한 분야는 제3자
지급결제(Third Party Payment, 이하 TPP) 서비스 분야이다. '지급결
제'는 각 경제주체들이 경제활동의 결과로 "거래당사자들 사이에서 발
생하는 채권채무관계를 지급수단을 이용하여 해소하는 행위(한국은
행, n.d)"를 의미한다. 일상적으로 재화를 구입하거나 서비스를 이용

하고 이에 따른 대가를 지불할 때 현금, 신용카드, 수표, 계좌이체 등 다양한 지급수단이 사용되며, 현금의 경우 그 자체로 결제 완료가 가능하다. 하지만 대부분의 지급결제 과정의 경우, 지급인이 자신의 계좌에서 재화와 서비스에 대한 사용료를 수취인에게 지급할 것을 요청(지급, payment)하고, 금융사 사이에 주고받을 금액을 계산하여(청산, clearing), 최종적으로 자금이 지급인의 계좌에서 수취인의 계좌로 이체된다(이현태 2018).

본래 지급결제 서비스는 은행 등 기존 금융사의 고유한 업무영역으로 인식되어 왔다. 하지만 오늘날 모바일 스마트폰 기기 확산 이후 모바일 인터넷 상에 도입된 혁신적 금융 서비스는 핀테크 발전에 중요한 원동력으로 작용하고 있다. 특히 글로벌 IT 기업들은 디지털 지급결제 시장을 공략하기 위해 적극적 노력을 기울이고 있는데, 이는 결제시장 부문에 있어 사용자들이 자신이 선택한 결제시스템을 좀처럼 바꾸지 않는다는 특성에 기인한다(배정원 2014). 그 결과, 현재 비(非)현금거래 가운데 71%가 정보통신기술(ICT) 기업이 제공하는 지급결제 서비스를 통해 거래되는 것으로 나타났다(함승민 2019).

핀테크를 둘러싼 미중 간 경쟁은, 미국과 중국의 경쟁인 동시에 두 국가의 기업 간의 경쟁, 그리고 기업과 국가의 경쟁이 교차하는 '복합 경쟁'의 성격을 띤다. 하지만 현재까지 핀테크 및 모바일 지급결제 플랫폼 경쟁을 입체적으로 조망하는 학문적 연구는 성숙되지 않은 상황이다. 우선, 핀테크 자체에 대하여 "금융과 기술의 융합" 이외에 국제적으로 합의된 정의가 없다. 더불어, 핀테크와 관련된 참고 자료가 국가나 연구기관 및 국제기구에서 발간한 공적 자료들보다는, 민간 투자회사에서 집계한 동향 보고서가 대부분이라는 점에서 엄밀하다고 평가하기 어렵다.

일부 저자들을 중심으로 정보의 단순 나열을 넘어 새로운 이론적 분석틀을 바탕으로 금융 구조의 변화 양상을 조망하고자 한 시도들[1]이 이루어졌다. 대표적으로 이왕휘 교수(2018)는 중국 핀테크의 발전 경로를 금융환경과 정책제도의 차이로 설명하고자 했으며 미중 핀테크 플랫폼 경쟁의 국제정치적 함의를 처음으로 정립하였다는 점에서 긍정적 함의를 지닌다. 그렇지만 중국 핀테크의 성장을 단지 기업의 성공신화나 유연한 경제정책의 산물 정도로만 간주해서는 그 함의를 온전히 파악할 수 없다. 핀테크의 표준화는 기존 금융시장의 해체를 수반하며 그 과정에서 신금융체제와 기존 체제 간, 더 나아가 관련 행위자들 간 경합이 발생하기 때문이다.

이 글은 미중 디지털 금융질서 경쟁에 대한 국제정치학적 분석이 필요함을 전제하며, 이에 대한 이유로 다음 세 가지를 제시한다. 우선, 핀테크에 활용되는 기술은 고도의 숙련이 필요한 기술이 아니기 때문에 정치, 제도적 요인이 더욱 크게 작용할 수 있다. 또한 핀테크 금융 서비스와 다른 생활 서비스의 연계는 단순한 기술경쟁을 넘어 '플랫폼 생태계'를 형성하는 문제라는 점에서 표준경쟁의 문제와도 결부된다. 무엇보다, 중국이 현재 주력하고 있는 모바일 결제의 국제화는 기존의 국제결제 시스템에 새로운 도전장을 던질 수 있다는 점에서 그 배경과 전망에 대한 지속적이고 면밀한 이해가 필요하다.

이 글은 미중 디지털 금융질서 경쟁의 가능성을 촉발시킨 주요 요인으로 중국 핀테크 산업의 부상에 주목하며, 중국의 핀테크 국가 전

---

1    서봉교(2015, 2016), 이현태 외(2018), Chen Long(2016)은 정책분석적 차원에서 접근하여 중국 정부의 유연한 규제 정책이 핀테크의 와해적 변화 과정을 촉진했음을 구체적 통계와 사례들로 보여주었다. 나아가, 심용운과 신동희(2016)는 핀테크를 둘러싼 와해적 변화를 네트워크의 재편, 혹은 번역(translation)의 과정으로 설명함으로써 중국 국내외 행위자들의 동학을 구체적으로 분석하였다.

략과 기업-국가 동학을 국제정치적 시각에서 분석하는 것을 목표로
한다. 또한 핀테크의 다양한 영역들 가운데 미중 간 격차가 가장 크
게 줄어든 '모바일 지급결제' 분야를 중심으로 살펴본다. 모바일 플랫
폼의 발전은 인터넷에서 모바일로의 거래방식 전환과 온라인(線上)과
오프라인(線下) 지급결제방식의 통합을 넘어, 중국 소비자들의 실생활
영역에서 중요한 부분으로 자리 잡았음을 내포하기 때문이다.

　　이 글은 중국의 핀테크 전략을 둘러싼 구체적인 동학을 살펴보고
자 이익-제도-관념 간 상호작용에 주목하는 '구성적 제도주의'의 틀
을 원용한다. 기술이라는 요소를 중심으로 살펴볼 때, 기술은 행위자
들 간 새로운 관계 설정을 하도록 이끌면서 물질적 능력(이익)으로 전
환된다. 그러한 물질적 능력이 창출한 새로운 사회세력은 기술 환경의
변화에 적응하기 위해 이에 부합하는 제도와 문화적 조건을 조정한다.
이에 반해 일부 행위자들은 기존 이해관계와 제도적 조건을 반영하는
방향으로 새로운 기술적 담론을 구성하고자 하는데, 이는 이해관계에
따라 간주관적으로 형성된 관념을 바탕으로 한다는 점에서 제도의 비
물질적 측면을 보여준다.

　　해당 분석틀에 입각하여, 중국의 핀테크와 모바일 금융 서비스 발
전은 금융혁신에 대한 중국 정부의 인식과 새로운 기술담론, 모바일
TPP 비즈니스 모델 구축을 둘러싼 경쟁, 모바일 환경과 핀테크 정책
및 제도의 세 가지 요인들이 중층적으로 작용한 결과로 파악된다.

　　이 글은 다음과 같이 네 부분으로 구성된다. 우선, 2절은 디지털
금융질서의 변화와 미중 각국의 핀테크 발전과 확산 과정 및 현황을
살펴보고, 3절부터 5절까지 이익-제도-관념의 틀을 활용하여 중국의
핀테크 산업 전략과 행위자들의 동학을 분석한다. 3절에서는 관념으
로서 과학기술담론 및 경제적 실용주의 정신을 살펴보고, 4절에서는

이익 및 이해관계의 관점에서 지급결제 서비스를 둘러싼 중국 기업들 간, 중국 기업과 국영 은행 간 경쟁적 공존을 통해 비즈니스 모델이 구축되는 과정을 파악한다. 5절에서는 핀테크가 도입되고 내재화 및 확장되기까지 영향을 미쳤던 정책과 법제도로서 지원·보호-규제-확장 정책을 제시하며, 결론에서는 중국 핀테크의 대외 확장이 지닌 국제정치적 함의를 도출하며 논의를 마무리한다.


## II. 디지털 금융질서 변화와 핀테크의 부상

### 1. 미국의 국제금융 및 디지털 금융 패권

지난 수십 년간 미국은 국제금융 분야의 패권을 장악하고 있었다. 미국의 전통적 금융기관들은 전 세계적 오프라인 지점의 중층적 네트워크를 통해 경쟁력을 확보하였고, 달러는 국제 기축통화의 지위를 차지했다. 온라인 국제금융에서도 마찬가지로, 미국은 수십 년 전부터 SWIFT(국제은행 간 전기통신협회) 시스템과 비자와 마스터로 대표되는 국제결제 신용카드 회사를 장악함으로써 우위를 확보하였다. 하지만 2008년 미국발 금융위기 이후 3차에 걸쳐 실시된 양적완화 정책의 결과, 달러화 가치와 미국 금융의 불안정성이 높아지면서 기존 패러다임의 안정성에 대한 우려가 제기되었다. 동시에 〈도드-프랭크법〉 등 글로벌 온-오프라인 네트워크를 보유하던 대형 은행들의 자본건전성 규제가 강화되었다. 그리고 이 시기에 상대적으로 규제의 외부에서 자유로이 활동하던 비은행기관 및 비금융 IT기업의 금융 서비스가 급속도로 성장하였고, 금융과 IT 기술력의 결합은 글로벌 핀테크 시대의 출현으로 이어졌다.

2010년 이후 IT산업 및 네트워크 서비스 부문의 비금융 회사들은 스마트폰의 보급 및 확산 이후 모바일 금융 서비스를 제공하면서 급성장하였다. 현재 미국의 디지털 금융 서비스의 선도 주자인 페이팔(Paypal)은 세계 최초의 간편결제 서비스로, 2002년 이베이에 인수된 뒤 2015년 단독 법인으로 독립하였다. 페이팔은 구매자-판매자의 직접적 연결 및 거래 시 민감정보를 입력하지 않도록 하는 등 보안성을 강점으로 내세우며 시장을 선점하였다. 이후 온-오프라인 모바일 결제와 모바일 대출, 자산운용 등 다양한 부문의 핀테크 서비스를 앱 하나로 결합한 플랫폼 금융 서비스를 제공하였으며, 2010년에는 100개국 이상에서 25개의 통화와 연계하는 등 국제금융 분야의 중추로서 역할을 담당하였다. 2011년에는 온라인 전자상거래뿐만 아니라 오프라인 매장에서도 모바일 결제 서비스를 시작하였고, 꾸준하게 O2O(Online-to-Offline) 서비스를 제공하는 등 미국과 주변 네트워크의 금융혁신을 선도하였다.

그러나 지난 수년간 전 세계적으로 페이팔만큼이나 수수료가 저렴하고, 이전보다 더욱 새로운 기능 및 서비스를 제공하는 디지털 국제금융 서비스 플랫폼들이 개발되었다. 특히 소액 국제송금의 경우 기존 은행의 국제 송금에 비해 수수료가 획기적으로 절감되는 머니그램과 같은 솔루션들이 부상하고 있다(서봉교 2019). 모바일 국제결제 부문에서 페이팔의 성장은 미국 시장 내부에서 페이팔을 중심으로 한 독점 시장 구조를 형성하기보다는, 애플과 구글, 아마존 등 거대 IT 기업들에게 새로운 기회의 장을 마련하였다. 애플페이와 안드로이드페이, 아마존페이 등은 페이팔에 의해 형성된 핀테크 기반을 바탕으로 후발 주자의 이점을 누리며 점유율을 점차 높이는 등 경쟁 세력으로 등장하였다.

다만 지급결제 사용자 전체 규모에서 애플페이(6%), 아마존페이 (2%), 안드로이드페이(1%)가 차지하는 비중은 페이팔(14%)에 비해 매우 작은 편으로, 실질적으로 성과를 내지는 못하고 있다. 중국의 경우 인터넷 사업에서 전자상거래와 금융 비중이 각각 44%와 12%를 차지하는 것에 비해, 미국은 전자상거래(27%)나 금융(6%)보다 신용카드 기반의 전통적 금융 및 유통 서비스의 성숙도가 높기 때문이다 (BCG 2017). 이와 더불어, 비금융기업의 금융 서비스에 대한 기존 전통적 은행뿐만 아니라 소매 금융 기업들의 견제는 이들로 하여금 금융부문을 잠식하기 어려운 환경을 형성한다. 가령, 미국 금융의 주도권을 쥐고 있는 전통 은행들은 금융정보 수집업체가 해킹과 정보의 도용, 특히 제3자에게 비밀번호를 제공하는 행위를 방지한다는 명분으로 금융정보공유분석센터(FSISAC)의 보안지침에 핀테크 기업들의 보안 수준을 대폭 향상하는 조항을 추가하도록 로비하였다(한국금융연구원 2015; 이왕휘 2018).

비은행 디지털 금융 부문에서의 대내외적 도전에도 미국은 기존의 오프라인 국제금융 네트워크 패권을 넘어 지속적으로 온라인 국제금융 부문에서도 영향력을 확보하고자 한다. 최근 중국 핀테크의 부상으로 인해 핀테크와 암호화폐의 연동 가능성이 높아짐에 따라 페이팔뿐만 아니라 GAFA(구글, 애플, 페이스북, 아마존)를 중심으로 기존 플랫폼 경쟁력을 유지하기 위한 전략을 펼치고 있다. 이들은 중국이 암호화폐를 글로벌 표준으로 만들면, 제재 및 금융시스템 독점을 통해 지정학적으로 영향을 행사하는 미국의 힘을 약화시킬 것이라고 간주하며(황치규 2019), 미국 의회와 규제 당국에게 암호화폐 프로젝트의 당위성을 지속적으로 설득하고 있다.

페이스북은 중국 디지털 금융의 국제화 노력을 "전 세계에서 중국의 국제적 영향력을 강화하기 위해 추진하는 일대일로 전략의 일환(Wood 2019)"으로 인식하고 있으며, "미국이 금융 체제를 하루빨리 혁신하지 않으면 중국의 국제적 영향력이 커질 것(Pressman & Chandler 2019)"을 우려한다. 이에 페이스북은 자사가 보유한 광대한 네트워크를 바탕으로 2019년 리브라(Libra)라는 암호화폐 기반의 디지털 통화를 도입할 계획을 발표하였다. 블록체인 기반의 암호화폐와는 상이하게, 리브라는 페이스북이 자체적으로 보유한 다양한 국제통화 등 실물 자산과 직접적으로 연동될 수 있다는 점에서 통화 가치의 안정성을 확보할 수 있다. 무엇보다 국제 송금이나 환전 수수료가 없기에 디지털 국제결제 및 금융거래에 전환점이 될 수 있을 것이라고 전망되었다.

하지만 미국이 디지털 국제금융표준을 차지하기 위해서는 해결해야 할 과제가 상당하다. 페이스북의 '리브라 선언'에 대한 반격으로 중국에서는 블록체인 굴기를 선언하고, 유럽연합에서는 독점금지법 위반 혐의를 조사하는 등 여러 국가에서 리브라를 불편해 하는 기색을 노골적으로 드러냈다(황치규 2019). 더 나아가, 미국은 '반독점법'을 들며 페이스북의 독주를 견제하자는 여론은 물론, 중국이나 유럽의 "데이터 주권" 논리에 대해서도 네트워크 규제완화의 필요성을 적극 설득해야 한다. 더구나 위안화의 대규모 사용자 집단을 활용한 중국의 디지털 금융 사업자들의 국제화를 향한 도전도 점차적으로 심화되는 점 역시 고려해야 한다.

## 2. 중국의 비(非)은행 디지털 금융의 부상

오늘날 핀테크 플랫폼을 둘러싸고 벌어지는 국제정치경제 동학은 디지털 금융 분야에서의 중국의 부상과 맥을 같이 한다. 핀테크의 확산 이후 전자상거래, 간편 결제, 세계적 유니콘 기업 모두에서 미중 간의 격차가 줄거나, 역전되는 현상이 나타난다. 알리페이와 위챗페이로 대표되는 중국의 모바일 결제 규모는 이미 몇 년 전부터 미국의 수십 배에 달하는 압도적인 세계 1위 규모이며(서봉교 2019), 투자 규모에서도 미국을 앞지르고 있다. 주목할 점은, 중국의 핀테크 산업의 규모뿐만 아니라 활용도 또한 압도적으로 높다는 사실이다.

중국 비은행 모바일 금융의 발전은 아래의 〈표 1〉처럼 네 단계로 요약[2]된다.

첫 번째 단계는 알리바바와 텐센트가 지급결제 서비스를 도입하고 전국적인 대출 네트워크 기반이 형성된 2005년부터 지급결제 표준이 구축된 2012년까지이다. P2P 대출 플랫폼은 파이파이따이(拍拍贷)를 시작으로 2006년부터 빠르게 출현하였다. 대표적 P2P 대출 플랫폼

**표 1** 중국 핀테크 혁신의 발전 단계

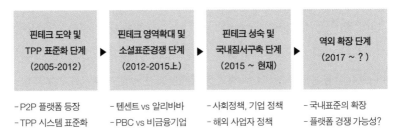

| 핀테크 도약 및 TPP 표준화 단계 (2005-2012) | 핀테크 영역확대 및 소셜표준경쟁 단계 (2012-2015上) | 핀테크 성숙 및 국내질서구축 단계 (2015 ~ 현재) | 역외 확장 단계 (2017 ~ ?) |
|---|---|---|---|
| - P2P 플랫폼 등장<br>- TPP 시스템 표준화 | - 텐센트 vs 알리바바<br>- PBC vs 비금융기업 | - 사회정책, 기업 정책<br>- 해외 사업자 정책 | - 국내표준의 확장<br>- 플랫폼 경쟁 가능성? |

---

2    石現升 外(2014)의 금융서비스 발전단계 아이디어를 참고하여 핀테크 혁신 발전단계를 구상함.

은 2007년 6월에 등장한 알리바바 파이낸셜(Alibaba Financial)로, 자체적으로 개발한 전자상거래 내역 기반의 신용평가모델을 활용함으로써 중국의 대형은행인 건설은행 및 공상은행과 더불어 중소기업 대출을 시행하였다. 2011년 중국 인민은행은 제3자 지급결제업(TPP)을 공식으로 허가하기 시작했으며, 이후 TPP는 지급결제 표준으로 자리 잡게 되었다.

두 번째 단계는 중국의 인터넷금융의 원년이자 핀테크가 급속으로 발전하기 시작한 2013년부터 혁신의 부작용이 본격적으로 드러난 2015년 상반기까지이다. 2013년에는 크라우드펀딩 플랫폼과 온라인 전용 보험 및 증권 회사가 등장하여 핀테크의 영역이 지급결제와 P2P 대출에서 보험, 투자 등으로 확대되었으며 투자자금과 거래대금도 급증하였다(이성복 2016). 알리바바, 텐센트, 바이두는 각각 온라인 펀드 판매 플랫폼 위어바오(余额宝), 리차이통(理财通), 바이주안(百赚)을 설립하였다(Jian 2014). 텐센트와 알리바바는 2015년 인터넷전문은행인 위뱅크(WeBank)와 마이뱅크(MyBank)를 각각 설립하였고, 이는 금융서비스 변화의 촉매제가 되었다.

하지만 중국은 인터넷금융이 빠르게 성장하면서 이에 대한 부작용을 경험하였는데, 부작용이 가장 크게 나타난 분야는 P2P 대출 플랫폼이었다. 일례로 소액 거래 P2P 대출시장에서 부실업체를 중심으로 차입자의 사기행위, 고리대금업, 투자금의 횡령, 부도직전 도주행위 등의 문제가 나타났으며 이후에 해외 투자자들로부터 집단소송을 당하기도 하였다.

세 번째 단계와 네 번째 단계는 상호 중첩되면서 나타난다. 세 번째 단계는 중국 핀테크가 성숙단계에 접어들고, 정부 부처들이 핀테크의 기본 방침인 〈인터넷금융의 건전한 발전을 위한 지도의견

(2015.07)〉을 합동으로 지정한 2015년 하반기를 기점으로 한다. 해당 지도의견은 인터넷금융의 정의와 인터넷금융 서비스에 대한 기본적인 방침, 규제와 감독을 시행하기 위한 명확한 책임소재 및 소비자보호 강화 등의 내용을 포함한다. 또한 2016년 1월 정부는 〈비은행 결제수 단 온라인 결제 업무 관리방안〉을 통해 지급결제업자의 계좌 개설 시, 본인확인 의무를 강화할 것을 발표하였다. 핀테크 관련 종합적인 방침은 2019년 〈핀테크 발전규획(2019~2021)〉을 통해 확립되었다.

네 번째 단계는 국내 기술 표준의 국제적 확산 단계로, 알리페이와 위챗페이가 본격적으로 역외결제 플랫폼 확장에 진출하기 시작한 2017년을 기점으로 한다. 2019년 기준 중국 국가외환관리국은 30개 기업에 역외결제허가증을 발급한 상태이다(Analysis International 2019).

중국 국내 모바일결제시장의 90% 이상을 차지하는 알리페이와 위챗페이는 현지판 모바일결제시스템 방식을 채용함으로써 역외시장 공략에도 가장 앞서가고 있으며, 해외여행객의 증가에 따라 적극적으로 오프라인 매장 및 해외 결제서비스와의 파트너십을 확대하고 있다. 역외 진출 현황을 보면, 알리페이는 유럽, 미국, 한국, 일본, 홍콩, 마카오, 동남아 등 세계 40개 국가 오프라인 가맹점에서 결제가 가능하며 29개 국가 및 지역에서는 세금 환급도 지원된다(Platum 2019). 알리페이는 주로 아프리카 지역에서 사업을 확장했는데, 2017년부터 아프리카 현지 기업과 협력하여 무현금서비스를 제공하고 있다(김경환 외 2018). 또한 250여 개의 해외 금융기관 및 결제 업체와 제휴를 맺는 등 중국 관광객과 해외 소비자에게 국경 간(크로스보더) 결제 서비스를 제공하고 있으며, 현재 27개 통화에 해당 서비스를 지원하고 있다.

위챗페이는 2016년 홍콩에서 국경 간 결제 서비스를 시범적으로

운영한 이후, 중국 여행객이 많이 방문하는 일본, 태국 등 동남아국가를 역외 진출 1차 목표 국가로 설정하였다(张书乐 2017, 41). 위챗페이는 중국인 관광객을 목표로 하여 글로벌 서비스 및 지역 상점과의 제휴 하에 로컬 여행지 정보를 제공하는 소규모 프로그램을 출시하기도 하였다. 2019년 1월 기준으로 위챗페이는 전 세계의 약 49개국에 적용되고 있으며, 위챗페이 결제 시스템을 통한 평균 결제액은 2018년 기준 13,000위안(약 495만 원) 수준이다(Platum 2019).

　물론 중국의 모바일 국제결제 시스템은 현재까지도 제한적으로 사용되고 있으며, 여전히 일부 지역, 일부 국가만을 중심으로 시범적으로 운영되고 있다. 하지만 향후 중국의 모바일 국제결제 시스템은 자체의 규모 경쟁력, 중국 정부의 지원정책 및 국제경제적 환경 측면에서 상당한 역량을 갖춰나갈 것이며 이는 기존 국제결제 시스템에 대한 도전으로 작용할 수 있다.


## III. 국가 주도 기술담론과 실용주의 노선

### 1. 국가주도 과학기술혁신담론

핀테크 혁신은 새로이 등장하게 된 과학 기술혁신담론이 기존의 덩샤오핑 이래로 지속적으로 전수되어오던 실용주의(黑猫白猫) 노선과 상호 결합한 결과이다.

　중국의 핀테크가 발전하게 된 기술적 맥락에는 중국 사회경제체계의 낙후성 시정을 위한 과학기술혁신 담론이 있었다. 이는 시진핑 집권기 정부 주도 성장의 한계 속에서 부상했다. 후진타오 시기 중국은 금융위기에 대처하고 수요 과잉을 해결하고자 인프라 투자를 실시했다. 해외 자원투자와 고속철도 건설, 에너지 분야 등에서 대규모 투자의 결과 중국은 금융위기를 통과하고 정부 주도 경제성장을 이룰 수 있었다. 하지만 화려한 외적 성장으로 인하여 필요한 개혁들을 제때 추진되지 못했고, 시진핑 집권 이후 정부 주도 성장은 한계에 다다랐다.

　고속성장기에 누적된 피로감과 미국발 금융위기를 돌파하기 위한 양적완화 정책의 결과 후유증이 나타났다. 또한 소득불균형과 빈부격차 심화, 부패문제와 이익집단 로비 역시 심각한 문제가 되었다. 무엇보다 산업구조의 변화와 임금 증대로 인해 단순 제조업과 대량생산을 통한 고속 성장이 어려워져 산업의 고부가가치화가 주요 과제로 도래하였다. 따라서 생산성 향상을 위해 효율적 자원 배분, 경쟁력 있는 민간부문 지원, 과학기술혁신, 제조업 혁신이 시진핑 정권의 필수 과제가 되었다. 시진핑 지도부는 이러한 상황을 신창타이(新常態, new normal)로 표현하였고, 제18차 당대회에서 경제발전 방식 전환을 가속화할 것을 선언하였다(구자선 2014).

　시진핑 정권 초기에는 후진타오의 과학적 발전관에 입각하여 '중국 특색의' 경제체제 개혁 및 경제발전 방침을 제시하는 데에 초점을 두었다. 하지만 이후 전통적 제조업대국으로서의 비교우위가 지속적으로 감소하여, 기술혁신을 통한 고부가가치 창출과 인터넷 기반의 혁신성장 필요성이 강조되었고, 중국은 정보통신산업 촉진을 위한 새로운 기술담론을 구성하였다.

　담론 형성의 초기 작업으로 중국은 2015년 정보화(情報化)와 산업화(工業化)를 결합하는 양화융합(兩化融合)을 기치로 '중국제조 2025'와 '인터넷플러스' 정책을 핵심적인 프로젝트로 제안하였다. 중국 정부는 세계 최대 인터넷 및 모바일 사용 인구를 보유한다는 중요한 장점을 적극적으로 활용하며, 인터넷 기술과 산업경쟁력에서도 세계 1위가 되겠다는 핵심 목표를 제시하였다.

중국의 과학기술 담론은 과기3회(2016)[3]에서 완성되었다. '과학기술강국'이라는 목표를 세우고, 모바일 혁명을 넘어 과학기술 혁신의 필요성을 강조하였다. 정부는 과학기술혁신대회에서 "중국은 새로운 발전의 출발점에 있으며, 과학 기술은 국가의 무기(李晗冰 2016)"임을 제시하며 선진국의 정책과 기술경로를 따라잡기보다는 독자적 과학기술발전 경로 탐색과 우위 확보에 주력하였다. 이의 연장선에서 시진핑 정부는 집권 2기에 '신시대(新時代)'를 천명하면서 미래기술과 신흥기술을 '질적성장시대'의 판도를 바꿀 '게임체인저'로 인식하였으며, 〈제조업 핵심경쟁력 강화 3개년 행동계획(2018-2020년)〉을 통해 "인터넷, 빅데이터, AI, 블록체인과 실물 경제주체의 긴밀한 융합"을 추진할 것을 시사했다(国家发展改革委办公厅 2017).

핀테크에 대한 중국 정부의 관심은 과학기술혁신에 대한 중국 정부의 강력한 지원 아래 확장되었다. 무선통신 시스템으로의 급격한 도약 이후, 중국의 인터넷과 모바일 보급률 역시 빠르게 증가하였고 온라인 쇼핑 또한 PC 인터넷에서 모바일 쇼핑으로 빠르게 대체되고 있었다. 하지만 금융위기와 양적완화정책 이후, 정부 주도 '계획금융'의 비효율적 재정투자로 인해 금융시스템의 부작용이 심화되었으며 기존 국유은행과 전통적 금융 인프라의 낙후 문제는 고질적인 문제로 남게 되었다. 따라서 다른 사회경제적 문제들과 마찬가지로 금융 부문에서

---

3  과기3회(科技三会)란 2016년 5월 30일에 개최된 전국과기혁신대회, 중국과학원 제18차 원사회의와 중국공정원 제13차 원사회의, 중국과기협회의 제9차 전국대표대회를 가리킴.

도 독자적 기술경쟁력을 확보하고 시스템 효율화와 신뢰 구축이 필수
적인 과제로 등장하였다.

　이에 중국 정부는 '인터넷 플러스' 전략을 통해 핀테크를 융복합
신산업으로 선정하고, 각국이 "금융산업의 국제 경쟁력 확보를 위한
방법의 하나로 핀테크에 적극적으로 나서고 있는 가운데" 핀테크 산
업을 신성장 동력으로 육성할 것을 촉구했다. 이에 정부 10개 부처는
범정부적 핀테크 종합 지원정책을 발표하고 "인터넷금융의 혁신을 장
려하고 지속적인 발전을 지원"하며 "인터넷금융의 신뢰와 책임성을 강
화하고 시스템의 건전성 및 시장 질서를 유지할 수 있도록 규제체계
정비, 모니터링 및 자율규제 강화 등을 추진"할 것을 제시하였다.

　오늘날 중국은 신흥기술과 미래기술에 대한 관심의 연장선에서,
금융과 하이테크(A+B+C+D, 즉 AI, 블록체인, 클라우드 컴퓨팅, 빅데
이터)의 혁신적 융합을 통해 독자적 모델을 구축하고자 한다(人民網-
輿情頻道 2018). 특히 페이스북 리브라(암호화폐) 등장 이후, 중국 내부
에서 이를 견제하기 위한 블록체인 모델에 대한 관심이 높아지고 있
다. 중국은 '블록체인 굴기' 선언을 통해 "글로벌 발언권을 강화할 필
요가 있음"을 피력하며 디지털화폐가 구축할 새로운 질서에 선제적으
로 대응함과 동시에 독자적인 질서를 형성하여 게임체인저가 되고자
한다. 이에 2019년 10월 〈암호법〉을 통해 '블록체인 분야의 경쟁력 모
색을 위한 국가의 역할'을 강조하고, 최근 암호화폐와 '국가주도형' 블
록체인을 핀테크와 결합시키기 위한 전략을 모색하고 있다.

## 2. 경제적 실용주의 노선

핀테크 금융업의 성장은 중국 정부의 입장에서 통제하거나 예측하기

어려운 새로운 변수가 증가하게 되었음을 의미한다. '물질적 능력'으로서 기술력의 변화는 국가와 비국가 행위자들 간 관계 설정에 있어 배분적인 변화를 야기하였다. 비은행 모바일 지급결제 서비스가 전 세계적으로 부상하던 중 알리바바는 중국의 핀테크 플랫폼을 선점함으로써 기존 금융환경의 구조적 공백을 메우고 기술 권력을 획득하였다. 국가 행위자에 비해 상대적으로 유동적이었던 비금융 IT 기업들은 인터넷 기반으로 형성된 자신들의 네트워크를 바탕으로 핀테크 플랫폼을 확산해 나갔고, 이는 경직적인 국가 행위자(중국 정부, 인민은행 등)의 상대적인 도태를 초래하였다.

그렇지만 현재까지도 금융 시스템에 대한 중국 정부의 근본적인 영향력은 여전히 강력하다. 정부는 국유은행의 효율성을 개선하고 시장금융을 확장함과 동시에 소유–지배 구조의 전환을 추진하면서도 상당히 신중하게 여러 안전장치를 마련하였다. 기술력의 상대적 도태 상황에서 중국 정부는 금융과 기술의 융합이 창출하는 새로운 환경에서 적응력을 발휘하며 핀테크 산업육성을 국가적으로 촉진하기 위한 목표를 추구하였다. 이는 개혁 개방기 이래로 금융발전 과정에 녹아든 경제사회적 실용주의(黑猫白猫) 노선에 기인한다. 중국 정부는 금융산업을 발전시켜 국가 경제를 이롭게 한다고 판단되면, 기존 금융 산업의 기득권의 반발에도 정책적 지원을 아끼지 않았다. 또한 중국 정부는 막대한 사회적 부작용이 없는 이상, 산업 성장에 있어 사전규제를 실시할 필요가 없다는 기본 입장을 고수하였다(뉴시스 2016/08/14).

구체적으로 금융 구조에 대한 중국 정부의 실용주의 노선은 '낙후된 중국 금융업 혁신 필요성'과 '포용적 금융의 정치–경제적 필요성'에 대한 강조로 나타난다.

우선, 중국 금융업의 낙후성은 독특한 국내 금융시스템 구조에서 기인한다. 중국 금융업은 국유화와 강한 국가통제(계획금융)를 기반으로, 시장금융 시스템을 점진적으로 도입하는 이원화된 금융시스템 체제로 구성된다. 지난 40년간 중국 금융시스템 전환정책의 핵심은 시장경제 시스템에 적합한 금융시스템을 구축하는 것이었다(서봉교 2018). WTO 가입 이래로 중국 금융의 많은 부분들이 과거에 비해 훨씬 시장경제 시스템을 기반으로 운영되고 있으나, 여전히 산업전반의 공급과잉과 국유기업에 대한 부실대출 등의 비효율성은 내재되어 있다.

그럼에도 불구하고 이러한 금융체제는 역설적으로 정부의 실용주의적 면모를 보여준다. 계획금융 시스템을 전면적으로 없애버리고 완전한 시장 금융으로 대체하는 방식보다는 시장금융 시스템을 통해 기존의 비효율적 계획금융의 요소를 보완하는 것이 훨씬 효율적이기 때문이다. 이원화된 금융시스템은 혁신적 시장금융 시스템의 도입을 보다 쉽게 하는 측면이 있었다. 핀테크 산업이 도입되어도 중국 금융 시스템에 대한 정부의 기존 통제력을 상실할 가능성이 크지 않기 때문에 시장금융의 도입이 지속적으로 추진되었다(서봉교 2018).

특히 2008년 금융위기 이후 양적완화 정책의 여파로 기존 금융시스템의 비효율성과 낙후성의 문제가 더욱 증폭되면서, 중국 정부 내에서 효율적 '시장금융'의 도입은 기존 은행과의 새로운 경쟁구도를 형성함으로써 중국 금융시스템의 전반적 역량을 증진시킬 수 있다는 견해가 등장하였다. 중국 정부는 안정적으로 수익을 가져다주는 국유 기업들에게 의존하는 기존 은행의 관행을 혁신하기 위해 기술력을 가진 알리바바와 텐센트의 금융권 진출을 적극 지지하였다. IT 기업들은 기존 금융 관련 사회적 문제를 해결하는 주요 동력이었으며, 기업 입장에서도 정부의 적극적 지지와 '유연한 규제'라는 제도적 반응이 뒷받침되었기에 혁신을 이루어낼 수 있었다.

또한 핀테크 금융업의 성장은 중국 정부의 '포용적 금융(普惠金融)'의 필요성에 대한 인식에서 비롯된다. 그동안 중국은 금융기구 분포의 지역적인 편차, 금융기구 신용대출의 어려움 등으로 금융 소외자뿐만 아니라 일반인도 소액 신용대출을 이용하기 어려웠다(김경환 외 2018). 포용적 금융에 대한 국가적 관심의 표출은 공산당 18기 중앙위원회 3차 전체회의에서 통과된 〈전면적 개혁 심화를 위한 몇 가지 중대 문제에 관한 결정〉에서 시작되었다(이은영 2018). 이후 국무원이 〈포용적 금융 발전규획(2016~2020)〉을 발표하면서 소비자금융의 포용적인 육성을 통한 경제성장의 원동력을 마련하는 것이 국가의 주요한 전략적 과제이자 금융개혁의 핵심 방향으로 자리 잡았다. 규획에 따르면 포용적 금융은 "사회 각 계층에 적절하고 효율적인 금융 서비스를 제공하는 것(国务院 2015)"으로, 정부는 해당 개념을 기회의 평등에 대한 요구와 상업적 지속 가능성의 원칙에 입각한 것으로 인식해야 함을 규정하였다.

　주목할 부분은 핀테크가 포용적 금융정책의 주요 수단으로 활용된다는 점이다. 모바일을 통한 포용적 금융서비스는 비용이 적게 들고 효율성이 높은 특징을 가지고 있으며 편리성의 특징을 가지고 있기 때문에(恒昌财富 2018/2/8), 공상은행을 비롯한 국유은행들은 관련된 사업 기반을 구축하려는 목적으로 핀테크 기업들과의 협력을 적극 모색하였다. 이는 2014년 타오바오의 MMF 상품 위어바오에 투자자금이 대거 유입되는 과정에서 기존 은행권이 핀테크 업체들에 대해 배타적 태도를 보인 것과 비교하면 전향적 변화이다(이은영 2018).

## IV. 모바일 결제의 비즈니스 모델 경쟁

### 1. 중국의 금융혁신과 모바일 결제의 성장

핀테크 소비자금융 은행, 특히 비은행 민영기업의 모바일 지급결제가 급성장한 이유는 모바일 지급결제의 성장과 기존 금융의 낙후성의 두 가지 측면에서 비롯된다.

2000년대의 중국은 유선통신 기반 단계에서 무선통신 기반 단계로의 급격한 도약을 맞이하면서 무선통신 기반의 이동전화가 농촌과 도시 곳곳에 광범위하게 보급되었다. 이후 무선통신과 더불어 '개인 컴퓨터'로서의 스마트폰이 확산되면서 기존 인터넷 기반 온라인 쇼핑이 모바일 기반 쇼핑으로 빠르게 대체되었다. 일례로 2013년 1/4분기 때 전체 온라인 쇼핑에서 유선통신 기반의 PC 인터넷 쇼핑의 비중이 91%에 달한 반면 무선통신 기반의 스마트폰 모바일 쇼핑의 비중은 9%에 불과하였다(이현태 2018). 하지만 해당 비중은 급격히 변화하여 2017년 2/4분기 기준으로 PC 인터넷 쇼핑의 비중은 19.6%에 불과한 반면, 모바일 쇼핑의 비중은 80.4%에 달했다. 온라인 쇼핑의 대세가 이미 모바일 쇼핑으로 전환된 것이다(이현태 2018).

무선 모바일 시장의 급속한 성장을 이끈 동력은 알리페이를 비롯한 비은행 지급결제 회사들이다. 비은행 기업들의 주도적인 역할은 실질적으로 모바일 결제 시스템 이전의 유선 인터넷 지급결제 시장에서부터 비롯되었는데, 이는 기존 국유은행의 결제 시스템의 낙후성에서 기인한다. 중국이 2001년 12월 WTO(세계무역기구) 가입을 조건으로 금융시장을 개방하기 전까지, 중국의 은행업은 사실상 국유은행의 독점 시스템으로 운영되었으며 인프라 역시 낙후되어 있었기에 모바일 및 인터넷 분야에서 점차 증가하는 수요를 감당해내지 못했다.

국가 주도적으로 성장한 중국의 금융 산업은 그나마 대도시 및 주변지역에서 접근성이 용이했으며, 중심에서 멀어질수록 낙후성이 강화되었다. 당시 지급결제 시스템은 국유은행을 통해 이루어졌는데 2014년 중국의 금융 인프라는 인구 10만 명당 ATM기 37개, 은행 지점 수가 약 7.7개에 불과한 등 시스템 자체가 열악했음은 물론, 동일 은행이라 하더라도 지역 간에 결제 시스템이 일원화되지 않아 타 지역의 은행카드나 ATM기를 이용하지 못하기도 하였다.

특히 중국은 온라인 지급결제와 전자결제의 기반이 되었던 신용카드의 1인당 보급률이 매우 낮았다. 실제로 2016년 중국 내 1인당 직불카드 및 신용카드의 보유 수량은 각각 4.47장, 0.31장 수준이었다 (恒大研究院 2018). 중국의 낮은 신용카드 보급률 문제는 낮은 신용수준, 신용카드와 직불카드 복제, 위조지폐로 인한 불안감과도 연결되며 심화되었다.

은행의 인터넷 전자결제 시스템이 낙후된 기반을 보완하여 인터넷 전자상거래 시장에서 전자 결제 시스템을 구축한 것은 비은행 인터넷 전자상거래 회사였다(이현태 외 2018). 알리바바, 텐센트 등 비금융 IT기업 행위자들을 골자로 한 금융전략은 사회경제적 구조개혁, 금융 취약계층에 대한 신용공급 확대, 과학기술혁신을 목표로 한 국가의 금융 산업 발전전략과 맞물리면서 단기간에 급속히 성장하였다. 정부는 은행지점과 ATM을 중국 전역에 확대하는 것보다 모바일과 인터넷 중심 금융환경을 발전시키는 것이 유리하다고 판단하여 이렇게 생성된 생태계를 더욱 발전시키기 위한 방안을 확립하고자 하였다.

알리바바는 처음부터 모든 소프트웨어와 시스템을 개발할 수밖에 없었다. 지급결제 서비스의 선도자였던 알리바바가 처음 만든 시스템이 사실상 중국의 최초 표준과 유사한 역할을 하게 되었다. 물론 인 터넷 전자상거래 관련 지급결제 시스템의 초기 구축 단계에 중국 정부 는 글로벌 선두주자 페이팔(Paypal)의 중국 진출을 허용하였고, 동시 에 알리페이와 같은 중국 로컬 전자상거래 결제 시스템의 성장도 유도 하였다(이현태 외 2018). 하지만 알리페이는 중국의 전자상거래 상황 에 적합한 제3자 지급결제 방식을 도입하고 중국 특색의 수요를 충족 시킨 결과 페이팔과의 경쟁에서 우위를 점하였고, 이는 페이팔의 철수 로 이어졌다. 알리페이는 이후 중국 전자상거래 결제 시스템 내 50% 의 시장점유율을 기록하며 압도적인 1위를 차지하였다.

## 2. 비은행 지급결제 플랫폼 간 소셜표준경쟁

중국의 디지털 금융은 알리바바와 텐센트 등의 비금융 인터넷 서비스 회사들의 주도 아래 발전하였다. 알리페이는 핀테크 선두주자로서 인 터넷 전자상거래 결제 영역에서의 절대적인 우위를 바탕으로 모바일 온라인 결제, 모바일 오프라인 간편결제, O2O 비즈니스, 모바일 금융 재테크 등으로 사업영역을 빠르게 확대해 왔다(서봉교 2019). 하지만 이후 텐센트의 위챗페이(微信支付)가 위챗 플랫폼이 자체적으로 지닌 막대한 영향력을 바탕으로 알리페이가 기존에 구축해 둔 결제 알고리 즘을 활용하는 후발주자의 이점을 누리면서 빠르게 성장하였다.

위챗페이와 알리페이 간의 경쟁이 점차 치열해짐에 따라서, 두 지 급결제 소셜표준 간의 시장점유율 차이가 갈수록 줄어들고 있다. 2014 년 알리페이는 중국 모바일 결제시장에서 약 80%를 차지했지만, 그 후 알리페이의 모바일 결제 시장점유율은 점차 줄어들어 2017년 6월 에는 약 50% 수준으로 감소하였다(이주연 2017). 반면, 위챗페이의 모바일 결제 시장점유율은 7%에서 40%로 상승하였고, 2018년 기준 두 기업 간의 시장점유율 차이는 10% 정도로 좁혀졌다.

알리페이와 위챗페이가 단순히 지급결제 금융 서비스뿐만 아니라 이를 기반으로 금융 서비스와 생활 O2O 서비스와 연계된 다양한 비즈니스 모델을 확보하고 있기에 중국의 모바일 지급 결제 영역에서 우위를 차지할 수 있었다(이현태 외 2018). 현재 두 기업은 결제 수수료에 의존하지 않고 지급결제 영역에서 각 기업 플랫폼이 확보한 금융 소비자에게 새로운 금융 서비스를 제공하기 위해 비즈니스 영역을 확장하고자 한다. 다양한 부가서비스 개발로 확고한 고객기반을 구축하기 위한 알리바바와 텐센트의 경쟁은 '소셜표준경쟁'을 장악하기 위한 경쟁임과 동시에 소비자들의 금융생활을 변화시키는 긍정적인 동력으로 작용한다.

알리페이와 위챗페이는 모두 라이프 스타일 플랫폼으로 발전하고 있지만 각 시스템은 상이한 플랫폼 생태계 하에서 등장하였다(Tyler and Joep 2017). 하지만 두 소셜표준은 지속적인 경쟁을 통해 서로의 서비스를 적극적으로 벤치마킹하여 많은 부분에 있어서 유사점을 보인다.

알리페이는 알리바바가 기존에 구축한 기존의 전자상거래 기반의 물류 플랫폼을 바탕으로 다양한 금융서비스 및 문화서비스가 연계된 플랫폼으로 발전하였다. 알리페이는 알리바바의 전자상거래 결제 및 자금유통 효율을 개선하기 위해 2003년 타오바오(淘宝) 상품 결제 서비스의 일환으로 등장하였다(담발성 2018). 알리바바는 판매자와 구매자 사이에 임시 계좌를 만들어, 구매자가 결제한 돈을 임시 계좌에 보관했다가 거래가 완료되면 판매자에게 전달하는 시스템을 도입했고(대전경제인벤터 2019), 이는 알리바바의 금융 신뢰성을 높이고 폭발적 성장을 가능하도록 했다. 결국 알리페이는 중국에 진출한 이베이를 물리치고 초기 지급결제 표준으로 성장하였으며, 현재는 간단한 결제 방식뿐만 아니라 계좌이체를 비롯하여 핸드폰요금 납부나 전기요금 납부 등 생활과 밀접한 다양한 서비스를 제공하고 있다.

　반면 위챗페이는 기존의 위챗과 QQ 기반으로 구축된 소셜 네트워크 플랫폼을 바탕으로 다양한 생활서비스와 부가서비스를 연계하면서 소비자층을 확대해 나갔다. 위챗페이는 메신저 기반의 모바일 결제에 특화된 TPP 서비스로, 개방형 플랫폼을 통한 통합 비즈니스 솔루션 및 일상 서비스 기능의 연계를 특징으로 한다. 위챗페이는 위챗 메신저가 기존에 확보한 거대한 사용자 그룹을 기반으로 급속하게 발전하였다. 위챗페이는 초기에 위챗 메신저에서 제공하는 '홍바오' 기능에서 시작하여, 모바일 및 O2O결제로 기능을 확장하고 있다.

## 1) 홍바오 모방과 응용 경쟁

알리페이와 위챗페이 간 경쟁의 시작은 '홍바오'였다. 텐센트는 춘절에 세뱃돈을 주고받는 문화 양식을 위챗페이에 대한 마케팅 전략으로 활용하고자 하였다. 특정 아이디나 단체 대화방에 모바일 홍바오를 보내고 받는 이가 빨간 봉투 모양의 아이콘을 누르면 지폐가 떨어지는 그래픽이 나오면서 홍바오가 받는 이의 위챗페이 계정과 연동된 은행 계좌에 전송된다. 이때, 홍바오를 받기 위해선 반드시 위챗페이와 연동된 계좌가 필요하기 때문에 사람들이 위챗페이에 가입할 수밖에 없었다(담발성 2018). 이를 바탕으로 위챗페이는 자체적으로 결제 서비스를 구축하여 초기부터 800만 명이라는 상당한 사용자 기반을 확립할 수 있었다.

　위챗페이의 성장에 대항하여, 알리페이는 그동안 약점이었던 '연결성'을 높이기 위해 2016년 춘절 홍바오 캠페인으로 11억 명의 사용자들을 상호 연결하였다(조상래 2017). 위챗페이의 홍바오가 단순 거래에 불과했던 것과 달리, 알리페이는 새로운 콘텐츠를 가미하거나 미디어 및 소셜 플랫폼 기업과 상호 연동되는 프로젝트를 형성함으로써 결제 플랫폼의 영향력 확장을 도모하였다.

중국 인터넷 비즈니스를 선도하는 알리바바와 텐센트는 점차 커지는 온라인 및 모바일 시장을 장악하기 위해 홍바오 마케팅을 소비자에 대한 접근성을 강화하는 촉매제로 활용하고자 한다. 이를 위해 두 기업은 경쟁적으로 막대한 자본을 동원하여 마케팅에 주력을 기울인다. 텐센트의 경우 QQ에 가입한 유저에게 자연스럽게 모바일 결제서비스인 QQ지갑(QQ钱包)을 사용하게 만드는 사용자 경험의 확장을 유도하고자 한다(조상래 2017). 알리페이는 신흥 선도부문 기술육성 담론의 도래와 더불어 홍바오에 AR(증강현실)을 접목시키고자 하는데, 이는 궁극적으로 투자자와 온라인 소비자들의 주의를 환기하고자 하는 마케팅 전략으로 볼 수 있다.

## 2) O2O(Online-to-Offline) 및 오프라인 데이터 경쟁

더 나아가, 알리바바와 텐센트는 소형 가맹점과 온라인 플랫폼을 연결하고 에워싸는 독점적 네트워크를 형성하기 위해 경쟁한다. 소형 가맹점의 경우 모바일 사업자 간 결제방식 독점 경쟁이 나타난다. 자신들이 제휴한 모바일 회사의 모바일 결제방식만을 유일한 결제 수단으로 채택하도록 유도함으로써 자사를 중심으로 한 온-오프라인 네트워크를 확장하고 있다.

알리페이는 자회사가 지닌 다양한 콘텐츠 및 관련 가맹점들로 하여금 알리페이를 독점적으로 도입하도록 유도하고 있다. 알리바바 그룹은 중국의 5대 쇼핑몰 중 티몰, 알리바바 닷컴, 타오바오 등 총 3개를 운영한다. 이 쇼핑몰에서는 알리페이를 통해서 결제를 할 수 있지만 위챗페이로는 결제가 불가능하다. 즉 애초에 발을 들여놓지 못하도록 막아 놓는 것이다. 또한 3대 글로벌 쇼핑몰 중 하나인 알리익스프레스 또한 알리바바 그룹이 운영하기에 알리페이, 페이팔, 비자, 마스터 등 다양한 결제를 지원하지만 위챗페이는 지원하지 않는다. 쇼핑몰 외에도 알리바바가 상당한 지분을 보유한 소셜 플랫폼들을 알리바바의 상품 및 거래 서비스와 연결하고 있다. 알리바바는 중국의 SNS인 웨이보의 지분 중 30% 상당을 보유하고 있는데, 해당 기업은 웨이보 내 광고 및 기타 소셜 서비스를 이용할 시 알리페이만을 이용하도록 하였다.

오프라인 가맹점을 넘어, 알리페이와 위챗페이는 금융 소비자에게 생활 접목형 O2O 서비스를 통한 혁신을 바탕으로 차별화된 비즈니스 모델을 구축하고자 하였다. 두 기업의 모델 경쟁의 결과, 오히려 다양한 모바일 서비스와 생활 서비스가 발전하게 되었으며 이는 중국인들의 기존 생활양식에 변화를 가져왔다. 현재 중국인들은 알리페이와 위챗페이 모바일 앱을 통해 교육 프로그램과 각종 문화 콘텐츠는 물론, 모바일 의료와 가사까지 다양한 생활 서비스의 검색과 결제가 실시간으로 가능하다. 교통 분야에서도 위챗페이와 알리페이 모바일 앱에서 대중교통, 택시 예약부터 공유자전거 및 공유자동차까지 다양한 서비스의 검색과 결제가 가능하다. 외식 업체에서도 검색 및 결제, 호텔 및 여행가이드 검색 및 결제 등으로 O2O 생활 서비스가 빠르게 발전하고 있다(이현태 외 2018).

알리페이의 생활 서비스는 알리바바가 기존에 구축한 전자상거래 및 배송서비스와 연계되고, 위챗페이 서비스는 기존의 소셜 네트워크 서비스와 연계됨으로써 비즈니스 생태계와 다양한 서비스 모델을 형성하고 있다. 알리페이와 위챗페이는 개인화된 모바일 결제의 특성을 이용하여 개인 맞춤형 O2O 서비스를 구축하고 있다. 일례로, 두 플랫폼은 외식 소비자의 모바일 스마트폰 사용의 특성을 파악하여 소비자가 원하는 음식을 추천하고 이를 주문하면 집까지 배달하는 일체화된 편리한 서비스를 제공한다(이현태 2018). 알리바바의 어러머(饿了么)뿐만 아니라 텐센트의 메이투안와이마이(美团外卖商) 등의 O2O 앱이 큰 성공을 거두고 있다.

　현재 두 기업은 O2O를 너머 오프라인 데이터 싸움을 치열하게 진행 중이다. 그리고 그 바탕에도 역시 지급결제 수단이 자리 잡고 있다. 2016년 10월 중국 알리바바의 마윈(马云)이 신유통(新零售)이라는 새로운 비전을 제시하였다. 신유통은 온라인과 오프라인의 경계를 허무는 새로운 물류, 유통 방식으로(전종현 2018), 이는 제품이 우선시되던 기존 유통에서 소비자가 우선이 되는 방향으로의 전환을 반영한다. 하지만 이를 실현하기 위해서는 데이터가 필요하며, 정보수집과 빅데이터 분석의 효과적인 방안으로 지급결제 사용자들의 데이터 수집이 제시되었다. 알리바바는 허마셴성을 비롯한 여러 모델을 구축하고 있는데, 해당 모델과 관련된 서비스들의 결제는 알리페이로만 가능하게 하여 끊임없이 사용자 데이터를 수집하고 소비 경향을 분석하고자 한다. 텐센트 또한 '스마트 유통(智慧零售)'을 내세우고 알리바바에 맞서고 있다. 텐센트는 물류, 유통 기업이 아니기에 중국 2등 전자상거래 징둥(jd.com)과 협력해서 다양한 모델을 보여주고 있다(대전경제인벤터 2019).

## 3. 국유은행과 비은행 플랫폼의 경쟁적 공존

비금융 민영기업의 온라인 지급결제 서비스가 확대되기 이전에는 중국 신용카드 및 은행 결제망인 유니온페이(은련)가 중국 신용카드 시장 및 지급결제 시장에서 독점적인 위치에 있었다. 하지만 최근 몇 년 사이에 비금융 민영기업이 제공하는 온·오프라인 지급결제 서비스 시장이 급격히 확대되면서 유니온페이는 더 이상 중국 국내 지급결제 시장에서 독점적인 위치를 유지할 수 없게 되었다. 변화하는 금융시장 경향에 맞추어 유니온페이의 지급결제 플랫폼인 China UMS은 2010년에 유니온 퀵패스(云闪付)를 새로이 출시했으나 시장점유율은 미미했다(Platum 2019). 4대 국영은행과 전통적 금융기관 역시 소매금융 부문에서 2011년 78%였던 시장점유율이 2014년 73%로 떨어지는 등 더 이상 지배력을 발휘하지 못하였다.

　　기존 금융시스템의 도태는 중국 정부로 하여금 이중적인 정책을 취하도록 유도했다. 중국 정부는 국제적 동향을 따라잡기 위해 열심히 노력하고 있지만, 동시에 정부는 국유은행의 수익이 감소되는 것을 보고 싶어 하지 않는다. 이에 중국 정부는 한편으로 국내 경제의 낙후성을 시정하고 국영은행의 독점 구조를 깨기 위해 각종 규제를 유연화하지만, 다른 한편으로 국내 산업을 보호하기 위해 국유기업 친화적 정책을 펼쳤다. TPP와 유니온페이 간 경합에 대한 정부의 입장은 이러한 딜레마를 반영한다. 민간 소유의 온라인 기반 지급 결제 회사들은 시장 주도적이었고, 정부의 개입 없이 은행을 통해 소비자들에게 더 나은 제품을 제공해 왔다. 이 상황은 중국 유니온페이를 TPP 제공업체들과 경쟁적으로 불리하게 만들었다.

　　하지만 핀테크 기업의 수익모델이 계획금융의 영향하에 있던 기존 금융권의 수익하락 압력으로 작용함에 따라 중국 정부는 이에 적극적으로 대응하고 있다(김현주 2016). 중국 국영은행을 중심으로 하여 금융구조를 혁신하기 위한 일련의 정책적 노력들은 금융 가치사슬의 구조 개편을 촉진하는 요인으로 작용하였고, 계획금융과 시장금융의 경쟁적 공존 관계가 설정되었다. 구체적으로 핀테크의 확산에 대응하여 관영기관 및 기존 금융회사(PBC 등)는 새로운 국영 플랫폼 및 핀테크 운영 법규를 마련하는 등 알리바바와 텐센트의 독점을 방지하기 위한 경쟁적 '견제' 정책을 시행함과 동시에, '포용적 금융' 이니셔티브에 따라 협력(조인트 벤처)을 하는 방식으로 대응하고 있다.

비은행 민영기업 플랫폼에 대한 중국 정부의 정책적 견제는 중국 모바일 결제시장이 전통적인 금융기관이 보유한 고객 기반을 잠식하는 현상에 대한 문제의식에서 시작하였다. 대표적으로 QR코드 결제 등 모바일 결제의 편의성으로 인해 일부 소매점이 현금결제를 거부하는 현상이 발생하자, 중국인민은행은 "중국의 법정화폐는 위안화(人民幣)다. 관광명소, 음식점, 일반 소매점에서 현금결제를 거부하거나 차별하여서는 안 된다"고 경고하였다(이정진 2019).

더 나아가 2016년 중국인민은행은 〈비은행 지급기관 리스크 전담관리 업무 실시방안〉을 통해 비은행 지급기관이 인민은행의 일원화된 제3자 지급결제 청산시스템인 왕롄(网联)을 통해서만 지급결제 청산 업무를 수행할 수 있도록 규정하였다(전수경 외 2019). 2017년 8월에 중국 인민은행은 2018년 6월 30일부터 모든 비은행 지급결제 기관이 왕롄을 통해 지급결제 청산 업무를 처리하도록 명시하였다. 또한 동년 12월 '바코드 지급결제 업무 규범'에서는 바코드 지급결제에 대한 청산 업무도 왕롄을 통해 처리하도록 요구하였다(전수경 2018).

왕롄의 도입은 신용카드 결제가 유니온페이(인롄, 銀聯)를 통해 이루어지는 방식을 온라인 결제에도 적용함을 의미한다(이정진 2019). 즉 중국 인민은행은 유니온페이(인롄)와 왕롄의 혼용을 통해 신용카드 결제 시스템과 모바일 결제 시스템의 이원적인 운영을 실시하고자 한 것이다. 은행 카드를 이용하여 물품을 구매 시 발생하는 인롄의 청산 결제는 카드발급 은행, 전표매입사 및 소비자와 판매자가 은롄을 중심으로 이루어진다. 반면 모바일 결제를 이용하여 물품 구매 시 발생하는 왕롄의 청산결제는 지급은행, 수취은행, 알리페이 등 모바일 결제 플랫폼 및 소비자와 판매자가 왕롄을 중심으로 이루어진다.

중국인민은행은 출범 초기 왕롄 설립의 기본 목적은 데이터를 축적하고, 금융범죄의 방지 및 자금흐름을 관리감독하기 위함이라고 밝혔다(이정진 2019). 하지만 일부 전문가들은 모든 지급결제회사가 왕롄을 통해야만 하는 조치는 제3자 지급결제회사와 은행 사이에 장벽을 설치한 것이라고 해석 가능함을 주장한다. 이에 따르면 실질적으로 중국인민은행이 새로운 핀테크 서비스를 중단한 것은 유니온페이의 수익을 보호하기 위함이었다고 볼 수 있다.

정부 차원의 견제 정책과 동시에 정부의 포용적 금융 정책의 강도가 높아짐에 따라 대형 국유은행들은 관련 사업 기반을 구축하기 위해 핀테크 기업들과의 협력에 적극 나서고 있다.

BATJ(Baidu, Alibaba, Tencent, Jingdong)로 통칭되는 중국의 대표 핀테크 업체들은 리스크 관리를 포함한 금융 분야의 핵심 역량 부족, 수신 및 자금조달의 어려움, 금융기관으로서의 신뢰도 부족, 최근 인터넷 금융에 대한 정부 규제 강화 등을 극복해야 하는 필요성으로 인해 기존 은행들과의 협력에 적극적인 것으로 판단된다(이은영 2018).

2017년 3월 건설은행은 알리바바와 그 산하의 앤트파이낸셜

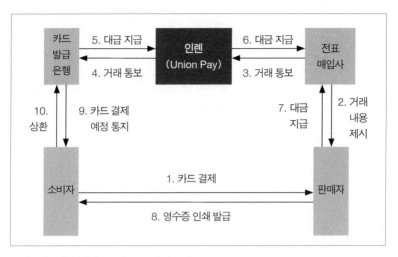

**그림 1** 카드결제(인렌) 구조(KB 금융연구소)

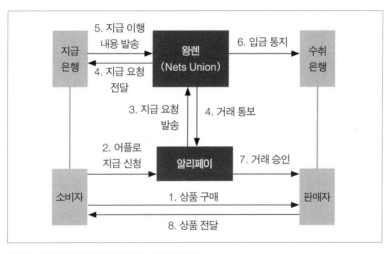

**그림 2** 모바일 결제(왕렌) 구조(KB 금융연구소)

(AntFinancial, 마이금융)과 전자지급결제와 신용시스템 구축 업무 증진을 위한 전략적인 협력관계를 체결하였다. 연이어 6월에는 공상은행, 농업은행이 징둥, 바이두와 공식적 협력관계를 구축하였다. 특히

중국 정부가 경쟁력 강화에 주력하는 신흥기술 분야에서도 국유은행과 핀테크 기업 간 협력이 중국 금융업의 새로운 추세로 등장하고 있다. 대표적으로 중국은행은 텐센트와 함께 클라우드 컴퓨팅, 빅데이터, 블록체인과 AI에 기반을 둔 '포용적 금융' 분야에서의 협력을 추진한 바 있다.


## V. 중국의 핀테크 정책 및 법제도

### 1. 사전적 장벽 완화 및 산업환경 육성

핀테크 사업 발전을 둘러싼 중국 정부의 주요 정책은 점진적 규제완화이다. 특히 중국 금융당국이 이전에 금융규제법안인 상업은행법을 새로이 부상하는 온라인 전자상거래에 적용하여 TPP 서비스를 제한하지 않았던 것이 중국 핀테크 플랫폼 급성장의 주요한 원동력이었다(서봉교 2016). 1995년 제정된 중국의 〈상업은행법〉 3조 3항에는 '중국 국내외 화폐 지급결제를 상업은행이 담당한다'는 규정이 있다. 하지만 핀테크 산업을 주도한 비은행 기업들은 사실상 중국 금융당국의 규제가 닿지 않는 회색지대에서 실험적 규제완화 정책의 혜택을 부여받았기에 빠른 발전이 가능하였다.

　　중국 정부의 핀테크 산업 육성 정책은 기본적으로 타 분야에서 상당한 성과를 달성한 비금융회사가 금융혁신을 주도할 수 있도록 기존 은행들의 독점영역에 대한 진입장벽을 완화하고, 해외 사업자들로부터 핀테크 산업을 보호하는 방향으로 진행되었다(서봉교 2016). 이는 중국 정부 차원에서 계획금융과 시장금융 간의 경쟁을 촉진시킴으로써 새롭게 부상하는 행위자(new player)가 금융혁신을 주도하도록 유도하는 방식으로도 해석 가능하다.

2000년대 초반부터 중국 금융 시스템은 기업 특혜로 인해 해외 기업의 중국 시장 진출이 제한적인 구조였으며, 국내 기업에 국한되었던 특혜는 해외 기업이 진입하기 전에 이들이 서비스를 빠르게 발전시키는 것을 가능하도록 하였다. 당시 유니온페이(인롄)는 중국에서 최초로 등장한 신용카드 기업으로서, 위안화 결제 거래를 처리할 수 있는 유일한 기관의 지위를 보유하고 있었다. 따라서 비자나 마스터카드 등 해외 결제 시스템은 중국 내부의 거래를 처리하기 위해서는 유니온페이와의 협력이 필수였다. 이후 세계무역기구(WTO)의 규정에 따라 지난 2016년 6월부터 중국은 신용카드 시장에 해외 기업들이 진입하는 것을 허용하기 시작하였으나, 여전히 국내 기업에 혜택을 제공하였다. 가령, 카드 시장 개방에 앞서, 중국인민은행(PBOC)은 마스터카드와 비자가 사용하는 EMV 표준과는 다른 유니온페이에서만 사용하는 PBOC 3.0 표준을 따를 것을 의무화하였다(KISTEP 2018).

중국 정부는 비단 국영기업뿐만 아니라 핀테크 부문에서도 중국 시장에 진입하고자 하는 해외 기업들에 대해서 제한적인 태도를 보인다. 중국 정부가 텐센트의 위뱅크 자금 유치 과정에서 해외 투자자들의 참여에 대한 우려를 표명한 이후, 자국의 유치 산업에 대한 해외 투자자들의 참여는 제한되거나 심지어 배제되기도 하였다.

해외 사업자들로부터 유치 단계의 기업들을 보호함과 동시에, 중국 정부의 집중적인 정책적 지원과 후행 규제는 도입-확산기의 핀테크 서비스 플랫폼의 자생적 성장 기반을 마련하였다. 우선, 중국 인민은행은 〈비(非)금융회사의 지급결제 서비스 관리방법〉에 따라 2010년부터 비금융기관이 지급결제 업무를 할 수 있는 '지급업무허가증(支付

业务许可证)' 제도를 실시하여 정기적으로 지급업무허가를 받은 기업을 발표하고 있는데, 2011년 5월 알리페이가 지급업무허가를 받아 온라인 지급결제, 선불카드의 발행 및 접수, 은행 카드 수금 대행, 기타 결제 서비스 등의 지급결제 업무 범위를 확대했다. 또한 중국 국무원은 2015년 6월부터 국내외 지급결제 업체에 은행 카드 결제 서비스를 개방했다. 국내외 업체가 중국 내에서 은행 카드 결제 서비스 라이선스 발급 신청을 하면 중국 유니온페이와 제휴하지 않고 중국 시장에 진출할 수 있게 되어 기존 유니온페이가 주도해온 중국 내 은행 카드 결제 서비스 시장에 민간 자본과 외국인 자본의 진입이 가능해졌다.

또한 후행(後行)규제 방식에 있어 핀테크 부문의 '시범적 사업'을 허용함으로써 기업들에게 경쟁력을 높일 수 있는 기회를 제공함과 동시에, 산업자본이 은행업을 소유하는 것을 규제하는 조항을 두지 않았다. 2013년 국무원은 상하이 자유무역특구지역 내 민영은행 설립의 시범적 허용을 시작으로 2014년 텐센트, 알리바바, 텐진진성 3개 민영은행에 '예비 인가'를 내렸고, 알리바바는 2015년 6월 온라인은행인 마이뱅크(MYbank)를 설립하며 본격적인 영업을 시작했다(한국경제연구원 2018). 이는 중국 정부가 사전규제를 강화하게 되었을 때 핀테크 산업의 성장을 통한 금융혁신을 저해할 것을 우려하여 규제에 관망적인 자세를 보인 결과이다. 또한 국영은행의 반대에도 정부가 핀테크 기업의 금융업 진출과 민영은행의 설립을 승인한 것도 유사한 맥락에서 비롯된 것으로 이해할 수 있다.

이와 더불어 정부는 처음부터 핀테크 산업을 규제하기보다는 산업이 내재화하고 상당 부분 정착되었을 때 규제를 점차 체계화하는 방식을 택하였다. 또한 법률적 문제가 발생하면 빨리 해결해줌으로써 규제가 가지는 부작용을 최소화하였다(이왕휘 2018, 165). 규제에 있어서도, 정부는 대형 금융기관의 기득권을 보호하기보다는, 서민에 대한 혜택을 보장하고 신용을 확대해야 한다는 포용 금융(普惠金融)의 논리를 내세우면서 핀테크 기업들이 활동할 수 있는 공간을 확대해 나가는 방향으로 전개되었다(Kelly et al. 2017).

## 2. 사후적 법·제도 강화 및 금융환경 규제

### 1) 관리감독 법률 및 산업환경 규제

전 세계 핀테크 시장을 뒤흔들고 있는 알리바바와 텐센트의 성공 뒤에는 '유연한 규제', '시장 진입 제한 최소화'로 대변되는 중국 정부의 규제완화 노력이 있었다(한국경제연구원 2018). 하지만 2015년 이후 중국 금융시스템 내에서 소액 거래 P2P 대출시장에서 부실업체를 중심으로 고리대출, 차입자의 사기행위, 투자금 횡령, 부도직전 도주 등의 문제가 발생하는 등(이성복 2016) 핀테크의 급속 성장으로 인한 부작용이 심화되었다. 제3자 결제방식을 통한 모바일 거래가 증가하면서 많은 법률적 문제 역시 비례하여 발생하였는데, 이에 중국 정부는 법과 제도의 사후적 보완을 통해 규제를 강화해 나감으로써 문제를 극복하고 있다.

2016년 8월 중국인민은행은 금융리스크 감독 강화의 일환으로 제3자 결제사업자에 대한 벌금 부과, 라이선스 철회 등의 조치를 취하기도 했고, 일정기간 동안 비은행기관에 대한 결제라이선스 신규 발급을 중단하기도 하였다. 또한 핀테크와 관련된 연구와 계획을 통합적으로 관리하고 핀테크 업무조율을 위해 2017년 5월 〈핀테크위원회〉를 설립하였다. 이어 8월에는 〈온라인 통합결제시스템 구축과 간편결제 등에 대한 관리강화 등을 내용으로 하는 방안[4](2017. 8)〉을 발표하였다. 이후 인민은행은 2018년 4월부터 보안등급에 따른 모바일 QR코드 결제 한도를 차등적으로 적용하여 소비자 보안 조치를 강화하였다.

중국인민은행은 〈핀테크 발전규획(2019~2021)〉을 통해 중국의 핀테크 수준을 글로벌 선진 수준까지 끌어올림과 동시에, 핀테크 규제를 강화하고, 근본적이고 통일된 규제 시스템을 구축할 것임을 발표하였다. 더불어 핀테크 규제를 위한 제도 및 평가 작업을 가속화할 것이라고 언급하였다(Chinadaily 2019).

핀테크에 대한 직접적인 규제와 동시에 중국 정부는 그와 관련된 인터넷 및 사이버 부문에서 규제정책을 강화하고 있다. 특히 강화된 사이버 규제정책은 간접적으로 알리페이나 위챗페이 중심 지급결제 서비스에 대한 규제를 행사하거나 영향력을 강화하는 통로가 되기도 한다. 일례로, 정부는 중국 공산당이 모바일 지급결제 서비스 기업들의 지배구조나 경영방식에 직접적으로 개입 가능한 통로를 확대하고자 한다. 제4회 세계인터넷회의에서 공산당 정치국 상무위원인 왕후닝(王沪宁)은 사이버 공간의 보안과 질서를 위한 인터넷 주권을 강조하였다(Mozur 2017). 시진핑 주석은 2018년 4월 20~21일 전국사이버 안전정보화공작회의에 참석해서 사이버강국 전략사상(网络强国战略思想)을 제시하였다(이왕휘 2018).

그 외에도 중국은 자체적으로 사이버 방화벽을 점차 강화하고 있다. 2017년 초부터 정부는 정부에서 공식적으로 접근 금지 처분을 내린 해외 사이트를 우회하여 이용하는 데에 사용되던 VPN(Virtual Private Network, 가상사설망)에 대한 규제를 강화하기 시작하였고, 해당 정책의 영향으로 애플은 기존의 VPN 앱뿐만 아니라 스카이프 앱까지

---

4    "中国人民银行支付结算司关于将非银行支付机构网络支付业务由直连模式迁移至网联平台处理的通知"

삭제해야 했다. 해당 조치들은 글로벌 인터넷망 상에서 중국의 고립화를 초래하며 "Intranet(격리 및 고립된 내부 전산망)"으로 귀결될 수 있다는 국내외적 우려를 불러일으키고 있다.

## 2) 데이터 해외 유출 규제

중국 정부는 대외적으로 모바일 디지털 결제 플랫폼의 해외 진출을 적극적으로 추진하는 반면, 대내적으로는 미국의 디지털 결제 플랫폼이 중국 내에서 금융 서비스를 제공하는 것을 제한하는 모순적인 정책을 시행하고 있다. 외부 사업자들에 대한 규제를 골자로 하는 대표적인 법률이 2017년 6월부터 시행되는 '네트워크 안전법(사이버 보안법)'이다.

해당 법률은 중국 내 글로벌 기업이 취득한 자국의 데이터를 외부로 반출하는 데 제한을 두는 법안으로, 중국인들을 대상으로 디지털 금융서비스를 제공하는 네트워크 플랫폼 사업자는 수집된 정보와 주요 데이터를 중국 현지 서버에 저장할 것을 의무화한다. 수집된 데이터에 대해서는 중국 정부의 요구에 따라 검열도 가능하며, 위반하였을 때는 벌금뿐만 아니라 영업정지까지 가능하다. 네트워크 안전법은 해외 디지털 금융사업자가 중국 내 금융서비스를 제공하거나, 현지 정보를 인공지능(AI) 등 신흥 기술 부문에 활용하는 것을 제한한다.

중국의 네트워크 안전법은 단순히 온라인상의 개인정보를 보호해야 한다는 차원이 아니라, 중국 정부가 사이버 공간 역시 중국 정부의 공권력이 행사되는 영토의 하나로 인식하고 있음을 의미한다(서봉교 2019). 즉, 중국인들을 대상으로 네트워크 서비스나 디지털 결제 서비스를 제공할 때, 가공한 정보는 물론 단순 수집된 정보 역시 중앙집권적 국가 행위자에게 귀속되어야 한다는 '데이터 주권'의 논리가 암묵적으로 전제하고 있는 것이다.

네트워크 안전법의 입법 취지는 인터넷 공간의 주권과 국가안보의 유지, 공민과 법인 및 기타 조직의 합법적 권익을 보호하기 위한 것이다. 이 법은 사이버 공간에서의 프라이버시와 보안 관련 사안에 대해 포괄적으로 다룬 중국 최초의 법규라는 점에서 의의가 있다. 하지만 개인정보를 비롯한 데이터 보안을 강화한 반면, 시민들의 온라인 활동에 대한 감시 및 해외기업에 대한 차별을 가져올 수 있다는 단점도 포함하고 있다. 개인정보 현지화가 세계적으로 증가하는 추세에 있기 때문에 정보의 자유로운 유통의 관점에서는 우려가 표시된다.

## 3. 디지털 결제 플랫폼 해외확장 지원

2010년부터 중국은 알리페이와 같은 모바일 디지털 결제 플랫폼이 국제결제 업무를 하도록 허용하였다. 또한 2013년부터 비금융 전자상거래 17개 회사의 국제 외환 지급결제 업무를 시범적으로 허용하였다. 이후 점진적으로 국제 외환 지급결제 업무 허가를 확대하여 2017년 상반기 기준으로 30개 비은행 회사에 대해 국제결제 업무 허가증을 발행하였다.

또한 중국은 2015년 10월부터 위안화 국제결제 시스템(CIPS: China Inter-border Payment System)을 구축하여 모바일 디지털 국제결제가 가능하도록 하였다. 2015년 출범 당시 중국계 은행 11개와 중국 내 외국계 은행 8개가 참여하였고, 참여 금융사 및 비금융사가 지속적으로 확대되었다. 현재 시행되는 CIPS 2기는 24시간 국제결제 업무를 처리하고, 중국 국내외의 31개 직접참여기관과 701개의 간접참여기관을 확보하여 글로벌 위안화 디지털 국제결제 업무를 진행하고

**표 2** 위안화 국제결제시스템(CIPS)의 1기와 2기의 비교

| 구분 | CIPS 1기 | CIPS 2기 |
|------|----------|----------|
| 결제방식 | 총액결제방식 | 총액결제방식 + 혼합결제방식 |
| 직접참여자 | 총 19개 직접참여기관<br>(11개 중국계 은행, 8개 외국계 은행) | 총31개 직접참여기관<br>(17개 중국계 은행, 12개 외국계 은행,<br>2개 청산결제기관) |
| 간접참여자 | 총 176개 간접참여기관 | 총 701개 간접참여기관 |
| 운영시간 | 12시간 | 24시간 |
| 기타 | 직접 참여자를 대상으로 청산 업무를 집중적으로 처리,<br>결제단계 단축을 통해 효율성을 제고<br>범용 금융통신메시지 표준을 이용해 국제업무 처리 등 | |

출처: "인민은행, 새로운 위안화 국제결제시스템(CIPS) 구축"(2015), 온라인 자료(검색일: 2018. 7. 16).

있다. 중국 디지털 금융 사업자들이 사용하는 정보통신망이나 GPS 서비스도 미국의 시스템이 아니라 중국의 독자적인 시스템을 사용하고 있다.

　나아가 모바일 지급결제의 국제화를 위해 2018년 3월 베이징에서 열린 양회(兩會)에서 중국을 대표할 해외진출 상품의 하나로 모바일 결제를 언급[5]하기도 하였다(방현철 2018). 중국 표준의 모바일 결제가 국제표준이 되어 비자, 마스터 카드 등 과거 서구가 개발한 신용카드 국제결제 시스템을 대체해야 한다는 주장 또한 제기되었다.

　현재 중국은 이러한 모바일 지급결제를 신4대 발명품이라고 극찬하면서 이를 일대일로와 위안화 국제화의 수단으로 활용하기 위해 노력하고 있다. 일대일로 구상에서 중국 정부는 주변국과의 전방위적인

---

5　방현철(2018. 4. 2), 온라인 기사(검색일: 2018. 8. 16).

국제협력 시스템의 구축, 일명 5통(五通) 전략을 매우 중요한 전략으로 제시하고 있다. 중국 일대일로의 5통 전략은 정책소통, 인프라연결, 원활한 무역, 자금융통, 민심상통이라는 총 다섯 가지 측면에서의 지역 통합 전략을 지칭한다(이현태 2018). 이 중 자금융통은 일대일로 정책을 추진하기 위한 국제금융 시스템을 구축하는 데 초점이 맞추어져 있다. 그 내용 중에는 위안화와 해당 국가 통화와의 직거래 및 위안화 국제결제의 확대, 위안화 역외채권의 발행 확대와 같은 위안화 국제화 내용이 직접적으로 언급되어 있다(서봉교 외 2016, 25-57). 이러한 자금융통의 방법으로 알리페이와 같은 모바일 국제결제 시스템의 국제화도 정책적으로 추진되고 있다.

또한, 정부는 알리페이와 같은 제3자 지급결제 플랫폼은 기존의 소액결제뿐만 아니라 기업이나 금융사들의 거액결제에 대한 업무도 가능하도록 규제를 완화하였다. 2018년에 도입된 비은행 지급결제 시스템의 거액지급결제 업무 영역에 대한 규제완화가 제3자 지급결제 플랫폼을 국제결제 시스템으로 육성하는 과정이라는 측면에서 주목할 만하다.


## VI. 맺음말: 국제정치적 함의

중국은 핀테크와 모바일 지급결제 서비스의 발전을 통해 과학기술과 금융서비스 부문에서 미국과의 격차를 좁히고 있으며, 중국 핀테크의 해외 확장 노력은 위안화 국제화 노력의 맥락과 더불어 점차적으로 가속화되고 있다. 또한 정부는 국내적 규제를 강화하고 있으나 역으로 미국 금융 스타트업 M&A, 외국인들에 대한 데이터 개방이 이루어지는 등 규제와 개방을 유연하게 병행하고 있다. 이러한 이중적 정책이 가지는 국제정치적 함의는 무엇이며, 중국 핀테크의 국제적 진출이 미중 패권경쟁 속에서 가지는 의미는 무엇인가?

이에 대한 해답을 내리기에 앞서 핀테크를 둘러싼 미국과 중국의 경쟁의 전망 가능성을 파악하는 것이 필요하다. 미국의 국제금융 패권과 중국 핀테크의 부상과 해외로의 확장 노력이 동시에 진행됨에 있어 사실상 직접적이고 가시적인 충돌양상은 드러나지 않음을 고려할 때 아직까지는 미국과 중국 간 플랫폼(표준) 경쟁이 나타난다고 판단하기는 어렵다. 오히려 중국과 미국의 핀테크 기업들은 전략적 공생관계를 유지해 왔다고 볼 수 있을 것이다.

우선, 미국과 중국이 국가 차원에서 기술 유출과 사이버 보안 문제 등으로 갈등하고 있지만, 기업 차원에서는 기술 개발, 자본 유치 및 투자, 인력 교류 등 다양한 종류의 협력 관계를 발전시켜 나가고 있다는 사실을 유념해야 한다(이왕휘 2018). 미국 기업은 자국 내에 방문, 체류 중인 중국인들에 대한 마케팅 전략의 일환으로 중국 지급결제시스템을 결제 옵션으로 추가하고자 한다(Klein 2019). 무엇보다 미국 기업들은 중국 핀테크 기업들을 전략적 제휴 파트너로 인식하고 있다. 중국 내에서 텐센트와 알리바바 간 표준경쟁이 이루어지는 상황에서 각 기업들은 미국 기업들과 전략적 파트너십을 맺는다. 하지만 경쟁은 위챗페이와 알리페이 사이에서 가시화될 뿐, 미국 기업들과 중국 기업들 간 직접적 경합 양상은 나타나지 않는다.

오늘날 위챗과 알리페이는 미국에서 배척받기보다는 마케팅의 수단으로 적극적으로 받아들여지고 있다. 두 지급결제 방식은 주로 기업과 관광객을 포함한 중국인들의 여행뿐 아니라 양국에서 일하고 생활하며 두 생태계에서 재정적으로 계속 존재하는 많은 초국가 행위자들에게도 제공된다. 또한, 현재 비즈니스 타깃 계층으로 중국 시장을 노리는 수많은 기업들이 중국의 지급결제 서비스를 자발적으로 도입하고 있다는 점 역시 주목할 만하다. 이러한 변화는 기존 신용카드나 페이팔 중심으로 구축된 결제 플랫폼에 알리페이나 위챗페이 결제 양식을 추가하는 방식으로 이루어지고 있다. 가령, 샌프란시스코의 피어 39와 Guess 등의 브랜드는 소매(소규모) 가맹업자들을 중심으로 알리페이를 추가 결제 양식으로 수용하였으며, 중국 고객들을 중심으로 타겟층의 확대를 도모하고 있는 '월그린스'는 미국과 중국의 Ant Financial과 제휴하고 있으며 미국 매장 7000여 곳에 알리페이의 사용에 대한 허가를 진행하고 있다.

　향후 지급결제 국제화에 대한 중국의 도전이 더욱 거세지고, 데이터 유출입 문제가 사이버 보안과 연계된다면 미국 정부 차원에서도 적극적 개입을 모색할 가능성이 높다. 무엇보다 데이터 부문에서의 미중 간 갈등 가능성을 배제할 수 없다. 2017년부터 실행된 중국의 〈네트워크 안전법(网路安全法, 인터넷 안전법)〉은 중국 내에서 미국의 디지털 금융 플랫폼이 중국 소비자들에게 금융서비스를 제공하는 것을 직간접적으로 제한한다. 이는 단순히 온라인상의 개인정보를 보호하는 차원을 넘어, 중국 정부의 '데이터 주권' 논의, 즉 사이버 공간 역시 중국 정부의 공권력이 직접적으로 행사될 수 있는 물리적 영토로 인식하고 있음을 의미한다.

　데이터 부문에서 중국과 미국의 경쟁은 앞으로 치열해질 것으로 전망된다. 현재 미중 간 금융 데이터 경쟁은 초기 단계에 있으며, 각국의 핀테크 기업들은 경쟁적 공존을 유지하는 모습을 보인다. 2019년 11월 위챗페이와 알리페이는 금융 서비스 국제화의 일환으로 처음 외국인에게 모바일 결제 서비스를 개방한 바 있으며, 이를 위해 비자, 마스터카드, JCB, 아메리칸 익스프레스와 디스커버 글로벌 네트워크의 5대 국제 신용카드 회사와 외국인의 국내 결제를 위한 업무 협의를 진행하고 있다. 물론 이는 2019년 3월 마스터카드의 미국 진출, 페이팔의 중국 온라인 결제 서비스 궈푸바오(国付宝)의 인수 등에 대응한 결과로 볼 수 있다. 하지만 중국 금융시장의 개방은 역으로 해외에 대한 데이터의 개방을 의미하기도 하며, 이는 향후 중국 내부에 유입되는 해외 데이터에 관한 우려를 불러일으킬 수 있을 것으로 전망된다.

미국과 중국 간 핀테크 경쟁은 한국에게 법적, 국제정치적 함의를 제공한다. 한국은 세계가 인정하고 있는 IT 강국으로 인터넷 속도가 빠르고 인터넷망이 촘촘하며 스마트폰 보급률도 매우 높은 국가이다. 하지만 핀테크 발전에 유리한 기술적인 환경을 제대로 활용하지 못하고 있으며, 핀테크와 모바일 지급결제 방식에 있어서는 중국과 미국에 비해 많이 뒤처져 있다. 우선 신용카드와 다양한 혜택이 상호 밀접하게 연동되어 있는 등 신용카드 보급의 기반이 공고하게 자리 잡고 있기 때문에 온라인 지급결제 서비스로 대체하는 데 드는 기회비용이 매우 크다. 모바일 결제에 대한 강한 법적 규제 역시 핀테크의 성장을 가로막는 주요한 요인으로 작용한다. 현재까지 거의 유이한 가시적인 인터넷 전문은행도 자산 및 대출 규모가 너무 제한되어 있어, 기대했던 금융 혁신 효과가 나타나지 않고 있다. 문제 해결을 위해서는 금융기관의 소극적 태도와 규제 당국의 보수적 자세를 극복해야 한다(이왕휘 2018; 배병진 2017).

점차 심화되는 미중 경쟁 속에서 한국은 전략적으로 디지털 국제결제 표준 문제의 중요성을 재평가하고 우리에게 가장 바람직한 전략을 선택해야 한다. 무엇보다 이러한 전략적인 선택에서 유리한 조건을 얻어내기 위해서는 우리가 디지털 금융분야에서 상당한 경쟁력을 갖

춘 자체적인 디지털 금융 플랫폼을 확보하는 것이 유리하다는 사실을
잊지 말아야 한다.

# 참고문헌

구자선. 2014. "시진핑 정권의 개혁 정책 동향: 3중전회 결정사항 이행을 중심으로."
　　『정책연구과제』. 국립외교원 외교안보연구소. ISSN 2005-7512
김부용. 2017. "중국 모바일 결제시장의 현황과 전망."『이슈분석(*Issue Analysis*)』. CSF
　　2017-102.
김상배. 2003. "정보기술과 국제정치이론."『국제정치논총』 43(4): 33-58.
김은영. 2017. "텐센트, 태국 벤처 손잡고 콘텐츠 조인트벤처 설립, 동남아 시장에
　　'성큼'."『아시아투데이』. 2017/01/05.http://www.asiatoday.co.kr/view.
　　php?key=20170105010003277 (검색일: 2019.11.01.)
김현주. 2016. "핀테크의 부상과 금융업과의 관계."『파이낸스투데이』. 2016/04/05. http://
　　www.fntoday.co.kr/news/articleView.html?idxno=148440 (검색일: 2019.01.05.)
담발성. 2018. "모바일결제서비스의 지속적 사용의도에 관한 연구: 알리페이(Alipay)와
　　위챗페이(WeChat Pay)의 비교를 중심으로." 성균관대학교 일반대학원 석사학위논문.
방현철. 2018. "美달러 맞설 중국 新병기."『조선일보』. 2018/04/02. http://news. chosun.
　　com/site/data/html_dir/2018/04/01/2018040101895.html (검색일: 2019.12.06.)
배병진. 2017. "한국의 인터넷전문은행 도입과 금융규제의 정치."『사회과학연구』 제33권
　　4호.
배정원. 2014. "[핀테크 열풍]① 금융 패러다임의 대전환…소리없는 글로벌
　　전쟁."『조선비즈』 2014/12/29. http://biz.chosun.com/site/data/html_d
　　ir/2014/12/28/2014122801369.html (검색일: 2019.12.03.)
서봉교. 2016. "중국의 핀테크 산업 성장과 규제 완화."『정책연구』 16-27. 한국경제연구원.
＿＿＿＿. 2018.『중국경제와 금융의 이해 : 국유은행과 핀테크 은행의 공존』. 서울: 오래.
서봉교·최낙섭·이현태. 2016. "중국 일대일로 금융자금조달 모델에 관한 연구."『한중
　　사회과학연구』 제14권 2호. 한중사회과학학회.
오종혁. 2017. "중국 디지털 경제 발전의 특징과 시사점."『KIEP 오늘의 세계경제』 17-14.
　　대외경제정책연구원.
이성복. 2016. "중국 핀테크 혁신 4년의 명과 암."『중국 금융시장 포커스』 2016년 봄호.
　　자본시장연구원.
이왕휘. 2018. "핀테크의 국제정치경제: 미국과 중국의 경쟁."『국가전략』 24(2): 153-183.
이은영. 2018. "중국의 포용적 금융정책과 주요 은행 사례 분석."『산은조사월보』 제746호.
이은재·주혜원. 2017. "미 재무부의 핀테크 규제 개선 권고안 주요 내용."『*Policy Brief*』.
　　국제금융센터.
이주연. 2017. "중국의 모바일 결제와 해외 진출 현황: 알리페이와 위챗페이를 중심으로."
　　『4차 산업혁명 브리프』. 서울: 연세대학교 4차 산업혁명 플랫폼.
이정진. 2019. "중국 왕롄(Nets-Union)과 은롄(Union-Pay)에 대한 이해."『KB 지식
　　비타민』, KB 금융지주 경영연구소.

이진영. 2016. "[올댓차이나-폭풍성장 핀테크②] '핀테크 강국은 미국 아닌 중국'…그
　　배경은?"『뉴시스』. 2016/08/14. http://www.newsis.com/ar_detail/view.html/?ar_id
　　=NISX20160814_0014321663&cID=10401&pID=10400 (검색일: 2019.12.08.)

이현태·서봉교·조고운. 2018. "중국 모바일 결제 플랫폼의 발전과 시사점: 알리바바 사례를
　　중심으로."『연구자료』18-04, 대외경제정책연구원.

전수경. 2018. "중국 핀테크 산업의 발전 현황과 정책 방향."『KIEP 기초자료』18-03.
　　대외경제정책연구원.

전수경·조고운. 2019. "중국 온라인 지급결제 산업의 발전 현황과 정책 방향."『KIEP
　　이슈트렌드』.

전종현. 2018. "중국의 결제 혁명, 알리페이와 위챗페이."『전종현의 인사이트』. 2018/11/10.
　　http://hyuni.me/2018/11/payment/ (검색일: 2019.11.10.)

조상래. 2017. "中 춘절 훙바오 대격돌, 텐센트와 알리바바의 속내는?"『Platnum』.
　　2017/01/31. https://platum.kr/archives/75368 (검색일: 2019.11.02.)

플래텀. 2019. "중국 모바일 결제 시장 현황."『Platum 차이나 리포트』. 2019/02/18. https://
　　www.slideshare.net/platum_kr/platum-report (검색일: 2020.01.04.)

한국경제연구원. 2018. "알리바바의 성공을 이끈 중국 규제완화의 2가지 특징."『한경연
　　보도자료』. 2018/10/05. http://www.keri.org/web/www/news_02?p_p_id=EXT_B
　　BS&p_p_lifecycle=0&p_p_state=normal&p_p_mode=view&_EXT_BBS_struts_ac
　　tion=%2Fext%2Fbbs%2Fview_message&_EXT_BBS_messageId=355199 (검색일:
　　2019.12.20.)

한국과학기술기획평가원. 2018. "중국 핀테크 산업의 동향 및 시사점."『과학기술 동향 심층
　　분석 보고서』30호.

한국금융연구원. 2015. "미국 은행과 핀테크기업 간 금융정보공유 논란과 시사점."『주간
　　금융브리핑』제24권 45호.

한국수출입은행. 2015.『중국, 인터넷금융관련 규정 발표』.

한국은행 북경사무소. 2015. "인민은행, 새로운 위안화 국제결제시스템(CIPS) 구축."
　　『현지정보』.

함승민. 2019. "[해외 간편결제 시장은 지금] 알리페이·페이팔 독주, 위챗·애플·아마존
　　추격."『중앙시사매거진 이코노미스트』. 2019/01/28. https://jmagazine.joins.com/
　　economist/view/324508 (검색일: 2019.12.27.)

황보현. 2017. "[중국 비즈니스 트렌드 & 동향] 페이팔, 인수합병 통해 중국 결제시장
　　공식 진출."『Platnum』. 2017.10.08. https://platum.kr/archives/129274 (검색일:
　　2019.12.01.)

황치규. 2019. "중국의 디지털 화폐 주도 막으려면 리브라가 꼭 있어야 한다."『The Bchain』.
　　2019/10/24. https://www.thebchain.co.kr/news/articleView.html?idxno=5963
　　(검색일: 2019.12.25.)

Analysis International. 2019. "易观: 2019中国跨境支付行业年度分析报告."
　　『易观研究报告网上支付』. 2019/12/16. http://www.199it.com/archives/979941.html

(검색일: 2019.12.20.)

Aveni, Tyler and Roest, Joep. 2017. "China's Alipay and WeChat Pay: Reaching Rural Users," *Research and Analysis*. CGAP.

Barrett, Eamon. 2019. "Why PayPal's Approval to Enter China's Payments Market May Be Less Than It Seems," *Fortune*. 2019/10/02. https://fortune.com/2019/10/02/paypal-china-payments-alipay-wechat/ (검색일: 2019.12.19.)

BCG, ALIResearch, Baidu. 2017. "Decoding the Chinese Internet– A white paper on China's Internet economy," *Slideshare*. 2017/09. https://www.slideshare.net/TheBostonConsultingGroup/decoding-the-chinese-internet (검색일: 2019.11.15.)

Chen, Long. 2016. "From Fintech to Finlife: the case of Fintech Development in China," *China Economic Journal* Vol.9. Issue.3.

Xiao, Eva. 2017. "How WeChat Pay became Alipay's largest rival," *Tech In Asia*. 2017/04/20. https://www.techinasia.com/wechat-pay-vs-alipay (검색일: 2019.11.28.)

iResearch. 2017. 2017 China's Third-Party Mobile Payment Report. China: iResearch Global.

Jianfeng, Wang and Linwu Gu. 2017. "Why is Wechat Pay So Popular?" *Issues in Information Systems* Volume 18, Issue 4.

Jianguo. Xu. 2017. "China's Internet Finance: A Critical Review." *China and World Economy* 78–92, Vol. 25, No. 4.

Jingyi, Wang. Shen, Yan and Yiping Huang. 2016. "Evaluating the Regulatory Scheme for Internet Finance in China: The Case of Peer-to-peer Lending," *China Economic Journal* 9(3).

Kelly, Sonja. Dennis, Ferenzy and Allyse, McGrath. 2017. "How Financial Institutions and Fintechs Are Partnering for Inclusion: Lessons from the Frontlines," *Mainstreaming Financial Inclusion: Best Practices*. Center for Financial Inclusion at Accion & Institute of International Finance.

Klein, Aaron. 2019. "Is China's new payment system the future?" *Economic studies at Brookings*. The Brookings Institution.

Pressman, Aaron and Chandler, Clay. 2019. "Why Facebook is Suddenly So Worried about China – Data sheet," *Fortune*. 2019/10/23.https://fortune.com/2019/10/23/facebook-libra-chinese-digital-currency/ (검색일: 2019.12.24.)

Reinhilde, Veugelers et al. 2017. "Remaking Europe: the new manufacturing as an engine for growth," *Blueprint Series* 26. Bruegel 2017.https://bruegel.org/wp-content/uploads/2017/09/Remaking_Europe_blueprint.pdf

Woetzel, Jeongmin. Seong, Kevin. Wei Wang. James, Manyika. Michael, Chui and Wendy, Wong. 2017. "China's Digital Economy: A Leading Global Force." Discussion Paper. McKinsey Global Institute.

Wood, Charlie. 2019. "Mark Zuckerberg Attempts to Gain Support for Facebook's

Cryptocurrency Libra by Playing on Fears of China's Financial Dominance." Inc.,
2019/10/23.https://www.inc.com/business-insider/facebook-libra-cryptocurrency-
mark-zuckerberg-china.html (검색일: 2019.12.24.)

Xiaoru, Zhang. 2019. "Analysis of the Challenge of Internet Finance to Traditional
Finance," *ECOMHS* 2019.

Ya-wen, Cheng et al. 2017. "Innovation and imitation: Competition between the US
and China on third-party payment technology," *Journal of Chinese Economic and
Foreign Trade Studies* Vol. 10 No. 3.

Yongwoon, Shim and Dong-Hee, Shin. 2016. "Analyzing China's Fintech Industry from
the Perspective of Actor–Network Theory," *Telecommunications Policy* 40.

国务院. 2015.12.31.《国务院关于印发推进普惠金融发展规划(2016—2020年)》的通知 http://
www.gov.cn/zhengce/content/2016-01/15/content_10602.htm

国家发展改革委办公厅(Guojia). 2017. 国家发展改革委办公厅关于印发《增强制造业核心竞争力
三年行动计划(2018-2020年)》重点领域关键技术产业化实施方案的通知, 2017/12/13.
https://www.ndrc.gov.cn/xxgk/zcfb/tz/201712/t20171226_962627.html (검색일:
2020.01.09.)

人民网–舆情频道. 2018. 大数据重构声誉风险管理模式 助力科技创新赋能金融服务实体,
2018/01/30 http://yuqing.people.com.cn/n1/2018/0130/c210117-29794427.html
(검색일: 2019.12.21.)

任泽平. 2018.12.11. "中国移动支付报告：领跑全球 前景广阔."『恒大研究院』.

李晗冰. 2016. 历史关头, 习近平要怎样抓科技？：解读科技大会, 知识分子 2016/05/31. http://
www.zhishifenzi.com/depth/depth/2530.html (검색일: 2019.12.21.)

石现升 外. 2014. 中国互联金融报告, 编委会名单, 中国互联网协会.

中国经济导报. 2016.《中国制造2025》主线是"两化"深度融合. 2016/07/01. http://www.ceh.
com.cn/cjpd/2016/07/938096.shtml (검색일: 2019.12.21)

中国人民共和国财政部. 2015. 关于促进互联网金融健康发展的指导意见. 2015/07/20. http://
www.mof.gov.cn/zhengwuxinxi/zhengcefabu/201507/t20150720_1332370.html
(검색일: 2019.12.21.)

恒昌财富. 2018.04.08. "移动支付对普惠金融意义深远."『中国网』.

# 제2부

# 안보·동맹·외교의 미중 패권경쟁

제4장

# 화웨이 사태와 파이브 아이즈 동맹국의 대응
## 호주와 영국의 사례

이수범

# I. 서론

현재 5G 통신 장비의 주도권을 잡고 있는 중국의 통신장비기업 화웨이가 미국과 대결 양상을 보이면서 관심을 끌고 있다. 미국 정부는 화웨이의 보안성을 문제시하며, 동맹국들이 화웨이 장비를 도입하지 않도록 하기 위해 노력하고 있다. 화웨이에 대한 미국의 우려는 2012년부터 미국 국내에서 꾸준히 제기되어 왔다. 로저스 등이 작성한 미국 하원 보고서에 따르면(Rogers et al. 2012), 화웨이는 중국 정부 및 군과의 유착 관계에 대해 제대로 해명하지 못하였다고 밝히고 있으며, 화웨이 임원들의 일련의 불법행위에 대해 고발하고 있다. 미국은 화웨이를 신뢰할 수 없는 기업 목록(Entity List)에 올리며 구글, 퀄컴 등 자국 기업의 화웨이 거래를 제한하며 제재를 행동에 옮기기 시작했다. 이에 이어 미국은 유럽, 동아시아, 오세아니아, 라틴아메리카 등 전 세계 각 지역에서 화웨이 5G 장비 도입 금지를 촉구하고 있다. 하지만 일본, 호주, 뉴질랜드, 대만 등 일부 국가만 초기부터 참여의사를 밝혔고, 나머지 국가들은 미온적인 태도를 보이고 있다.

미국의 오랜 동맹국들조차 화웨이에 대한 제재에 참여하지 않는 현상은 기존의 미국 패권 질서 및 동맹 구도와 부합하지 않는다는 점에서 주목할 만하다. 특히 뉴질랜드, 영국, 캐나다, 호주는 파이브 아이즈 동맹(Five Eyes Alliance)을 통해 2차 세계대전 이래 미국과의 유서 깊은 정보 동맹을 맺고 있다. 이 중 뉴질랜드는 화웨이 장비 금지를 사실상 번복하였으며, 캐나다도 미국과 가장 인접한 동맹 파트너임에도 불구하고 뚜렷한 결론을 내리지 않고 있다. 영국은 결정을 보류하다가 2020년 1월에서야 미국의 반대에도 불구하고 부분적으로 화웨이 장비를 사용하기로 결정했다. 하지만 이들 국가가 일관적으로 미국의 요청을 무시하고 있는 것은 아니라는 점에서 이를 단순히 미국 패권의 약화와 중국의 부상으로 설명할 수는 없다.

화웨이를 둘러싼 미중 간의 갈등과 제3국의 대응은 비록 아주 최근의 일이기는 하지만, 사안에 대한 주목도가 큰 만큼 소정의 연구결과가 존재한다. 대표적으로 김상배(2019)는 미국과 중국 간의 기술패권과 사이버 안보 분야에서의 경쟁의 일환으로 화웨이 사태를 분석하여 이러한 갈등을 중국의 일대일로 정책과 미국의 인도태평양 전략 간의 충돌의 일환으로 해석한 바 있다. 본 연구에서는 이러한 중국과 미국 간의 패권경쟁이라는 전략적 환경 속에서 파이브 아이즈 동맹국의 대응 전략이 결정되는 요인을 보다 구체적으로 분석해보고자 한다.

또한 유인태(2019)는 화웨이 사태에서 캐나다의 대응을 긍정적인 중견국 외교 전략으로 분석함으로써 비슷한 입장에 있는 한국의 대응 전략에 대한 시사점을 남긴다. 다만 캐나다가 중견국으로서 이런 전략을 선택하게 된 이유에 대한 고찰이 부족하기에, 각국이 특정 전략을 선택하는 과정을 일반적인 제재 및 국제협력 관련 이론과 결부시켜 설명하고자 한다.

국제적인 제재를 위한 동맹 형성에 대한 대표적인 국제정치경제적 분석은 Hufbauer, Schott, Elliott(1990)에 의해 이루어졌다. 이들에 따르면 효과적인 제재를 위해서는 국제협력이 중요한데, 제재 대상국과의 교역을 지속하는 흑기사(Black Knight) 국가는 이를 방해한다. 흑기사는 주로 제재 발송국 및 대상국과의 정치, 안보적인 요소를 고려하여 제재 동참 여부를 결정한다는 점에서 현실주의적인 입장을 보여준다. 한편 Martin(1992)은 게임 이론을 도입하여 제재를 위한 국제협력이 발생하는 요건을 신자유주의적 제도주의 입장에서 설명한다. Martin은 게임이론을 통해서 제재 발송국이 신용, 평판, 신호발송을 통해서 제3국을 압박하거나, 제도를 통해서 집단행동의 딜레마를 해결해야 함을 증명한다.

Early(2009)의 제재 무력화 무역(Santions Busting Trade) 연구는 제재에서 이탈하는 이른바 '흑기사'들의 동기 및 특성에 대한 연구에 집중한다. Early에 따르면, 제재를 거스르는 무역이 발생하는 이유에는 현실주의와 자유주의의 설명이 존재한다.

안보적인 동맹을 강조하는 현실주의적 가설을 통해서는 화웨이 제재에 대한 파이브 아이즈 동맹국들의 비일관성이 설명되지 않는다. 파이브 아이즈 동맹국은 미국과 파이브 아이즈 동맹뿐 아니라 상호방위조약이 체결되어 있다. 특히 영국은 미국의 F-35 프로그램의 1-Tier 국가로 분류되는 등 특히 강력한 동맹관계임에도 불구하고 화웨이 제재에 가장 미온적인 태도를 취하고 있다. 그렇기에 미국과의 가장 강한 동맹관계를 맺고 있음에도 가장 미온적인 태도를 보이고 있는 영국의 사례를 검토하는 것이 바람직할 것이다.

파이브 아이즈 동맹국의 정책 차이는 경제적 상호의존을 강조하는 자유주의적 가설을 통해서도 설명되지 않는다. 미국의 제재에 동참하고 있는 호주와, 동참 결정 후 번복한 뉴질랜드는 미국에 비해 중국에 대한 무역 의존도가 높다. 반면 이들보다 미온적인 캐나다와 영국은 오히려 미국에 대한 의존도가 높은 것으로 나타난다. 그렇기에 중국에 대한 무역의존도가 높으면서도 화웨이에 대한 제재에 가장 적극적으로 나서고 있는 호주의 사례를 분석할 것이다.

뿐만 아니라 이러한 설명은 공통적으로 제재의 발송국과 대상국을 모두 '국가'로 상정하였기에, 제재 대상이 화웨이라는 사기업일 때에는 분석적인 한계가 존재한다. 또한 이들은 제재 참여 여부에 있어서 안보, 경제 및 제도 등의 전통적인 요소만을 고려한다는 점에서 표준 경쟁의 다층적 성격을 가진 화웨이 제재를 분석하기에 적합하지 않다. 그렇기에 현실주의와 자유주의의 이분법을 벗어난 분석이 필요하다.

이러한 한계를 극복하기 위해 구성주의 국제정치경제 이론을 통해 화웨이 사태를 둘러싼 호주와 영국의 정책을 분석하고자 한다. 국제정치학에서 구성주의를 주창한 알렉산더 웬트에 따르면, 현실에 존재하는 모든 체제는 물질적이지만, 동시에 개별 구성원의 인식과 사회적 맥락에 따라 의미가 부여된다. 그렇기 때문에 국제사회에서는 힘의 분포뿐 아니라 관념의 분포가 중요한 요소로 작용한다. 구성주의에 따르면 행위자의 정체성 및 이익 개념은 국제적 환경에 따라 내재적으로 결정된다(이근욱 2009).

이러한 구성주의의 핵심 문제의식 중 하나는 '왜 많은 사람들이 유사하지 않은 선택을 하는가?'이다(이용욱 2014). 이러한 문제의식을 바탕으로 나온 국제정치경제 연구방법인 '비교사례분석'은 Abdelal(2001)의 이행기 정치경제 연구에서 드러난다. Abdelal은 이행기 국가들의 대(對)러시아 경제 관계가 러시아와의 안보 및 경제 관계로 설명되지 않는 점에 착안하여 '국가 정체성'을 통한 설명을 제시한다. 여기서 '국가 정체성'은 '한 국가가 어떤 정치, 사회, 경제 방향으로 나아가야 하는지'로 재해석한 개념으로 사용된다(이용욱 2014). 본 연구에서는 파이브 아이즈 동맹국 내부에서 왜 서로 다른 정책결정이 나오는지에 대해 설명하는 것이 목적이기에 이러한 문제의식에 부합한다. 또한 여러 국가의 목표와 정체성 차이를 바탕으로 국가 간 정책결정 차이를 분석하는 작업이 필요하기에 Abdelal의 비교사례 분석을 활용할 수 있다.

다만 국제정치에 있어 구성주의적인 분석 방법은 여러 가지 비판에 직면하였다. 구성주의 이론은 경험적 연구의 도구가 부족하고, 자유주의적 편향을 가져 물리적 측면에 대한 관심이 부족하다는 등 다양한 비판이 제기된 바 있다(전재성 2006). 이에 대한 대안으로 Mattern은 탈근대 이론에서 구성주의 권력정치론을 제시한다. Mattern은 국제정치가 권력정치라는 점을 인정하지만, 권력 정치가 물리적 차원 이외에 현실을 표상, 담론화하는 차원에도 영향을 미치는 '정체성의 정치'를 강조한다(Mattern 2001).

현실주의적 구성주의의 관점을 영국과 호주의 비교사례 분석에 활용하기 위해 먼저 영국과 호주가 중국의 안보적 위협과 미국의 외교적인 압력이라는 현실에 있어서 이익 담론을 어떻게 구성하고 있는지를 살펴볼 것이다. 이런 외교적 담론만으로 불충분한 설명을 보충하기 위해 각국의 5G 기술이 가져오는 산업적 이익 및 안보적 위험과 이를 둘러싼 국내정치적인 이해당사자들 간의 담론 구도를 살펴볼 것이다. 이러한 현실에 대한 해석이 구성하는 화웨이 사태에 있어서 중견국으

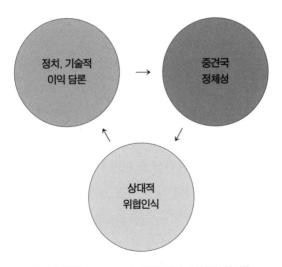

**그림 1** 화웨이 사태에서의 현실주의적 구성주의 분석틀

로서의 '정체성'은 독립변수로서 서로 다른 '상대적 위협인식'을 형성하여 정책 차이로 이어진다는 사실을 밝힐 것이다. 이러한 위협인식은 또다시 이익 담론에 영향을 미치면서 이익-정체성-위협인식의 순환 구조를 발생시킨다.

본 논문에서는 먼저 호주와 영국이 공통적으로 처해 있는 전략적 환경을 정리하겠다. 이후 현실주의적 구성주의를 통해 화웨이 제재를 설명할 수 있음을 밝히기 위해 선행 연구, 백서, 보도자료 등 각종 문헌 분석을 통해 대중 안보 및 미국과의 동맹 관계에 대한 외교적 담론, 5G 기술에 대한 산업 및 안보적 이익 담론 등이 화웨이 사태에 있어서 호주와 영국의 중견국 정체성을 구성하는 과정을 규명하고자 한다. 이렇게 구성된 정체성이 호주와 영국의 화웨이에 대한 상대적 위협인식을 형성함으로써 서로 다른 정책으로 이어지게 됨을 밝힐 것이다.


## II. 화웨이 사태를 둘러싼 전략적 환경

화웨이에 대한 제재를 둘러싼 미국과 중국 간의 갈등은 전 세계 각국의 선택을 요구하고 있다. 5G 통신망이 미중 간의 패권경쟁의 장이 되고 있는 것은 해당 분야에서 중국의 네트워크 권력이 부상하고 있는 것에 대한 미국의 견제라고 볼 수 있다. 미중 간의 정치경제적 경쟁과 5G 통신망의 등장이라는 전략적 환경은 영국과 호주에게 공통적으로 적용되고 있음에도 불구하고 서로 다른 정책 결정을 보이고 있다. 즉 전략적 환경에서의 권력 정치(power politics) 그 자체가 각국의 이익을 결정하여 정책으로 이어진다고 볼 수 없다.

## 1. 미중 관계의 전략적 환경

### 1) 중국과의 경제관계

중국 정부는 국내외적으로 자국 기업 화웨이를 적극적으로 보호하고 있다. 예컨대, 미국 통신장비 업체 '시스코'에 의존해왔던 한계를 극복하기 위해 국내 5G 통신망 건설 과정에서 전국 500개 기지국 중 250개를 화웨이, 80개를 ZTE에 맡긴 바 있다(유호정 2019). 뿐만 아니라 중국 정부는 일대일로 정책의 일환으로 디지털 실크로드 등 대외 정책을 통해 해외 수출을 직간접적으로 지원하고 있다. 실제로 화웨이는 디지털 실크로드 사업 중 미얀마와 파키스탄 등지에서 통신망 관련 사업권을 따냈다(Chan 2019). 그렇기에 화웨이와 중국 정부의 관련성 논란을 차치하고서라도, 중국 정부는 화웨이에 대한 각국의 태도에 민감하게 반응하고 있다.

　중국 정부는 화웨이에 대한 제재를 검토하고 있는 국가들에 대해 비판적인 논평을 지속적으로 제기하고 있으며, 영국과 호주 또한 예외가 아니다. 영국 주재 중국의 외교관은 4월과 6월에 잇달아 영국의 화웨이 제재 검토에 대해 경고 발언을 직간접적으로 내놓은 바 있다(Keane 2019). 호주의 결정에 대해서도 4월에는 중국 외교부 인사, 8월에는 중국 상무부 인사가 각각 비판과 압력을 가한 바 있다(Smith 2019; Needham 2019). 실제로 호주는 화웨이 5G 장비 배제를 결정한 이후 중국에서의 호주산 석탄 수입 제한으로 인해 피해를 입는 등 경제 보복을 경험하고 있다(조정현 2019). 이처럼 화웨이를 둘러싼 중국의 위협은 '주어진 것(Given)'이지만 서로 다른 정책 결과로 이어지고 있다는 점에서 독립변수가 될 수 없다.

## 2) 미국과의 동맹관계

한편 미국은 다양한 외교 채널을 통해 동맹국의 정부 및 통신사업자들이 화웨이 장비를 채택하지 않도록 설득하고 있다. 특히 미국의 안전 보장에 의존하고 있는 취약한 국가들에 대해서 화웨이 장비를 사용할 경우 정보 공유를 멈추겠다는 압박을 가하고 있다. 영국은 2019년 4월, 5월, 6월, 8월에 폼페이오 미국 국무장관과 볼턴 백악관 고문에 의해 연속적으로 화웨이 장비 사용 금지에 대한 결단을 촉구받은 바 있다(Sabbagh 2019a; Sabbagh, 2019b; BBC, 19/05/08; Reuters 2019; Derwin 2019). 영국과 호주는 전술했듯이 공통적으로 미국과 파이브 아이즈 동맹국에 속해 있을 뿐 아니라 각각 북대서양조약기구(NATO)와 태평양안전보장조약(ANZUS)에 속하여 있다. 특히 이라크 전쟁 등 미국이 동맹의 역할을 요구할 때 이 두 국가는 다른 파이브 아이즈 동맹국에 비해 적극적으로 나선 바 있으며, 최근 이란을 둘러싼 호르무즈 해협에서의 갈등에 있어서도 미국의 군사행동에 동참하는 움직임을 보이고 있다(Derwin 2019).

그렇다면 화웨이의 사태에서도 미국의 외교적인 압력이 호주와 영국의 정책 결정에 영향을 미치는 독립변수가 될 수 있을 것인가? 이는 영국과 호주의 정책 결정 모두에 있어서 설명력이 부족하다. 미국이 2012년부터 화웨이와 ZTE에 대한 우려를 표시하기는 했지만 본격적인 정책 집행의 움직임은 2018년부터 시작되었다. 그 배경에는 호주의 통신 기업가 출신 턴불(Turnbull) 총리가 미국 방문 당시 선제적으로 트럼프 대통령과 정보 관련 고위 인사들을 면담하면서 화웨이에 대한 대책 수립을 촉구했다는 사실이 있다(Bryan-Low 2019). 뿐만 아니라 영국은 미국의 지속적인 외교적 압력을 받고 있음에도 불구하고 국내정치적인 혼란을 빌미로 메이와 존슨 총리에 의해 두 차례나 결정이 유예되었다. 그렇기 때문에 미국의 외교적 압력의 효과성 여부가 각국의 정책 결정에 독립변수로 영향을 미쳤는지를 검증할 수 없으며, 미국과 중국 간의 관계에 있어서 자국을 어떠한 지위에 위치시키는지에 대한 담론을 파악해야 정책적인 차이를 이해할 수 있을 것이다.

## 2. 5G 기술의 전략적 환경

### 1) 산업 측면

중국과 화웨이는 5G 통신망 구축 과정에서 전 세계를 상대로 한 네트워크 권력을 강화시킴으로써 5G를 미중 간의 패권경쟁의 장으로 만들었다. 화웨이는 4G에서 5G로 이행하는 지난 십년간 수적인 우위를 차지하는 데에 성공했다(Pawlicki 2017). 화웨이가 5G 통신장비 시장에서 노키아, 에릭슨과 선두를 다투고 있는 것은 이전처럼 단순한 저가 공세 때문이 아니다. 화웨이 5G 장비의 기술력은 유럽 국가들과 미국 전문가들도 인정할 만큼 서구권의 기술을 뛰어넘은 것으로 평가된다. 이렇게 화웨이가 수적 우위를 차지하게 된 배경에는 압도적인 규모의 대내외 R&D 투자가 있다. 화웨이는 세계 4위 수준의 규모로 R&D에 투자했으며, 이는 세계 2위의 증가 속도를 보인다(연합뉴스 2019). 그 과정에서 화웨이는 서구 각국의 대학 및 연구기관과 협력하여 큰 규모의 R&D를 실시하고 있기에 유럽이 화웨이를 쉽게 보이콧할 수 없게 한다. 특히 화웨이는 4차 산업혁명의 주요 인프라로서 5G의 효용을 극대화할 수 있는 데이터 센터의 모든 요소를 공급할 수 있는 유일한 기업이라는 우위를 가진다.[1]

---

1    천진싱 화웨이 관계자의 설명(화웨이 본사, 2019.12.19.)을 인용.

화웨이와 중국 정부가 차지하는 수적, 기술적 우위는 영국과 호주에 공통적으로 적용되는 전략적 환경이다. 호주 국민의 50% 이상이 통신 수요의 한 단계 이상에서 화웨이의 장비를 사용하고 있으며, 호주의 모든 주요 통신 사업자들은 5G 이전 단계에서 모두 화웨이와 공동으로 사업을 진행한 바 있다. 뿐만 아니라 화웨이는 Macquarie, RMIT 등 호주의 주요 대학과 함께 R&D를 공동으로 진행하고 있다 (Huawei Australia, n.d.). 실제로 호주는 화웨이 장비 사용 금지 결정 이후 화웨이가 호주에서의 R&D 투자 규모를 삭감(Matsumoto 2019)하고 일부 연구 시설을 폐쇄(Topsfield 2019)하는 등의 피해를 겪은 바 있다. 영국 또한 2012년에 화웨이로부터 20억 달러의 투자를 약속받은 바 있으며, EE를 포함한 다수의 통신사들이 4세대 통신망 구축 시 화웨이의 장비를 채택하였다(Middleton 2012). 영국의 경우에도 화웨이 장비를 금지할 경우 118억 달러의 피해를 경험할 수도 있다고 한다 (Huawei, n.d.).

화웨이는 이처럼 단순히 수적인 우위를 차지하고 있을 뿐 아니라 세계 곳곳의 틈새시장을 공략함으로써 화웨이에 대한 의존도를 높이고 있다. 화웨이 장비는 가격 경쟁력을 내세워 통신 인프라가 낙후된 개발도상국에서 점유율을 확대하였다. 예컨대, 아프리카에서는 중국 자금의 유입과 함께 화웨이가 70퍼센트에 육박하는 IT 인프라를 설치한 바 있다(Moore 2019).

뿐만 아니라 화웨이의 장비는 호주와 영국을 포함한 선진국에서도 추격 사업자에 의해 채택되어 이들의 의존도를 높인 바 있다. 예컨대, 호주의 3위 사업자 Vodafone, 뉴질랜드의 2위 사업자인 Spark와 3위 사업자 2Degrees, 캐나다의 3위 사업자인 텔루스는 정부 차원에서 화웨이의 장비를 배제하는 것에 강력하게 반대하고 있다. 영

국 또한 화웨이에 대한 보안 우려가 계속되자, 1위 사업자인 BT(EE
를 인수)만이 화웨이 4G 장비를 철거하는 움직임을 보이고 있다(Hurn
2018). 이처럼 화웨이의 높은 가격 및 기술 경쟁력은 보안 우려에도
불구하고 개발도상국, 혹은 호주와 영국을 포함한 선진국의 추격 사업
자들에 의해 널리 채택되고 있다.

더 나아가서 5G 기술에 있어서 화웨이와 중국은 표준 설정 능력
을 확보한 바 있다. 화웨이와 중국 정부는 일찍부터 표준의 문턱에서
우위를 점하기 위해 5G 기술에 과감하게 투자했다. 중국 정부의 여
러 부처는 화웨이를 포함한 민간기업과 힘을 합쳐 IMT-2020 프로모
션 그룹을 만들어 5G 관련 기술을 연구하고 글로벌 차원에서 5G 표
준 설정에 영향력을 행사한 바 있다. 〈그림 2〉에 따르면 화웨이는 5G
핵심 표준 특허, 표준 기여도, 국제 모임 참여도에 있어서 모두 선두를
달리며 표준의 문턱에서 영향력을 행사하고 있다. 뿐만 아니라 중국
은 2019년 제1회 세계 5G 대회를 북경에서 개최하면서 전 세계의 통

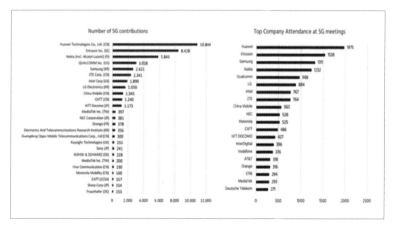

**그림 2** 기업별 5G 표준 기여 수(좌), 5G 모임 참여 횟수(우)
출처: Pohlmann(2019).

신사 및 관련 부처 관계자들이 참석한 바 있다(NGMN 2019). 이와 같은 중국의 지원 아래 화웨이 중심의 5G 표준 설정은 강화될 것으로 보이며, 이미 6G에 대한 논의도 시작된 바 있다. 그래서 많은 국가들에게 화웨이 보이콧은 5G 표준뿐 아니라 차세대 통신망에 대한 접근성을 낮춘다는 위험성을 야기한다. 반면 미국의 퀄컴은 화웨이는 물론, 노키아, 에릭슨, 삼성전자 등 유럽 및 아시아의 기업에 비해서도 뒤처지며, 표준에의 영향력을 LTE 시대만큼 행사하지 못하고 있기 때문에 많은 국가들에게 화웨이에 대한 충분한 대안이 되지 못하고 있다.

이처럼 화웨이는 호주와 영국의 5G 산업 측면에서 공통적으로 수적 우위를 가지고 있고, 추격 사업자에 대한 공략이 성공적이었으며, 표준 설정에 있어 영향력을 행사하고 있다. 만약 산업적인 이익 고려가 호주와 영국의 정책을 결정하는 요인이라면 두 국가의 정책은 같은 방향으로 나아가야 한다. 하지만 호주와 영국은 화웨이 사태에 있어서 사뭇 다른 정책을 결정하였다는 점에서 5G 산업에서의 화웨이의 권력 강화 그 자체는 독립변수가 될 수 없으며, 이러한 현상을 해석하는 각국의 담론을 면밀히 살펴볼 필요가 있다.

### 2) 안보 측면

미국은 화웨이의 네트워크 권력 강화에 대해 강한 견제 의식을 나타내고 있다. 국내적으로는 트럼프 대통령이 산업적인 관점에서 국내 기업들에게 5G를 넘어서 6G 기술 개발 및 구축에 힘쓸 것을 강조하고 있다. 하지만 대외적으로는 산업 및 기술보다는 안보의 프레임을 통해서 세를 규합하려고 노력하고 있다. 미국은 2012년부터 화웨이와 ZTE가 가져오는 안보 위협에 대한 청문회를 실시하는 등 안보 프레임을 구축하려고 노력하였으며, 사이버 공간에서 미국은 인도태평양 지역에서의 사이버 안보 관련 연대 외교를 강화하는 전략을 세웠다(김상배 2019).

　비록 미국이 성공적인 세 규합에 성공하고 있지는 않지만 장기적인 안목에서 전반적인 통신 산업의 가치 사슬에 대한 안보 담론 형성에 있어서는 성공하고 있는 것으로 보인다. 미국은 트럼프 행정부 이전부터 화웨이와 ZTE에 대한 보안 우려를 꾸준히 제기해왔다. 2012년 의회 보고서를 통해 화웨이에 대한 의혹이 관심을 받기 시작했으며, 2018년에는 본격적으로 화웨이 장비 사용에 대한 우려가 정보기관에 의해 제기되기 시작했다. 미 국방부는 같은 해 화웨이 기기를 군사시설에서 사용하지 못하도록 하였으며 캐나다에 화웨이의 CFO 멍완저우를 체포하기까지 이른다. 2019년 5월에는 '정보통신기술 및 서비스 가치 사슬에 대한 행정명령'을 발포하며 화웨이 장비 사용 금지를 본격화한다(Keane 2019). 이후 미국의 압박이 계속되자 선진국들은 프라하 컨벤션을 통해서 5G 보안을 논의하고 각국 및 지역에서 보안 조사가 진행되는 등의 성과가 있었다(Brown 2019). 보안 우려에 대해서 화웨이가 부인하면 할수록 화웨이와 보안의 관련성에 대한 인식이 강화된다는 점에서 미국의 안보 프레임 선점은 장기적인 통신 산업의 측면에서는 중국과 화웨이에 중대한 도전이 될 것이다.

　그렇다면 5G와 관련된 안보 측면의 프레임은 호주와 영국의 정책 결정에 유의미한 영향을 주었는가? 일단 호주와 영국은 공통적으로 5G 안보 프레임을 받아들인 것은 확실하다. 호주와 영국은 5G에 대한 안보 우려가 제기되자 정보기관을 중심으로 각각 통신산업안보개혁(TSSR)과 화웨이사이버안보평가센터(HCSEC)를 발표하여 화웨이가 가지는 안보 결함을 정리하여 강한 우려를 표한 바 있다. 하지만 호주의 TSSR은 화웨이 장비 사용 금지 결정으로 이어진 반면, 영국은

HCSEC가 발표되었음에도 불구하고 논란이 지속되었다. 이를 통해 5G에 대한 안보 프레임이 공통적으로 존재함에도 불구하고 서로 다른 정책 결정이 나타났기 때문에 구체적인 담론 과정을 살펴볼 필요가 있다.

## 3. 국내 정치적 변수

미중 사이의 외교 정책과 5G 기술 관련 정책 결정에 영향을 미칠 만한 또 다른 요인은 제2이미지 역전(Second Image Reversed), 즉 국내정치적 변수가 있다. 특히 호주와 영국은 공통적으로 2019년에 선거를 앞두고 있었다. 그래서 두 국가 모두에서 현재의 집권당과 다른 정당이 각각 집권을 하게 될 때의 화웨이 사태에 대한 대응의 변화에 대한 관심이 나타나기도 했다.

하지만 2019년 양국의 총선에서 미중 사이에서의 외교 정책은 중요한 쟁점이 아니었다. 호주의 2019년 총선에서는 대외정책보다는 대내 문제가 주요 이슈가 되었으며, 만약 대외정책이 중요한 쟁점이었다고 하더라도 노동당이 자유당의 외교 정책의 방향성을 바꿀 가능성은 적다. 노동당은 선거를 앞둔 논평에서 턴불 내각의 잇따른 대중 견제 정책과 미국, 인도, 일본, 호주를 중심으로 한 인도태평양 전략에 대한 지지를 보낸 바 있다(Saha 2019). 영국 또한 브렉시트가 총선의 가장 큰 화두였던 만큼 미중 사이에서의 입장이 큰 쟁점이 되지 않았다. 그렇기에 국내정치적 담론 지형은 살펴볼 의미는 있지만 독자적 독립변수로 적절치 않다.

다만 두 국가 모두에서 대형 통신사가 화웨이와 관련을 맺고 있으며 고도의 기술 전문성이 필요한 통신 분야의 정책 결정에 있어서 중요한 역할을 담당하고 있는 만큼, 화웨이 장비 사용 금지에 대한 통신사의 입장 표명에 대해 분석할 필요가 있을 것으로 보인다.

## III. 호주의 전면 협조 전략

호주는 중국과의 깊은 경제적 상호의존 관계에도 불구하고 미국의 화웨이 봉쇄 전략을 미국에 앞서 선제적으로 제시하는 등 미국과 전략이 일치하고 있는 상황을 보여준다. 본 절에서는 미중 관계 속에서 오는 정치적 이익과 5G 기술에서의 이익 담론을 통해 형성된 호주의 중견국 정체성이 화웨이의 상대적 위협인식을 형성했음을 밝히겠다.

### 1. 미중 관계 속 중견국 정체성

#### 1) 중국과의 경제 관계

호주는 파이브 아이즈 동맹국 중 뉴질랜드와 함께 중국에 대한 무역 의존도가 가장 높은 국가에 속한다. 그렇기에 중국과의 상호의존도와 무역 보복으로 인해 예상되는 타격을 고려했을 때 중국에 대한 제재에 가장 신중해야 하는 국가가 호주이다. 하지만 호주는 5G 구축 이전인 2012년부터 일찍이 국가 광대역 네트워크(National Broadband Network, NBN)에서 화웨이의 장비를 배제한 바 있다(Zhou 2019). 또한 전술하였듯이 중국의 무역 제재에도 불구하고 화웨이 장비 사용 금지 결정을 철회하지 않았다. 이러한 정책 결정은 호주에서 중국에의 과도한 상호의존으로 인해 오히려 중국에 대한 강한 경계심 담론이 강화되는 추세에서 원인을 찾을 수 있다. 호주의 인프라 곳곳에는 중국의 자본이 스며들어 있기 때문에 중국 정부의 개입을 막기 위해 정부 차원의 규제를 막으려는 노력이 이루어지고 있다(강지선 2018).

이러한 경제적인 영향력뿐 아니라, 호주는 인구 비율 중 중국계 인구가 3.9%에 달하는 만큼(Australian Bureau of Statistics 2017) 중국의 국내 정치 개입에 대한 지속적인 우려를 제기한 바 있다. 호주 노동당 의원 다스타리(Dastyari)의 중국계 호주 기업인과의 유착이 밝혀짐에 따라, 2017년 12월 호주 자유당의 턴불 내각은 해외 이해당사자에 의한 정치자금 기부를 막는 법안을 제출하여 통과시켰다. 턴불 호주 총리는 의회에서 이 법안의 취지를 설명할 때 "중국 영향력에 대한 다수의 우려스러운 보고(disturbing reports about Chinese influence)"를 언급하며 중국의 정치적 개입에 대한 강한 우려를 표시했다(BBC, 2017/12/05). 이후 중국이 거듭된 불만을 제기하자 이 법안이 특정 국가를 겨냥한 것이 아니라고 해명하였지만, 언론과 유력 정치인들이 중국을 비판하는 움직임이 계속된다(Westcott 2018a). 특히 2018년 5월에는 의회의 간접적인 지원 아래 호주의 정치, 시민사회, 대학 연구에 있어서 중국의 영향력에 대한 총체적인 의혹을 제기하는 *Silent Invasion: How China is Turning Australia into a Puppet State*(Hamilton 2018)가 출간되기도 한다. 이에 따라 2018년 12월에는 법무상 직속 기관으로 '해외 영향력 투명성 계획(Foreign Influence Transparency Scheme)'이 출범하게 된다.

또한 호주의 언론은 중국이 호주 해안에 인접한 남태평양 지역의 바누아투에 군사기지를 건설하려 한다는 보도를 통해 중국에 대한 강력한 위협인식을 제기한 바 있다(Westcott 2018a). 이러한 국내의 중국 위협 담론으로 인해 호주는 일대일로에 대한 서명을 거절하고, 중국의 남중국해, 남태평양 지역 영향력 확장에 대해 단호하게 대처한

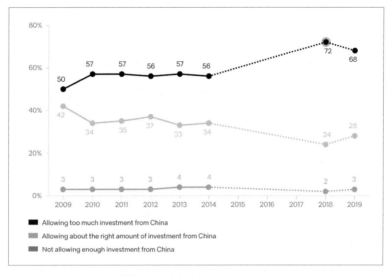

**그림 3** 중국의 대호주 투자에 대한 호주인의 인식 설문
출처: Munro(2019).

다는 강경한 입장을 밝힌 바 있다(Lee 2019). 지역안보에 대한 호주의 관심은 미국을 제외한 파이브 아이즈 동맹국 중 유일하게 아세안확대국방장관회의(ADMMPlus)에 참여하는 국가라는 점에서도 드러난다(ADMM 2017).

이러한 호주의 대중 경계 담론은 호주 국민의 이슈별 위협 인식 및 대중 신뢰도 변화와 관련한 자료에서 드러난다. 중국의 대호주 투자가 과도하다는 인식이 지속적으로 높아지고 있으며, 중국의 역내 군사 활동에 대한 호주의 적극적인 대응이 필요하다는 인식 또한 2015년의 66%에서 2019년의 77%로 상승한 바 있다(그림 3).

## 2) 미국과의 동맹 관계

호주는 미국에 화웨이 장비 사용 금지를 선제적으로 제시할 정도로 꾸준히 미국과의 안보 관계를 중시해오고 있다. 호주의 2017 정부 외교 정책 백서는 미국과의 동맹이 호주에게 핵심적이며, 미국과의 정치, 경제, 안보 교류가 없으면 호주가 안정과 안보를 담보받을 수 없다고 서술한다(조정현 2019). 2016년 국방백서에서 또한 미중 관계의 변화가 인도태평양 지역에서 유의미한 변화를 가져올 것이라고 예측하며 미국과의 동맹 관계를 강화시킬 필요가 있다는 점을 수차례 강조한다 (Australian Government Department of Defence 2016). Aaron(2016)에 따르면, 호주 정부는 지속적으로 '중견국(Middle Power)'을 담론에서 강조해왔으며, 이러한 정체성은 미국과의 동맹을 정당화하는 중요한 역할을 담당하였다. 이러한 호주의 담론은 미국 오바마 행정부 이후 아시아로의 회귀(Pivot to Asia)와 트럼프 행정부의 인도태평양 전략과 맞아떨어지며 다윈 등지에서 미군의 증원 등으로 이어지고 있다. Lee(2018)에 따르면 미국, 일본, 호주를 중심으로 하는 인도태평양 지역의 동맹 구도 내에서 동북아는 일본과 미국, 동남아는 호주와 미국, 남태평양은 호주가 분담하여 안전을 보장하고 있다.

이러한 호주의 입장은 파이브 아이즈 동맹 내에서의 정체성에 있어서도 그대로 유지된다. O'Neil(2017)에 따르면 파이브 아이즈 동맹 내부에서 호주의 역할은 인도네시아와 중국에 대한 정보 수집에 집중된다는 점에서 동맹 내부에서 주니어 파트너임에도 불구하고 미국의 Pivot to Asia 국면에서 중요한 역할을 하고 있다. 호주 정부는 파이브 아이즈 동맹에 대한 언급을 꺼리는 편이지만, 호주 내부의 담론에 의하면 두 가지 사실은 분명하다. 먼저, 호주는 영국, 미국이라는 시니어 파트너(Senior Partner)의 정보 수집능력에 일정부분 무임승차하고 있다는 인식이다. 또한 호주의 파이브 아이즈 동맹 참여는 각국과의 양자 관계를 심화시킨다는 점이다. 실제로 파이브 아이즈 동맹국 내부에서 호주와 미국 간의 정보 거래 중 90퍼센트는 호주에게 이익이 되지만, 호주는 미국에게 있어서 아태 지역의 틈새(niche) 정보를 제공해 주고 있다. 이러한 호주의 인식은 같은 파이브 아이즈 동맹국인 캐나다, 뉴질랜드와 달리 호주가 이라크 전쟁 참여를 결정하게 되는 계기라고 볼 수도 있다. 이처럼 호주는 미국의 정보에 대해 의존하는 대신, 파이브 아이즈 동맹국 중 중국과 가장 가까운 특징을 통해 파이브 아이즈 동맹국 내부에서의 입지를 강화하는 모습을 보인다. 이는 미국-일본-호주의 동맹관계 속에서 남태평양 지역의 안보를 강화하는 호주의 전반적인 국방 전략과도 맥을 같이 하는 것이다.

미중 사이에서의 정치적 이익에 대한 담론은 2019년 5월 호주 총선에서 주요 쟁점은 아니었지만 일부 담론 경쟁이 표면화되기는 했다. 집권세력인 보수 연정은 트럼프 행정부의 중국 위협론을 공개적으로 지지하였지만, 야당인 노동당은 이러한 중국 위협론이 과장되었다는 주장을 펼친 바 있다. 하지만 총선에서 자유당을 중심으로 한 보수 연정이 승리함에 따라 중국에 대한 보다 강경한 담론과 정책이 이어질 것으로 보이며, 이는 중국과의 냉랭한 관계를 회복시키는 데 악영향을 미칠 것으로 보인다. 또한 트럼프 행정부와의 친밀한 관계를 맺고 있는 턴불 내각이 잔류하게 되면서 미국의 아시아태평양 전략에 마찰 없이 동조할 것으로 보인다. 하지만 미중 사이에서의 구조화된 정체성으로 인해 전술하였듯이 노동당이 집권을 한다고 하였더라도 미국과 중국 사이에서 호주의 정체성에 큰 변화가 예상되지는 않는다. 실제로 상대적으로 중국에 우호적인 호주 노동당이 집권하였던 2007~2013년 시기에 미국과의 동맹을 무역, 개발, 사이버 영역까지 확대한 바 있다(박재적 2012).

## 2. 5G 기술에서의 중견국 정체성

호주는 5G 기술에 대한 안보화가 일찍이 진행되면서 안보 우위의 담론이 전개되고 있다. 호주 정부는 2017년 10월 5G 전략을 발표함으로써 5G 산업 육성을 위한 이해당사자의 의견 청취와 제도적 기반 마련을 천명한 바 있다(Department of Communications and the Arts 2017). 이에 따라 호주 정부는 5G의 보안과 관련된 심사를 거쳐 2018년 8월 '통신산업 안보개혁(Telecommunications Sector Security Reforms, TSSR)'을 발표함으로써 초기부터 5G의 보안을 중시하는 모습을 보인다. Botton(2018)에 따르면, TSSR의 발표는 세 가지 의미가 있다. 먼저, 코어 네트워크뿐 아니라 논코어로 분류되는 RAN에서의 취약한 보안은 국가 안보에 치명적일 수 있다는 점을 통해 5G 네트워크에서 코어와 논코어의 구분이 무의미하다는 점을 강조한다. 둘째, TSSR은 5G 허가에 있어서 하나의 획일적인 규정이 아닌 행정적, 상업적 결정에 의한 사안별 결정, 즉 Soft Law를 강조한다. 마지막으로, TSSR은 해외 업체에의 본국 정부의 영향력에 대한 우려를 적극적으로 제시한다. 요컨대, TSSR에서 호주 정부의 5G 보안에 대한 담론은 코어와 논코어 장비의 구분에 상관없이 사안별로 양자택일(All-or-nothing) 방식으로 결정해야 하며, 이때에는 다국적 기업에의 본국의 영향력을 고려해야 한다는 점을 강조한다. 이러한 담론은 화웨이에 대한 강경한 대응에 그대로 적용된다.

이러한 TSSR의 우려는 2018년 국가 5G 통신망을 상대로 한 정부 주관의 모의 해킹 공격을 통해 더욱 증폭되었다. 5G 통신망이 모의 해킹 공격 당시의 강도로 공격 받을 경우 호주의 국가기반시설 대부분이 마비되는 결과는 호주의 정치인 및 안보전문가들에게 경각심을 제

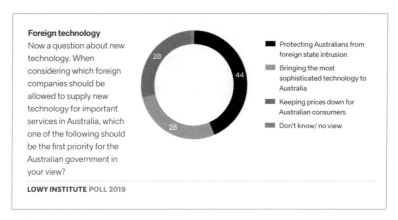

**그림 4** 해외 기술에 대한 호주인의 인식 설문
출처: Recihert(2019).

공한 바 있다(Bryan-Low 2019). 5G의 성공적인 안보화는 호주가 화
웨이 장비 사용 금지 조치 등 각종 사이버 안보 정책에 있어서 보편적
인 지지를 이끌어낼 수 있는 기반이 되었다. 2019년의 설문조사에 따
르면 호주의 국민들 중 62%가 외국의 사이버 공격을 심각한 위협으로
인식하였으며, 외국 기술의 도입에 있어서 국가의 안보에 미치는 영향
이 기술력 및 가격에 비해 높다고 답변하였다(그림 4, Recihert 2019).

이런 호주의 5G 담론은 통신사업자의 입장 표명과도 밀접한 관계
가 있다. 현재 호주의 통신업계는 크게 2017년 기준 Telstra(44.3%),
Optus(24.5%), Vodafone(15.2%)로 이루어져 있다(그림 5). 화웨이의
가격 경쟁력과 기술 협력은 다른 국가들과 마찬가지로 1위 사업자가
아닌 추격 사업자에게 유인을 주었으며, 이에 따라 1위 사업자인 Tel-
stra는 노키아와 계약을 맺은 반면, Optus와 Vodafone은 화웨이와
긴밀한 협력을 하고 있었다. 호주 정부의 화웨이 장비 금지 결정에 대
해 공개적으로 반대를 표명한 회사는 Vodafone뿐이며, 2위 사업자인
Optus는 오히려 자신감을 보였다(Fernyhough 2019; Reichert 2019).

자료원: IBIS World

**그림 5** 호주 3대 무선통신기업 시장 점유율
출처: 강지선(2018).

점유율 70%에 가까운 통신사업자가 화웨이 장비 금지 결정에 특별히 반대하지 않았다는 점에서 호주 정부의 금지 결정에 대한 국내적 부담을 덜어주었을 것으로 보인다. 요컨대, 호주의 3대 통신사가 모두 화웨이와 교류하고 있음에도 불구하고 한 개의 통신 사업자만이 반대를 표명하였다는 것은 통신 사업자들의 정책 영향력 또한 단순히 화웨이와의 교류 협력 여부가 아닌 정부 및 대중에 대한 입장 표명에 따라 결정된다는 사실을 알 수 있다. 이러한 사업자들의 반응은 호주 정부가 통신사업자에 대한 가이드라인(Fifield 2018) 등 5G 안보 담론에 대한 신뢰할 만한 공약(credible commitment)을 지속적으로 내놓았다는 점에서 가능했다.

## 3. 호주의 중견국 정체성과 상대적 위협인식

호주가 미중 관계 속에서 갖는 미국 의존 및 중국 위협 담론은 미국과의 동맹에서의 입지 강화라는 중견국 정체성을 구성한다. 또한 5G 기술 담론에 있어서도 호주는 산업과 안보 사이의 균형을 맞추기보다는 안보를 산업의 전제조건으로 강조함으로써 5G 안보 측면에서 국제적 입지를 강화하는 것을 이익으로 받아들이고 있다. 이는 사이버 안보 분야에서 입지를 강화하려는 호주의 최근 행보와도 맥을 같이한다. 이를 통해 형성되는 호주의 정체성은 미국 중심의 5G 안보 동맹 내에서의 입지 구축이라고 요약할 수 있으며, 이에 대해 국내정치적으로 초정파적인 공감대가 형성되어 있다. 호주의 중견국 정체성은 화웨이에의 높은 상대적 위협 인식으로 나타나게 된다. 실제로 중국에 비교적 우호적인 노동당 또한 총선을 앞두고 보수당 정부의 화웨이 장비 금지 결정을 철회하지 않을 것임을 천명하였다(Hunter 2019)는 것은 초당적으로 형성되어 있는 화웨이에 대한 위협인식이 역행할 수 없는 현실임을 간접적으로 보여준다.

이처럼 호주가 가지는 중견국 정체성은 기존 구성주의에서처럼 공유된 가치나 규범 등과 같은 관념적, 문화적 담론에 근거하는 것이 아니며, 국제정치적, 기술적인 권력 구도라는 현실주의적인 요소에 근거한다는 의의를 가진다. 다만 이러한 현실주의적인 권력구도 속에서 각 국가가 무엇을 이익으로 규정하는지에 대한 담론에 따라 정체성은 서로 다르게 나타날 수 있으며, 구체적인 정책 집행은 그러한 정체성에 따라 이루어지는 것이다.

## IV. 영국의 능동적 유보 전략

영국은 미국과 가장 높은 수준의 안보 동맹을 맺고 있으며, 중국과의 무역의존도가 높지 않음에도 불구하고 파이브 아이즈 동맹국 중 화웨이 제재에 가장 소극적인 태도를 보이고 있다. 영국은 브렉시트로 인한 국내정치적 혼란을 빌미로 두 차례 화웨이에 대한 결정을 유보하고 있지만, 미국과 중국의 반응을 살피며 잇따른 기관 발표를 통해 복합적인 입장을 간접적으로 제시하고 있다. 2020년 1월에는 이런 유보적 입장을 매듭짓고 화웨이의 장비를 제한적으로 도입하기로 결정한 바 있다. 즉, 영국은 외교적 측면에서 미국과 중국 사이에서, 기술적 측면에서는 산업과 안보적 고려 사이에서 이른바 '줄타기'를 통해 전략적으로 결정을 유보하며 적절한 대안을 모색하는 과정을 거쳤다고 볼 수 있다.

## 1. 미중 관계 속 중견국 정체성

### 1) 중국과의 경제 관계

영국의 대중국 담론은 호주와 달리 정치, 군사적인 위협보다는 '경제적 기회'로 요약될 수 있다(Chow 2019). 영국은 지정학적으로 파이브 아이즈 동맹국 중 유일하게 태평양에 위치해 있지 않을 뿐 아니라, 유럽 지역의 정부 수집에 집중하고 있다는 점에서 중국보다는 러시아에 대한 위협인식이 높은 편이다(조정현 2019). 실제로 2019년 2월 영국의 국방장관은 브렉시트 이후의 영국은 미국과의 동맹을 강화하는 동시에 중국보다는 러시아에 대한 견제를 천명한 바 있다(Euractiv with Reuters 2019). 또한 BBC의 조사에 따르면 영국은 유럽 국가들 중 중국에 가장 우호적인 태도를 보이고 있다(China Power Team 2016).

보수당 정권은 2010년 집권한 이후 지속적으로 중국에 대한 접근 전략을 취하고 있으며, 야당인 노동당은 제레미 코빈 당수의 지도하에 중국에 대해 비교적 강경한 입장을 강화시키고 있다. 특히 보수당 캐머런 총리는 영국이 서구에서 중국의 '최고의 파트너'가 되겠다는 정책을 펼쳤으며, Harris(2017)에 따르면 이는 영국이 미중 사이에서 Cox의 '미들파워맨십(Middlepowermanship)'을 발휘하려는 노력으로 볼 수 있다. 지금까지 영국의 '미들파워맨십'이 EU와 미국을 연결하는 역할에 집중되었다면, 이제는 동과 서를 연결하는 역할로 발전하고 있는 것이다. 영국의 이런 전략은 2015년 미국의 반대에도 불구하고 AIIB에 유럽 국가 최초로 서명한 사례에서 볼 수 있으며(Jacques 2015), 화웨이 사태에 있어서도 보수당의 메이 총리와 존슨 총리는 국내외의 여론을 살피면서 결론짓기를 유보하고 있는 것이다. 이러한 영국의 미들파워맨십은 '중견국 외교'라는 측면에서 호주의 중견국 정체성과 유사해보이지만 미중 패권경쟁 국면에서 발현되는 형태는 전혀 다르다. 호주의 중견국 담론이 동맹 내부에서의 입지 강화로 대표된다면, 영국은 서로 다른 세력 간의 가교 역할을 자처하고 있는 것이다.

화웨이 규제 문제를 둘러싼 영국의 미묘한 접근은 브렉시트를 둘러싼 진통과 무관하지 않다. 영국은 브렉시트의 혼란을 겪으면서, EU 탈퇴 이후 틈새시장으로서 중국에 주목하고 있다. 영국은 EU에 대해 경제적 의존도가 높았기 때문에, 브렉시트 이후 교역 조건 변화 상황에서 새로운 활로가 필요해졌다. 영국은 자국의 경기 리스크를 해소하기 위해 2017년부터 '영국-중국 경제금융 대화'에서 무역 작업반을 구성하는 등의 노력을 펼치고 있으며, 영국과 중국 간의 FTA 또한 추진되고 있다. 물론 영국 또한 남중국해에서 중국을 견제하려는 움직임을 보인 바 있지만, 이로 인해 중국의 고위급 무역 협의가 전격 중단되자 그 직후 영국이 화웨이 장비의 일괄 배제를 유보하기로 결정한 바 있다(장기전략리서치부 선진국팀 2019). 브렉시트 이후 무역 상대로서 중국의 중요성은 브렉시트 찬성론자들이 반대론자들에 비해 상대적으로 중국과의 무역 관계를 중시하였다는 설문 결과를 통해 알 수 있다(그림 6).

전술했듯이 2019년 영국 총선에서는 브렉시트가 최대의 화두였

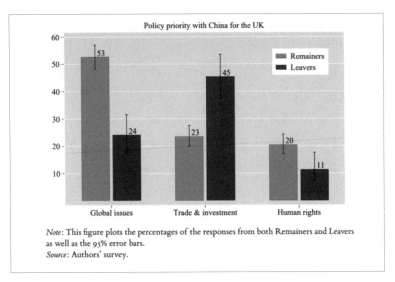

**그림 6** 브렉시트 찬성, 반대에 따른 중국과의 관계 지향점
출처: Chow(2019).

기에 화웨이 및 중국에 대한 대응 전략이 중요 쟁점이 되지는 않았
다. 다만 정치적 입장에 따라 화웨이에 대한 서로 다른 대책을 요구
한 바 있다. 노동당은 화웨이에 대한 강경한 정책을 요구하고 있지만
(Gartside 2019), 보수당은 의견이 갈리고 있고 그 틈을 파고들어 화웨
이의 로비는 보수당 의원들에 집중되고 있다(Hope 2012). 보수당이
총선에서 승리한 만큼 화웨이에 대한 태도가 급격하게 변화할 것으로
보이지는 않는다. 존슨 총리는 2018년 외무장관 시절의 인터뷰에서
AIIB의 첫 번째 서명국이 영국이었고 일대일로에 큰 관심을 보이고
있다는 등 중국에 우호적인 태도를 취하고 있다(Griffiths 2019). 한편
존슨 총리는 트럼프 미 대통령과의 관계 또한 원만하게 유지해왔다는
점에서 중국과 미국의 무역 전쟁 상황에서 균형자의 역할을 취할 가능
성이 높아 보인다. 다만 존슨 총리는 총선 승리 이후 화웨이와 관련해

서 안보 문제의 중요성을 강조한 바 있지만, 화웨이 휴대전화를 사용한 사진을 SNS에 게시한 것으로 인해 국내외적인 논란에 휩싸이기도 하였다는 점에서 정책적 불확실성이 존재하는 상황이다(Bloomberg 2019).

### 2) 미국과의 동맹 관계

브렉시트는 영국에게 있어 미래 파트너로서 중국과 함께 미국의 중요성 또한 강화시켰다(Ministry of Defence 2018). 하지만, 미국 트럼프 행정부는 무역과 안보 측면 모두에서 영국에게 불확실성을 안겨주고 있다. 영국 의회의 보고서에 따르면 영국이 미국과의 동맹 관계를 안정적으로 유지하기 위해서는 약 106억 달러의 군사비 지출을 늘려야 한다(Chuter 2018). 이러한 불확실성은 안보 측면에서 미국에의 과도한 의존에 대한 경계를 불러일으키고 있다. 2018년 의회 보고서는 그 사례로 영국 국방설비계획(Equipment Plan)에서 미국 장비에 대한 의존에 대한 문제의식을 보여준다(The Defence Committee 2018). 또한 미국의 Pivot to Asia와 인도태평양 전략은 러시아에 대한 견제라는 영국의 정책 목표와 반할 수 있어 우려를 낳고 있다(Zala 2015). 물론 이러한 경계심이 영미동맹의 약화를 의미하는 것은 아니지만, 영국 내부 담론 속 미국의 상대적인 중요성에 대한 인식 변화를 엿볼 수 있다.

미국에 대한 영국의 불확실성 인식은 브렉시트를 전후로 영국 국민을 대상으로 실시된 설문조사에서도 드러난다(그림 7). 안정성과 예측가능성, 그리고 타국에 대한 존중에 있어서 미국은 동맹국임에도 불구하고 중국에 비해 낮은 점수를 받았다. 이를 통해 영국인들이 미국에 대해 갖는 상대적 불신과 독자적 정책의 필요성에 대한 인식을 알 수 있다.

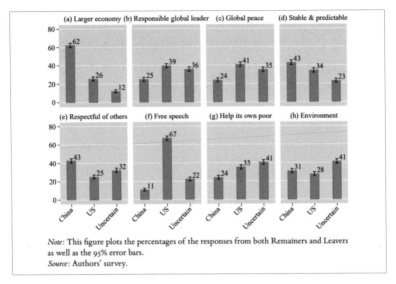

Note: This figure plots the percentages of the responses from both Remainers and Leavers as well as the 95% error bars.
Source: Authors' survey.

**그림 7** 영국인들의 대중, 대미 인식 설문
출처: Chow(2019).

이러한 영국의 대미 관계 담론은 파이브 아이즈 동맹국 내부에서의 정체성과도 연관된다. 파이브 아이즈 동맹국에서 호주, 뉴질랜드, 캐나다와 달리 Senior Partner로 활동하고 있다. 특히, 정보 수집 범위가 미국, 호주, 뉴질랜드, 캐나다와 중첩되는 부분이 적기에 동맹 내에서 영국의 중요성이 특히 높으면서도, 미국의 주 관심사인 중국에 대한 정보 수집 관여도가 낮기 때문에 미국의 민감도가 상대적으로 낮을 것이다. 이러한 지위로 인해 영국은 파이브 아이즈 동맹국 내에서 다른 국가에 비해 자율적인 결정 여력이 있을 것으로 보인다. 실제로 2018년 호주 골드코스트에서 열린 파이브 아이즈 동맹국 정보 관련 장관 모임에서 중국과 화웨이에 대한 경계가 주요 의제로 공개된 반면, 2019년 런던에서 열린 모임에서는 주요 의제로 공개되지 않았으며, 오히려 서구권 채팅 어플리케이션인 WhatsApp에 대한 보안 우려가 제기되었다(Sabbagh 2019c).

## 2. 5G 기술에서의 중견국 정체성

영국 정부는 4G 통신망 구축 과정에서 세계 53위라는 뒤처진 성적표로 인해 5G 통신망 건설에 있어서는 국제적인 경쟁력을 회복하는 것을 주목표로 하고 있다(조정현 2019). 그런 점에서 영국 5G 담론은 IoT 등 5G 관련 산업 육성에 집중되어 있으며, 화웨이는 영국 내 스마트시티 평가 용역을 맡는 등 정부 정책에도 깊이 관여하고 있다. 특히 미래 커뮤니케이션 챌린지 그룹(FCCG)의 2017년 5G 전략 보고서(FCCG 2017)는 5G의 산업적 가치를 강조하면서 그 과정에서 미국, 중국, 한국, 일본과의 협력의 필요성을 주장한다. 특히 브렉시트로 인해 EU와의 기술 협력이 어려워지고 시장이 축소되면서 이 국가들의 중요성이 상승했다고 강조한다. 보고서에 따르면 사업자 중심의 5G 산업 발전을 도모하는 미국 및 일본, 국가의 집중 투자를 통한 5G 산업의 선두주자인 중국 및 한국과의 협력이 모두 중요하다.

영국은 5G의 실용적인 측면을 강조하는 만큼 코어와 논코어 영역을 구분하는 프레임이 우세하다. 물론 영국 또한 화웨이에 대한 우려에 대해 2013년부터 정보기관인 정부 커뮤니케이션 총국(GCHQ) 산하에 화웨이 사이버안보 평가센터(Huawei Cyber Securtiy Evaluation Centre, HCSEC)를 구성한 바 있으며, 2019년도 조사 보고서 또한 대체로 화웨이의 보안성에 대한 의문을 제기하고 있다. 하지만 2019년 조사보고서(HCSEC 2019)에서는 코어 영역에서의 위협이 늘어나고 있다는 서술을 통해 코어와 논코어 간의 암묵적 구분을 함축한다.

코어 사이버 안보에 있어서, 영국 통신 사업자에게 통보된 취약성의 숫자는 수백 건으로 증가하였다. 2018년에 실시된 제품 평가의 증가 폭(2017년의 27건에서 2018년의 39건으로 증가)을 고려하였을 때, 이는 평년과 비슷한 증가 폭을 보이며… (후략)

5G 통신 기술에 있어서 영국의 산업 위주의 인식은 2019년 '통신사업자 가치사슬 리뷰'를 발표하는 Wright 디지털문화미디어체육부 장관의 성명에서도 드러난다. Wright(2019)는 지금까지의 프레임워크에 비해 보다 안보 위주의 프레임워크가 필요하다는 점을 강조하면서 기존의 틀이 산업 위주로 짜여 있었다는 점을 인정한다. 또한 앞으로 진행되어야 할 입법도 가치 사슬 내의 다양성을 확보하는 방향으로 나아가야 한다고 주장하며 경제적인 논리가 부각된다. 결론적으로 Wright는 통신 산업에 있어서 여러 가지 취약성이 있기는 하지만 미국의 주장과 현재까지의 조사 결과에 따라서는 화웨이에 대한 결정을 내릴 수 없다고 주장한다.

미국의 발표 이후 우리는 그 범위와 함의를 규명하고자 하였지만, 우리의 입장은 아직 분명하지 않다. 그것이 분명해질 때까지 우리는 화웨이에 대한 구체적인 결정을 내리는 것이 옳지 않다고 판단하였다.

또한 GCHQ의 수장 플레밍은 이 보고서로 인해 화웨이에 대한 경계심이 높아지는 것을 우려하여 화웨이의 완전 배제를 시사하는 것은 아니며, 사안별로 '영국 주도의' 결정이 필요하다는 인식을 밝혔다(Price 2019) 이러한 인식은 국가안전보장위원회(NSC)에서 논코어 영역에서 화웨이를 허용하는 것을 골자로 한 메이 총리의 의견에서도 드

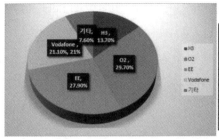

| 통신사 | 비율 |
|---|---|
| H3 | 13.7% |
| O2 | 29.7% |
| EE | 27.9% |
| Vodafone | 21.1% |
| 기타 | 7.6% |
| **합계** | **100.0%** |

**그림 8** 영국 이동통신사별 시장 점유율 (2016 기준)
출처: 넥스텔리전스(2018).

러난다(Griffin 2019). 논코어 영역에서의 허용 방침이 언론을 통해 유출된 이후 미국의 강력한 반발과 국내적인 논란이 유발되자 결정을 차기 정권으로 유보한 바 있다.

화웨이에 대한 영국의 최종 결정은 코어와 논코어의 이분법을 중심으로 FCCG 중심의 산업적인 고려와 GCHQ 중심의 안보적인 고려가 병행되는 상황 속에서 이루어졌다. 이는 5G 안보 프레임을 선점하여 입지를 높이려는 호주의 정체성과 달리, 안보와 산업 사이의 균형을 도모하는 모범 사례를 구축하는 영국의 정체성을 보이고 있다.

이와 같은 영국의 5G 담론에 힘입어 민간 사업자들은 화웨이와의 교류 협력을 끊지 않고 있다. 특히 영국의 5G 정책이 산업 및 경제적 측면을 강조하고 있는 만큼, 영국의 4대 메이저 통신사인 EE(29.0%), O2(27.0%), Vodafone(19.0%), H3(11.0%)(그림 8) 모두 5G 연구 및 개발 초기 단계부터 현재까지 화웨이와 긴밀한 협력을 지속하고 있다. 옥스퍼드 대학을 제외한 많은 대학기관 또한 미국의 압력이 본격화된 이후에도 화웨이와의 협력을 지속하고 있다(Searles 2019). 화웨이 장비에 대한 결론이 메이 총리에서 존슨 총리로 미루어지고, 존슨 또한 총선 이후로 결정을 미루는 사이 영국의 메이저 통신사들은 모두 화웨이 장비를 사용하여 5G 통신망을 구축하고 있다(Wakefield 2019).
Vodafone은 화웨이 사용 금지가 자사에 수백만 파운드의 손실을 입
힐 것이라는 우려를 내놓기도 했으며(Sandle 2019), Vodafone과 H3
는 화웨이 사용 금지 결정이 되지 않을 것을 가정하고 통신망을 구축
중이라는 입장을 밝혔다(Morris 2019). 이처럼 사업자들의 이익이 미
국의 외교적인 요구와 완전히 대립하는 상황에서 영국 정부로서는 결
정을 유보한 채 보다 신중한 손익 계산을 하는 것이 최선의 전략일 것
으로 판단했을 것이다.

　이러한 오랜 유보 끝에 2020년 1월 화웨이의 5G 장비를 부분적
으로 사용할 수 있도록 하는 영국 정부의 최종적인 결정은 이러한 영
국의 5G 담론을 단적으로 보여주고 있다. 영국 정부는 화웨이를 고위
험 사업자(High Risk Vendor)로 명시적으로 규정하되, 코어를 제외한
주변부(periphery) 영역에서 화웨이의 장비를 35%까지 사용할 수 있
도록 허가하였다. 현재 화웨이의 장비를 35% 넘게 사용하고 있는 통
신 기업들은 3년이라는 유예 기간 내에 새로운 사업 파트너를 찾아야
한다(NSSC 2020; Kelion 2020). 이는 미국, 호주의 견해와 달리 코어와
주변부 영역을 구분하여 관리할 수 있다는 담론을 단적으로 보여주고
있다. 이와 더불어 이미 자국의 통신 기업들이 화웨이의 장비와 R&D
에 의존하고 있다는 경제적인 상황을 반영해서, 화웨이 장비에 대한
전면적인 철폐보다는 현실적인 선 안에서 점유율을 제한하고 그 안에
서 관리하겠다는 산업과 안보 사이의 균형적인 5G 담론을 제시한 것
이다.

## 3. 영국의 중견국 정체성과 상대적 위협인식

영국의 보수당 정부는 브렉시트 국면에서 경제적인 기회로 작용하는 중국에 대해서 우호적인 접근을 지속적으로 추구하고 있으며, 미국의 불확실성에 대한 우려는 이러한 경향을 강화시키고 있다. 이는 미국과 중국 사이에서 연결자 역할로서의 영국의 중견국 정체성을 수립하는 계기가 된다. 또한 이런 중간자적인 역할은 5G 기술에 있어서도 안보와 산업 사이의 균형을 맞추려는 영국 정부의 노력과도 맥을 같이한다. 이러한 중간자적인 역할이라는 정체성은 화웨이에 대해 호주에 비해서 상대적으로 낮은 위협인식으로 이어진다. 화웨이 장비에 대한 낮은 상대적 위협 인식은 특정 IT 기업의 서비스 혹은 제품을 사용 중지할 의사가 있는지에 대한 설문조사에서 드러난다. 화웨이 장비를 사용하지 않겠다는 비율은 11%로, 미국의 Facebook이나 기타 메신저 앱 등의 서비스에 비해서 낮다(Ashcroft et al. 2019). 이처럼 화웨이에 대해 국민과 정치권의 위협인식이 통일되지 않은 만큼 영국은 국내정치적인 혼란을 빌미로 화웨이와 미국, 안보와 산업 사이의 결정을 보류하며, 득실을 신중하게 검토할 수 있는 것이다.

## V. 맺음말

화웨이를 둘러싼 미국과 중국 간의 갈등에 있어서 미국의 핵심 동맹국인 파이브 아이즈 동맹국은 미국의 요구를 일방적으로 수용하기보다는 다양한 형태의 정책적 대응을 보이고 있다. 이 글은 이러한 정책적 대응을 안보 위주의 현실주의적 접근이나 상호의존 위주의 자유주의적 접근 또는 전형적인 구성주의 접근으로 보기보다는 새로운 이론적 시각에서 비교분석하고자 하였다. 이 글이 원용하는 현실주의적 구성주의는 주어진 권력 구도상에서 각 국가가 형성하는 서로 다른 이익 담론이 그 국가의 중견국 정체성을 구성한다고 주장한다. 이러한 중견국 정체성은 독립변수로서 화웨이라는 타자에 대한 상대적 위협인식에 영향을 미침으로써 서로 다른 정책 결정을 야기하게 된다.

호주와 영국에게 공통적으로 주어진 전략적 환경은 미중 사이의 경쟁과 5G 기술의 산업, 안보 프레임 간의 경쟁이다. 두 국가 모두 미국과 중국 사이에서의 선택에 대한 압력을 받고 있는 한편, 중국과의 긴밀한 경제 관계를 맺고 있다. 한편 5G 기술적인 측면에서도 미국이 제시하는 안보 프레임과 화웨이가 가지고 있는 산업적인 이점 사이에서의 선택을 요구받고 있다. 이에 더해 두 국가 모두 2019년에 총선을 앞두고 있었던 만큼 국내정치적인 변수가 크게 작용할 수도 있는 환경이었다.

이런 주어진 전략적 환경 하에서 호주와 영국은 서로 다른 선택을 하고 있다. 호주는 중국에의 과도한 상호의존이 오히려 중국에 대한 위협 담론으로 이어져 미국을 중심으로 한 동맹 내부에서 입지를 다지는 중견국 정체성을 구성한다. 이는 5G 안보 프레임 내에서 입지를 다지려는 호주의 노력과도 부합하는 것이며, 이러한 정체성은 화웨이에의 높은 상대적 위협인식을 형성한다. 반면, 영국의 경우에는 브렉시트와 미국의 불확실성이라는 변수가 중국이라는 경제적 기회를 중요하게 인식하게 하여 미국과 중국 사이의 균형자 역할이라는 중견국 정체성을 형성한다. 이는 5G 기술에 있어서 산업적인 중요성과 안보적인 고려 사이에서 균형을 잡으려는 영국의 노력과도 같은 맥락으로 화웨이에 대한 낮은 위협인식을 야기한다.

이와 같이 현실의 권력구도를 기반으로 구성된 각국의 정체성이 상대적 위협인식과 정책 결정에 지대한 영향을 미치기는 하지만, 미국과 중국, 민간 사업자들의 전략이 변화됨에 따라 호주와 영국의 전략 또한 변화될 가능성이 늘 존재한다. 특히 최근에는 민간 차원에서의 변화가 나타나고 있다. 화웨이의 5G 장비가 전 세계로 뻗어나감에 따라 표준에 대한 독과점을 우려하는 제조사 및 통신 사업자들이 Open RAN Alliance를 출범시킨 바 있다(Oates 2019). 이 연합체에는 미국, 중국, 영국, 호주의 주요 통신사가 포함되어 있다는 점에서 새로운 구도의 경쟁이 발생할 가능성을 열고 있다. 앞으로 5G 분야에서의 국제적인 경쟁 양상은 동태적으로 변화할 가능성이 높으며, 이러한 경쟁은 앞으로 6G 통신 기술이 발전함에 따라서 재현될 것이다. 이는 통신 분야의 경쟁이 점점 국제정치의 전면에 나설 가능성이 높아진다는 것을 시사하는 만큼, 해당 분야에 대한 연구가 더욱 필요할 것이다.

특히 개발도상국의 통신 여건이 점점 발달함에 따라 통신 분야에서의 미국과 중국 간의 경쟁이 더욱 치열해질 것으로 예상되는 만큼 후속 연구가 필요할 것으로 보인다. 또한 미중 사이에서의 선택을 강요당할 때 한국은 미중 사이에서 어떠한 정체성을 가지고 임해야 할지 고민할 필요가 있다. 한국 또한 LG 유플러스가 화웨이의 5G 장비를 채택하고 있는 만큼 선택을 해야 하는 시점에 대한 철저한 대비가 필요하다.

# 참고문헌

강지선. 2019. "호주의 5G통신 도입 어디까지 왔나."『KOTRA 해외시장뉴스』. http://news.
        kotra.or.kr/user/globalAllBbs/kotranews/album/2/globalBbsDataAllView.do?dataI
        dx=169721&searchNationCd=101071 (검색일: 2019.12.25.)
김상배. 2019. "화웨이 사태와 미중 기술패권 경쟁: 선도부문과 사이버 안보의 복합지정학."
        『국제지역연구』 28(3).
넥스텔리전스. 2018.『2018 글로벌 정보보호 산업시장 동향조사』. 한국인터넷진흥원.
박재적. 2012. "미국·호주 동맹 현황: 호주의 관점에서."『주요국제문제분석』 2012-31.
        외교안보연구소.
유인태. 2019. "캐나다 사이버 안보와 중견국 외교: 화웨이 사례에서 나타난 안보와 경제
        통상의 딜레마 속에서."『문화와 정치』 6(2).
유효정. 2019. "中 통신사, '5G 기지국' 화웨이에 몰아줬다."『ZD Net Korea』. 2019/02/07.
        http://www.zdnet.co.kr/view/?no=20190207074207 (검색일: 2019.12.23.)
연합뉴스. 2019. "연구개발비 쏟아붓는 中화웨이…작년 18조원으로 세계 4위."『매일경제』.
        2019/04/26. https://www.mk.co.kr/news/economy/view/2019/04/264645/
        (검색일: 2019.12.23.)
이근욱. 2009.『왈츠 이후: 국제정치이론의 변화와 발전』. 한울.
이용욱. 2014. "구성주의 국제정치경제-방법론 고찰과 적용."『세계정치』 20. 서울대학교
        국제문제연구소.
장기전략리서치부 선진국팀. 2019. "브렉시트와 중국."『이슈리포트』. 대신증권.
전재성. 2006. "현실주의적 구성주의와 구성주의적 현실주의."『한국국제정치학회 학술대회
        발표논문집』.
조정현. 2019. "공자학원에 대한 인식과 결정요인: 파이브 아이즈(Five Eyes)와 안보위협."
        서울대학교 국제대학원 석사학위논문.

Australian Government Department of Defence. 2016. "2016 Defence White Paper,"
        Commonwealth of Australia.
Abdelal, Rawi. 2001. National Purpose in the World Economy, Cornell University Press.
Ashcroft, Harry et al. 2019. "New survey reveals UK consumers more likely to ditch
        Facebook services than Huawei products," OX, 2019/10/17. https://www.open-
        xchange.com/about-ox/newsroom/press-releases/article/new-survey-reveals-
        uk-consumers-more-likely-to-ditch-facebook-services-than-huawei-products/
        (검색일: 2019.12.25.)
Bloomberg. 2019. "Boris Johnson uses Huawei phone for selfie after hinting at UK ban,"
        South China Morning Post, 2019/12/06. https://www.scmp.com/news/world/
        united-states-canada/article/3040849/boris-johnson-uses-huawei-phone-selfies-

after (검색일: 2019.12.25.)

Botton, Nicolas. 2018. "5G and National Security: After Australia's Telecom Sector Security Review," *ECIPE.*

Brown, Shelby. 2019. "Countries draft 5G security proposals as US warns of Huawei threat," *C Net.* https://www.cnet.com/news/countries-draft-5g-security-proposals-as-us-warns-of-huawei-threat (검색일: 2019.12.25.)

Bryan-Low, Cassell et al. 2019. "How Australia led the US in its global war against Huawei," *Sydney Morning Herald*, 2019/05/22. https://www.smh.com.au/world/asia/how-australia-led-the-us-in-its-global-war-against-huawei-20190522-p51pv8.html (검색일: 2019.12.23.)

Chan, Jia Hao. 2019. "China's Digital Silk Road: A Game Changer for Asian Economies," *The Diplomat.* https://thediplomat.com/2019/04/chinas-digital-silk-road-a-game-changer-for-asian-economies/ (검색일: 2019.12.23.)

China Power Team. 2016. "How are global views on China trending?" *China Power.* https://chinapower.csis.org/global-views/ (검색일: 2019.12.25.)

Chuter, Andrew. 2018. "Maintaining UK and US military relationship could cost Britain more than $10 billion a year," *Defense News*, 2018/06/26. https://www.defensenews.com/smr/nato-priorities/2018/06/26/maintaining-uk-and-us-military-relationship-could-cost-britain-more-than-10-billion-a-year/ (검색일: 2019.12.25.)

Chow, Wilfred et al. 2019. "Brexit identities and British public opinion on China," *International Affairs* 95(6), Oxford University Press.

Department of Communications and the Arts. 2017. "5G —Enabling the future economy."

Derwin, Jack. 2019. "Australia is preparing to join US and UK military operations against Iran — but Scott Morrison says this is not like last time," *Business Insider Australia*, 2019/04/09. https://www.businessinsider.com.au/australia-is-preparing-to-us-and-uk-military-operations-in-iran-but-scott-morrison-says-this-is-not-like-last-time-2019-8 (검색일: 2019.12.23.)

Early, Bryan. 2009. "Sleeping with Your Friends' Enemies: An Explanation of Sanctions-Busting Trade," *International Studies Quarterly* 53(1), Wiley.

Euractiv with Reuters. 2019. "Post-Brexit Britain should be ready to use 'hard power,' says defence minister," *Euractive*, 2019/02/11. https://www.euractiv.com/section/defence-and-security/news/post-brexit-britain-should-be-ready-to-use-hard-power-says-defence-minister/ (검색일: 2019.12.25.)

FCCG. 2017. "UK strategy and plan for 5G & Digitisation - driving economic growth and productivity," *January 2017 Interim report.*

Fernyhough, James. 2019. "Huawei ban gives Telstra unfair advantage: Vodafone," *Financial Review*, 2019/04/09. https://www.afr.com/companies/telecommunications/huawei-ban-gives-telstra-unfair-advantage-vodafone-20190409-p51cgq (검색일: 2019.12.25.)

Fifield, Mitch et al. 2018. "Government Provides 5G Security Guidance To Australian Carriers," *Ministers for Communications, Cyber Safety and the Arts.* https://www. minister.communications.gov.au/minister/mitch-fifield/news/government-provides-5g-security-guidance-australian-carriers (검색일: 2019.12.25.)

Gartside, Ben. 2019. "Labour looking at delaying Britain's 5G rollout over Huawei security concerns," *Yahoo Finance*, 2019/06/19. https://finance.yahoo.com/news/labour-looking-at-delaying-5g-over-security-concerns-050000117.html (검색일: 2019.12.25.)

Griffin, Andrew. 2019. "THERESA MAY TO LET HUAWEI HELP BUILD UK'S 5G NETWORK DESPITE FEARS CHINA'S GOVERNMENT MAY SPY ON USERS," *Independent*, 2019/04/24. https://www.independent.co.uk/life-style/gadgets-and-tech/news/huawei-5g-uk-theresa-may-china-spying-internet-security-tech-a8883631.html (검색일: 2019.12.25.)

Griffiths, James. 2019. "Boris Johnson has cleared an election hurdle. Now he faces a US-China balancing act," *CNN*, 2019/12/13. https://edition.cnn.com/2019/12/13/uk/uk-election-johnson-china-us-brexit-intl-hnk/index.html (검색일: 2019.12.25.)

Harris, Peter. 2017. "China in British Politics: Western Unexceptionalism in the Shadow of China's Rise," *The Chinese Journal of International Politics* 10(3): 241-267.

HCSEC. 2019. "HUAWEI CYBER SECURITY EVALUATION CENTRE (HCSEC) OVERSIGHT BOARD ANNUAL REPORT 2019."

Hope, Christopher. 2012. "Chinese firm Huawei spends tens of thousands lobbying British politicians," *The Telegraph*, 2019/11/30. https://www.telegraph.co.uk/news/politics/9715164/Chinese-firm-Huawei-spends-tens-of-thousands-lobbying-British-politicians.html (검색일: 2019.12.25.)

Huawei. "5G Security Huawei: Facts, Not Myths."

Huawei Australia. "Huawei Australia Fact Sheet."

Hufbauer, Gary et al. 1990. *Economic Sanctions Reconsidered: History and Current Policy.* Institute for International Economics: Washington D.C..

Hunter, Fergus. 2019. "Labor rules out overturning Huawei 5G ban, as renewed pressure expected," *The Sydney Morning Herald*, 2019/04/18. https://www.smh.com.au/politics/federal/labor-rules-out-overturning-huawei-5g-ban-as-renewed-pressure-expected-20190416-p51emp.html (검색일: 2019.12.25.)

Hurn, Alex. 2018. "BT removing Huawei equipment from parts of 4G network," *The Guardian*, 2018/12/05. https://www.theguardian.com/technology/2018/dec/05/bt-removing-huawei-equipment-from-parts-of-4g-network (검색일: 2019.12.23.)

Jacques, Martin. 2015. "China is rising as the US declines. Britain can't ignore this reality," *The Guardian*, 2019/10/19. https://www.theguardian.com/commentisfree/2015/oct/19/china-us-osborne-xi-jinping-visit-economic (검색일: 2019.12.25.)

Keane, Sean. 2019. "China pushes Britain to let Huawei be part of 5G rollout," *CNet*,

2019/04/29. https://www.cnet.com/news/china-pushes-britain-to-let-huawei-be-part-of-5g-rollout/ (검색일: 2019.12.23.)

_____. 2019. "Huawei ban: Full timeline as House bars US government from buying Chinese company's gear," *CNet*, 2019/12/19. https://www.cnet.com/news/huawei-ban-full-timeline-house-us-government-china-trump-ban-security-threat-mate-x/ (검색일: 2019.12.25.)

_____. 2019. "Huawei exclusion from 5G sends 'bad signal', Chinese ambassador warns UK," *CNet*, 2019/06/13. https://www.cnet.com/news/chinese-ambassador-warns-britain-huawei-exclusion-from-5g-sends-bad-signal/ (검색일: 2019.12.23.)

Kelion, Leo. 2020. "Huawei set for limited role in UK 5G networks," *BBC*, 2020/01/28. https://www.bbc.com/news/technology-51283059 (검색일: 2020.01.29.)

Lee, John. 2018. "Australia's plan to challenge China in the South Pacific," *CNN*, 2018/11/08. https://edition.cnn.com/2018/11/08/australia/australia-china-south-pacific-analysis-intl/index.html (검색일: 2019.12.25.)

_____. 2019. "Why China is not celebrating the unexpected Australian election result," *CNN*, 2019/05/21. https://edition.cnn.com/2019/05/20/opinions/china-not-celebrating-australian-election-intl/index.html (검색일: 2019.12.25.)

Martin, Lisa. 1992. *Coercive Cooperation*. Princeton University Press: Princeton.

Matsumoto, Fumi. 2019. "Huawei to cut engineers in Australia and restructure after 5G ban," *Nikkei Asian Review*, 2019/08/23. https://asia.nikkei.com/Editor-s-Picks/Interview/Huawei-to-cut-engineers-in-Australia-and-restructure-after-5G-ban (검색일: 2019.12.23.)

Mattern, Janice. 2001. "The Power Politics of Identity," *European Journal of International Relations* 7(3).

Middleton, James. 2012. "Huawei is EE's LTE supplier," *Telecoms.com*, 2019/09/13. https://telecoms.com/49334/huawei-is-ees-lte-supplier/ (검색일: 2019.12.25.)

Ministry of Defence et al. 2018. "UK-US defence partnership to reach new heights in years ahead." https://www.gov.uk/government/news/uk-us-defence-partnership-to-reach-new-heights-in-years-ahead (검색일: 2019.12.25.)

Moore, Gyude. 2019. "African countries should stay loyal to China's troubled Huawei — regardless of Trump," *Quartz Africa*, 2019/05/28. https://qz.com/africa/1629078/africa-will-stay-loyal-to-chinas-huawei-regardless-of-trump/ (검색일: 2019.12.23.)

Morris. 2019. "Vodafone, Three Expect No Huawei Ban in UK," *Light Reading*, 2019/04/07. https://www.lightreading.com/mobile/5g/vodafone-three-expect-no-huawei-ban-in-uk/d/d-id/752564 (검색일: 2019.12.25.)

Munro, Kelsey. 2019. "Australian attitudes to China shift: 2019 Lowy Poll," *The Interpreter*, 2019/06/28. http://lowyinstitute.org/the-interpreter/australian-attitudes-china-shift-2019-lowy-poll (검색일: 2019.12.25.)

Needham, Kirsty. 2019. "Australian government made 'wrong decision' over 5G ban,

says China," *The Sydney Morning Herald*, 2019/08/24˙ https://www.smh.com.
au/world/asia/china-australia-government-back-stabbers-over-huawei-decision-
20180824-p4zzg0.html

NSNC. 2020. "NCSC advice on the use of equipment from high risk vendors in UK
telecoms networks," National Cyber Security Center.

Oates, John. 2019. "US lobby group calls for open standards to fight Huawei 'threat',"
*The Register*, 2019/09/25˙ https://www.theregister.co.uk/2019/09/25/us_spies_call_
for_open_standards_to_fight_huawei_threat/ (검색일: 2019.12.25.)

O'Dea, S.O. 2019. "Market share held by mobile operators in the United Kingdom (UK)
2018, by subscriber," *Statista*. https://www.statista.com/statistics/375986/market-
share-held-by-mobile-phone-operators-united-kingdom-uk/ (검색일: 2019.12.23.)

O'Neil, Andrew. 2017. "Australia and the 'Five Eyes' intelligence network: the perils of
an asymmetric alliance," *Australian Journal of International Affairs* 71(5).

Pawlicki, Peter. 2017. "Challenger multinationals in telecommunications: Huawei and
ZTE," *Background Analysis* 2017.01. European Trade Union Institute.

Pohlmann, Tim. 2019. "Who is Leading the 5G Patent Race? A Patent Landscape Analysis
on Declared SEPs and Standards Contributions," *IPlytics Platform*.

Price, Chris. 2019. "GCHQ chief indicates support for Huawei involvement in UK's 5G
network," *Tech Digest*, 2019/04/24. https://www.techdigest.tv/2019/04/gchq-
chief-indicates-support-for-huawei-involvement-in-uks-5g-network.html (검색일:
2019.12.25.)

Reichert, Corinne. 2019. "Huawei ban did not impact Optus 5G launch: CEO," *ZD Net*,
2019/01/31. https://www.zdnet.com/article/huawei-ban-did-not-impact-optus-5g-
launch-ceo/ (검색일: 2019.12.25.)

Reuters. 2019. "U.S. adviser John Bolton to urge tougher U.K. stance on Iran and
China's Huawei," *The Japan Times*, 2019/08/21. https://www.japantimes.co.jp/
news/2019/08/12/world/politics-diplomacy-world/u-s-adviser-john-bolton-urge-
tougher-u-k-stance-iran-chinas-huawei/#.XgCuYUczY2w (검색일: 2019.12.23.)

Rogers, Mike et al. 2012. "Investigative Report on the U.S. National Security Issues
Posed by Chinese Telecommunications Companies Huawei and ZTE," *US House of
Representatives*.

Sabbagh, Don et al. 2019a. "US to put pressure on UK government after leaked
Huawei decision," *The Guardian*, 2019/04/26. https://www.theguardian.com/
politics/2019/apr/26/huawei-leak-inquiry-philip-hammond-national-security-
council (검색일: 2019.12.23.)

_____. 2019b. "Pompeo raises pressure over Huawei before May meets Trump,"
*The Guardian*, 2019/06/03. https://www.theguardian.com/technology/2019/
jun/03/pompeo-raises-pressure-over-huawei-before-may-meets-trump (검색일:
2019.12.23.)

_____. 2019c. "Calls for backdoor access to WhatsApp as Five Eyes nations meet," *The Guardian*, 2019/06/30. https://www.theguardian.com/uk-news/2019/jul/30/five-eyes-backdoor-access-whatsapp-encryption" (검색일: 2019.12.25.)

Sandle, Paul. 2019. "Vodafone says complete UK ban on Huawei would cost it millions of pounds," *Reuters*, 2019/05/07. https://www.reuters.com/article/us-britain-vodafone-huawei/vodafone-says-complete-uk-ban-on-huawei-would-cost-it-millions-of-pounds-idUSKCN1QO1LZ (검색일: 2019.12.25.)

Searles, Michael. 2019. "UK universities to stick with Huawei despite Oxford university's decision to suspend funding," *City A.M.*, 2019/01/18. https://www.cityam.com/uk-universities-stick-huawei-despite-oxford-universitys/ (검색일: 2019.12.25.)

Saha, Premesha. 2019. "The 'China Debate' in Australia: Implications for the 2019 Federal elections and Australian foreign policy," *ORF*, 2019/04/17. https://www.orfonline.org/expert-speak/china-debate-australia-implications-2019-federal-elections-australian-foreign-policy-49988 (검색일:2019.12.23.)

Smith, Michael. 2019. "China warns Australia that Huawei ban will undermine trade," *Financial Review*, 2019/04/16. https://www.afr.com/world/asia/china-warns-australia-s-huawei-ban-will-undermine-trade-20190416-p51egx (검색일: 2019.12.23.)

The Defence Committee. 2018. "Indispensable allies: US, NATO and UK Defence relations," *WWW. PARLIAMENT.UK*. https://publications.parliament.uk/pa/cm201719/cmselect/cmdfence/387/38706.htm#_idTextAnchor035 (검색일: 2019.12.25.)

Topsfield, Jewel. 2019. "Huawei closes research centre in Victoria blaming 'negative environment'," *Sydney Morning Herald*, 2019/08/12. https://www.smh.com.au/national/huawei-closes-research-centre-in-victoria-blaming-negative-environment-20190812-p52gdi.html (검색일: 2019.12.23.).

Wakefield, Jane. 2019. "Vodafone switches on 5G network in seven UK cities," *BBC*, 2019/07/02. https://www.bbc.com/news/technology-48853070 (검색일: 2019.12.25.)

Westcott, Ben. 2018a. "Australia admits 'tension' with Beijing over new anti-influence laws," *CNN*, 2019/04/13. https://edition.cnn.com/2018/04/12/asia/australia-china-tensions-intl/index.html (검색일: 2019.12.25.)

_____. 2018b, "Australia's attempts to rebuild relationship with Beijing run into trouble," *CNN*, 2019/05/24. https://edition.cnn.com/2018/05/23/asia/australia-china-turnbull-visit-intl/index.html (검색일: 2019.12.25.)

Willey, Aaron. 2016. "The Australian identity, national security and the United States alliance: examining Australia's idiosyncratic foreign policy," *Norweigan University of Life Sciences Master's Thesis*.

Wright, Jeremy. 2019. "Jeremy Wright's Oral Statement on the Telecoms Supply Chain

Review." https://www.gov.uk/government/speeches/jeremy-wrights-oral-statement-on-the-telecoms-supply-chain-review (검색일: 2019.12.25.)

Zala, Benjamin. 2015. "Strategy in an Era of Rising Powers: The British Dilemma," *The RUSI Journal* 160(6).

Zhou, Christina et al. 2019. "Why Australia is prepared to ban Huawei from its 5G network while the UK and Germany aren't," *ABC*, 2019/05/07. https://www.abc.net.au/news/2019-03-07/why-is-the-uk-seemingly-not-as-worried-about-huawei-as-australia/10866848 (검색일:2019.12.25)

_____. 2017. "About the ASEAN Defence Ministers' Meeting Plus (ADMM-Plus)," *ADMM*. https://admm.asean.org/index.php/about-admm/about-admm-plus.html (검색일: 2019.12.25.)

_____. 2017. "Australia unveils laws to prevent foreign interference," *BBC*, 2017/12/05. https://www.bbc.com/news/world-australia-42232178 (검색일: 2019.12.25.)

_____. 2019. "Industry-leading Operators Released Joint Statement on 5G Promotion in Global 5G Operator Forum," *Industry Updates*, NGMN, 2019/01/22. https://www.ngmn.org/industry-updates/industry-leading-operators-released-joint-statement-on-5g-promotion-in-global-5g-operator-forum.html (검색일: 2019.12.25.)

_____. 2019. "Mike Pompeo warns UK over Huawei 'security risks'," *BBC*, 2019/05/05. https://www.bbc.com/news/uk-politics-48198932 (검색일: 2019.12.23.)

_____. 2017. "2016 Census QuickStats," *Australian Bureau of Statistics*. https://quickstats.censusdata.abs.gov.au/census_services/getproduct/census/2016/quickstat/036 (검색일: 2019.12.25.)

제5장

# 미중 기술 패권경쟁 및 일본과 인도의 네트워크 전략
화웨이 사태에 대한 대응을 중심으로

이수빈

## I. 머리말

2019년 5월 트럼프 미 대통령은 국가비상사태를 선포하며 화웨이 장비를 금지하는 행정명령에 서명하고, 화웨이와 68개 계열사를 거래금지 기업 명단에 올려 미국 기업에 화웨이 거래를 제한하며 화웨이를 공격했다. 미국은 자국뿐만 아니라 정보동맹체인 '파이브 아이즈'(Five Eyes: 미국, 영국, 캐나다, 호주, 뉴질랜드)에도 화웨이 장비의 '백도어'(Backdoor, 비(非)인가된 시스템 접근 프로그램) 가능성을 내세우며 화웨이 통신장비 도입 금지를 요청했다. 이들 국가 외에도 유럽을 비롯해 전 세계 미국의 동맹국, 파트너 국가들에도 보안 위협을 이유로 화웨이 장비 금지를 요구했다. 반면 중국 정부는 일대일로를 통해 동남아, 아프리카 등지에서 해외 통신 인프라 확충을 가속화하고 있으며, 화웨이를 앞세워 21세기 디지털 실크로드를 건설하고자 한다. 초반에는 영국, 캐나다, 호주 등 국가들이 동참하며 화웨이 견제 전선이 형성되는 듯했으나, 점차 영국과 뉴질랜드 등 국가들이 사이버 동맹전선에서 이탈하는 조짐을 보였다. 이에 미국은 화웨이와 협력을 지속하는 국가들에 보안 위협으로 인해 정보 공유를 거부하겠다며 압박하고 있으나, 아직까지 대다수 국가들은 화웨이와 협력을 지속하고 있다.

그렇다면 미국과 중국 정부가 기업에 불과한 화웨이에 집중하는 이유는 무엇일까? 화웨이는 거대 글로벌 ICT 기업으로 스마트폰부터 국가 이동통신 인프라까지 모든 ICT 서비스를 아우르고 있으며, 글로벌 통신장비 점유율은 2018년 기준 28%로 세계 1위이자 5G 기술 일부 분야에서 미국을 앞선 것으로 평가받는다(김종일 2019). 미국은 미국이 지금과 같은 패권적 지위를 누리려면 5G라는 신기술을 놓쳐서는 안 되고, 현재 미국의 패권을 가장 위협하는 존재가 중국의 화웨이라고 인식하고 있다. 5G는 4G에 비해 빨라진 속도와 전송능력을 바탕으로 인공지능, 자율주행을 비롯해 4차 산업혁명을 가능케 하는 핵심적인 기술이다. 이로 인해 5G는 '4차 산업혁명의 대동맥'이라고 불리며, 5G의 표준을 누가 선점하느냐가 4차 산업혁명에서 국가의 승패에 중대한 영향을 줄 것으로 예상된다. 5G 표준화 선점은 상당한 경제적 이익뿐만 아니라 국제 통신망을 장악할 수 있다는 점에서 국제정치적으로 더 큰 의미를 갖는다.

미국의 트럼프 대통령이 제기한 문제도 이러한 우려에서 오는데, 화웨이는 백도어 기능을 통해 정보를 탈취할 수 있으며, 2017년 제정된 중국의 '인터넷안전법'으로 인해 정보를 중국 정부에 제공할 의무가 있다. 또한 미국은 화웨이가 단순한 통신장비회사가 아니라 중국 정부 및 인민해방군과 직접적으로 연관되어 있다는 의혹을 가지고 있다. 화웨이는 5G뿐만 아니라 중국의 사이버 보안과 관련해서도 주요한 역할을 하고 있다. 화웨이는 중국이 구축하고 있는 인터넷 만리방화벽(The Great Firewall)의 핵심을 담당하며 중국의 사이버 보안의 주축을 이루고 있다. 인터넷 만리방화벽은 페이스북, 구글 등 해외 서비스를 중국 내에서 차단함으로써 중국 정부가 해외 정보 유입을 차단하고 정보를 검열하는 사이버 공간 통제 프로젝트이다. 미국은 중국의 사이버 보안 방식 자체를 문제 삼으며 자유로운 정보 이동을 통해 중국 정부의 정당성을 약화시키려 하며 중국제조 2025 항목을 중심으로 관세를 부과하고, 화웨이의 부회장을 국가보안법 위반으로 체포하고 화웨이 장비 사용 금지를 촉구하며 중국의 기술 굴기를 저지하고자 하고 있다.

미국 정부가 나서서 화웨이라는 중국 기업을 공격하고 동맹국의 행동을 촉구하는 행태는 비대칭적 게임의 모습을 띠며, 기존 연구들은 미중 간 기술 패권경쟁에 집중하지만, 전통 지정학의 관점을 넘어서 보다 폭넓은 접근법의 필요성을 보여준다. 이에 김상배(2019)는 기존 지정학적 관점 외에도 자유주의적 비지정학, 구성주의적 비판지정학 그리고 4차 산업혁명시대의 탈지정학의 관점, 즉 복합지정학의 관점에서 화웨이 사태를 바라볼 필요성을 제기한다. 지정학적 관점에서 화웨이 사태는 미중 간 기술 패권경쟁이며 비판지정학의 관점에서 화웨이 사태는 미국과 중국의 담론 경쟁이다. 비지정학 관점에서 화웨이 사태는 양국이 정책과 법을 놓고 벌이는 제도마찰이다. 탈지정학의 시각에서 화웨이 사태는 사이버 공간에서의 동맹 외교, 네트워크 권력 게임이다.

본 글에서는 복합적인 시각으로 화웨이 사태를 바라볼 필요성에 동의하며, 특히 탈지정학의 시각에서 사이버 공간에서 진행되는 동맹 외교, 네트워크 권력 게임에 주목한다. 미국의 반(反)화웨이 동맹 구축 시도와 이에 대항해 중국의 일대일로를 통한 반화웨이 동맹 파훼 시도는 동맹 외교를 통한 표준 경쟁의 일환으로 볼 수 있는데, 더 많은 행위자들과 연결되고, 즉 더 크고 견고한 네트워크를 보유하는 국가는 표준을 세울 수 있는 권력을 지니게 된다. 전통적인 이론에서 파악하는 자국의 경제력, 군사력뿐 아니라 자국이 보유하는 네트워크 자체에서도 권력이 나오며, 미국과 중국은 자국이 주도하는 네트워크를 형성하기 위해 경쟁 중이다.

근대 국민국가를 기본 단위로 삼는 전통적인 이론과 달리, 화웨이 사태에서 드러나듯 현재 벌어지고 있는 미중 경쟁에는 다국적 기업이 국가만큼이나 중요한 행위자로 활동하고 있다. 미국과 중국이 벌이고 있는 동맹 외교 또한 전통적인 물질적 권력뿐만 아니라 네트워크 장악을 통한 표준 권력을 획득하기 위한 경쟁의 양상을 보이고 있으며, 이를 위해 미중 양국은 하드 파워뿐만 아니라 소프트 파워를 활용하고 있다. 각국이 맺고 있는 동맹 관계 또한 실질적인 조약을 통해 맺어진 관계라기보다는 비교적 자유롭고 중첩이 가능한 네트워크 형태를 띠고 있다. 미국과 중국은 동맹 네트워크 경쟁을 하고 있으나 미국의 반화웨이 동맹이 성공하지 못한데서도 드러나듯 공백이 존재하며,다른 국가들 또한 이 공백을 활용해 자국의 외교적 영향력을 키우고자 하고 있다.

이들 국가들은 미중의 동맹 네트워크 강화를 통한 패권 경쟁 속에서 다극 질서를 주장하며 자국 주도의 네트워크를 구축하려는 모습을 보인다. 아시아에서 패권을 노리는 중국을 견제하기 위해 인접 국가들은 아시아에서 미국의 공백을 채울 새로운 리더십을 필요로 하고 있다. 그러한 리더십의 요건으로는 중국 경제에 휘둘리지 않을 경제 규모, 대양에서 중국에 맞설 수 있는 해상능력, 지역 대국이 되고자 하는 국가적 목표, 그리고 중국의 공산당 독재에 맞설 수 있는 민주주의 국가 등이 있으며, 이들 조건을 충족하는 아시아 국가가 바로 일본과 인도이다(임명묵 2017). 실제로 현재 인도와 일본은 미국의 인도태평양 구상에 참여하며 협력을 강화하고 있음에도 불구하고 화웨이와 관련해서 일본과 인도 정부의 대응은 상이한 결과로 이어졌다. 일본은 5G 통신망 구축에서 화웨이를 배제했으나 인도는 화웨이를 배제하지 않겠다고 발표했으며, 화웨이로 대표되는 5G와 사이버 안보 분야에서 벌어지는 미국과 중국의 동맹 네트워크 경쟁 속에서 자국 주도의 네트워크를 구축하려는 모습을 보이고 있다.

기존 동맹에 관한 연구는 안보 중심의 접근 방식을 택했으며 일원적 혹은 양자적 관계 분석에 초점을 맞춰, 두 개 이상의 국가들 사이에서 동맹 형성과 유지를 둘러싸고 진행되는 복잡한 상호작용을 분

석하는 데 한계를 지닌다(박종희 2016). 그러나 동맹 네트워크 분석은
다자간의 상호작용을 파악하기에 보다 적합하며, 본 글에서는 미국의
인도태평양 전략 및 반화웨이 동맹 전략과 중국의 일대일로 전략 하
에서 일본과 인도의 동맹 외교를 행위자-네트워크 이론(ANT: Actor-
Network Theory)을 통해 분석해보고자 한다. ANT 이론에 따르면 행
위자들이 네트워크를 형성해 나가는 과정을 '번역'(Translation)이라고
하며 정치학에서는 이를 권력 획득의 과정으로 이해한다.

　미셸 칼롱에 의하면 '번역'의 과정은 1) 문제 제기, 2) 관심 끌기,
3) 등록하기, 4) 동원하기 네 단계로 이루어진다. 이를 김상배(2011)
는 1) 프레임 짜기, 2) 끊고 맺기, 3) 내 편 모으기, 4) 표준 세우기로
개작해 원용했고, 본 글에서도 이를 적용하도록 한다. '프레임 짜기'
단계에서는 행위자들의 성향 및 관계 등 기존 네트워크의 전체적인 상
황을 파악하고 정의한다. '끊고 맺기'에서는 다른 행위자들을 기존의
네트워크에서 형성된 관계들로부터 분리하고, 이들의 관심을 끌면서
새로운 관계로 편입한다. '내 편 모으기'에서는 새로운 관계를 맺게 된
다른 행위자들에게 새로운 역할을 부여하고 물리적 폭력, 물질적 거래
와 보상, 설득과 회유 및 공감 등의 방법을 통해 새로운 관계를 건설한
다. '표준 세우기'에서는 새로이 역할을 부여받은 행위자들을 자신의
네트워크로 편입하고, 번역에 성공한 행위자는 네트워크에 속한 다른
행위자들을 대변하면서 표준의 지위 및 권력을 획득한다. 이러한 과정
은 현실에서는 중복되어 나타날 수 있으며 복합적으로 진행된다.

　본 논문은 5개의 절로 구성되며, 제2절은 화웨이 사태를 둘러싸
고 미국과 중국이 벌이고 있는 기술 패권경쟁을 동맹외교의 관점에서
개괄적으로 살펴본다. 중국은 권력 획득을 위해 일대일로를 통해 다른
국가들에 대한 경제적 투자를 바탕으로 자국 주도의 네트워크를 구축

하고자 한다. 미국 또한 이를 방어하기 위해 인도태평양 전략과 반화웨이 동맹을 동원해 중국을 봉쇄하고자 하는 동맹 외교의 모습을 보이고 있다. 제3절과 제4절은 이러한 미국과 중국의 동맹 경쟁 속에서 일본과 인도의 대응을 살펴본다. 일본과 인도는 미국과 중국의 기술 패권경쟁에서 화웨이를 두고 선택을 요구받고 있다. 일본과 인도는 아시아의 역내 패권을 노리고 있으며 이를 위해 동맹 네트워크 전략을 펴고 있는데, 이를 ANT 이론에 적용해 분석한다. 끝으로 맺음말에서는 미국과 중국의 압박 사이에서 자국의 이익을 주도적으로 추구하고 있는 일본과 인도의 외교를 살펴봄으로써 한국은 어떤 길로 나아갈지 모색하며 끝맺는다.

## II. 미국과 중국의 동맹외교 전략경쟁

### 1. 중국의 일대일로 구상과 화웨이 사태

일대일로는 2013년 시진핑의 연설에서 시작한 프로젝트로, 아시아의 인프라 건설 네트워크를 조성하는 한편, 유럽, 아프리카 국가들을 연결하는 통상, 투자, 사회문화 네트워크를 건설하는 것을 목표로 한다. 일대일로는 고대 중국의 실크로드를 현대에 부활하겠다는 프로젝트로 육상실크로드와 해상실크로드로 구성되며, 최근에는 디지털 실크로드가 추가되는 등 확장성을 지닌다. 중국은 과거 미국과 유럽이 패권적 국제질서를 추구한 것과는 다르게 일대일로 전략 구상에서 호혜와 평등 원칙을 내세우고 있으며, 이익공동체 이념으로 공동평화발전의 새로운 세계질서를 만들어갈 수 있다고 주장한다(차재복 2018). 중국은 일대일로 사업 자금 지원을 위해 아시아인프라투자은행(AIIB)을 출범시켰고, 일대일로 사업만을 위한 4,000억 달러의 실크로드 기금도 조성했다.

즉 중국의 일대일로는 지정학적으로는 반(反)중국 포위망을 회피하기 위한 전략이고, 지경학적으로는 중국 서북의 낙후 지역 개발을 통해 국내 균형 발전을 이룩하고, 개도국에 대한 인프라 건설을 통해 세계경제지리를 재구축하는 거대 프로젝트이다(차재복 2018). 중국 정부는 2019년 4월 2차 일대일로 포럼을 개최했는데, 92개국이 참여했고 중국은 640억 달러의 추가 기금을 출연하며 중국의 강화된 국력을 과시했다. 중국은 7개국과 위안화 결제에 합의했으며, 20개국과 통화 스와프를 체결했다. 동남아와 아프리카뿐 아니라 유럽의 이탈리아도 참여 의사를 표명하면서 일대일로는 126개국, 29개의 국제기구가 참여하는 글로벌한 프로젝트로 발전하고 있다. 이처럼 중국은 타국과 직접적으로 동맹 관계를 맺는 대신, 일대일로 프로젝트를 통해 자국이 주도하는 네트워크에 참여하는 국가를 늘리는 외교 전략을 펴고 있다.

중국의 일대일로는 중국 기술의 세계 표준화 전략의 수단으로, 중국은 일대일로를 통해 국제 사회에서 하나의 표준으로 기능하고자 한다. 특히 화웨이는 4차 산업혁명 시대에 5G 이동통신의 표준이 되고자 하는 목표를 지닌다. 과거부터 중국은 표준을 장악하려는 시도를 해왔는데, 2003년 중국은 와이파이용 보안 프로토콜 표준 와피(WAPI)를 개발하고, 중국에서 생산하는 모든 와이파이 제품은 와피를 의무적으로 장착할 것을 시도했다가 미국의 무역 분쟁 압박을 받고 포기한 적이 있다. 또한 중국은 과거 3G 표준인 TD-SCDMA 등의 사례를 통해 내수 시장 의존 전략의 한계를 절감하고 표준 특허 확보 전략으로 전환했으며, 현재 5G 분야에서 표준 특허의 3분의 1 이상을 화웨이를 비롯한 중국 기업이 보유하고 있다(이희진 2019). 화웨이는 특허뿐만 아니라 5G 기술에 있어서도 선두를 달리고 있다고 평가 받으며, 화웨이는 발달된 기술력과 높은 가격 경쟁력을 바탕으로 전 세계에 5G 이동통신망을 구축하고 단말기기를 공급하고 기술 제휴를 하고 있고 이를 통해 표준의 권력을 획득하고자 한다.

중국은 이를 위해 육, 해상 실크로드에서 나아가 디지털 실크로드를 구축하고 있으며 그 첨병에는 화웨이가 있다. 중국은 2019년 4월 "21세기 디지털 실크로드 공동 구축"을 주제로 국제 포럼을 개최했다. 시진핑 주석은 2019년 10월 중국에서 주최한 제6회 세계인터넷대회(WIC)에서 축하 서한으로 "각 국가가 협력해 인터넷 공간을 관리해 운명공동체를 구축하자"고 전했으며, 일본의 닛케이는 이를 중국 정부가 일대일로를 발판 삼아 디지털 공간에서도 디지털 실크로드를 구축하려고 한다고 보았다. 디지털 실크로드는 일대일로 참가국에 화웨이 등 정보통신기술 기업이 진출해 무선통신 기반시설을 구축하는 프로젝트이다. 중국 정부는 디지털 실크로드 구축을 통해 중국 자체의 사이버 규범과 표준을 확산하려는 목표를 가지며, 3단계로 구성된다. 첫째는 통신 기반시설 구축으로 화웨이와 ZTE 등이 5G 네트워크 통신망을 구축하고, 둘째는 '베이더우(北斗)' 위치정보시스템과 AI 협업, 셋째는 경제적으로 상호의존 관계를 만들기 위해 디지털 자유무역 지대와 전자상거래 시스템을 구축하는 것이다.

중국은 이를 위해 전 세계에 5G를 포함한 네트워크 인프라를 구축하고 있으며, 특히 경제적으로 저발전했으나 미국의 조건부 원조에 지친 아프리카에 막대한 경제력을 바탕으로 진출해 통신 인프라를 확충하고 있다. 화웨이를 비롯한 중국 기업이 아프리카 국가들의 정보통신망을 구축하고 있으며 중국의 아프리카 통신 인프라 투자액은 10억 달러를 상회한다. 미국의 중국아프리카연구소(CARI)에 따르면 화웨이는 아프리카 23개국에 진출해 있으며 아프리카 LTE 시장의 약 70%를 차지하고 있다. 화웨이는 이집트에 클라우드 데이터 센터를 설립하고 알제리와도 데이터 센터 설립 계약을 체결했으며 모로코에서 건설 중인 '탕헤르 테크' 스마트 시티에는 중국 기술 기업이 200곳 입주할 것으로 예상된다. 튀니지에서 '2020 디지털 튀니지 국가 전략'에 중국 통신 기업들이 적극적으로 관여하고 있으며, 캄보디아와 필리핀에도 5G 기술을 제공했다.

또한 화웨이는 해저 광통신망 사업도 진행 중인데, 화웨이의 계열사 '화웨이 마린'은 2021년까지 파키스탄에서 동아프리카를 거쳐 프랑스로 이어지는 15000km가량의 해저 광케이블 구축 사업을 진행 중이며, 중국 건설은행이 자금을 지원하고 있다. 이에 대해 한 시스템 보안 전문가는 "통신망은 한번 구축되면 변경하기가 사실상 불가능하다, 향후 기술 종속 가능성이 크고 정부 유출 문제도 심각할 수 있다"고 말했다(안두원 2020). 그러나 아프리카 국가들은 최첨단 정보기술 분야를 국가 성장의 동력으로 삼고자 하기에 화웨이와의 협력은 단순한 계약 관계가 아니라 국가의 미래가 걸린 문제로 볼 수 있다. 결국 2019년 5월 31일 아프리카연합(AU)은 화웨이의 감청 등 정보수집 사건에도 불구하고 화웨이와 정보통신기술 협력기간을 3년 연장하는 양해각서를 체결했다.

중국은 아프리카를 넘어 전통적으로 미국의 우방으로 여겨지는 유럽에도 진출했다. 2019년 3월 시진핑은 유럽을 순방하며 일대일로를 홍보했고 이탈리아와 양해각서(MOU)를 체결하는 데 성공했다. 중국이 일대일로를 통해 유럽과 구축해 놓은 관계와 화웨이의 가격 경쟁력으로 인해, 미국이 유럽국가에 화웨이 장비 사용 금지를 요청했음에도 불구하고 2019년 3월 26일 유럽연합은 화웨이의 5G 장비 사용을 배제해 달라는 미국의 요구를 수용하지 않기로 결정했다. 2019년 5월 독일의 메르켈 총리 또한 미국과 중국의 무역 갈등에 끌려갈 필요가 없으며 독일의 길을 갈 것이라며 미국의 화웨이 배제 요구를 거절했다.

## 2. 미국의 인도태평양 전략과 화웨이 사태

이러한 일대일로를 통해 디지털 패권에 도전하려는 중국의 시도에 미국은 반발하고 있다. 미국 싱크탱크 전략국제문제연구소(CSIS)는 보고서를 통해 "중국 일대일로 프로젝트가 전통 사회기반시설 구축에 그치지 않고 디지털 실크로드가 핵심이라는 사실이 확실해졌다"고 분석했다. 영국의 채텀하우스도 "세계 최대 테크 기업인 화웨이 등이 아프리카 등 국가에 통신 인프라를 깔아주는 대가로 상당한 경제적 가치는 물론 엄청난 빅데이터를 가져간다"고 지적했다.

일대일로를 통한 중국 주도의 네트워크 형성에 대응해 미국도 대중국 공세를 강화하고 있다. 대표적으로 인도태평양 전략을 통한 지정학적 중국 봉쇄와 반화웨이 동맹 전략이 있다. 미국 정부는 멍완저우 화웨이 부회장을 체포하고 화웨이 장비 사용 금지 행정명령을 내리며, 동맹 및 우방국에도 사용 금지를 요청하는 등 정부 차원에서 기업을 배제하고 반화웨이 동맹 네트워크를 형성하고자 한다. 2019년 2월 11일 동유럽 순방 중 폼페이오 미 국무장관은 화웨이 장비를 사용하는 국가와는 협력관계를 유지하기 어렵다고 경고했으며, 6월 4일 유럽 순방 중 유럽 동맹국에 화웨이의 5G 등 첨단분야 기술 제품을 사용하지 말 것을 거듭 촉구했다. 한국도 반화웨이 동맹에 동참할 것을 요구받았는데, 주한 미국대사 해리스는 한국에 화웨이와 협력을 계속 할 경우 민감한 정보 공유를 더 이상 할 수 없다며 화웨이 장비를 금지할 것을 촉구했다.

　　또한 최근 폼페이오 장관은 삼성, 노키아 등을 예로 들며 이들 회사는 공정하게 경쟁하는 합법적인 상업 행위자들인 반면 화웨이와 중국은 규범을 준수하지 않는 불법 행위자라고 프레이밍했다(이승호 2019). 이는 많은 국가들이 가격경쟁력으로 인해 화웨이 제품을 구입하는 상황에서 화웨이의 장비를 사용할 경우 백도어 기능을 통해 정보 유출의 가능성이 있고, 중국이 5G 통신망을 장악할 경우 표준의 권력이 중국으로 넘어갈 수 있다는 위기감에서 나온 것으로 보인다. 그러나 아직 중국의 백도어에 대한 명확한 증거를 미국이 제시하지 못한다는 점에서 미국이 중국과 화웨이를 믿을 수 없는 국가로 프레이밍하고, 안보화를 추진하는 것으로 볼 수 있다. 미국은 또한 아시아 지역에서 중국의 패권 강화 시도를 저지하기 위해 오바마 대통령 시기 아시아 회귀 정책(Pivot to Asia)을 추진했으며, 트럼프 대통령은 '자유롭고 개방된 인도-태평양'(Free and Open Indo-Pacific)을 내세우며 인도-태평양 구상(Indo-Pacific Initiative)을 추진 중이다. 인도 태평양 전략은 미국, 일본, 인도, 호주 4국의 협력을 주축으로 하며 민주주의, 항행의 자유, 법치 등의 가치를 강조한다는 점에서 미국의 중국 포위 전략의 일환으로 볼 수 있다.

　　미국은 중국의 막강한 자본력을 바탕으로 한 일대일로를 통한 네트워크 형성에 대항해 인도태평양 전략을 통해 아시아 경제에 투자하는 계획을 세웠으며, 디지털 경제와 인프라 사업에 5500만 달러를 투자해 미국이 기술을 원조하고, 통신 인프라 개발을 지원하며, 사이버 보안 능력을 구축하기로 했다(하영선·전재성 2019). 블룸버그 통신은

2019년 12월 4일 미국 국제개발금융공사(DFC)가 약 600억 달러의 예산을 활용해 신흥국의 비(非)중국 업체 통신장비 구매를 지원할 계획이라고 보도했으며, DFC의 CEO 애덤 볼러는 이는 "화웨이와 ZTE의 대체재가 있다는 것을 보장하는 데 초점을 맞추고 있다"고 밝혔다(김치연 2019). 이처럼 미국 또한 동맹 협박, 안보 논리에 그치지 않고 경제적인 투자 지원을 바탕으로 국가들이 중국과 협력하는 것을 방지하고 반중국 동맹 네트워크를 형성하고자 한다.

미국의 국제개발처(USAID)는 인도태평양 지역의 디지털 연결성을 높이고 사이버 안보를 강화하기 위해 2018년 7월 DCCP(Digital Connectivity and Cybersecurity Partnership)를 출범시켰으며, ICT 분야에서 규칙 기반 프레임워크를 짜고 사이버 범죄를 예방하며 디지털 경제를 구축하는 것을 목표로 한다. 또한 중국의 사이버 위협에 대항해 2019년 4월 미 상원은 인도태평양 지역 사이버 연맹(CLIPS: Cyber League of Indo-Pacific States)을 설립하도록 미 행정부에 촉구하는 법안을 발의했다. 법안에 따르면 신설된 연합체에는 인도태평양 지역의 미국의 동맹국과 파트너 국가들이 참여하며, 정보 공유, 분석 센터 창설, 신생 사이버 위협에 대해 협의한다. 또한 2018년 12월 미국, 인도, 일본 정상은 첫 3자 정상회담을 갖고 사이버 보안 등 글로벌 이슈를 논의하며 인도태평양 지역의 안정에 협력하기로 합의했는데, 이는 이들 국가 간 협력 강화를 상징적으로 보여준다.

그러나 인도, 일본, 호주가 인도태평양 전략의 주축국임에도 불구하고 미국의 사이버 보안상 이유에 따른 화웨이 배제 요청에 각국은 다른 반응을 보였다. 호주는 강경하게 화웨이를 배제했으며, 일본은 화웨이를 명시하지는 않았으나 화웨이 배제 움직임을 보였고, 인도는 화웨이를 배제하지 않겠다고 발표했다. 이 중 특히 아시아에서 리더의 지위를 목표로 하는 인도와 일본의 차이에 주목하고, 이들 국가들이 미중 기술 패권경쟁이라는 구조적 상황에서 어떤 방식으로 대응하고 있는지 분석해보고자 한다.

## III. 일본의 '자율적 협조' 전략

### 1. 일본의 네트워크 전략이 처한 구조적 환경

5G 표준 선점을 두고 미국과 중국이 경쟁하고, 기술력은 뛰어나면서도 가격은 저렴한 화웨이 장비에 미국이 보안 문제를 제기하면서, 국가들은 안보 논리와 경제 논리 속에서 딜레마에 빠졌다. 5G와 사이버 공간에서의 권력 획득을 위해 미국은 인도태평양 전략을 필두로, 중국은 일대일로를 통해 경쟁적으로 동맹외교를 펴고 있다. 그러나 미국이 파이브 아이즈를 비롯한 기존 네트워크를 바탕으로 편 반화웨이 동맹에서 영국을 비롯한 국가들이 이탈하면서 구조적 공백이 발생했다. 중국 또한 화웨이를 앞세운 일대일로를 바탕으로 5G 및 사이버 공간에서 자국 주도의 새로운 네트워크를 구축하고자 하고 있으나 채무외교라는 비난을 받고 있다. 반화웨이 동맹으로 화웨이의 입지 또한 줄어든 상황에서 네트워크의 공백이 발생했고 일본은 이 구조적 공백을 파고들고 있다.

일본은 세계 3위 경제 대국이자 안보를 미국에 의존하는 국가로서 안보 논리와 경제 논리가 부딪히는 상황에서 2018년 12월 정부 지침을 통해 공공기관에서 사실상 화웨이를 배제하면서 안보를 우선시하는 모습을 보이고 있다. 또한 일본은 중국의 일대일로를 통한 패권적 영향력 강화에 대비해 자국의 자본을 앞세워 아프리카 및 아세안에 위치한 국가들에 경제 지원을 통한 동맹 외교를 펴고 있으며, 자유롭고 개방된 민주주의 가치를 내세우며 아시아 태평양 지역에서 사이버 안보를 비롯한 협력을 강화하고 있다. 이는 언뜻 미국의 지시에 일본이 일방적으로 따르는 것처럼 보이지만, 실제로는 중국의 부상을 봉쇄하려는 미국의 목표가 아시아에서 지도적 지위를 추구하기 위해 중국을 억제하려는 일본의 목표와 부합하는 측면이 있기 때문이다. 그렇기에 일본은 필요한 경우 중국과도 협력 관계를 이어가며 자국의 국익을 우선적으로 추구하고 있다.

일본은 그간 민간 부문이 기술 개발을 주도해왔으나, 5G에 관해서는 예외적으로 국가 차원의 연구개발을 계획했다(이현우 2016). 일본은 5G 조기 도입 전략을 수립하고 2020년 도쿄올림픽에서 완벽한 5G 기술구현을 목표로 총무성이 5G 산업을 전폭적으로 지원하고 있다. 일본의 통신 시장은 크게 NTT 도코모, KDDI, 소프트뱅크가 삼분하고 있는데, 3사는 2019년 이후 5G를 위한 설비투자를 본격화할 계획이며 3사의 5G 총 투자 예상액은 5조 엔에 달한다. 일본 이동통신사들은 5G 체제를 조기 구축해 주도권을 선점하고자 하며, 화웨이, 에릭슨, 노키아, 삼성전자 등은 일본 5G 인프라 투자를 위한 통신장비업체 시장을 잡기 위해 각축을 벌이고 있다. 2014년 9월 NTT 도코모, KDDI를 비롯한 민간기업과 학계, 정부기관 등 산학관이 협력하여 '5G 모바일 추진포럼(5GMF)'을 설립해 국제표준화를 비롯해 5G와 관련된 전 분야의 전략 방향을 논의하고 있다. NTT 도코모는 초기 단계부터 글로벌 기업들과 적극적인 제휴를 통해 '5G 연합'을 구축하고 있는데, 이는 '갈라파고스화'로 과거 글로벌 통신 시장에서 고립되었던 경험을 반복하지 않고 다양한 기업들과 교류를 통해 글로벌 표준 선도를 하기 위해서이다. 다른 이동사들도 글로벌 기업들과 적극적으로 제휴를 맺고 있는데 2019년 9월 KDDI는 삼성전자와 20억 달러짜리 5G 기지국 장비 계약을 맺었고, 10월 일본 4위 통신업체인 라쿠텐 모바일은 SK텔레콤과 5G 네트워크 기술 수출 계약을 맺었다.

## 2. 프레임 짜기: 자유와 민주주의 가치의 수호자로서의 일본

일본은 미국의 인도태평양 전략에 적극적으로 참여하며 '자유롭고 개방된 인도태평양'과 민주주의의 가치를 내세우며 인도태평양에서 중국을 포위하는 네트워크를 구축하고 있으며 5G 표준화 및 사이버 보안 강화를 위해 국제사회와 협력하고 있다. 아베 총리는 사이버 보안 문제에 보다 포괄적으로 접근하기 위해 2013년 12월 국가안전보장회의(NSC)를 설립했으며, 2019년 11월 NSC는 중국의 지적 재산권 위반 및 기술 도용, 사이버 공격 등에 대응하기 위한 경제 담당 부서를 신설했다. 요미우리신문은 신(新)부서는 외국에 대한 인프라 개발 협력, 신기술 분야에서의 국제 협력을 다룰 것이며, 5G를 놓고 벌어지는 국제적인 주도권 경쟁에 대한 대응을 강화하고 국익을 확보하기 위한 목적이 있다고 전했다.

2016년 일본은 방위백서를 통해 중국이 일본의 핵심 기반시설을 상대로 사이버 공격을 벌이고 있으며, 기술적으로 더욱 교묘해지고 있다는 인식을 천명하였다(김상배 2017). 사이버 안보에 관한 네트워크의 공백이 있는 상황에서 일본은 국제 사이버 안보 네트워크를 선도하고자 하며, 이를 위해 비슷한 인식을 공유하는 국가들과 사이버 공격과 관련해 정보 수집 네트워크를 공동으로 구축하고 사이버 규범에 대해 논의함으로써 국경을 넘나드는 사이버 공격에 대한 연계 대응 체계를 마련하고 있다. 또한 일본은 고품질의 인프라 투자를 통해 자유롭고 공정하며 안전한 사이버 공간을 조성하고자 하며, ODA와 FDI 등 경제적 투자를 통해 통신 인프라를 구축하는 등 중국의 일대일로에 맞서 자국의 영향력을 확장하고자 한다. 일본 정부는 인프라 수출을 국가의 지속적인 경제성장을 위한 주요 전략으로 추진 중이며, 정보통신 인프라가 전체의 22.3%로 가장 높은 비중을 차지한다(양의석 2018). 일본 정부는 중국의 일대일로를 염두에 두고 '질 높은 인프라 투자'를 강조하며 프레임을 짜고 있다. 일본 정부는 중국이 개발도상국에 상당한 자금을 융자해주면서도 중국 기업과 노동자가 사업을 실질적으로 진행하며 개도국의 일자리 창출에 기여하지 못하고 부채를 증가시키는 점을 비난하며 일본을 대안으로 부각하고 있다.

이런 배경에서 트럼프 대통령이 미국의 동맹국들에 보안 위험을 제기하며 화웨이 장비 배제를 요청하자, 2018년 12월 일본 정부는 정보통신 장비를 조달할 때 보안 위험을 줄이는 지침을 마련하며 정부 부처와 자위대 등의 정보통신 기기에서 화웨이 제품을 사실상 배제하기로 결정했다. 이에 2019년 4월 일본 기업들은 5G 통신망 구축 과정에서 화웨이 장비를 쓰지 않기로 결정했으며, 화웨이 스마트폰 출시를 무기한 연기하며 미국의 요구에 부응하는 모습을 보였다. 일본 통신업체의 한 대표는 아사히신문에 "우리는 일본 회사고, 중국의 일개 민간 회사와 일본 정부를 놓고 따진다면 당연히 일본 정부를 택한다"며 일본 정부의 입장을 고려했음을 시사했다.

## 3. 끊고 맺기: 경제적 지원을 바탕으로 중국의 일대일로 견제

일본은 지구본 외교를 통해 전방위적으로 국제사회와 연계를 강화하고 있으며 유럽 국가들과도 사이버 보안 협력을 진행 중이다. 2014년 5월 일본은 유럽연합과 사이버 공격 관련 정보 공유 등 사이버 보안 협력을 위해 EU-일본 사이버 대화(EU-Japan Cyber Dialogue)를 창설 했으며, 2015년 3월 25일 유럽위원회(EC)는 일본 내 5G 표준을 주관 하는 5GMF와 양해각서를 체결했다. 또한 5월 28일 유럽위원회는 일 본과 5G 통신의 국제 표준 제정을 위해 협력할 것이라 발표했으며, 외 팅거(Öttinger) 집행위원장과 다카이치 사나에(高市早苗) 일본 총무상 은 5G 통신 기술협력을 체결하고 5G 국제 표준화를 위한 공동 작업을 진행하기로 했다. 이 외에도 2014년 5월 일본 정부는 이스라엘과 사이 버 보안 협력에 합의하며 공공 부문뿐만 아니라 민간 부문에서도 광범 위한 협력을 진행할 것이라고 발표했으며 2017년 11월 터키 정부와도 5G 분야에서 협력하기로 합의했다.

또한 일본은 남중국해에서 영향력을 확대하고 있는 중국을 견제 하기 위해 ASEAN 국가들과 협력을 강화하고 있다. 2015년 4월 22 일 인도네시아에서 개최된 '반둥회의'에서 아베 총리는 '아시아, 아 프리카는 일본의 원조 대상이 아니라 성장의 파트너'라고 연설하며 ASEAN 국가들과의 경제 협력을 강조하였다. 일본은 2015년 아세안 에 202억 달러 이상을 투자하며 아세안 최대 투자국으로 부상했으며 (김솔 2019), 최근 사이버 보안과 관련해서도 긴밀하게 협력하고 있다. 2018년 아세안-일본 사이버 보안 역량강화센터와 아세안-일본 사이 버 보안 협력 허브를 설립했으며, 일본 주도로 '아세안-일본 주요 정보 통신 기반 시설 보호 가이드라인'(ASEAN-Japan Critical Information Infrastructure Protection Guideline)을 제정했다.

일본은 그간 아프리카에 대한 거액 투자에 소극적이었지만 최근 중국의 공세적인 아프리카 진출을 견제하기 위해 아프리카에 원조 및 투자를 증대했으며, 아프리카와 협력 강화를 위해 아프리카개발회의를 개최하고 있다. 아프리카개발회의(TICAD)는 일본 정부가 주도해 1993년부터 유엔 및 아프리카연합위원회(AUC)와 공동으로 개최하는 회의로, 2019년 8월 일본 정부는 제7회 아프리카개발회의에서 아프리카 국가들을 지원하기 위한 개발기금으로 3000억 엔을 출연하겠다고 발표했다. 아베 총리는 "채무에 시달리는 나라에 투자할 수 없다"며 아프리카 국가들이 부채의 덫에서 빠져나올 수 있도록 '요코하마 선언'을 채택하고 투명성 높은 융자를 비롯해 아프리카에 중국과는 차별화된 지원을 약속했다.

일본은 아프리카뿐만 아니라 태평양에서도 중국의 해양 진출과 세계적 영향력 강화를 견제하고 있다. 이를 위해 그동안 일본과 상대적으로 밀접한 관계가 아니었던 태평양 섬나라 국가들에도 지원을 강화하고 있다. 고노 다로 외무상은 2019년 8월 피지, 파라오, 미크로네시아연방, 마셜군도 남태평양 국가들을 순방했는데, 일본 외무상으로는 32년 만의 방문이었다.

## 4. 내 편 모으기: 인도-태평양 국가들과 사이버 안보 협력 강화

일본과 미국은 인도태평양 전략을 비롯해 안보 협력을 강화하고 있다. 2013년 2월 일본은 사이버 시큐리티 전략(J-Initiative for Cybersecurity)을 발표하며 미국을 비롯한 주변국과의 협력을 통한 공조체제 구축과 세계 공통의 대응체계 마련을 강조하였으며, 이 연속선상에서 2015년 4월 미일 정상회담을 통해 미일 간 사이버 협력을 발표했다(김상배 2017). 미국과 일본은 2017년 2월 정상회담을 통해 사이버 안보 양자 협력을 논의했으며, 일본의 국가 사이버 안보 침해 준비 및 전략 센터(NISC)는 미국 국토안보부(DHS)와 사이버 위협 정보 공유에 합의했다. 미국은 이스라엘에 이어 아시아에서 일본과 외교적 수사 차원을 넘어서 실질적인 사이버 협력관계를 맺었다.

2017년 4월 일본의 경제산업성(METI, Ministry of Economics and Industry)과 정보처리추진기구(IPA, Information-Technology Promotion Agency)는 중요 인프라에 대한 사이버 공격에 대비해 일본의 방어 능력을 강화하기 위해 산업 사이버 보안 센터(ICSCoE, Industrial Cyber Security Center of Excellence)을 설립했다. ICSCoE는 2019년 9월 미국 정부와 협력해 사이버 보안 교육을 개최했으며, ASEAN 회원국을 비롯해 인도태평양 지역 국가로부터 35명의 참가자를 초청했다. 이는 사이버 보안은 단일 국가에서 독립적으로 구현하는 것보다 공급망 전체를 포괄하는 노력이 필요하다는 판단에서 진행되었다. 일본은 인도태평양 전략의 주축 국가로서 지역 전체의 사이버 보안을 보장하는 역량을 강화하고 사이버 보안의 허브 역할을 담당하기 위해 사이버 보안 교육을 비롯한 다양한 노력을 기울이고 있다. 또한 이를 위해 아시아태평양 지역 23개국 협의체인 아·태침해사고대응팀협의회(APCERT: Asia Pacific Computer Emergency Response Team)를 주도적으로 설치했다.

또한 미국과 일본은 2019년 4월 외교, 국방장관의 2+2 안보협력 회담을 가졌으며, 패트릭 섀너핸(Patrick Shanahan) 미 국방장관 대행은 공동 기자회견에서 중국의 사이버 공간에 대비해 미일 협력을 강화하겠다고 발표했다. 이와야 다케시(岩屋毅) 일본 방위상도 양국이 사이버 공격을 미일안보조약 5조의 적용대상에 추가한다고 발표했으며, 미일 동맹의 적용 범위를 사이버 분야로 확장해 일본이 사이버 공격을 받을 경우 미국이 사이버 반격을 할 수 있다고 명시했다. 공동 문서에도 미일 동맹의 기술 우위성은 적대세력으로부터 보호되어야 한다고 명시했는데, 이는 5G 기술을 염두에 두고 중국을 겨냥한 것이라는 분석이다.

일본은 미국뿐만 아니라 인도태평양 전략의 주축국인 인도, 호주와도 사이버 안보 협력을 강화하고 있는데, 미국, 일본, 인도의 정상은 G20을 계기로 3자 정상회담을 두 차례 가지며 자유와 민주주의 가치에 대한 인식 공유를 재확인하고 사이버 안보에 있어서 협력을 강화하기로 합의했다.  일본과 인도는 2012년 첫 사이버 정책 대화 이후 세 차례 대화를 열며 협력 이후 참여 범위를 확장하고 사이버 대화를 공식적으로 제도화했다. 2019년 2월 일본은 인도와 5G 분야와 사이버 안보와 관련해 협력을 강화하기로 합의했는데, 일본과 인도 관계 강화에 있어서 인도의 5G 네트워크 보안이 중요하다며 화웨이를 배제할 것을 요구하기도 했다. 또한 일본은 2015년 7월 호주와 사이버 안보 협력에 합의했으며 4차례 사이버 정책 대화를 개최했는데, 일본과 호주의 사이버 대화는 지역적 성격이 강하며 특히 아세안 국가들과의 사이버 안보 협력에 집중한다.

## 5. 표준 세우기: 미국과 협조하면서도 국익을 추구하는 자율적 협조 전략

일본은 인도태평양 전략에 적극적으로 참여하고 화웨이를 배제하며 미국의 요청을 수용하는 모습을 보이고 있다. 그러나 일본이 수동적으로 미국의 요구에 순응했다기보다는 미국의 중국 봉쇄 목표가 지역 대국을 목표로 하며 중국의 부상에 위협을 느끼고 있어 중국의 부상을 억지하려는 일본의 국가적 야심과 부합했기 때문에 적극적으로 협조한 것으로 보아야 한다. 일본은 미국에 안보를 의존하고 있음에도 불구하고 미국의 행위가 자국의 이익에 반할 때는 반대의 목소리를 내는 등 자율적인 면모를 보이며, 미국이 아시아태평양 지역에서 후퇴하는 상황 또한 염두에 두고 중국을 견제하면서도 협력을 지속하며 중국과의 관계를 관리해나가고 있다.

트럼프 대통령이 화웨이 배제를 요구하자 일본 정부는 2018년 12월 정부 지침을 통해 사실상 공공기관에서는 화웨이를 배제했으며, 일본 기업들은 화웨이 제품 출시를 연기하는 등 조심하는 모습을 보였으나, 2019년 5월 도시바는 화웨이에 제품 공급을 재개했으며 8월 일본 이동통신사들은 화웨이 스마트폰 판매를 재개했다. 10월 닛케이신문은 화웨이와 거래하던 일본 기업의 80%가 화웨이와 계속 거래하고 있다고 보도했다. 예로 소니는 자사가 화웨이에 수출하는 제품에 자사기술이 많이 들어갔기에, 화웨이에 공급하는 제품에 미국 기업의 부품이 25% 이상일 경우 금수 대상으로 지정되는 미국의 수출관리법에 저촉되지 않는다며 화웨이와 거래를 계속했다. 이처럼 일본 정부와 3대 이동통신사들은 5G 구축에서는 화웨이를 배제했으나 화웨이와 거래를 전면 차단한 것은 아니며, 미국의 거래제한 명령으로 인해 화웨이가 공급망을 일본으로 돌림으로써 2019년 일본 내 매출이 전년 대비 50% 증가한 110억 달러에 이를 것으로 전망했다. 산케이 신문에 따르면 화웨이에 부품과 전자장비를 공급하는 일본 기업은 50개 이상으로 작년 거래 규모만 7260억 엔에 달한다(구교형 2019). 또한 옥스포드 이코노믹스의 보고서에 의하면 2019년 화웨이가 일본에서 구매한 금액은 7800억 원에 달하며, 4만 6400개의 일자리와 208억 엔의 세금 수입을 창출했다. 화웨이의 업계 장악력과 높은 성장 잠재력으로 인해 미국의 요구에도 불구하고 일본이 화웨이와 관계를 완전히 끊지는 않을 것으로 보인다.

일본은 미중의 무역분쟁에 관해서 미국의 보호주의가 일본뿐 아니라 전 세계 경제에 악영향을 끼칠 것이라며 공개적으로 비판하는 한편 2019년 한국에 반도체 핵심 소재 수출을 제한했는데, 이는 미국의 화웨이 제재에 반하는 측면이 있다. 미국기업연구소(AEI)는 7월 23일 "일본, 한국에서 물러나라: 삼성전자와 하이닉스는 화웨이가 아니다" (Japan, back off on Korea: Samsung and Hynix are not Huawei)라는 제목의 칼럼을 게재해, 일본의 한국에 대한 경제 보복이 삼성과 하이닉스의 5G 경쟁력을 약화시켜 결과적으로 화웨이의 5G 통신 지배력을 확대할 것이라 주장했다(Barfield 2019).

또한 일본은 중국을 활용해 미국의 보호무역주의 및 통상압박을 견제하기 위해 중국과 관계를 개선하려는 노력을 보이고 있으며, 2018년 4월 중일 고위급 경제회담을 8년 만에 개최했다. 일본은 그간 소극적이던 중국 주도의 메가 FTA인 역내포괄적경제동반자협정(RCEP)에도 적극적으로 관심을 보이고 있고, 중국의 일대일로 구상에 협력할 의사를 표명하며 중국과 함께 필리핀의 뉴클라크시(New Clark City) 개발을 추진했다. 뉴클라크시 개발은 2017년 7월 필리핀 정부가 일본 정부와 합동으로 추진한 사업으로 약 1100만 평을 보유한 클라크시를 첨단 IT 기술을 활용한 스마트 시티로 개발하는 것을 골자로 한다. 이에 2018년 11월 중국이 협력하기로 하면서 중국과 일본 간 경제 협력이 논의되고 있었으나, 2020년 1월 미국 정부가 강하게 불만을 표명하면서 일본 정부가 최종 판단을 보류한 상태이다(조기원 2020).

이처럼 일본은 중국과 협력을 지속하고 있으면서도 정부 차원에서는 화웨이 배제 기조가 강한데, 이는 미국과 밀접한 안보 동맹을 맺고 있으며 중국을 안보 위협으로 인식하고 있는 일본의 상황이 크게 작용한 것으로 보인다. 또한 일본은 경제대국으로 가격 외에 다른 조건 또한 중요하게 고려할 수 있는 여유가 있으며 대중국 무역 의존도가 높기 않기에 중국의 압박에서부터 비교적 자유로운 선택을 할 수 있다. 그렇기에 일본 기업도 화웨이와 거래를 완전히 중단하지는 않지만 통신망 구축 과정에서는 화웨이를 배제하면서 일본 정부의 입장을 고려하는 모습을 보이고 있다. 그럼에도 일본이 화웨이를 완전히 배제하지는 않으며 틈을 활용하고 있다는 점에서 일본이 미국 정부의 요구를 적극적으로 수용하면서도 완전히 순응하는 것이 아니라, 자국의 이익 또한 고려하고 있음을 보여준다. 일본은 아프리카와 아세안 등에서 원조 및 협력을 강화하며 중국의 대안으로 부상하고 있다. 일본은 이들 국가들과 경제적 지원을 통해 쌓은 국가 협력 관계를 바탕으로 자국의 통신, 사이버 영향력을 강화하고 있으며 주도적으로 사이버 안보 네트워크를 구성하고 있다.


## IV. 인도의 '능동적 양립' 전략

### 1. 인도의 네트워크 전략이 처한 구조적 환경

화웨이를 둘러싸고 벌어지는 미중의 5G 및 사이버 경쟁은 인도에서 특히 치열하게 벌어지고 있다. 미국의 전 세계적 반화웨이 동참 전략으로 인해 위기에 처한 중국의 입장으로서는 인도는 마지막 남은 거대 시장으로 포기할 수 없는 국가이다. 반면 미국으로서는 인도태평양 전략의 핵심 참여국인 인도 통신망의 보안이 중요하기에 인도가 백도어 가능성이 의심되는 화웨이의 장비를 쓰면 곤란하다. 또한 지역 대국인 인도가 중국 장비를 채택할 경우 동남아시아 국가들도 추종할 가능성이 높기 때문에 인도를 중시하고 있다. 인도는 미국과 중국의 5G 및 사이버 네트워크 구축에서 인도가 중요한 역할을 담당할 수 있다는 점을 이용해 중립을 표방하며 자국의 이익을 우선적으로 추구하며 능동적으로 대응하고 있다. 나아가 모디 정부는 과거의 비동맹 정책에서 적극적 역내 관여 정책으로의 전환을 통해 미국과 중국 외의 또 하나의 극으로 작용하고자 하는 목표를 지닌다. 미국의 패권 네트워크가 중국의 도전으로 흔들리는 구조적 공백을 이용해 인도는 자국 주도의 네트워크를 구축하고 있다.

인도의 나렌드라 모디 총리는 핵심 정책 중 하나로 사회 전반의 디지털화를 구현하는 'Digital India'를 추진 중이다. 모디 정부는 Digital India를 통해 국가 전역에 통신 네트워크 인프라를 구축하고자 하며, 이는 인도의 IT 시장 규모를 확대했다. 인도는 현재 중국에 이어 두 번째로 거대한 5G 이동통신 시장이며 2018년 기준 11억 7600만 명의 이동통신 가입자를 보유하고 있다. 세계이동통신사업자연합회(GSMA)에 따르면 2025년 인도의 5G 가입자 수는 8800만 명에 이를 것으로 전망되며 인도 3대 통신사가 향후 5년간 5G에 직접 투자하는 규모만 총 300억 달러에 이를 것으로 예상된다. 인도의 5G 네트워크 시장 파급 효과만 약 1조 달러에 달할 것이란 전망이 나올 정도로 인도는 현재 잠재력이 큰 시장이다. 인도를 두고 세계가 각축을 벌이고 있으며, 이는 인도의 이동통신사 중 하나인 '릴라이언스 지오' 암바니 회장 자녀의 결혼식에 토니 블레어 전 영국총리, 반기문 전 UN사무총장, 이재용 삼성전자 부회장, 순다르 피차이 구글 최고경영자 등이 하객으로 참여한 점에서 단적으로 드러난다.

인도의 이동통신 시장은 보다폰 아이디어(35%), 바티 에어텔

(25%), 릴라이언스 지오(15%)가 삼분하고 있으며, 인도에서 화웨이의 시장 점유율은 28%에 달한다. 2019년 2월 인도 일간지 타임스오브인디아에 따르면 업계 1위인 보다폰 아이디어는 화웨이와 5G 계약을 체결하지 않았으며 인도 정부가 보안 문제로 중국 장비를 금할 경우 그 지시에 따르겠다고 발표했다(Doval 2019). 인도의 릴라이언스 지오는 삼성과 5G 분야에서 협업하기로 했으며, 2019년 10월 16일 IMC 2019에서 5G 통신기술을 시연했다. 반면 바티 에어텔은 2019년 10월 화웨이의 5G 다중입출력(MIMO) 기술을 도입하기로 했다. 인도는 표준화 기구인 TSDSI(Telecom Standard Development Society of India)를 구성하여 3GPP의 정식 기구로 승인받아 차세대 통신의 표준화 작업에 적극 참여하려고 하고 있으며, 삼성, 화웨이 등 글로벌 기업들과 제휴를 맺고 있다.

## 2. 프레임 짜기: 규칙 제정자(Rule-Maker)로서 주도적인 인도

비제이 고칼레(Vijay Gokhale) 인도 외무차관은 오늘날 인도가 21세기, 특히 사이버 공간과 같은 글로벌 거버넌스의 신흥 분야에서 규칙 제정자로 부상해야 한다고 강조했다. 고칼레 외무장관은 국제 시스템의 기존 규칙과 제도는 계속해서 소수의 행위자들에게 특권을 주고 과거의 현실을 반영하고 있다고 경고했다. 그는 개혁이 없다면 이러한 새로운 도전에 대처하는 국제사회의 능력을 제한할 것이라고 경고하며 규칙 제정자(Rule-Maker)로서 인도의 역할을 강조했다.[1]

---

1    2019. "India must emerge as a rule maker in the 21st century: Foreign Secretary Gokhle." https://www.orfonline.org/india-must-emerge-as-a-rule-maker-in-the-21st-century-foreign-secretary-gokhle/(검색일: 2020.02.07)

인도 정부는 자국과 국경분쟁을 빚고 있는 파키스탄과 전략적 관계를 맺고 있는 중국을 위협으로 인식하고 있다. 인도는 화웨이와 중국군의 긴밀한 관계를 유의하고 있으며 인도 정부 고위 관계자는 "인도가 화웨이에 어떤 프로젝트라도 허락하려면 먼저 상당한 주의를 기울여야 한다"고 전했다. 인도 통신장비서비스 수출진흥위원회(TEPC) 또한 통신, 철도, 국방 등 정부 관련 장비에 화웨이 등 중국산 통신장비의 사용을 금지해야 한다고 권고했다. 2019년 5월 27일 미국 정부는 인도 외무부(MEA)에 화웨이에 장비나 미국산 제품을 공급하는 인도 기업은 처벌의 대상이 될 수 있다는 서한을 보냈으며 2019년 10월 4일 미국의 윌버 로스 상무장관은 인도 방문 중에 인도가 화웨이 장비를 쓸 경우 안전 위험에 처할 것이라며 화웨이 장비를 쓰지 말라고 압박했다. 그러나 인도 이동통신사 '바티 에어텔'의 수닐 바티 미탈 최고경영자(CEO)는 "중국과 관련된 사안은 더 넓은 시야에서 우리의 정책을 결정한다"며 오히려 미국의 압박에 불쾌감을 표시했다. 인도 정부는 화웨이의 안보 위협 가능성을 인식하면서도 국익에 도움이 된다면 화웨이를 배제할 이유는 없다는 입장으로, 2019년 12월 5G 시범사업에서 화웨이를 배제하지 않겠다고 발표했다. 인도 정부는 인도가 화웨이를 쓸지 말지는 미국이나 중국의 압박이 아니라 자국의 이익을 중심으로 자율적으로 결정한다는 입장이다. 중국 칭화대 남아시아연구센터의 리리 센터장은 인도도 다른 나라들과 마찬가지로 미중 간 신냉전을 피하고자 하기에 어느 한편으로 완전히 기울지 않을 것으로 분석했다(유상철 2019).

인도가 화웨이와 협력을 지속하는 이유는 서방에 과도하게 의존하는 것을 피하고자 하는 의도와 중국과의 경제관계가 중요하다는 판단에서 나온 것으로 보인다. 중국 장비 공급업체는 가장 낮은

ARPU(Average Revenue Per User)를 제시하며, 대금 지불 시기를 늦춰줌으로써 인도 통신업체들의 부담을 낮춰주었다. 중국 업체들은 인도의 통신산업에 이미 깊숙이 자리 잡았으며, 이에 인도무선통신사협회(COAI, Cellular Operators Association of India)의 사무총장 라잔 마테우스(Rajan Mathews)는 통신부(DoT)에 "화웨이는 정부의 요구 사항을 충실히 이행하고 있으며 5G 생태계 구축을 위해 필요하다"며 화웨이를 금지하지 말아달라고 요청했다. 방갈로르에 위치한 화웨이 R&D 센터는 약 5000명 이상의 인도 엔지니어를 고용 중이며, 인도 통신 산업은 직간접적으로 400만 명의 고용자를 보유한 인도의 주요 산업이다. 인도통신업계는 릴라이언스 지오가 시작한 가격 경쟁으로 인해 누적 부채 규모가 총 7.5조 루피(123조 원)에 달한다. 특히 바티 에어텔과 보다폰 아이디어는 부채가 많아 가격경쟁력이 높은 화웨이를 배제하기 힘들다.

또한 2019년 7월 중국 외교부는 비크람 미스리 주중 인도대사를 불러 5G 인프라 사업에서 화웨이를 배제하려는 미국의 시도에 우려를 표명하며 인도가 5G 사업에서 화웨이를 배제할 경우 중국에서 사업하고 있는 인도 기업에 역제재를 가할 수 있다고 위협하기도 했다. 이코노믹타임스에 따르면 과탐 밤바왈레(Guatam Bambawale) 인도 전 중국대사는 "인도는 자국의 이익을 우선시해야 하며 5G 기술 경쟁에서 특정 선택지를 초기에 제거하는 것은 인도의 이익에 부합하지 않는다. 그러나 위협에 대해서는 계속 연구하고 대비해야 한다"고 발언했다(Chaudhury 2020). 2019년 10월 시진핑 주석이 인도를 방문하면서 인도는 화웨이와 협력하는 방향으로 가닥을 잡았는데, 글로벌타임스는 시진핑의 인도 방문을 중국을 봉쇄하려는 미국의 인도태평양 전략을 깨기 위한 행위라고 분석했다. 시 주석의 방문 이후 인도의 거대 이동통신사 중 하나인 바티에어텔은 화웨이의 5G 기술을 도입하고, 인도와 화웨이 간 백도어 금지협약을 체결하기로 발표했다. 인도 통신부 관계자는 중국의 화웨이 장비가 해킹 위험이 있는 것은 사실이나, 인도의 통신 네트워크 장비가 노키아와 에릭슨, 두 개의 유럽 업체에만 의존할 수 없고 Cisco 장비에서도 보안 위협이 발생했듯 유럽 장비에도 위험이 존재한다고 지적하며 사이버 안보 자체에 관심을 기울이고 있다. 또한 화웨이를 5G 시범 사업에 참여시키는 것이 오히려 인도의 보안 취약점을 조사할 수 있게 될 것이라고 말했다(Mankotia 2019).

2011년 5월 인도는 통신 보안에 대한 포괄적인 지침을 발표했으며, 화웨이도 이를 준수해야 한다(Bansal 2018). 인도 정부 관계자에 따르면 인도 정부는 모든 국가가 따를 수 있는 전 지구적 사이버 규범을 확립하고자 하며, 이를 위해 유럽 국가들을 비롯해 다양한 나라들과 협력하고 있다. 인도는 사이버 안보와 데이터 보호, 사이버 규범 확립에 특히 적극적으로 임하고 있으며 유럽 국가들, 미국, 영국, 러시아 그리고 이스라엘과 사이버 안보와 관련해 양자 협정을 맺었다. 인도는 또한 아프리카에 적극적으로 진출하고 있는데, 중국의 일방적인 채무 외교를 비난하고 인도의 동등하고 상호 호혜적인 관계를 내세우며 아프리카 내 인도의 영향력 강화를 모색하고 있다. 이처럼 인도는 자국의 경제적 필요를 위해 중국 및 화웨이와 협력을 지속하는 한편, 중국의 일대일로를 통한 패권 야욕과 화웨이의 사이버 보안을 경계하며 이에 대응해 주변 국가와 연계를 강화하며 자국 주도의 네트워크를 구축하려는 능동적인 양립정책을 펴고 있다.

## 3. 끊고 맺기: 인도태평양 국가들과 협력 강화

인도는 남아시아 지역대국으로서 남아시아 국가들과 영토를 비롯해 분쟁을 빚고 있었으나, 중국이 일대일로를 통해 이들 국가들에 영향력을 확대하자 중국의 영향력을 축소하고 자국의 영향력을 키우기 위해 모디 총리의 방글라데시 방문을 통해 인도-방글라데시 간 국경문제를 해결하고, 중국과 긴밀한 관계를 맺고 있는 미얀마와도 정상회담을 가지며 경제 및 군사 협력을 추진하는 등 남아시아 국가들과 관계 개선을 꾀했다.

인도는 남아시아, 동남아시아 국가들과 벵골만기술경제협력체(BIMSTEC)를 설립하고 협력해 오고 있다. 1997년 설립된 BIMSTEC은 인도, 네팔, 방글라데시, 스리랑카, 부탄, 미얀마, 태국 등 7개국이 참여하는 지역 협력체이다. 인도가 조직 운영비의 30% 이상을 담당하고 있으며, 최근에는 중국의 일대일로 구상 대응에 초점을 맞추고 있다(최현호 2019). BIMSTEC은 인도의 신동방정책과 주변국우선정책의 접점지로, 인도는 BIMSTEC을 통해 동남아시아 지역에서 다양한 분야의 협력을 추진하고 있다. 인도 정부는 인도의 이동통신 기술을 발전시키고 다양한 행위자들과 교류를 바탕으로 표준에 다가가기 위해 India Mobile Congress(IMC)를 매년 개최하는데, IMC 2018에는 아세안 및 BIMSTEC 대표자들이 참여해 인도 통신산업의 국제적 입지를 강화했다. 또한 2018년 12월 사이버 보안 협력과 관련해 BIMSTEC 국가들과 워크숍(IDSA-BIMSTEC Workshop on cyber security cooperation)을 개최하고, BIMSTEC의 사이버 보안 협력을 위한 로드맵(Roadmap for BIMSTEC Cyber Security Cooperation)을 채택했다.

2018년 12월 인도는 EU와 EU-India cyber expert meeting(EU

cyber direct)을 개최해 EU와 사이버 보안 협력 또한 강화했다. 인도와 EU는 사이버 안보와 관련해 정보를 공유하고 사이버 수사능력을 키우며 사이버 보안 전문가 공유를 통해 협력을 강화해 나가기로 했다. 인도는 또한 EU의 Cybersecurity Act처럼 이동통신 회사에 정식 인증 전 사이버 보안 테스트를 의무화한 국가로, 화웨이 또한 이 규칙을 적용받아 시범 사업서를 제출했으며, 인도 정보통신부는 현재 새로운 중앙 인증 프레임워크를 개발하고 있다.

인도는 미국과도 사이버 협력을 강화하고 있는데, 2016년 미국은 인도를 주요 국방 파트너로 지정했으며 이후 인도태평양 전략으로 미국-인도의 안보 협력을 강화했다. 2016년 8월 뉴델리에서 양국 대표가 서명한 'Framework for the U.S-India Cyber Relationship'에 따르면 사이버 문제 협력은 미-인 양자 관계의 핵심 요소이며, 두 국가 간 협력은 ICT 인프라의 보안에 대한 사이버 위협에 대응하기 위한 공동 메커니즘 개발을 목표로 한다. 2019년 6월 모디 총리와 트럼프 대통령은 G20 회의에서 인도와 미국 간 5G 협력에 대해 논의했다. 트럼프 대통령은 인도의 결정이 전 세계 국가들의 선택에 결정적인 영향을 미칠 것이라며 미국과의 협력의 중요성을 강조하고 인도와의 5G 기술개발 협력의사를 내비쳤다. 비자이 고칼레 인도 외무 장관도 인도와 미국이 5G 기술 개발 협력으로 상호 이익을 얻을 수 있다고 발표했다. 앞서 폼페이오 미 국무장관도 뉴델리에서 열린 'India Policy' 연설에서 일본, 미국, 인도의 5G 셀룰러 네트워크와 관련해 기술 협력을 제안했다. 인도와 미국은 U.S-India Cyber Dialogue 회의를 개최하며, ICTWG(Indian-US ICT Working Group)을 설립해 사이버 보안, 데이터 보호 등에 관해 논의했는데, 2019년 9월 회의에서는 인도의 데이터 현지화 주장과 인도 5G망 구축 과정에 화웨이 참여 여부 등으로 의

견 갈등을 빚기도 했다. 2019년 12월 미국과 인도의 외무, 국방장관은 2+2 장관회의를 가졌으며, 민주주의, 자유롭고 개방된 인도태평양에 대한 공유된 인식을 바탕으로 5G 네트워크를 비롯한 신흥 정보통신기술에서 개인정보 및 주권을 보호하기 위한 개방적이고 투명한 플랫폼 구축을 위해 협력하기로 했다.

## 4. 내 편 모으기: 아프리카 대륙에서 중국과의 경쟁을 통한 동맹외교

인도는 이처럼 미국의 인도태평양 전략에 참여하고 EU, BIMSTEC 국가들과도 사이버 분야에서 협력을 강화하고 있지만, 가장 적극적으로 내 편 모으기 전략을 쓰고 있는 곳은 아프리카이다. 그간 아프리카는 미국을 비롯한 서방 진영의 원조와 투자에 의존했으나, 미국의 원조는 민주주의, 반부정부패 등 조건부 원조로 내정간섭의 성격이 강해 반감을 사기도 했다. 이를 두고 인도와 중국은 내정간섭을 거부하며 무조건부 대량 원조를 내세워 아프리카에 공세적으로 진출했다. 인도와 중국은 아프리카의 높은 성장 잠재력과 자원 획득을 위해 원조와 투자를 통해 아프리카에서 영향력을 키우고자 하며, 2018년 7월 남아프리카에서 열린 BRICS 정상회의 전후로 시진핑과 모디는 아프리카 국가들을 돌아다니며 순방외교를 폈고, 르완다에서는 이례적으로 두 정상의 일정이 겹치는 일이 발생하기도 했다.

중국의 막강한 자본력과 보다 뛰어난 기술력으로 인해 인도가 일견 불리해 보이지만, 최근 중국의 착취적인 투자 행태 또한 아프리카에서 점점 반감을 얻고 있어 중국 주도 네트워크에 공백이 생기고 있다. 과거 제국주의 시절 역사로 인해 아프리카에는 250만 명가량의 인도인이 거주하며 교류 네트워크가 존재하는데, 인도는 이를 내세워 아프리카 자원을 착취한다는 중국과 달리 형제 대륙임을 부각하고 있다(오광진 2008). 인도는 아프리카에 대한 투자를 식민지에 대한 착취가 아닌 서비스를 제공하는 교역으로 프레이밍하며, 압둘라예 와데 세네갈 대통령도 이에 대해 드디어 우리를 구제 대상으로 보지 않는 교역 대상국을 찾았다며 호응했다.

2003~2012년 사이 아프리카에 대한 외국인직접투자(FDI)에서 인도가 차지하는 비중은 6.4%로 5위이며, 인도는 아프리카 통신 분야의 주요 투자자이다. 인도는 2007년 10억 달러를 투자해 아프리카 53개국을 위성과 광통신으로 연결해 정보화를 돕는 사업인 '범아프리카 e-네트워크 프로젝트'(Pan African e-Network project)를 가동했으며, 아난드 샤르마 인도 상무장관은 "인도는 2008년 이후 아프리카의 인프라 및 개발 프로젝트에 100억 달러를 투자했다"고 설명했다. 2009년 컨설팅회사 Ernst&Young이 발표한 바에 따르면 2002-2008년간 아프리카 이동통신 시장 연평균 성장률은 49.3%로 세계에서 가장 빠른 성장세를 보이고 있으며, 향후에도 높은 성장률이 전망돼, 아프리카 이동통신 시장을 선점하기 위해 해외 사업자들이 적극적 공세를 하고 있다. 2010년 인도 최대 통신 기업인 '바티 에어텔'은 107억 달러를 지불하고 아프리카 주요 이동통신사인 쿠웨이트 '자인' 그룹의 아프리카 사업을 인수하며 아프리카 15개국에 걸쳐 통신사업에 참여했다. 인도 타타 그룹의 통신회사인 타타 커뮤니케이션은 남아공에 유선 사업자인 'Neotel'의 지분 56%를 소유하고 있으며, 주로 동, 남부 아프리카에 투자하여 왔으나 아프리카 전역으로 사업을 확대하고 있다(김태은 2011).

인도는 아프리카 정부들과도 관계를 강화하고자 정상회의를 개최

해 왔으며, 2015년 뉴델리에서 3차 인도-아프리카 정상회의(IAFS)를
주최하고, 5년간 100억 달러 차관을 통해 아프리카에 인프라 및 IT단
지 구축 지원을 약속했다. 또한 '아프리카-인도 협력을 위한 틀'과 '델
리 선언', 두 가지 합의서를 채택해 양쪽이 원조-수혜자 관계가 아닌
동반자 관계임을 강조했다(권오성 2008). 익명의 인도 정부 관계자는
이코노믹타임스에 "인도는 아프리카나 다른 어떤 나라에도 인도의 뜻
을 강요하거나 일방적으로 다가가지 않는다"면서 인도는 아프리카가
스스로 발전 목표를 달성할 수 있도록 도울 뿐이라고 강조해, 자국의
대외 협력 사업이 중국과 차별화됨을 우회적으로 부각하려 했다. 또한
중국의 일대일로 포럼에 불참하면서 고팔 바글라이 인도 외교부 대변
인은 "일대일로 사업은 각국의 주권과 영토보전을 존중하는 방식으로
추진돼야 하고 각국을 연결하려는 시도는 국제규범에 근거해야 하고
공동체가 지속할 수 없는 부채를 만들어 내서는 안 된다"며, 인도는 주
변국들과 이러한 원칙에 근거해 공동 개발사업을 추진하고 있다고 강
조했다(나확진 2017).

## 5. 표준 세우기: 미국과 중국 사이에서 능동적 양립 전략

그러나 인도는 중국의 육, 해상 실크로드에는 반대하면서도 디지털 실
크로드에는 59억을 투자하며 가장 적극적으로 참여하고 있는데, 이
는 중국에 비해 뒤처진 디지털 기술 발전을 위해 중국과도 실용적으로
협력하겠다는 인도 정부의 입장을 보여준다. 예를 들어 바티 에어텔
은 화웨이 및 ZTE 장비를 구매하기 위한 자금으로 중국 은행으로부터
25억 달러를 받았다. 인도 마이크로맥스(Micromax)는 화웨이와 협력
관계를 맺고 화웨이 제품을 오프라인 매장에서 판매하기로 했다. 또한

화웨이는 구글의 애플리케이션 금지에 대항해 인도 개발자들과 협력해 새로운 애플리케이션 생태계를 구축하고 있다. 결국 2019년 12월 인도 정부는 5G 시범 사업에서 화웨이를 배제하지 않기로 결정했다.

인도는 중국과도 사이버 안보 문제에 있어서 협력하고 있다. 우선 화웨이의 사이버 보안과 관련해서는 화웨이가 'No Backdoor' 협정을 제안했으며, 인도와 중국이 함께 속해 있는 상하이협력기구(SCO)에서 사이버 테러와 관련해 논의를 하기도 했다. 인도의 국가안보위원회(NSCS)는 인도데이터안보위원회(DSCI)와 함께 SCO 소속 국가들을 위해 사이버 워크숍(Cyber Workshop)을 개최했는데, 이는 사이버공간에서의 테러에 대항하기 위해 인도가 SCO 국가들에게 기여하겠다는 상징적 행위로 볼 수 있다(Khalid 2019).

중국 시진핑 주석은 2019년 5월 모디 총리의 당선을 축하하며 '다극화와 경제 세계화'를 위해 함께 노력해나가자며, 중국과 인도의 파트너십을 강화할 것을 요청했다. 이 배경에는 인도에서 화웨이를 금지하지 않도록 하려는 중국 지도부의 의도가 있다(Dasgupta 2019). 또한 인도의 인도태평양 전략 참여에 우려를 표명하며, 중국 대표 양 양위(Yang Yanyi)는 과학과 기술을 독점하려는 일부 세력의 시도를 막아야 하고 화웨이의 기술과 가격이 인도의 디지털 세계 구축에 필수적이라며 인도 정부에 독립적인 결정을 내리기를 촉구했다(Parashar 2019). 타임스오브인디아에 따르면 Huawei India의 CEO인 제이 첸(Jay Chen)은 화웨이가 데이터 보안 준수와 관련해 모든 노력을 기울이며, 모든 데이터는 현지에 저장되고, 중국 정부에 어떠한 정보도 제공하지 않는다고 주장했다.

이처럼 인도는 미국의 인도태평양 전략과 중국의 디지털 실크로드에 동시 참여하며 적극적인 헷징 정책을 펴고 있다. 인도로서는 자국의 안보에 위협을 주지 않는 한 중국과 경쟁할 필요가 없다는 정책적, 실리적 판단이 우선하며, 그간 중국과의 관계도 매우 실용주의적 접근을 취해왔다. 실제로 인도는 브릭스(BRICS), 상하이협력기구(SCO), 아시아인프라투자은행(AIIB) 등 중국이 핵심 역할을 하는 협의체에 적극 참여하고 있다. 그리고 미국이 화웨이의 사이버 보안 문제를 제기하고 중국이 반박하며 아직 사이버 보안 문제가 확립되지 않은 공백 속에서 인도는 EU, BIMSTEC 국가들과 사이버 안보와 관련해 협력하며 새로운 사이버 보안 프레임워크를 짜고자 한다. 이러한 인도의 입장은 화웨이의 안보 위협 가능성을 경계하면서도 완전히 배제하지는 않은 채 협력을 지속하고, 그러면서도 '노 백도어' 협정을 맺는 등 사이버 보안을 강화하는 행동에서도 드러난다. 한편 인도의 이동통신사들은 화웨이뿐 아니라 삼성전자, 에릭슨 등과도 협력을 지속하며 기업들 간 경쟁을 통해 이익을 극대화하고자 하며, 이는 미국과 중국 사이에서 균형자적 입장을 취하며 새로운 극으로 작용하려는 인도의 국가적 목표에도 부합한다고 볼 수 있다. 즉 인도는 미국과 중국의 경쟁 속에서 자국의 이익을 최우선 삼아 실용주의적 접근을 취하고 있으며, 미중 양국의 압박을 거부하고 주권을 강조하며 새로운 길을 모색하고 있다.


## V. 맺음말

화웨이는 외견상으로는 중국의 민간 정보통신 회사에 불과하지만 현재 미국과 중국이 화웨이를 둘러싸고 보이는 양상은 일개 기업 이상의 중요도를 지닌 것으로 보인다. 미국 정부는 화웨이의 부회장을 체포하고 화웨이 장비 사용 금지 행정명령을 내리며, 동맹 및 우방국에도 사용 금지를 요청하는 등 정부 차원에서 기업을 배제하고 있다. 중국 또한 타국에 화웨이를 배제할 경우 경제적 보복이 있을 것이라며 협박하거나, 경제적 투자를 조건으로 화웨이 장비를 강요하는 등 정부 차원에서 기업을 지원하고 있다. 화웨이 사태에서 나아가 미국은 인도태평양 전략을 통한 다자동맹의 방식으로, 중국은 일대일로 구상을 통한 경제질서를 통해 네트워크를 형성하고, 이를 통해 표준의 권력을 획득하고자 한다. 표준권력을 획득하기 위해서는 군사력이나 경제력뿐만 아니라 네트워크 권력, 즉 타국과 맺고 있는 관계 자체가 표준을 정할 수 있는 권리를 결정하기 때문에 미국과 중국은 네트워크 게임을 벌이고 있다. 화웨이 사태는 5G 이동통신 분야에서 누가 표준이 되느냐를 둔 미중 기술 패권경쟁의 대표적 사례로 볼 수 있다. 미국은 초반에는 압도적인 군사력과 경제력 그리고 기존 네트워크의 권력자로서, 중국과 화웨이를 대상으로 안보화 담론을 주도하며 동맹국들이 자국의 규칙을 따르도록 압박했다. 그럼에도 불구하고 동맹국들은 화웨이와 협력 관계를 유지하며 중국과의 관계를 포기하지 않았다. 중국은 기존 네트워크를 와해하기 위해 경제력을 바탕으로 주변국을 자국 주도의 네트워크로 편입하고자 하며, 인류운명공동체를 주장하며 매력 공세도 시도하고 있다. 그 결과 미국 또한 자본 및 소프트 파워를 활용하며 매력 공세를 하고 있고, 이는 나머지 국가들에 대한 미중 매력 경쟁으로 이어지고 있다.

그 중 인도와 일본은 패권을 두고 경쟁하는 미국의 인도태평양 전략과 중국의 일대일로 정책 속에서 협조, 균형을 적절히 구사하며 자국의 이익을 추구하는 대표적인 국가이다. 인도와 일본은 이를 위해 자국의 힘만으로는 부족함을 알고 적극적인 동맹 정책을 통해 다른 국가들과 힘을 합치고, 네트워크를 주도함으로써 역내 자국의 입지 강화, 혹은 역내 패권을 노리고 있다. 이를 위해 FTA, ODA를 비롯해 역내 국가들과 다양한 협력을 하고 있으며, 소기의 성과를 보이고 있다. 일본과 인도는 인도태평양 전략에 참여하는 핵심국이지만, 화웨이 사태와 관련해서는 상이한 입장을 보이고 있다. 일본은 2018년 12월 정부 관련 통신 기기에서 화웨이를 배제하기로 결정하며 미국의 요청에 따랐다. 반면 인도는 2019년 12월 5G 시범 사업에서 화웨이를 배제하지 않겠다며 미국의 압박에도 불구하고 화웨이와 협력을 지속하기로 결정했다. 일본과 인도의 다른 대응에는 어떤 요인이 작용했을까?

일본은 미국과 밀접한 안보 동맹을 맺고 있으며 중국을 안보 위협으로 인식하고 있는 일본의 상황이 크게 작용한 것으로 보인다. 또한 일본은 경제대국으로 가격 외에 다른 조건 또한 중요하게 고려할 수 있는 여유가 있으며 대중국 무역 의존도가 높지 않기에 중국의 압박에서부터 비교적 자유로운 선택을 할 수 있다. 그렇기에 일본 기업도 화웨이와 거래를 완전히 중단하지는 않지만 통신망 구축 과정에서는 다른 기업들과 협력을 강화하면서 일본 정부의 입장을 고려하는 모습을 보이고 있다. 그럼에도 일본이 화웨이를 완전히 배제하지는 않으며 틈을 활용하고 있다는 점에서 일본이 미국 정부의 요구를 적극적으로 수용하면서도 완전히 순응하는 것이 아니라 자국의 이익 또한 고려하고 있음을 보여준다.

반면 인도는 미국의 인도태평양 전략에는 참여하고 있으나 미국과 안보 동맹을 맺고 있지 않으며, 미국과 최근 관계를 개선하긴 했으나 미국에 대한 신뢰가 높지 않다. 미국은 화웨이의 백도어 가능성을 제시할 뿐 확실한 근거를 제시하지 못하고 있는 상황이다. 또한 미국의 보호주의와 EU의 성장 둔화로 인해 인도는 두 번째 경제 규모를 가진 중국과 경제관계 유지가 중요하다. 무엇보다 인도는 화웨이 사태와 관련해서 미국과 같은 수준의 안보 우려를 공유하지 않기에, 인도는 미국이 안보보다는 중국과의 패권경쟁을 하고 있다고 인식하며, 미국의 이해관계에 휘둘리지 않고 자국의 이익을 우선시 하고자 한다. 그러나 인도는 중국을 잠재적 위협국으로 인식하고 있으며 화웨이의 보안 문제에 대해서도 심각하게 받아들이고 있으며, 화웨이에 대해 보안 검사를 엄격히 하고 전자 통신 장비에 대한 보안 표준을 설정하는 등 노력을 하고 있다. 인도 정부는 이러한 실용적이고 유연한 접근 방식이 화웨이에 대한 직접적인 금지보다 인도의 국익에 도움이 된다고 판단했다(Singh 2019). 즉 인도는 미국과 중국의 경쟁 속에서 자국의 이익을 최우선으로 삼아 실용주의적 접근을 취하고 있으며, 이런 배경 하에서 화웨이의 안보 위협 가능성을 경계하면서도 완전히 배제하지는 않은 채 협력을 지속하고 있다. 한편 인도의 이동통신사들은 화웨이뿐 아니라 삼성전자, 에릭슨 등과도 협력을 지속하며 기업들 간 경쟁을 통해 이익을 극대화하고자 하며, 이는 미국과 중국 사이에서 균형자적 입장을 취하며 새로운 극으로 작용하려는 인도의 국가적 목표에도 부합한다고 볼 수 있다.

　인도와 일본의 동맹 네트워크 속에서 한국은 무엇을 배울 수 있을까? 한국은 경제력으로 보면 인도와 일본 사이에 있지만 세계 10위의 경제규모로 일본에 좀 더 가까우며, 안보적으로 한미동맹을 맺고 있다는 점에서 일본의 전략적 입장과 보다 비슷하다고 할 수 있다. 그렇기에 미일동맹을 강화하며 동시에 글로벌 외교를 펴고 ODA를 통해 영향력을 강화하는 일본의 동맹 외교 방식에 좀 더 집중할 필요가 있다. 일본은 중국과 협력을 지속하면서도 5G 분야에서는 화웨이를 배제하는 등 중국의 요구에 일방적으로 휘둘리지 않는데, 이는 일본이 중국에 대한 무역 의존도가 높지 않다는 점에서도 기인한다. 또한 미국에 안보를 의존하고 있음에도 불구하고 일본 자위대의 군사력은 이미 한국의 군사력을 능가할 정도로 강하며, 미국 외에도 영국, 프랑스, 인도, 호주 등과 군사 협력을 강화하며 군사 능력을 키우고 있을 뿐만 아니라 적극적 평화주의를 주장하며 보통국가화를 추구하고 있어 안보에 있어서도 대미 의존도를 낮추고자 하고 있다. 한국 또한 사드 보복 사태를 기억하며 대중국 의존도를 낮춰가야 보다 독자적인 외교를 펼 수 있을 것이며, 한미동맹의 군건한 유지는 필요하나 트럼프 대통령의 무리한 방위비 인상 요구에는 단호하게 나가거나 제한 조건 해제처럼 그에 상응하는 대가를 요구하는 등 한국의 국익을 극대화하는 방안을 찾아야 할 것이다.

# 참고문헌

구교형. 2019. "화웨이에 등돌린 일본, 한국은?"『경향비즈』. 2019/06/03. http://m.biz.khan.
　　co.kr/view.html?artid=201906032117005&code=930201 (검색일: 2020.02. 07.)

권오성. 2008. "인도, 아프리카에 54억달러 원조."『한겨레』. 2008/04/10. http://www.hani.
　　co.kr/arti/international/globaleconomy/281152.html (검색일: 2020.02.07.)

김도연·한형민. 2018.『벵골만기술경제협력체(BIMSTEC) 발전 현황과 신남방정책에 대한
　　시사점』. KIEP 기초자료, 18-30.

김상배. 2011. "네트워크로 보는 중견국 외교전략: 구조적 공백과 위치권력 이론의 원용."
　　『국제정치논총』51(3).

＿＿＿. 2017. "세계 주요국의 사이버 안보 전략: 비교 국가전략론의 시각."『국제지역연구』
　　26(3): 67-108.

＿＿＿. 2019. "화웨이 사태와 미중 기술패권 경쟁: 선도부문과 사이버 안보의 복합지정학."
　　『국제지역연구』28(3): 125-156.

김석수. 2018. "인도와 중국의 영역권, 연결성 그리고 세력권 경쟁."『세계지역연구』36(2):
　　91-112.

김재관. 2015. "미국의 신실크로드 전략과 중러의 대응."『평화연구』23(2).

김종일. 2019. "세계 3차대전은 '기술전쟁'···화웨이 둘러싼 '5G新냉전."『시사저널』.
　　2019/06/19. https://www.sisajournal.com/news/articleView.html?idxno=187093
　　(검색일: 2020.02.07.)

김준형. 2015. "아베 정부의 안보정책 전환과 미국의 재균형전략."『아세아연구』58(4): 42-
　　71.

김찬완. 2011. "21세기 인도의 대외경제정책."『인도연구』16(2): 1-37.

김치연. 2019. "美, 화웨이 견제 위해 71조원 동원..노키아 등 수혜."『연합뉴스』. 2019/12/04.
　　https://www.yna.co.kr/view/AKR20191204053200009 (검색일: 2020.02.07.)

김태환. 2018.『가치외교의 부상과 가치의 '진영화' 강대국 및 중견국 사례와 함의』. IFANS
　　주요국제문제분석 35: 1-52.

나확진. 2017. "중국 '일대일로' 맞선 인도, 아프리카에 '러브콜'."『연합뉴스』. 2017/05/15.
　　https://www.yna.co.kr/view/AKR20170515123000077 (검색일: 2020.02.07.)

민병원. 2012. "신안보딜레마와 네트워크 국제정치."『평화연구』20(1).

박영준. 2018. "일본 아베정부의 미일동맹 정책과 지구본외교."『국방연구』61(3): 183-201.

박종희. 2016. "국제정치 네트워크 분석에 대한 비판과 대안."『국제정치노총』56(2): 45-78.

배영자. 2011. "기술표준의 정치: 행위자-네트워크 이론과 중국 AVS 사례."『대한정치학회보』
　　19(2).

변웅. 2013.『중국-일본의 대아프리카 전략 분석 및 한국적 함의』. IFANS 주요국제문제분석
　　32: 1-24.

서승원. 2017. "아베 정권 시기 일본의 대중국 전략적 사고에 대한 고찰."『아세아연구』

　　60(2): 264-300.

안두원. 2020. "화웨이 앞세워 '디지털 중국夢'…中, 아프리카 23개국 통신망 장악."
　　『매일경제』. 2020/01/02. https://www.mk.co.kr/news/world/view/2020/01/6346/
　　(검색일: 2020.02.07.)

양의석. 2018. 『일본의 해외 에너지 인프라·시스템 수출 확대 전략』. 세계 에너지시장
　　인사이트, 18(17).

오광진. 2008. "중국·인도 "아프리카에서 한판 붙자"." 『한국경제』. 2008/05/08. https://
　　www.hankyung.com/international/article/2008050833171 (검색일: 2020.02.07.)

오세정. 2007. "인도, 중국, 미국의 로맨틱 삼각관계(Romantic Triangle)." 『인도연구』 12(1):
　　101-135.

유상철. 2019. "시진핑, 미 주도 인도-태평양 전략 깨기 시동 건다." 『중앙일보』. 2019/10/10.
　　https://news.joins.com/article/23600008 (검색일: 2020.02.07.)

이승호. 2019. "폼페이오 "유럽은 화웨이 믿지말라… 삼성·에릭슨이 공정"." 『중앙일보』.
　　2019/12/03. https://news.joins.com/article/23647553 (검색일: 2020.02.07.)

이희진. 2019. "미국 대 중국의 '표준 세계전쟁', 우리는 무엇을 해야 하나."
　　『한겨레경제사회연구원』. 2019/07/01. http://heri.kr/herieyes/967480 (검색일:
　　2020.02.07.)

임명묵. 2017. "중국과 오래된 미래: 3. 누가 인도양의 주인이 되는가." 『슬로우뉴스』.
　　2017/12/14. https://slownews.kr/67145 (검색일: 2020.02.07.)

조기원. 2020. "일본-중국 경제 손잡나…미국 반발." 『한겨레』. 2020/01/06. http://www.
　　hani.co.kr/arti/international/japan/923354.html#csidxcefcee4fc2c0bcbb90cf7d877
　　af45e1 (검색일: 2020.02.07.)

차재복. 2018. "중국 일대일로의 전략적 의의와 한반도에 대한 시사점." 『동북아역사논총』 60:
　　160-195.

최현호. 2019. "벵골만 국가들을 향한 중국과 인도의 영향력 경쟁: 자본과 무기로 영향력
　　확대하는 중국과 막으려는 인도의 대결." 『국방과 기술』 487: 54-63.

하영선·전재성. 2019. 『인도·태평양을 둘러싼 미중의 포석 전개와 한국의 4대 미래 과제』.
　　EAI 특별기획논평.

한의석. 2017. "21세기 일본의 국가안보전략." 『국제정치논총』 57(3): 495-520.

황규득. 2017. "인도의 대 아프리카 접근 전략." 『한국아프리카학회지』 52: 189-218.


Bansal, Samarth. 2018. "India's invitation to Huawei for 5G trials sparks concerns:
　　Insufficient security safeguards plague telecom sector," *Hindustan Times*. 2018/12/
　　30. https://www.hindustantimes.com/india-news/insufficient-safeguards-plague-
　　telecom-sector/story-O3y4nLH2btTI5Y7VfSkpNI.html (검색일: 2020.02.07.)

Barfield, Claude. 2019. "Japan, back off on Korea: Samsung and Hynix are not Huawei,"
　　*American Enterprise Institute*. 2019/07/23. https://www.aei.org/technology-and-
　　innovation/japan-back-off-on-korea-samsung-and-hynix-are-not-huawei/ (검색일:
　　2020.02.07.)

Chaudhury, Dipanjan Roy. 2020. "China hails India's decision on Huawei," *The Economic Times*. 2020/01/01. https://economictimes.indiatimes.com/industry/telecom/ telecom-news/china-hails-indias-decision-on-yhuawei/articleshow/73054090.cms (검색일: 2020.02.07.)

Dasgupta, Saibal. 2019. "Xi congratulates Modi, requests for joint efforts in world affairs," *Times of India*. 2019/05/23. https://timesofindia.indiatimes.com/india/ xi-congratulates-modi-requests-for-joint-efforts-in-world-affairs/articleshow/ 69470307.cms (검색일: 2020.02.07.)

Doval, Pankaj. 2019. "Not worked out 5G plans with Huawei," *Times of India*. 2019/02/ 21. https://timesofindia.indiatimes.com/business/india-business/not-worked-out- 5g-plans-with-huawei/articleshow/68088358.cms (검색일: 2020.02.07.)

Khalid, Zaki. 2019. "Pakistan sleeps as India dominates SCO's Cyber affairs," *Pakistan Insider*. 2019/08/22. https://insider.pk/opinion/pakistan-sleeps-as-india- dominates-sco-cyber-affairs/ (검색일: 2020.02.07.)

Mankotia, Anandita Singh. 2019. "US warning to Indian companies: Don't share our goods with Huawei," *Times of India*. 2019/06/19. https://timesofindia.indiatimes. com/business/india-business/us-warning-to-indian-companies-dont-share-our- goods-with-huawei/articleshow/69851495.cms (검색일: 2020.02.07.)

Parashar, Sachin. 2019. "China scoffs at military content in Indo-Pacific, urges India to act independently on Huawei," *Times of India*. 2019/07/01. https://timesofindia. indiatimes.com/india/china-scoffs-at-military-content-in-indo-pacific-urges-india- to-act-independently-on-huawei/articleshow/70029002.cms (검색일: 2020.02.07.)

Singh, Ritesh Kumar. 2019. "Why India should not outlaw Huawei," *Nikkei Asian Review*. 2019/06/26. https://asia.nikkei.com/Opinion/Why-India-should-not-outlaw- Huawei (검색일: 2020.02.07.)

제6장

# 화웨이를 둘러싼 미중 경쟁과 중견국 외교전략
독일의 사례가 한국에 주는 함의

오한결

## I. 머리말

최근 미중 경쟁의 심화와 이에 따른 무역 분쟁의 장기화로 인하여 경쟁의 배경과 장·단기적 진행 향방에 각계의 시선이 쏠려 있다. 이러한 맥락에서 '화웨이 사태'는 미중 경쟁의 양상을 상징적으로 드러내는 한 예시라 할 수 있다. 급성장하는 화웨이에 대한 미국 정부 당국 및 미국 기업들의 우려는 오랜 역사를 가지며, 일례로 2012년 미 하원 정보위원회는 '중국 통신사 화웨이와 ZTE가 제기하는 미국 국가안보 문제에 대한 조사 보고서'를 통해 화웨이가 미국의 국가적 안보에 심대한 피해를 입힐 수 있음을 주장한 바 있다. 그러나 2018년 화웨이의 창립자 겸 최고경영자인 런정페이의 딸이자 화웨이의 CFO를 맡은 멍완저우가 이란 제재 위반을 명목으로 미국에서 체포되고, 국방수권법을 통해 미 정부에서의 화웨이 조달을 차단함에 따라 '화웨이 사태'는 전방위적으로 확전되었으며, 이러한 현상은 2020년 초 현재까지 지속되고 있다.

    이에 따라, 화웨이 사태는 미중 양국이 직·간접적인 영향력을 투사하는 한국의 외교적 대응방안을 수립하는 데 있어서도 상당한 중요성을 가진다. 한국의 통신사인 LG유플러스가 화웨이의 통신장비를 도입하여 5G 네트워크를 구축함에 따라 파생된 국내적 논란은 단순히 통신 안보 차원의 논의에 국한되지 않고, 앞으로의 미중 경쟁 국면에서 한국이 취해야 할 해법과 관련된 큰 틀의 논의와 맞닿아 있다. 따라서 급변하는 국제 정세 속에서, 미중 경쟁의 성격을 이해하는 방식에 따라 한국의 대응방안은 변화할 것이며, 동시에 국제정치의 흐름 속에서 한국이 차지하는 지위에 대한 이해 방식에 따라 해당 대응방안 역시 상이한 형태로 모색될 것이라 예측된다.

특히 일각에서는 가까운 미래에 미국과 중국 간에 벌어질 근본적인 패권 다툼을 상정하고, 이에 근거하여 현재의 경제·안보적 충돌을 전통적 세력전이론에 근거해 이해하며, 이를 바탕으로 한국의 외교적 방향성을 제시하고자 하는 움직임 또한 활발히 전개되고 있다. 일례로 이정남(2014)은 현상태를 구조적인 차원에서 동아시아 역내 세력전이가 전개되는 상황으로 상정한 바 있다. 다른 한편으로, 코펜하겐 학파의 '안보화 이론'에 초점을 맞추어 미중 경쟁을 이해하려는 시도가 등장하였으며, 김상배(2015a)의 연구는 미중 경쟁을 안보화 이론을 통해 규명하려는 대표적 예시이다. 그러나 앞선 연구들은 트럼프 행정부 출범과 '4차 산업혁명'의 도래에 따라 미중 경쟁이 새로운 전기를 맞은 상황에서, 그 양상을 복합적으로 이해하고 각 이론의 정합성을 판단함으로써 이에 따른 국가적 차원의 대응방안을 모색하는 데에는 한계를 지닌다.

한편 한국 학계에서는 자국의 지위를 미국의 동맹국으로 설정하는 이들부터, '한반도 운전자론' 등 한국이 적극적으로 중재자로서의 역할을 수행할 것을 이야기하는 이들까지 한국의 지위에 관련된 논의의 스펙트럼 또한 상당히 넓은 상황이다. 이러한 연구의 한 예시로, 한미동맹과 한국의 외교전략을 연계한 전재성(2019)은 미중 경쟁의 국면에서 한국이 중견국 외교안보전략을 추진하기에 앞서 한미동맹을 주요 정책수단으로 인식해야 함을 논한 바 있다. 그러나 해당 연구자는 한국의 지위를 다소 단선적으로 바라보았으며, 주로 군사·안보적 차원의 미중 경쟁에 집중하였기 때문에 '화웨이 사태'를 비롯하여 경제와 안보 이슈가 복합적으로 기능하는 현재의 갈등 양상을 조명하기에는 한계가 존재한다.

따라서 본 논문에서는 '화웨이 사태'를 중심으로 작금의 미중 경쟁을 이론적으로 이해하고, 이를 바탕으로 중견국의 국제정치적 속성에 근거하여 독일과 한국의 대응방안을 분석하는 데 초점을 맞추어 연구를 진행한다. 이에 따라 자국을 둘러싼 구조적 환경에서 한국을 중견국의 지위를 획득한 국가로 설정하고, 이에 따른 대응방안을 검토하기 위해 네트워크이론을 원용한 중견국 외교전략을 분석틀로 제시하는 한편, 특정 차원에서 중견국으로서 유사한 성격을 가지는 독일이 미중 경쟁 국면에서 채택하였던 외교전략을 본 분석틀에 근거하여 이해하고자 한다.

　이 글은 중견국 외교전략을 이해하기 위하여 네트워크이론의 논의를 원용하였다. 군사력이나 경제력을 비롯한 국가의 자생적 속성을 변수로 삼아 연구를 전개하는 기존의 이론과는 달리, 네트워크이론은 국가들이 다층적인 복합 네트워크를 형성하고, 그리하여 형성된 네트워크는 국가의 행위에 영향을 미치며 상호작용하는 과정에 주목한다(김상배 2014, 60-63). 따라서 네트워크이론의 시각에서 본 중견국 외교는 중견국이 기존의 국제정치 구조 속에서 자국의 국익을 확보할 수 있는 구조적 위치와 역할을 발견하고 이를 적절히 활용하여 위치권력을 장악해 나가는 과정이다. 중견국은 특정 이슈와 관계된 국가들이 만들어내는 네트워크에서 강대국이 메울 수 없는 구조적 공백을 발견하고, 이를 자국에 적합한 방식으로 메움으로써 전통적 국력의 한계를 넘어 자국의 이익을 보장할 수 있다. 네트워크를 하나의 구조로 보는 소셜 네트워크 이론에 따르면, 이 과정에서 중견국은 '중개자'의 역할을 수행하여 네트워크의 길목을 장악하거나 서로 다른 네트워크의 형식을 호환시킴으로써 흐름을 설정하는 데 기여한다.

　한편 네트워크를 동태적 과정으로 이해하는 행위자-네트워크 이론의 관점에서 중견국 외교전략의 전개 양상을 검토할 때, 중견국은 군사력이나 경제력으로 대표되는 전통적 자원권력이 아니라 해당 권력을 두고 국가를 비롯한 행위자들이 맺는 관계의 구도에서 생성되는 네트워크 권력을 획득하는 데 주목해야 한다(김상배 2015b, 26-27). 김상배에 따르면, 해당 전략은 크게 "프레임 짜기 – 맺고 끊기 – 내 편 모으기 – 표준 세우기"의 네 단계로 분류할 수 있다(김상배 2014, 369).

첫 번째 단계인 "프레임 짜기"에서 중건국은 해당 이슈를 둘러싼 국가 행위자들의 이해관계를 정의하고 네트워크 전체의 구도를 재구성해 인식하는 한편, 자국의 위치를 설정해 그 역할을 정당화한다. 두 번째 "맺고 끊기"의 단계에서 중건국은 네트워크를 이루는 행위자들 간의 단절을 잇고 커뮤니케이션을 통제함으로써 중개권력을 획득한다. 세 번째 "내 편 모으기"의 단계에서 중건국은 자국을 지지하는 편을 얼마나 끌어 모아 세를 형성할 수 있는지에 따라 자국 외교전략의 성공 가능성을 판별할 수 있다. 마지막 단계인 "표준 세우기"의 단계에서 중건국은 세 번째 단계를 통해 수립된 네트워크의 지속 가능성을 담보하고, 전체 네트워크를 자국에 유리한 방향으로 재구성한다.

이 글은 세 부분으로 구성되어 있다. 제2절은 본 연구의 기본 무대인 미중 경쟁의 구조적 환경을 개괄하는 한편, 해당 국면에서 중국과 미국이 취한 외교전략을 각각 네트워크 외교전략과 동맹외교전략의 개념을 활용하여 이해하였다. 제3절은 본 장에서 제시한 네트워크 이론을 바탕으로 한 중건국 외교전략에 근거하여 화웨이 사태를 비롯한 미중 경쟁에서 독일이 차지하는 위상과 이에 따른 대응전략을 분석하였다. 제4절은 앞선 장의 논의를 종합하여, 미중 경쟁 국면에서 중건국으로서의 한국이 취한 대응방안을 분석하고 이를 비판적으로 검토하였다.

## II. 화웨이 사태로 보는 미중 경쟁의 구조적 환경

### 1. 미중 경쟁의 개괄적 이해: 화웨이 사태를 중심으로

'위협하는 중국, 굴복하는 미국'의 구도를 중심으로 중국 위협론을 예측하였던 브렛 데커와 윌리엄 트리플렛 2세에 따르면, 화웨이는 자사의 5G 통신장비가 미국에 국가안보적 위협이 될 것이라 주장하는 트럼프 행정부에 한참 앞서 이미 자국의 안보이익을 심대하게 해칠 가능성을 가지는 기업으로 묘사된다(Decker, Triplett II 2011, 154). 이처럼 화웨이에 대한 미국의 우려는 오랜 역사를 가지며, 2012년에 미 하원 정보위원회가 밝혔던 우려는 트럼프의 발언에서 발견할 수 있는 화웨이를 향한 적대적 언사와 큰 틀에서 일치한다. 이러한 미국의 인식은 트럼프 행정부 들어 '무역 전쟁'이 발발하고 확전되는 과정에서 정책결정자들의 화웨이 제재 결정에 큰 고려 요소로 작용했을 것이라는 평이 지배적이다.

　한편 이번 화웨이 사태는 경제 부문의 경쟁이 안보 부문으로 전화했다는 점에서 상당한 의미를 가진다. 화웨이와 함께 미국 정부의 제재 대상에 오른 ZTE는 미국의 대북한·이란 제재를 어긴 사실을 인정하고 벌금을 낸 바 있으며(이율 2017), 과거 자사 판매 스마트폰에 백도어가 탑재되었다고 인정한 사례도 존재한다(Wagstaff and Yee 2012). 그러나 화웨이는 자사에 제기된 대이란 제재 위반 혐의를 지속적으로 부인해왔으며, 미국은 화웨이의 제재 위반 건에 관한 재판 과정에서 국가안보를 이유로 구체적 증거들을 비공개하기로 하여 일각으로부터 의문을 산 바 있다(Horowitz 2019). 이처럼 안보적 차원의 이슈가 명백히 규명되지 않은 상황에서 미 행정부가 화웨이를 제재하기로 결정한 사실을 통해, 5G 부문의 선도 사업자인 화웨이와의 시장 경쟁 과정에서 안보적 이슈를 제기함으로써 중국 측에 전방위적 압박을 가하려는 미국의 의도를 유추할 수 있다.

한편 미중 경쟁을 복합적으로 이해하는 데 활용될 수 있는 별개의 사례로, 각국의 일대일로 사업 진행을 둘러싸고 미중 양국이 벌인 갈등을 들 수 있다. 중국이 주도하는 전 지구적 경제 이니셔티브인 일대일로 사업은 2014년 APEC 회의에서 시진핑 주석이 그 구상을 제시한 이후 본격화되었다. 이에 중국과 깊은 관계를 맺고 있는 아시아와 아프리카의 국가들이 해당 사업에 적극적으로 뛰어들었으며, 이탈리아를 비롯한 유럽의 일부 국가들 역시 자국의 이익에 따라 사업에 참여하였다. 이 과정에서 미국은 해당 사업에 참여하지 않은 채, 자국의 우방국들에 중국이 벌이는 사업들에 참여하지 말 것을 종용한 바 있다 (O'connor 2019).

마지막으로, 미중 경쟁이 한국에 직접적으로 투사되었던 사례이자, 양국이 벌였던 전통적 안보 경쟁의 대표적 사례로 THAAD 배치 문제를 들 수 있다. 해당 사례는 미국이 대중국 군사 압박 수단의 성격을 일부 가지는 THAAD를 한국에 배치함에 따라, 중국의 거센 반발로 인해 '한한령'을 비롯한 경제 보복을 가한 사례로 정의할 수 있다. 해당 이슈는 여전히 완전하게 봉합되지 못한 상황으로, 시진핑 주석이 2019년 12월 열린 문재인 대통령과의 정상회담에서도 THAAD 문제를 공개적으로 거론하였다는 사실은 이러한 상황을 방증한다(이상헌·임형섭 2019). 한편 해당 사례는 안보적 이슈가 경제적 파급효과를 일으켰다는 점에서 지금의 '화웨이 사태'와도 비교된다.

## 2. 중국의 네트워크 외교전략에 맞선 미국의 동맹외교전략

G2의 위상을 가지며 미국과 전방위적 경쟁을 벌이는 국가로 성장한 중국이 주변국들에 펼치는 외교전략과, 이에 대응하여 미국이 기존 동맹국 및 우방국들과의 외교관계를 재조정하는 방식은 향후 미중 경쟁의 향방에 주요 변수로 작용할 것으로 보인다. 동시에 현재의 국면에서 독일과 한국이 구사하는 외교전략을 이해하기 위해서는, 외교전략을 수립하는 데 영향을 미치는 미중 외교전략의 구현 방식과 관련된 논의가 선행되어야 한다.

우선 중국의 외교전략을 설명하기에 적합한 이론적 분석틀로, 칼롱이 제시한 '번역' 개념을 네트워크 외교전략으로 개작하여 적용 가능하다(김상배 2014, 97-100; Callon 1986). 네트워크를 형성하고 해당 네트워크에 동원된 다수 행위자들을 대변하기 위해 필요한 '번역'의 과정은 "프레임 짜기 – 맺고 끊기 – 내 편 모으기 – 표준 세우기"의 네 단계로 구성된 네트워크 외교전략으로 응용할 수 있다.

첫 번째 단계인 '프레임 짜기'를 통해 행위자는 네트워크의 전체적 상황을 파악하고 다른 행위자들이 반드시 거치게 함으로써 자신에게 끌어들이는 지점인 '의무 통과점'을 설정하려 시도한다. 이와 관련하여 중국은 세계 경제에서 자국이 행사할 수 있는 경제적 영향력을 이해하고, 자국의 자원권력을 주변국들에 적극적으로 투사하고 있다. 그 대표적인 예시로, 한국의 THAAD 배치 논란을 두고 중국이 취했던 경제 보복을 들 수 있다. 이 조치를 통해 중국은 동아시아 구도 내에서 자국의 역할이 필수 불가결함을 천명함으로써 한국이 자국의 시각을 고려하여 해당 문제를 대처하도록 유인하였다. 한편 최근 우컨 독일 주재 중국대사는 화웨이 사태와 관련된 독일 정부의 개방적 정책 추진을 요구하며, 독일이 화웨이의 시장 진입을 차단할 경우 중국 내 독일 자동차 판매량에 상당한 영향이 미칠 수 있음을 암시하였다(Czuczka and Arons 2019). 해당 발언은 중국이 자국의 자원권력을 '의무 통과점'으로 활용하려는 의지를 보인 대표적 사례로 꼽을 수 있다.

두 번째 단계인 '맺고 끊기'의 과정을 통해 행위자는 다른 행위자들을 기존의 네트워크에서 분리하고 이들의 관심을 끌면서 새로운 협상을 진행한다. 해당 단계는 시진핑 시대의 출범 이후 지속적으로 추진하였던 '일대일로' 사업 등의 외교정책으로 가시화되었다. 중국은 미국과의 관계가 견고하지 않은 제3세계 국가들을 상대로 일대일로 사업에 참여할 것을 권유하여 자국과의 유대를 강화한 한편, 미국과의 긴밀한 관계를 맺고 있는 한국 및 유럽 국가들을 상대로도 해당 사업에 참여하도록 압박한 바 있다(오수현 2018).

일대일로 사업을 향한 중국의 움직임은 세 번째 단계인 '내 편 모으기'와도 밀접한 관계를 가지는데, 해당 단계에서 행위자들은 새로운 관계를 맺게 된 다른 행위자들에게 적극적으로 새로운 역할을 부여한다. 중국 또한 일대일 사업의 자금원인 AIIB 참여를 독려하기 위해 적극적인 참여국들에 해당 기구에서의 직책을 배분할 것을 조건으로 걸었으며, 이에 따라 한국은 기구 출범 당시 부총재직을 부여받은 바 있다(하남현 2016). 앞선 세 단계를 통해 중국은 "새로이 역할을 부여받은 행위자들을 자신의 네트워크로 편입하는" '표준 세우기'의 단계에 이름으로써 자국의 네트워크가 보편성을 획득할 것을 목표로 삼고 있다.

이러한 중국의 네트워크 외교전략에 맞서 미국 또한 기존에 자국이 형성하였던 동맹 네트워크를 유지하고 공고히 하기 위한 외교전략을 펴고 있다. 특히 미국에 있어 한국과 독일은 전통적 우방국인 'Five

Eyes'에 속하는 국가들과 동일한 수준의 외교적 상징성을 가진 국가
는 아니나, 각각 동아시아 역내와 유럽 역내에서 상당한 경제적, 안보
적 중요성을 갖춘 국가인 만큼 미국은 양국을 상대로 적극적인 동맹외
교를 펼치고 있다. 미국은 동맹국을 향해 상황에 따라 강요와 설득, 회
유, 과시 등의 방법론을 활용한 외교전략을 구사하는데, 이는 독일과
한국을 향한 외교 사례에서도 확인된다.

최근 '화웨이 사태'를 둘러싸고 미국이 한국과 독일에 벌여왔던
외교에서는 "경고"의 성격을 유추 가능한 수준의 적극적인 설득 방식
이 발견된다. 미국은 화웨이 장비의 도입을 둘러싸고 국내적 논의가
이어졌던 독일을 향해 "화웨이가 독일 5세대망 사업에 참여하더라도
독일과 정보 공유를 지속할 테지만 기존 수준을 유지할 수는 없을 것"
(정인환 2019)이라 말하며 독일의 화웨이 장비 도입 금지를 설득한 바
있는데, 미국이 이끄는 NATO 중심의 안보 네트워크에 주로 의존하
는 유럽 동맹국의 안보 정책을 고려할 때, 미국이 제한적인 정보 공유
의 가능성을 언급한 것은 경고의 의미를 상당 부분 담아냈음을 드러낸
다. 한편 미 국무부는 한국을 향해서도 화웨이 장비를 사용할 경우 민
감한 정보를 노출하지 않을 것임을 명시적으로 경고한 바 있는데(정효
식 2019), 이러한 동맹외교 방식은 미국에 있어 화웨이가 안보적 차원
에서 상당한 위협으로 인식됨을 방증한다.

한편 미국은 일대일로 사업을 대표하는 국제협력 행사인 제2회
"일대일로 정상포럼" 행사를 사실상 보이콧하고, 국무부 명의로 일대
일로 사업의 문제점을 비판하는 성명을 내며 동맹국을 비롯한 주변국
에 자국의 세를 과시함으로써 일대일로 사업에 참여하지 못하도록 의
도한 사례에서도 미국의 적극적 동맹외교전략을 유추할 수 있다(장재
은 2019).

## III. 화웨이 사태와 독일의 중견국 외교전략

### 1. 미국과 중국 사이의 독일

이 절에서는 2절에서 파악하였던 미중 경쟁의 구조적 환경을 바탕으로 한국의 외교전략을 분석하기 위한 전 단계로, 일부 지점에서 한국과 유사하게 중견국의 속성을 지닌 독일의 미중 경쟁에 대한 대응전략을 검토한다. 독일은 GDP 면에서 세계 4위, 국방비 지출 면에서 세계 9위에 위치한 국가로, 일반적으로 강대국으로 규정되는 경우가 잦기 때문에, 먼저 독일을 미중 경쟁의 국면에서 중견국의 성격을 가진 국가로 이해하였음에 대한 근거를 제시하고자 한다.

미국의 전통적 우방국이자 미국의 국가이익과 자국의 국가이익을 합치시키는 경향이 있었던 'Five Eyes' 국가들과 달리, 독일은 동서 통일 이후 EU 중심의 질서를 형성·유지하는 데 초점을 맞춘 외교활동을 벌여왔으며, 트럼프 집권 이후에는 독일 내 반트럼프 여론과 이를 활용한 자국 정치권의 포지셔닝이 이어졌다. 이러한 변화에 따라, 미국과의 오랜 유대관계에도 불구하고 현재 양국 정치권에서는 "독일과 미국의 관계가 무너지고 있다"는 평이 제기되고 있으며, 독일은 미국과는 별도로 EU 중심성을 강화해나가고 있다(Gebauer et al. 2019).

한편, G20 국가 중 한국에 이어 무역의존도 부문에서 2위를 기록한 독일에 있어 무역은 자국의 경제적 이익에 기반을 둔 자원권력을 고려하는 데 핵심적인 요소이다. 이와 관련하여 글로벌 밸류 체인에 포함된 독일은 기계 및 장비 산업 분야와 에너지기술 분야의 헤게모니를 장악하는 등 부가가치 생산자로서의 역할을 적극적으로 수행하고 있으며, 이 과정에서 독일은 미중 모두를 핵심적 무역 파트너이자 '부가가치 무역 파트너'로 간주한다. 미국은 독일의 최대 수출 파트너인 동시에, 네 번째로 수입이 많은 국가이기도 하다. 한편 독일은 제조업 선도 부문의 혁신을 외친 '인더스트리 4.0'의 일환으로 중국에 "화천 BMW 공장"을 건설하는 등 '중국제조 2025'의 어젠다를 제시한 중국 과의 접촉면을 넓혀가고 있으며(김도년 2018), 이에 따라 독일과 중국 의 경제적 동조화 현상은 심화되고 있다. 일례로 2018년 독일의 GDP 성장률은 중국의 경제성장률 둔화와 연계되어 대중국 수출이 감소함 에 따라 하락한 바 있다.

글로벌 밸류 체인에서 독일이 미중 양국과 맺고 있는 관계는 수치 로도 확인할 수 있는데, OECD가 2018년에 수행하였던 TiVA(Trade in Value Added) 조사에 따르면 2016년 기준 독일의 부가가치 수출 (Value added content in final demand) 중 미국의 비중은 13.9%로 1 위를 기록하였으며, 2위로는 8.5%를 기록한 중국이 뒤따랐다(OECD 2018a). 한편 해외수요에 의해 창출된 부가가치의 비중―즉 전체 해 외시장 의존도―은 20.3%인데, 해당 수치를 대미국·대중국 부가가 치 수출 비중과 곱함으로써 독일의 미국시장 및 중국시장 의존도를 계 산할 수 있다. 그 값은 미국의 경우 2.8%, 중국의 경우 1.7%로, 독일 GDP 중 해당 비율만큼의 비중이 미국·중국의 최종수요에 의해 창출 되었음을 알 수 있다. 제시된 수치에서 알 수 있듯이, 독일은 미중 양 국과 모두 강력한 수준의 밸류 체인을 형성하고 있으며, 미국 및 중국 시장에서 발생하는 최종 수요가 독일 경제에 상당한 영향력을 행사하 고 있는 실정이다.

그중 화웨이를 중심으로 형성되는 밸류 체인을 중점적으로 검토 하자면, Munich Research Center(MRC)를 필두로 하여 이뤄지는, 독 일을 향한 화웨이의 R&D 투자에 주목할 필요가 있다. 화웨이는 2013

년 기준 독일을 향한 R&D 투자에 3100만 유로를 지출한 이래, 해마다 액수를 증액하여 2016년 기준으로는 1억 2700만 유로를 투자하는 등 자사의 연구 개발 역량을 강화하는 데 집중하고 있다(Handrich 2019). 한편 유럽 내 연구 개발의 본산으로 삼은 MRC는 스웨덴, 네덜란드, 영국, 폴란드, 프랑스 등 주변국의 연구센터를 총괄하는 R&D 프로젝트를 진행하고 있으며, 이 과정에서 독일은 기술 부문의 부가가치를 창출하여 화웨이의 본사가 위치한 중국으로 수출한다(Handrich 2019). 이러한 일련의 흐름은 독일과 화웨이 간의 밸류 체인을 공고히 하는 동시에, 화웨이를 둘러싼 미중 경쟁 국면에서 독일의 선택과 관련된 안보적 고려가 경제적 고려로 전화될 가능성을 내포한다.

한편 독일은 군사적인 측면에서도 흥미로운 지점을 드러낸다. 서독 시절부터 주둔하였던 주독 미군은 지속적인 감축에도 불구하고 여전히 3만 5천 명의 규모를 유지하고 있으며, 이는 유럽에 주둔하는 미군 가운데 최대 규모이다. 이와 관련하여 최근 트럼프 행정부는 유럽 역내 안보 분담을 이유로 독일의 국방비 증액을 압박하며, 주독미군의 철수를 국방비 협상의 레버리지로 삼고 있다(이광빈 2019). 다른 한편으로, 독일은 기존에 안보적 접점이 없었던 중국과의 군사 훈련에도 협조하는 모습을 보이는데, 일례로 2019년 7월 중국의 인민해방군 소속 위생병들이 독일의 군사기지에서 독일 연방군과 연합 구급훈련을 실시하는 등 군사협력의 수준을 심화하고 있다(이선목 2019).

앞선 논의를 종합할 때, 독일은 전통 안보의 차원뿐 아니라 경제적인 차원에서도 경쟁 대상국인 미중 사이에서 특수한 관계를 형성하고 있다. 미국의 핵심적 우방국인 'Five Eyes'는 아님에도 그동안 미국의 주요 협력국으로서 외교·안보적으로 맺었던 밀접한 관계와 경제적 상호의존의 수준 모두 과거에 비하여 약화하고 있으며, 그 빈자리를 중국이 채워나가는 양상을 확인할 수 있다. 한편 이 과정에서 독일은 양국 중 특정 국가를 배타적으로 선택하는 대신, 자국이 기존에 보유하였던 네트워크 권력을 투사할 수 있는 네트워크인 EU를 중심으로 한 외교를 전개하고 있다.

따라서 네트워크이론에 근거할 때, 독일의 외교정책은 미중 간의 균열을 활용하고 EU 중심 네트워크를 선도하는 등 자국이 차지한 위치가 부여하는 이점을 바탕으로 외교전략을 전개한다는 점에서 중견국 외교정책으로 규정할 수 있다. 이와 더불어, 지금의 화웨이를 둘러싼 미중 경쟁은 독일이 처한 구조적 환경과, 차지하고 있는 국제정치적 위상을 고려할 때 자국의 외교전략을 수립하고 실행하는 데 있어 기회이자 도전 요인으로 작용한다.

## 2. 독일의 과제: 구조적 공백 발견하기

아래에서는 '화웨이 사태'를 비롯한 미중 경쟁의 국면에서 중견국 외교전략을 추진하는 독일의 외교정책으로부터 발견할 수 있는 함의, 즉 '구조적 공백'을 발견하고 이를 메우면서 네트워크 권력을 획득하는 일련의 과정에서 찾을 수 있는 의의에 주목하고자 한다.

이를 위해서는 첫째, 글로벌 밸류 체인의 재구성에 따라 변화된 세계 경제에서의 독일의 위상을 검토해야 한다. 〈그림 1〉과 〈그림 2〉는 각각 독일을 중심으로 산업 전반과 ICT 부문에서의 글로벌 밸류 체인(GVC) 흐름도의 통시적 변화를 시각화한 자료이다. "Simple GVC"는 "단순 GVC"를 가리키며, 밸류 체인에 두 국가만이 개입되어 부가가치가 창출되는 것을 의미한다. "Complex GVC"는 "복합 GVC"를 가리키며, 밸류 체인에 세 국가 이상 개입되어 부가가치가 창출되는 것을 의미한다. 따라서 복합 GVC 무역은 단순 GVC 무역에 비하여 국가 간 분업의 정도가 높은 무역에 해당된다. 이러한 배경을 바탕으로 〈그림 1〉을 검토하자면, 2000년 당시 단순 GVC 무역과 복합 GVC 무역의 사례 모두에서 독일의 최대 부가가치 공급국은 미국으로, 미국과 강한 밸류 체인을 형성하고 있음을 드러낸다. 그러나 2017년의 미국은 두 사례에서 모두 최대 부가가치 공급국의 지위를 상실하였음을 확인할 수 있다. 특히 단순 GVC 무역에서는 미국과 독일 간에 네덜란드를 매개로 한 간접적 네트워크가 유지되나, 복잡한 국제 분업 구조를 반영하는 복합 GVC 무역에서는 양국 간 밸류 체인의 약화가 뚜렷이 관찰된다. 이는 산업 전반에 있어 미국에 대한 독일의 부가가치 의존도가 하락하였고, 이에 따라 독일을 향한 미국의 경제적 영향력이 감소하였음을 드러낸다.

이에 더해, 화웨이와 직접적으로 관련된 산업 부문인 ICT 부문의 글로벌 밸류 체인 흐름도를 나타낸 〈그림 2〉는 독일을 둘러싼 밸류 체인의 변화를 극명하게 드러낸다. 2000년 기준으로 독일은 단순 GVC 무역과 복합 GVC 무역의 사례 모두 미국으로부터 가장 많은 부가가치를 공급받았으나, 2017년 기준으로는 두 사례에서 모두 중국과의 밸류 체인이 가장 견고한 것으로 나타났으며, 미국은 중국을 통해서만 간접적으로 연결되어 있음을 확인 가능하다. 이러한 사실은 화웨이를 비롯한 ICT 부문의 무역에 있어 중국으로부터 공급받는 부가가치의 비중이 가장 두드러지며, 따라서 화웨이를 둘러싼 미중 갈등은 독일의 국제적 부가가치 수급에 상당한 파급력을 가진다는 점을 논증할 수 있다. 이에 따라, 미국과의 경제적 연계가 약화되고—특히 ICT 부문에서—중국과의 동조화 현상이 심화하는 국면에서 독일은 미중 경쟁 국면의 구조적 환경을 이해하는 데 있어 경제적 구도의 변화를 고려할

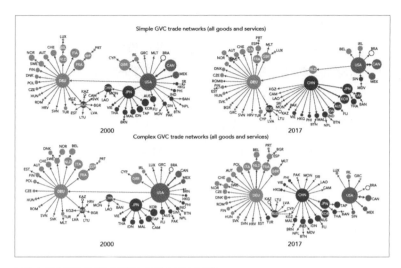

**그림 1** 산업 전반의 글로벌 밸류 체인 흐름도 (독일)

출처: WTO(2019) (DEU: 독일, USA: 미국, CHN: 중국)

* Simple GVC: 단순 GVC. 밸류 체인에 두 국가만이 개입되어 창출된 부가가치. A국에서 생산된 품목이 B국의 최종재 생산에 투입되어 B국에서 소비되는 경우에 해당됨.

* Complex GVC: 복합 GVC. 밸류 체인에 세 국가 이상이 개입되어 창출된 부가가치. A국에서 생산된 품목이 B국의 생산에 중간투입되어 다시 수출되는 경우에 해당됨.

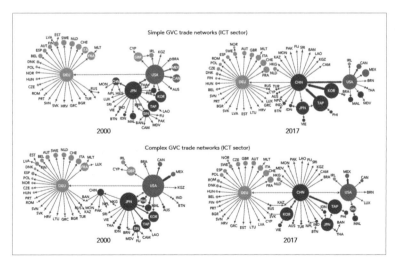

**그림 2** ICT 부문의 글로벌 밸류 체인 흐름도 (독일)

출처: WTO(2019) (DEU: 독일, USA: 미국, CHN: 중국)

필요가 있었다.

두 번째로, 독일을 둘러싼 안보적 환경의 변화는 미중 갈등 속에서 자국의 네트워크 구도에 대한 재인식을 촉발하는 요인으로 기능한다. 독일은 주독미군 철수 옵션을 검토하는 등 방위비 인상을 강경하게 압박한 미국과의 갈등으로 인하여 안보 부문의 미국 중심성이 희석될 가능성을 안고 있었다(이광빈 2019). 그와 함께 독일은 중국과는 연합훈련을 실시하는 등 군사협력을 시도하였으나, 해당 관계는 경제적 차원에서 중국과 형성하는 관계에 비할 수 없는 미약한 수준에 머물러 있었다(이선목 2019). 이에 따라 오랜 기간 동안 NATO 중심으로 조직되었던 전략적 환경의 변화는 독일의 관점에서 자국을 둘러싼 분절된 경제·안보 네트워크에 따른 구조적 공백을 포착할 수 있게 한 계기가 되었다.

세 번째로, 독일을 둘러싼 구조적 환경의 변화는 유럽에 이미 자리 잡았던 네트워크의 구도에도 변화를 야기하였다. 〈그림 1〉과 〈그림 2〉를 검토할 때, 독일은 유럽 내부적으로 밸류 체인을 이끄는 국가로서, 대부분의 주변국들에 가장 많은 부가가치를 공급함으로써 자국 중심의 단허브형 아키텍처를 형성한 바 있다. 따라서 이러한 경제적 자원권력을 가진 독일의 위상 변화는 EU를 비롯한 기존의 유럽 질서에도 변화를 추동하는 요인으로 작용하였다. 일례로, '화웨이 사태'는 미중 경쟁의 과정에서 별개로 인식되었던 일대일로 사업을 둘러싼 갈등과도 연계됨으로써, EU 회원국들의 의사는 자국의 이익에 충실한 형태로 드러나게 되었다. 예를 들어, 미국의 최우선 동맹국으로서 'Five Eyes'에 속한 영국은 화웨이 통신장비의 수입을 허용함으로써 미국의 '반화웨이 동맹' 구상을 깨뜨렸으며, G7 회원국인 이탈리아는 일대일로 사업에 참여할 것을 결정하는 등 중국의 경제 이니셔티브 구상에 대항하려는 미국의 정책적 시도와는 상충된 태도를 드러냈다. 이처럼 미중 경쟁에 따라 드러난 유럽 각국의 각자도생식 선택은 EU 중심 네트워크에 기반을 둔 공동전선에 균열을 발생시켰으며, 이는 독일의 관점에서 '구조적 공백'으로 인식될 수 있다.

정리하자면, 미중 경쟁은 독일을 둘러싼 구조적 환경 변화와 맞물림으로써 역내 정치적 선도국이자 최대 부가가치 공급국으로서 독일이 가졌던 발신력을 약화하는 결과를 초래할 수 있었으며, 자국 우선적 정책을 택하는 유럽 국가들의 행태는 기존의 네트워크에 균열을 초래할 것으로 예측 가능하였다. 따라서 독일은 미중 경쟁에 따라 유럽 역내에서 발생한 '구조적 공백'을 메우고, 역내 네트워크 권력을 발휘하기 위하여 새로운 의미와 담론을 중개할 필요가 있었다.

## 3. 독일의 전략: 네트워크 권력 획득하기

독일은 미중 경쟁의 심화에 따라 발생하는 '구조적 공백'을 메우고, 자국이 차지한 위치의 중요성을 부각하여 역내 네트워크 권력을 행사하기 위한 외교정책을 추진하였다. 이를 논의하기 위해서는 독일이 기존에 어떠한 자원권력과 네트워크 권력을 보유하였는지에 관한 논의가 선행되어야 한다. 독일은 EU를 중심으로 한 유럽 역내 네트워크에서 자국의 정치적 위상에 근거한 강한 발신력을 행사하고 있었으며(이승선 2012), 동시에 글로벌 밸류 체인에서 유럽 내 최대 부가가치 공급국의 역할을 수행함으로써 부여받은 자원권력을 기반으로 하여 네트워크 권력을 행사할 수 있었다. 따라서 독일은 정치 네트워크상에서 가치 중심의 공동 이익을 전파하는 중견국 외교정책을 추진함과 동시에, 경제 부문의 네트워크에서는 높은 연결 중심성을 바탕으로 한 영향력을 발휘할 수 있었다. 그러나 '화웨이 사태'에서도 드러났듯이, 독일은 NATO 중심의 유럽 안보 구조가 고착화된 데 따라 상대적으로 미약한 자원권력을 보유하고 있으며, 따라서 화웨이의 통신장비를 도입할 경우 반테러를 비롯한 안보 차원의 정보 공유를 유보할 수 있다는 미국의 엄포에 취약한 모습을 드러낸 바 있다(정인환 2019).

　따라서 지금부터는 1절에서 언급하였던 네트워크이론을 원용하여, 기존에 보유한 자원권력과 네트워크 권력을 바탕으로 새로운 네트워크를 수립하려는 독일의 외교정책을 "프레임 짜기 – 맺고 끊기 – 내편 모으기 – 표준 세우기"의 네 단계로 나누어 규명하고자 한다. 먼저 "프레임 짜기"의 단계에서 독일의 행동전략에 주목하자면, 독일은 화웨이를 둘러싼 미중 경쟁과 방위비 인상 압박이 맞물리는 시점에서 안보 이슈를 둘러싼 기존의 미국 중심 네트워크 구도를 재구성해 인식하고, 자국의 위치를 재설정하려는 노력을 보였다. 일례로 독일 당국은 '화웨이 사태'와 관련하여 10월 "Security requirements" 발표를 통해 "어떤 기업이나 국가를 선제적으로 배제하지 않기로 했다"고 결정하였는데(Oertel 2019), 이는 우방국인 미국의 안보적 판단이 자국의 안보적 판단으로 직결되지 않으며, 자국의 안보적 판단은 자국의 관점에서 재인식할 것을 천명한 사례로 볼 수 있다. 한편 우방국을 상대로 방위비 인상을 중대 조건으로 내거는 등의 행동 등으로 인해 NATO 내 미국의 리더십이 상당부분 훼손되자, 프랑스와 함께 기존의 NATO 중심 안보 네트워크를 재구성할 것을 요구한 바 있다(김정은 2019). 이는 독일이 미국 중심의 NATO에 안보 문제를 사실상 위임해왔던 과거의 모습에서 탈피하여, 공개적으로 NATO 개편 의제를 던지고 이를 다룰 주체로 전문가위원회의 창설을 제안하는 등 유럽 역내 안보 문제와 관련된 '의무 통과점'을 설정하고, 안보 네트워크상의 다른 국가 행위자

들에 NATO에 관한 자국의 역할론을 역설한 취지로 이해할 수 있다
(Emmott 2019).

　한편 이러한 독일의 움직임은 중견국 외교정책의 두 번째 단계인
"맺고 끊기"의 일환으로도 간주할 수 있다. 독일은 NATO에 관한 공개
적 요구를 통해 미국과의 관계 악화 가능성에 의한 기회비용을 감수하
고, 유럽 안보 네트워크에서 발생하는 정치적 틈새를 메움으로써 유럽
내 다른 국가들과의 안보적 유대를 강화하는 비대칭적 관계 조율을 시
도하였다. 한편 중개외교의 성격을 지닌 또 다른 외교정책으로 독일
연방군과 중국 인민해방군의 협력 사례를 함께 들 수 있다. 독일은 기
존의 NATO 소속 국가들이 안보적 이유로 중국과 관계를 형성하지 않
았음에도, 유럽 내 구조적 공백을 메우기 위한 시도로써 중국과의 군
사 협력을 모색함으로써 유럽 역내 행위자들 중 돋보이는 연결중심성
을 드러내었으며, 이를 통해 미국과 중국 사이에서 호환성을 가지는
중개권력을 획득할 가능성을 높이고자 시도하였다.

　세 번째 단계인 "내 편 모으기"에 입각한 독일의 외교전략으로는
'화웨이 사태'에서의 독일의 결정에서 유추 가능한 안보 관련 인식의
변화를 들 수 있다. "프레임 짜기"와 "내 편 모으기"에 해당하는 외교
정책을 통해 기존에 구축된 EU 및 NATO 등의 네트워크에서 이니셔
티브를 확보하기 위한 노력을 경주한 독일은, 이를 기반으로 하여 다
른 행위자들을 "내 편으로" 붙잡아두기 위하여 국가이익을 재규정하
고자 하였다. 그 예시로, '화웨이 사태'의 국면에서 독일 정부가 취한
해법은 개방적이고 공동의 이익 추구를 지향할 수 있는 방식으로 전
개되었다.

　독일은 자국의 기술 테스트를 통과하고, 자국에 중대한 안보상 문
제를 야기하지 않는다면 화웨이를 포함하여 어떠한 기업의 제품이더

라도 배제하지 않을 것임을 발표함으로써(Rinke and Busvne 2019), 안보적 '의심'에 근거하여 화웨이 장비의 배제를 요구하는 미국과 자국의 입장을 대비하였다. 이러한 독일 정부의 관점은 민간에도 반영되어, 자국 내 거대 통신기업으로 시장점유율 3위를 기록하고 있는 O2 역시 화웨이의 통신장비가 통신 안보와 관련된 기준을 통과하였음을 근거로 화웨이 제품의 수입을 결정하였다(Rahn 2019). 이와 같은 비배제적 안보 정책을 통해 개방적 플랫폼을 마련하는 시도는 향후 국면에서 역내 주변국들이 해당 이념을 보편적으로 수용하는 데 기여할 것으로 보인다.

앞선 세 단계를 통해 네트워크를 재구성하여 수립한 독일이 의도하는 바는 "표준 세우기"의 단계를 통해 기존 네트워크의 정당성에 문제를 제기하고 새로운 네트워크에 보편성을 구현하는 것으로 보인다. 미중 경쟁으로 인하여 유럽 역내에서의 미중 패권경쟁 역시 심화되고 있음에도 불구하고, '열린 국익'을 바탕으로 안보 부문의 개방적·포괄적 플랫폼 구축에 노력을 기울이는 독일은 중국과 미국 중 어느 하나를 택하는 것에 매몰되지 않는다는 점에서 양대 패권국 중심의 담론 사이에서 반론을 제기하는 효과를 얻을 것이다. 이와 관련하여 화웨이와 관련된 정책 변화의 가능성이 상존하는 현 시점에서 결론을 내리기에는 한계가 존재할 것으로 보이나, 앞선 단계들의 이행 과정에 따른 지속적인 관찰이 뒷받침된다면 "표준 세우기" 단계에 관한 객관적 평가가 가능할 것으로 예측된다.

## IV. 화웨이 사태와 한국의 대응방안 모색

### 1. 미국과 중국 사이의 한국

안보 부문에서 중견국의 성격을 일정 부분 파악 가능한 독일과는 달리, 한국에서는 학계와 정책서클 등에서 자국을 중견국으로 정체화하는 시도가 꾸준히 발견된다. 일례로, 한국의 국제정치학계에서는 자국을 중견국으로 상정하고, 중견국으로서의 외교전략을 모색한 사례가 존재하며(손열 외 2016), 현 정부 또한 외교 방향의 설정 과정에서 자국을 중견국으로 호명한 바 있는 등(곽성일 2018) 자국을 중견국으로 간주하는 움직임을 쉽게 확인할 수 있다.

　　한편 'Five Eyes'의 일원은 아니나 미국의 전통적인 동맹국으로서 한국이 가지는 안보적 위상과 중국과의 경제적 연계성이 나날이 심화되는 한국의 경제적 상황을 고려하였을 때, 한국은 중견국 외교전략을 펼치는 데 있어 안보와 경제 부문의 디커플링에 따른 결과를 적극적으로 고려할 필요가 있다. 이를 위해 안보 부문에서 한국이 처한 전략적 환경을 논하자면, 한국에는 3만여 명의 주한미군이 상주하고 있으며, 이러한 미국과 한국의 군사적 동맹 관계는 한국의 역내 안보적 위상 유지에 핵심 요인으로 기능한다. 그러나 최근 한미 방위비 협상 과정에서 미국 측의 방위비 대폭 인상 압박에 한국이 응하지 않음에 따라 협정 공백이 초래되는 등 동맹의 유지 과정에서 발생한 갈등 요인 또한 상존한다(박형기 2020).

　　한편 미중 양국과의 경제적 연계 정도를 확인하기 위해 2018년 OECD의 TiVA 조사를 참조하자면, 2016년 기준 한국의 부가가치 수출 중 중국의 비중은 25.3%로 1위를 차지하였으며, 미국은 18.3%로 2

위를 차지하였다(OECD 2018b). 이와 관련하여 특기할 만한 지점은, 1995년을 기준으로 계산된 수치에 따르면 대중국 부가가치 수출 비중은 7.2%였고, 대미국 부가가치 수출 비중은 22.1%로 압도적 1위를 차지하였다는 사실이다(정성훈 2014). 두 자료에서 발견되는 부가가치 수출 비중의 역전은 한국의 경제 구조가 허브인 미국을 중심으로 한 지형으로부터 중국을 허브로 한 지형으로 변화하였음을 극명하게 드러낸다. 한편 양국 시장에 대한 의존도를 계산해보더라도 마찬가지의 결과를 확인할 수 있다. 해외수요에 의해 창출된 부가가치의 비중— 즉 전체 해외시장 의존도—은 30.4%이며, 해당 수치를 이용해 한국의 미국시장 및 중국시장 의존도를 계산해볼 경우, 한국의 GDP 중 7.7%가 중국의 최종수요에 의해 창출된 반면, 미국의 최종수요에 의해 창출된 비중은 5.5%에 불과하였다.

이와 함께, 이번 미중 경쟁의 직접적 당사자인 화웨이와 한국 기업들이 형성한 관계를 검토할 때, 삼성전자와 SK하이닉스를 비롯한 반도체 기업들은 제품 조달을 통해 화웨이가 미국의 제재에 맞서 자체 공급망을 형성하는 데 핵심적 역할을 수행하였고, 공급망 형성 지원을 통해 창출한 수출액은 2019년 기준 13조 원에 이를 것이라 예측된다(장우정 2019). 따라서 화웨이와 한국 기업이 형성하는 거래망은 중국과의 경제적 상호의존 관계를 심화하는 결과를 초래할 것으로 예측되며, 화웨이를 중심으로 한 양국의 경쟁을 둘러싸고 한국의 외교전략을 수립하는 데 주요 고려 요인으로 작용한다.

## 2. 한국의 과제: 구조적 공백 발견하기

앞서의 논의를 종합할 때, 미중 경쟁의 향방이 한국에 미칠 영향은 상당할 것으로 예측되며, 이에 따라 이와 관련된 치밀한 분석을 바탕으로 한 중견국 외교전략의 모색이 요구된다. 그렇다면 한국의 중견국 외교전략 구상의 전 단계로, 현재의 국제질서에서 발견될 수 있는 구조적 공백은 무엇인지에 관한 논의가 진행되어야 한다.

이를 위해서는 첫째, 글로벌 밸류 체인의 재구성에 따라 조정된 한국의 경제적 위상에 대한 고려가 요구된다. 〈그림 3〉과 〈그림 4〉는 각각 한국을 중심으로 산업 전반과 ICT 부문에서의 글로벌 밸류 체인 흐름도의 통시적 변화를 시각화한 자료이다. 〈그림 3〉에 따르면, 2000년을 기준으로 단순 GVC 무역과 복합 GVC 무역 모두 일본이 한국의 부가가치 최대 공급국이었으며, 일본은 다시 미국으로부터 가장 많은 부가가치를 공급받았기 때문에 한국은 큰 틀에서 미국의 밸류 체인 내에 포함된 국가로 위치 지어졌다. 한편 〈그림 4〉를 〈그림 3〉과 비교하자면, 2000년 당시 한국은 미국으로부터 ICT 부문의 부가가치를 직접적으로 공급받음으로써 산업 전반에서의 한미 간 밸류 체인보다 더욱 견고한 형태의 밸류 체인에 편입해 있었다. 그러나 2017년 기준으로는 동아시아 역내 밸류 체인이 재구성되었음을 알 수 있다. 〈그림 3〉에 따르면 2017년 기준 중국은 한국의 부가가치 최대 공급국이며, 동시에 한국은 중국의 주요 부가가치 공급국이다. 이와 함께, 〈그림 4〉에 따르면 단순 GVC 부문에서 한국은 중국의 최대 부가가치 공급국의 위상을 확보하였고, 복합 GVC 부문에서도 중국과 상호적으로 부가가치를 공급하고 있다. 이러한 변화는 한국이 ICT 부문을 비롯한 산업 전반에서 미국·일본과 형성했던 밸류 체인의 결속력이 와해된 동시에, 중국과는 긴밀한 밸류 체인을 구축해나가고 있음을 드러낸다. 이처럼 한국이 중국과의 경제적 상호의존의 수준이 매우 높다는 사실은 미중 경쟁 과정에서 한국에 미치는 영향이 지대할 것임을 방증한

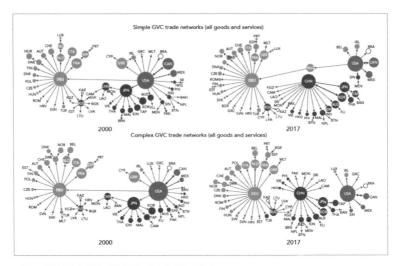

**그림 3** 산업 전반의 글로벌 밸류 체인 흐름도 (한국)

출처: WTO(2019) (KOR: 한국, USA: 미국, CHN: 중국)

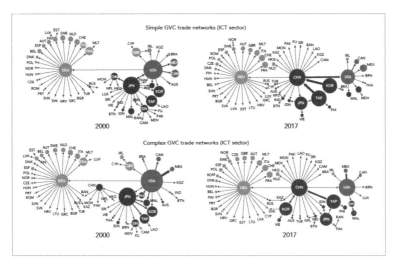

**그림 4** ICT 부문의 글로벌 밸류 체인 흐름도 (한국)

출처: WTO(2019) (KOR: 한국, USA: 미국, CHN: 중국)

다. 이와 관련하여 학계 일각에서는 미중 경쟁이 장기화될 경우 글로벌 밸류 체인이 분리되어 미국과 중국이 각자 중심이 되는 "역내 가치 사슬"이 형성될 가능성에 대비해야 한다고 지적하기도 하였다(김연정 2019).

두 번째로, 지정학적 배경에 따른 역내 긴장 관계의 지속 가능성을 고려해야 한다. 한국은 중국과 바다를 사이에 두고 위치하며, 중국이 부분적으로는 정치적 후견인으로 기능하는 북한과의 장기적 분단 상태에 빠진 탓에 지정학적이고 실존적인 위협을 주고받은 사례도 쉽게 찾아볼 수 있다. 일례로 2절에서 언급한 THAAD 배치 문제는 한반도를 무대로 한 미국과 중국의 충돌 과정에서 한국에 직접적으로 발생하는 피해를 가시적으로 보여주었던 바 있다. 동시에 미국의 오바마 행정부가 Pivot to Asia 전략을 주도적으로 추진함으로써 중국의 일대일로 사업에 직접적으로 대항하는 플랫폼을 구축하고자 노력하였던 행보와, 트럼프 행정부가 인도태평양 전략을 천명하고 적극적으로 북미대화에 참여하는 등 북핵 문제의 해결에 주도권을 쥐려는 모습을 보이는 것 또한 인접한 위치에서 언제든 아시아 문제에 개입할 수 있는 중국을 염두에 둔 포석으로 이해될 수 있다. 그에 따라 심화하는 안보적 분절화는 글로벌 밸류 체인의 재구성과 디커플링됨으로써, 동아시아 역내 안보와 경제 간의 '약한 고리'를 만들어내고, 이는 한국에 역내 구조적 공백으로 인식된다.

한편 이러한 '구조적 공백'은 '화웨이 사태'의 과정에서 재구성될 여지를 안고 있는데, 한국의 통신기업 LG유플러스가 화웨이의 통신 장비를 적극적으로 도입하는 과정에서 촉발된 국내외 논쟁에는 현재의 구조적 공백을 경제적 측면을 중심으로 메우고자 하는 이들과, 해당 공백을 안보적 판단에 따라 풀어가고자 하는 이들의 갈등이 기저에

깔려 있다는 점에서 이러한 상황을 인식할 수 있다.

## 3. 한국의 전략: 네트워크 권력 획득하기

중건국 외교전략을 모색하기에 앞서 자국이 보유한 자원권력과 네트워크 권력에 대한 논의를 진행할 수 있었던 독일과 달리, 역내 여타 강대국에 비하여 상대적으로 미약한 자원권력을 가지며, 강력한 이니셔티브를 중심으로 네트워크 권력을 행사할 수 있는 네트워크가 제대로 기능하지 않는 구조적 환경에 위치한 한국은 앞서 언급한 '구조적 공백'을 메우고 이를 통해 네트워크 권력을 획득하는 작업에 곧바로 뛰어들어야 하는 상황에 처해 있다.

그중 글로벌 밸류 체인을 상기할 때, 한국의 주요 자원권력으로 꼽힐 수 있는 경제력은 EU 역내 밸류 체인의 핵심적 위상을 가진 독일과 달리 미중 양국, 특히 중국과 상당 부분 연동되어 있다는 점에서 독자적으로 발휘 가능한 자원권력으로 평가하는 데 한계가 존재한다. 안보적 측면에서도 한국은 주한미군 파견과 THAAD 배치를 비롯한 미국과의 직접적 방위 협력이 핵심적인 안보 수단이라는 점에서 독자적인 자원권력의 행사에 제약이 가해진다. 이처럼 경제와 안보 부문 모두에서 주변국들에 비해 상대적으로 부족한 정도의 자원권력을 가진 한국은, 경제력에 기반을 둔 자원권력으로 인해 파생된 네트워크 권력을 보유한 독일과 달리 네트워크 권력을 획득하는 과정에서 고려해야 할 구조적·과정적 변수가 상대적으로 다양하게 존재하며, 따라서 네트워크 권력을 획득하기 위해서는 여러 변수를 적극적으로 활용할 필요가 있다. 그렇기 때문에 중건국 외교전략으로서의 한국의 외교정책을 평가하는 데 어려움이 따른다. 따라서 여기에서는 독일과의 비교·

대조를 통해 각 단계에서 한국이 취한 전략을 평가하고자 한다.

행위자-네트워크 이론에서 제시된 중견국 외교전략의 네 단계 중 첫 번째 단계인 "프레임 짜기"의 단계에서 한국은 현재 행위자들의 이해관계를 이해하고, 전체 구도에서 존재하는 구조적 공백을 인식하는 데에는 다소 능숙한 편이나, 안보 부문에서 오랫동안 고착화된 분절 네트워크 구도로 인하여 자국에 의무 통과점을 설정하고 담론을 주도하는 데 어려움을 겪고 있다. 특히 한국은 20세기에 걸쳐 지속적으로 미국과의 우방 관계와 중국과의 잠재적 적대 관계가 이어졌기 때문에, 중국의 개혁개방 이후 한국과 중국의 관계 설정 방식에는 변화가 이뤄져야 함에도 중견국으로서 새롭게 프레임을 짜는 과정은 적절히 이행되지 않고 있으며, THAAD 배치 문제로 인하여 완전한 관계 회복 또한 요원한 상황이다. 이에 새 정부 출범 이후 한국은 교착 상태를 일신하기 위해 자국에서의 한중 정상회담을 추진하는 등의 외교적 노력을 기울이고 있으나, 최근 이뤄졌던 정상회담에서도 중국 측에서의 공개적인 THAAD 문제 거론으로 논란이 발생하는 등 문제해결의 모멘텀을 찾는 데 어려움을 겪고 있다(이상헌·임형섭 2019).

한편 이러한 맥락은 '화웨이 사태'에서도 발견되는데, LG유플러스의 화웨이 장비 이용을 둘러싸고 미중 양국이 벌인 갈등에 대하여 한국은 틈새를 메우는 플랫폼을 제시함으로써 대립 국면을 완화하는 대신 양국의 논리를 그대로 수용한 채 양자택일의 논쟁을 이어나가고 있다. 일례로 미 국무부 차관이 방한 도중 아직 화웨이 5G 장비를 도입하지 않은 SK텔레콤과 KT에 직접적으로 화웨이 제품을 사용하지 말 것을 요구한 사례는 자국 내 논란을 야기한 바 있다(이용익 2019). 이와 관련하여 독일의 사례를 함께 검토한다면, "Security requirements" 발표를 통해 자국의 화웨이 관련 사이버 안보 정책을 공개적으로 천명한 독일과는 달리(Oertel 2019), 한국 정부는 화웨이의 도입을 기업들의 자율적인 판단에 맡김으로써 안보 부문에서 불거진 논란을 자국의 관점으로 재인식할 기회를 상실하였다(오수현·김대기 2019). 다만 이러한 차이를 이해하는 데 있어 독일과 한국의 구조적 환경에 대한 고려가 부가되어야 한다. 독일은 미중 모두와 직접적인 안보 이슈를 초래할 가능성이 낮고, 역내 밸류 체인의 선도국으로서 유럽과의 경제적 네트워크를 유지하고 있으며, 이에 따라 발견된 네트워크의 균열을 파고들어 자국의 외교정책을 관철하는 데 상대적으로 수월하다. 그러나 지정학적으로 분절된 네트워크의 대립이 공고화되고 있으며, 동시에 중국과의 견고한 밸류 체인이 구축된 상황에서 한국은 자국을 의무 통과점으로 설정하려는 시도를 쉽사리 전개할 수 없다.

두 번째로, "맺고 끊기"의 단계에서도 한국은 중견국의 지위를 외교정책에 반영하는 데 한계를 드러낸다. 미중 경쟁이 진행되는 과정에서 한국이 택할 수 있는 중개자의 유형으로는 '번역자'의 역할을 꼽을 수 있다. "워싱턴 컨센서스"와 "베이징 컨센서스"로 표상되듯이 미국과 중국의 발전 방식과 그 기저에 깔린 이념이 다름을 고려할 때 한국은 기존의 대립적 규범의 구도를 단순히 연결하는 데 그치지 않고, 각국에 적합한 방식대로 의미의 흐름을 중개하고 관계를 조율하는 '번역'의 과정을 이행해야 할 것이다. 그러나 화웨이 사태를 둘러싸고 한국이 취했던 대응방안을 검토하자면, 한국은 구조적 공백을 메우고 연결 중심성을 획득하는 데 주력하는 대신 미중 갈등에 따라 발생할 수 있는 문제에 관한 일시적 대응책을 마련하는 데 그치고 있다. 그 대표적 사례로 LG유플러스는 화웨이 장비 사용 중단을 압박하는 트럼프의 방한을 앞두고, 자국의 미군기지 인근의 이동통신 기지국에 설치된 화웨이 장비를 타사의 장비로 교체하는 움직임을 보였다(이영호 2019). 이러한 방식의 대응은 중견국으로서 미국과 중국 사이에서 외교전략적 선택을 회피하고, 양국의 충돌 상황에서 기회비용을 최소화할 수 있는 "땜질 처방"에 급급한 움직임으로 이해된다.

세 번째로, "내 편 모으기" 단계에서 한국은 '협업 외교'의 성격을 가진 외교정책을 추진하고 있다. 한국은 세계무대의 외교 상대국에 한국의 주요 외교적 목표─예를 들어 '한반도 평화'─를 지속적으로 알리고 지지세력을 확보하려는 노력을 기울이고 있다. 그러나 '한반도 평화' 이슈와 관련해서도, 실질적인 대화 상대국은 미국과 북한이 되어야 하는 현실 속에서 정책적인 결실을 맺는 데 한계에 봉착한다. 한편 '화웨이 사태'에 주목할 때, "내 편 모으기" 단계에서 독일이 화웨이 장비를 허용하며 진행하였던 '국가이익의 전략적 재규정'은 주변국들의 지지를 얻는 데 효과적인 요인이 된다. 그러나 지정학적 고려로부터 상대적으로 자유로운 독일은 비배제적 안보 관념을 천명함으로써 기존에 형성된 역내 경제·안보 네트워크에서 주도권을 확보하는 데 이점을 가질 수 있었으나, 미중 양국이 직접적으로 충돌하는 동아시아 역내에서 한국은 주변국들이 동의할 만한 '공동선'을 세우는 작업에 어려움을 겪고 있다.

네트워크이론에 비추어볼 때 한국의 외교전략이 앞선 세 단계에서 뚜렷한 한계를 보인 까닭에, "표준 세우기"의 단계에서 한국이 주변국들을 설득할 수 있는 지속가능한 네트워크를 구축할 가능성에 대한 회의는 자연스럽게 분출된다. 예를 들어 '한반도 운전자론'에 기반하여 보편성을 가진 평화 담론을 이야기하는 작업은 현재 한반도 질서가 결여하고 있는 규범을 환기한다는 점에서 의의를 가지나(김보협 2018), 선행 단계가 제대로 이루어지지 않은 상황에서 행위자들에게 큰 반응을 일으키기에는 어려움이 존재한다. 그렇기 때문에, 현실적인 관점에서 한국은 기존에 제시된 바 있는 규범이나 협정 등을 융합하는 '접맥외교'의 방식을 우선적으로 강구해야 한다. '화웨이 사태'를 예를 들자면, 한국은 현재 불거지는 안보 문제에 대한 관망적 태도에서 벗어나 사이버 안보 규범들에서 공통적으로 추출할 수 있는 지점을 국제적인 차원에서 논의하고, 이 과정을 통해 역내 행위자들이 수용할 수 있는 타협의 수준을 이끎으로써 컨센서스를 창출할 수 있을 것이다.

앞서 이야기한 바와 마찬가지로, 지정학적 특수성 속에서 자원권력을 보유하지 못한 한국은 외교정책을 펴는 데 있어 기존의 구도에서 벗어나지 못한 채 상황에 따른 대응전략을 마련하는 것에 역량을 발휘하는 것만으로도 한계에 봉착하며, 구조적 공백이 발생한 상황에서 네트워크 권력을 획득하기 위한 외교적 움직임을 펴기에는 고려해야 할 돌발 변수와 상황의 변화가 다수 존재한다. 따라서 빠르게 변화하는 미중 경쟁의 동학을 따라 외교전략을 수립하는 대신, 현재 맞닥뜨린 상황에 대한 대응을 마련하는 차원에 그치고 있다.

그러나 이를 뒤집어 이해하면, 한국의 중견국 외교전략은 독일의 전략과 비교하였을 때에도 상당한 확장성을 지닐 수 있다. 독일은 기존에 이미 형성된 정치 및 경제 부문의 네트워크를 관리하고 자국의 네트워크 권력을 공고히 해나가는 데 주의를 기울여야 하기 때문에, 그 과정에서 중견국으로서 안보 부문의 자원권력을 복합하여 틈새권력을 획득하는 데 한계를 드러낼 수 있다.

그러나 경제 부문이 안보 부문으로 전화된 '화웨이 사태'와, 안보 이슈가 경제 이슈로 전이되는 THAAD 배치 문제를 종합적으로 고려할 때, 복합적 성격을 지닌 경쟁 양상이 대두되는 과정에서 한국은, 비록 해당 국면의 당사국이 되는 상황이더라도 어느 한 부문에 매몰되지 않고 현재의 네트워크 질서를 보완하여 틈새 권력을 획득할 가능성을 가진다. 이와 더불어 한국은 기존의 역내 지정학적 구도가 초래한 구조적 공백을 메우는 데 그치지 않고, 안보 부문과 같이 지속적으로 환기된 주제를 넘어 역내 복수 표준을 중개하는 외교 의제를 제시하기 위한 상상력을 발휘하여야 할 것이다.

## V. 맺음말

이 글에서는 화웨이를 둘러싸고 전개되는 미중 경쟁을 배경으로 하여, 한국의 비교 국가로서 중견국의 성질을 가진 독일의 외교전략을 네트워크이론을 동원하여 이해하였다. 이와 함께 한국이 지향하는 외교전략의 효과성을 네트워크이론에 비추어 검증하고, 대안적 접근법의 모색이 필요함을 논증하였다.

화웨이 사태는 각 부문에서 치열하게 전개되는 미중 경쟁의 극적인 단면을 드러내는 사례로, 해당 이슈에 관한 독일의 대응은 주목할 만하며, 독일의 사례가 한국에 주는 함의는 매우 크다. 따라서 이 글에서는 세 가지 지점을 중심으로 독일과 한국에 관한 논의를 전개하였다.

첫째, 한국과 독일에 주어진 구조적 환경에 대한 이해가 요구된다. 독일과 한국은 글로벌 밸류 체인 속에서 미중 모두와 밀접한 관계를 맺고 있으며, 특히 중국과는 최근 견고한 밸류 체인을 형성하고 있다. 한편 안보 부문에서 독일과 한국이 구축해왔던 미국과의 동맹 관계는, 정도의 차이는 존재하나 재구성될 여지를 가진다. 이러한 배경에서, 최근 전개되는 미중 경쟁에 따른 구조적 공백은 독일과 한국이 외교정책을 펼치는 데 기회이자 제약요건으로 작용한다.

둘째, 독일과 한국이 종래에 보유하였던 자원권력 및 네트워크 권력에는 차이점이 존재한다. 독일은 글로벌 밸류 체인 속에서 미중 양국과 형성해왔던 경제적 관계에 더해, 유럽 국가들과 형성한 밸류 체인의 중심 국가로서 EU 시장에 상당한 영향력을 행사할 수 있는 경제적 자원권력을 가지고 있으며, EU의 정치적 중심 국가로서 역내 네트워크 권력을 투사할 수 있는 발신력을 보유한다. 반면 한국은 중국과 견고한 밸류 체인을 형성하고 있으며, 이에 따라 한국의 경제력은 중국과의 경제 관계에 연동된다. 이와 동시에 안보적 고려에 따라 형성된 경직적인 지정학 구조는 한국이 안보 차원의 자원권력을 획득하는 데 장애 요인이 된다. 따라서 '화웨이 사태'를 비롯한 미중 경쟁에 따른 역내 불확실성의 심화는 한국이 기존에 보유한 자원권력을 유지하는 데 장애 요인으로 기능한다.

마지막으로, 앞선 두 요인으로 인하여 한국의 외교전략은 독일의 외교전략과는 상이한 형태로 전개되었다. 네트워크이론에 근거한 4단계 외교전략 이론을 바탕으로 양국의 외교전략을 검토할 때, 독일은 화웨이에 제기된 안보적 우려에 관한 독자적인 이해를 모색하는 동시에, 기존에 미중 양국과 형성하였던 관계를 비대칭적으로 재구축하려는 시도를 전개하였다. 한편 독일은 역내 국제정치 구도에서 상대적으로 우위를 가졌던 자원권력과 네트워크 권력을 효과적으로 동원함으로써 개방적 안보 플랫폼을 바탕으로 한 이니셔티브를 구축하려는 노력을 벌여왔다. 반면 한국은 '화웨이 사태'가 불거진 상황에서 미중 양국의 중개자로 자리 잡기 위한 외교정책을 수행하는 대신, 기존의 경쟁 구도에서 크게 벗어나지 못한 채 임시방편으로 위기 국면에 대응하려는 태도를 보였다. 따라서 한국은 주변국들의 세를 모아 표준을 설계하고, 이 과정에서 네트워크 권력을 가지는 데 어려움을 겪고 있다.

　이상의 내용을 종합할 때, 미중 경쟁기 유사한 구조적 환경에 위치한 독일과 한국은 기존에 보유한 권력과 해당 권력을 통한 외교정책의 시행 과정에서 차이를 드러냈으며, 이에 따라 네트워크 권력을 확보하는 측면에 있어서도 상당한 간극을 보일 것으로 예측된다. 따라서 한국은 중견국으로서 자국이 가진 성격을 효과적으로 활용한 독일의 사례를 적극적으로 참고하는 한편, 한국의 상황적 특수성을 반영하여 역내 네트워크 권력을 획득하기 위한 움직임을 전개하여야 할 것이다.

# 참고문헌

곽성일. 2018. "문재인정부의 신남방정책 본질은 한반도 평화시대 대비." 『한겨레』.
　　　2018/08/10. http://www.hani.co.kr/arti/economy/economy_general/857040.html
　　　(검색일: 2020.01.06.)
김도년. 2018. "축구장 18배 BMW 전기차 공장, 직원은 50명." 『중앙일보』. 2018/10/01.
　　　https://news.joins.com/article/23010677 (검색일: 2019.12.14.)
김보협. 2018. "문 대통령 '한반도 운전자론' 자신감." 『한겨레』. 2018/03/12. http://www.
　　　hani.co.kr/arti/politics/bluehouse/835780.html#csidx10402f12d1cb90ea0bc8c5f6ff
　　　d752a (검색일: 2019.12.27.)
김상배. 2014. 『아라크네의 국제정치학』. 서울: 한울.
　　　. 2015a. "사이버 안보의 미중관계: 안보화 이론의 시각." 『한국정치학회보』 49(1).
　　　. 2015b. 『제3세대 중견국 외교론』. 서울: 사회평론아카데미.
김연정. 2019. ""韓, 글로벌 밸류체인이 美·中으로 양분될 가능성 대비해야"." 『연합뉴스』.
　　　2019/10/18. https://www.yna.co.kr/view/AKR20191018096700002 (검색일: 2019.
　　　12.21.)
김정은. 2019. "프랑스·독일, '나토 개혁' 전문가 그룹 구성 제안." 『연합뉴스』. 2019/11/21.
　　　https://www.yna.co.kr/view/AKR20191121008800098 (검색일: 2019.12.22.)
박형기. 2020. "트럼프 "부자나라 한국 방위비 더 많이 낼 것" 또 압박." 『뉴스1』. 2020/01/12.
　　　http://news1.kr/articles/?3814548 (검색일: 2020.01.14.)
손열 외. 2016. 『한국의 중견국 외교: 역사, 이론, 실제』. 서울: 명인문화사.
오수현. 2018. "현실이 된 中 일대일로 압박…文의 딜레마." 『매일경제』. 2018/11/18.
　　　https://www.mk.co.kr/news/politics/view/2018/11/722249/ (검색일: 2019.12.28.)
오수현·김대기. 2019. "靑 "中화웨이와 거래는 기업 자율로 결정할 일"." 『매일경제』.
　　　2019/06/09. https://www.mk.co.kr/news/politics/view/2019/06/398182/ (검색일:
　　　2019.12.29.)
이광빈. 2019. "거세지는 美의 '獨 국방비' 압박…미군 철군 가능성 재차 언급." 『연합뉴스』.
　　　2019/08/10. https://www.yna.co.kr/view/AKR20190810042400082 (검색일:
　　　2019.12.14.)
이상헌·임형섭. 2019. ""文대통령 "사드 입장 변함없어"…시진핑 "타당하게 해결되길"."
　　　『연합뉴스』. 2019/12/23. https://www.yna.co.kr/view/AKR20191223147200001
　　　(검색일: 2019.12.24.)
이선목. 2019. "독일로 간 中 인민해방군…美·유럽 동맹 흔들리나." 『조선일보』. 2019/07/11.
　　　https://news.chosun.com/site/data/html_dir/2019/07/11/2019071101266.html
　　　(검색일: 2019.12.14.)
이승선. 2012. ""유럽의 '사실상 수도'는 독일의 베를린"." 『프레시안』. 2012/10/23. http://
　　　www.pressian.com/news/article?no=64253 (검색일: 2019.12.29.)

이영호. 2019. "LGU＋, 미군기지 부근 10여곳 화웨이 장비 철수했다."『한국경제』.
　　2019/07/01. https://www.hankyung.com/news/article/2019070108495 (검색일:
　　2020.01.06.)
이용익. 2019. "美, KT · SKT에 "화웨이 장비 쓰지말라"."『매일경제』. 2019/11/07. https://
　　www.mk.co.kr/news/it/view/2019/11/920976/ (검색일: 2019.12.26.)
이율. 2017. "ZTE, 美법원서 北·이란제재위반 유죄 인정⋯1조3천억원 벌금."『연합뉴스』.
　　2017/03/23. https://www.yna.co.kr/view/AKR20170323168800009 (검색일:
　　2019.12.14.)
이정남, 2014. "동아시아 세력전이와 한중 전략적 협력을 둘러싼 딜레마."『평화연구』 22(1):
　　345-388.
장우정. 2019. "화웨이 "한국, 화웨이 자체 공급망 구축하는 데 큰 역할⋯ 올해 13조 구매"."
　　『조선일보』. https://biz.chosun.com/site/data/html_dir/2019/12/20/2019122002057.
　　html 2019/12/20. (검색일: 2019.12.29.)
장재은. 2019. "美, 中일대일로 정상포럼 보이콧⋯'불순한 차이나머니' 비난."『연합뉴스』.
　　2019/04/03. https://www.yna.co.kr/view/AKR20190403073651009 (검색일:
　　2019.12.08.)
정성훈. 2014.『글로벌 가치사슬의 관점에서 본 한국의 산업 및 무역 정책』. 서울:
　　한국개발연구원.
정인환. 2019. ""화웨이 쓰면 정보 제한"· "일대일로 참여 말라"⋯미-유럽, 중국 견제
　　갈등."『한겨레』. 2019/03/12. http://www.hani.co.kr/arti/international/
　　international_general/885667.html (검색일: 2019.12.17.)
정효식. 2019. "美 국무부 "한국, 화웨이 쓰면 민감정보 공유 안한다"."『중앙일보』.
　　2019/06/15. https://news.joins.com/article/23497331 (검색일: 2019.12.08.)
하남현. 2016. "AIIB 부총재에 홍기택 KDB산은 회장".『중앙일보』. 2016/02/04.https://
　　news.joins.com/article/19526831 (검색일: 2019.12.28.)

Callon, Michel. 1986. "Some Elements of a Sociology of Translation: Domestication of
　　the Scallops and the Fishermen of St. Brieuc Bay," in John Law(ed.). *Power, Action
　　and Belief: A New Sociology of Knowledge.* London: Routeldge and Kegan Paul.
Czuczka, Tony and Steven Arons. 2019. "China Threatens Retaliation Should Germany
　　Ban Huawei 5G," *Bloomberg.* 2019/12/15. https://www.bloomberg.com/news/
　　articles/2019-12-14/china-threatens-germany-with-retaliation-if-huawei-5g-is-
　　banned (검색일: 2019.12.31.)
Decker, Brett and William Triplett II. 2011. *Bowing to Beijing: How Barack Obama is
　　Hastening America's Decline and Ushering A Century of Chinese Domination.*
　　Washington: Regnery Publishing.
Emmott, Robin. 2019. "Germany and France vie for European leadership at NATO,"
　　*Reuters.* 2019/11/20. https://www.reuters.com/article/us-nato-future/germany-
　　and-france-vie-for-european-leadership-at-nato-idUSKBN1XU1FR (검색일:

2019.01.04.)

Gebauer, Matthias, Christian Hoffman, Rene Pfister and Gerald Traufetter. 2019. "German-U.S. Ties Are Breaking Down," *Spiegel International*. 2019/08/21. https://www.spiegel.de/international/germany/inside-the-breakdown-of-ties-between-germany-and-the-u-s-a-1282295.html (검색일: 2019.12.27.)

Handrich, Lars. 2019. "Der ökonomische Fußabdruck von Huawei in Deutschland." Berlin: DIW Econ GmbH.

Horowitz, Julia. 2019. "Huawei pleads not guilty to charges it violated US sanctions on Iran," *CNN Business*. 2019/03/14. https://edition.cnn.com/2019/03/14/business/huawei-iran-sanctions-plea/index.html (검색일: 2019.12.14.)

O'connor, Tom. 2019. "China Laughs As U.S. Tries To Stop Italy From Joining One Belt, One Road Plan," *Newsweek*. 2019/03/08. https://www.newsweek.com/china-laugh-us-criticism-italy-one-belt-road-plan-1356676 (검색일: 2019.12.31.)

OECD. 2018a. *Trade In Value Added 2018: Germany*. Paris: OECD.

_____. 2018b. *Trade In Value Added 2018: Korea*. Paris: OECD.

Oertel, Janka. 2019. "Germany Chooses China Over the West," *Foreign Policy*. 2019/10/21. https://foreignpolicy.com/2019/10/21/germany-merkel-chooses-china-over-united-states-eu-huawei/

Rahn, Wesley. 2019. "Mobile provider O2 chooses Huawei to build its German 5G network," *Deutsche Welle*. 2019/12/11. https://www.dw.com/en/mobile-provider-o2-chooses-huawei-to-build-its-german-5g-network/a-51620416 (검색일: 2019. 12.27.)

Rinke, Andreas and Douglas Busvine. 2019. "New German rules leave 5G telecoms door open to Huawei," *Reuters*. 2019/10/14. https://www.reuters.com/article/us-germany-telecoms-5g/new-german-rules-leave-5g-telecoms-door-open-to-huawei-idUSKBN1WT110 (검색일: 2019.12.26.)

Wagstaff, Jeremy and Chyen Yee. 2012. "ZTE confirms security hole in U.S. phone," *Reuters*. 2012/05/18. https://www.reuters.com/article/us-zte-phone/zte-confirms-security-hole-in-u-s-phone-idUSBRE84H08J20120518 (검색일: 2019.12.14.)

WTO. 2019. *Technological Innovation, Supply Chain Trade, and Workers in a Globalized World*. Geneva: WTO.

# 제3부

# 담론·규범·매력의 미중 패권경쟁

제7장

# 데이터 안보와 미중 담론경쟁
인프라, 이미지, SNS의 안보화 담론을 중심으로

이건표

# I. 서론

최근 미국 상원에서 미국 내에서 유행하는 SNS(Social Networking Service) 애플리케이션 틱톡(TikTok)에 대해 데이터가 중국 정부에 제공되어 국가 안보의 측면에서 위협이 될 수 있다는 점을 지적하면서 데이터의 안보화에 대한 이슈가 논란이 되고 있다. 기존에는 SNS가 우호적 여론 전파의 수단으로만 인식되었다면 현재는 SNS상의 데이터를 통해 다른 국가로부터 정보를 확보할 가능성을 인지하게 되었다는 점에서 SNS가 전통 안보에서의 패권경쟁으로 편입될 가능성을 보인다. 이는 다른 분야에서도 마찬가지로, 통신기지국, CCTV 등 우리가 일상적으로 접하는 다양한 기기가 모두 데이터를 활용한다는 점을 고려하면 이들을 합쳐 데이터 안보의 측면에서 접근해볼 수 있다.

특히 데이터를 사용하는 기기와 관련하여 기존에는 미국을 비롯한 서방 국가의 기업이 주도권을 지녔다면 최근에는 중국 기업들이 가격 경쟁력 및 기술력을 기반으로 하여 시장에 진출하고 영향력을 확대하는 모습을 보인다. 과거에는 화웨이 제품의 사이버 안보 문제에 초점을 두고 미중 양국이 자국 논리의 정당성에 대해 논하였다면 앞으로는 데이터와 연관된 매우 다양한 분야에서 중국이 부상하며 데이터라는 폭넓은 분야에서 더 많은 논쟁을 일으킬 가능성이 커질 것이다. 이에 따라 화웨이를 넘어서 다른 중국 기업의 제품들이 데이터 안보에서의 미중경쟁에 어떤 영향을 미칠지 살펴볼 필요가 있다. 하지만 기존의 연구는 이러한 연구 방향을 반영하지 못하였다는 점에서 한계점을 보인다. 특히 데이터의 안보화와 관련된 선행 연구는 많이 진행되지 않은 상황이다.

데이터 안보 중 화웨이와 관련된 문제의 경우 최근의 무역분쟁 등의 이슈와 연관 지어 사이버 안보 측면에서는 연구가 어느 정도 이루어졌다. 대표적으로 김상배(2019)는 화웨이 사태에 대해 사이버 안보 측면에서 살펴보면서 데이터가 빠져나갈 수 있다는 우려가 화웨이 이슈에서의 핵심적인 요소라는 점을 지적하였다. 하지만 데이터 안보에서의 또 다른 주요한 이슈인 CCTV, SNS 등에서의 데이터의 경우 안보화 측면에서의 연구가 전무한 실정이다. 예를 들어 CCTV의 경우 백도어가 존재할 수 있다는 점에 대해서만 언급할 뿐 이를 지나치게 기술적으로 분석하는 경우 또는 피상적 수준에서 양국 정부에 위협이 되고 있다는 사실만 언급하는 경우가 많다. 또한 SNS의 경우 대부분 마케팅과 같은 특정 분야의 측면에서 연구한 경우가 대부분일 뿐 이를 안보 분야에서 분석할 때는 사이버 안보라는 피상적인 수준에서 논의가 그치는 경우가 많다.

데이터를 수집하는 대부분의 서비스 및 기기의 경우 본 목적을 초월하여 데이터 유출 등의 문제가 보편적으로 존재한다는 점에서 미국은 이 문제에 대해 엄중한 대응을 이어나가고 있다. 이에 더해 중국 정부는 당 차원에서 데이터를 관리의 대상으로 여기는 경우가 빈번하므로 미국은 중국 정부의 규범의 모호함을 근거로 데이터 관련 문제를 제기하고 있다. 다만 미국이 사이버 안보 측면에서 중국에 대해 많은 경계를 이어나가고 있지만 그 근거로 제시하는 것은 대부분 원론적 수준에서의 문제 제기에 그칠 뿐 구체적인 증거를 내놓지 못하는 경우가 많다. 이러한 문제에 대해 안보화 이론에서는 비안보 문제가 발언 등을 통해 안보 이슈로 변환되는 과정에 주목하고 있는데, 이 논문에서는 안보화 이론을 통해 미중 간의 데이터 안보 이슈에 대해 살펴볼 것이다.

안보화 이론은 코펜하겐 학파가 처음 제시한 개념으로 어떤 문제에 여타 비안보 문제가 결여하고 있는 지위와 우선성을 부여하여 그것을 안보 문제로 구성하는 과정으로 일반적으로는 직접적이지 않은 위협이라도 안보 행위자의 개입으로 인해 중대한 위협으로 부각되는 현상이다(김상배 2015). 이 입장에서 볼 때 안보라는 것은 실존하는 위협이라기보다는 행위자에 의해서 조작될 수 있는 담론에 해당한다. 특히 웨버(Ole Wæver)는 안보화 과정에서 사이버 공격에 대해 위협이라고 선포되어야 하며, 그 선포에 대해 관련 청중인 사회의 구성원이 동의하고 이후 이것이 안보 문제로 인정되었을 때 비상행위를 통해 해결될 필요가 있다고 설명한다. 즉 안보화에는 안보 행위자의 선포, 청중의 인정, 비상행위라는 3가지 단계를 수반하게 된다(Wæver 1995). 이 논문에서는 이러한 웨버의 3단계 프레임워크에 기반을 두어 데이터 안보 이슈를 안보화의 시각에서 분석하고자 한다.

첫째, 안보 행위자의 선포 단계에서는 데이터 이슈와 관련하여 언론 보도 및 정부 기관을 통한 보고서 발간 등을 통해 경고하는 행위가 나타난다. 안보화 단계 초기에는 단순한 문제 제기만 이루어진다는 점에서 기업의 운영에 바로 피해를 주지는 않지만 이미 해당 이슈에 대해 안보 측면에서의 접근이 이루어졌다는 점에서 비상행위 등 뒤의 단계로 이어질 가능성이 크다. 또한, 초기의 선포에 따라 해당 문제가 어떻게 국제적 이슈로 다루어지는지도 결정되는 경우가 많다는 특징을 지닌다.

둘째, 청중의 인정 단계에 대해 이 논문에서는 웨버의 주장에 따라 미국 국내의 반응을 살펴보는 것과 더불어 국제사회의 인정을 주로 살펴보려고 한다. 데이터 안보 문제의 경우 미중 양국이 경쟁을 벌이는 양상을 보이는데 미국과 중국이 다른 국가에 대한 설득을 통해 자국의 데이터 안보에 관한 규범의 정당성을 높이기 위해 노력하고 있다. 따라서 이 부분을 분석할 때는 중국 기업에 대해 미국이 우호국을 통하여 어떻게 네트워크를 형성하고 이를 통해 데이터 안보 담론 관련 이슈에 대해 상대를 어떻게 견제하는지 살펴볼 것이다.

마지막으로 비상행위 단계에는 해당 이슈와 관련하여 문제 제기 수준을 넘어 실질적으로 규제와 같은 조치를 시행하는 경우가 포함된다. 대표적으로는 화웨이의 백도어 등 데이터 이슈에 대해 구체적으로 화웨이 장비 활용 금지, 미국 기업의 화웨이와의 거래 금지 조치 등을 사례로 들 수 있다. 비상행위는 일반적으로 국내를 범위로 하여 선포되는 경우가 많지만, 미국이 데이터 및 사이버 안보 분야에서 지닌 지위로 인해 다른 국가에 대해 영향력을 끼치므로 비상행위에 대해서는 국내 및 국제사회의 차원에서 폭넓게 바라볼 필요가 있다.

실제로 미국은 SNS를 비롯한 사이버 공간에서의 서비스의 자율성을 강조하는 반면 중국은 국가 안전의 측면에서 사이버 공간에 대한 엄격한 관리가 필요하다고 주장하고 있다. 이러한 규범 대립은 궁극적으로 데이터 이슈의 안보화를 초래하였으며 다양한 IT 기업에 대해 양국이 데이터 측면에서 서로의 정당성을 강조하며 경쟁을 불러일으키는 양상을 만들어냈다. 특히 조화순 외(2016)의 연구에서는 사이버 공간에서 제기되는 위협의 글로벌 경쟁을 미국과 중국 중심 구도에서의 경쟁으로 살펴보며 개인의 사생활에 대한 존중과 정부 중심의 방어 기제 구축의 대립 구도로 이어져 사이버 안보에서의 글로벌 거버넌스가 어려울 것이라고 지적하였다. 따라서 사이버 공간에서의 데이터는 SNS, CCTV를 비롯하여 웹 도메인 등 데이터가 활용되는 광범위한 분야에 적용될 수 있다는 점을 감안하면 안보화를 통해 사이버 공간의 패권화가 이루어질 것인지의 여부 또한 주목할 필요성이 존재한다.

본 논문은 미국 정부가 주장하는 데이터 안보화의 담론에 대해 중국 기업의 등장이 어떻게 미중경쟁의 양상을 만들어내는지 그 과정을 분석하는 것을 주목적으로 한다. 이를 위해 안보화 이론에서의 웨버의 틀을 활용하여 안보화 양상을 분석하는 틀을 도출해낼 것이다. 이후 데이터 문제의 안보화를 주도한 미국의 측면에서 미국이 어떻게 안보화를 주도하였는지 그 과정을 살펴볼 것이다. 마지막으로 미국에 진출한 중국 기업의 데이터를 네트워크 인프라, 이미지, SNS 분야로 나누어 각 분야에서 미중 간의 경쟁 양상이 어떻게 이루어지고 있는지 안보화 분석 틀을 통해 설명할 것이다.

## II. 미국의 데이터 안보화 담론

### 1. 데이터 안보에 대한 초기의 문제 제기

사이버 안보에 대한 관심은 미국 역대 행정부에서 지속해서 있었지만 그 중 데이터 안보는 사이버 안보에 포괄될 수 있는 작은 이슈로 여겨졌을 뿐 데이터만으로 안보에 위협이 될 수 있다는 인식은 크게 존재하지 않았다. 데이터 안보에 대해 본격적으로 입장을 표명하고 대책을 마련하기 시작한 때는 오바마 행정부로 볼 수 있다. 이는 중국 기업의 부상과 연관 지어 생각해볼 수 있는데, 과거에는 중국 IT 기업의 영향력이 매우 미미했으나 2000년대 후반부터 화웨이와 같은 기업이 등장하여 스마트폰, 통신기지국 분야에서 새롭게 영향력을 확대해나갔다. 특히 처음에는 중국 기업들이 추격자의 처지에 있었기에 가격 경쟁력을 토대로 미국 시장에 진출하였고 비교적 민감한 경찰, 군대 등 국가 안보와 연결될 수 있는 부분에도 별다른 문제 제기 없이 활용되었다.

오바마 행정부는 이러한 문제에 대해 중국 기업들의 배경이 중국 공산당에 기반을 두고 있다는 점을 지적하면서 데이터가 중국 정부에 넘어갈 수 있으며 궁극적으로 미국 안보에 문제가 될 수 있다는 점을 지적하였다. 2012년 미국 하원 정보위원회는 화웨이와 ZTE가 미국 국가 안보를 위협하고 있으며 정부와 기업이 이 기업을 막아야 한다는 보고서를 발간하였다. 이 보고서에서는 화웨이의 중국 정부 및 공산당과의 연관성에 대해 명확하게 밝히지 않았으나 기업의 역사가 중국군과 관련이 있는 점, 미국의 법률을 준수하지 않은 점, ZTE가 자신들이 정보를 밝히면 중국의 국가보안법을 위반할 가능성이 존재한다고 말한 점을 지적하였다(Rogers 2012). 또한 2014년에는 중국이 백도어를 명시한 반테러 규정을 새롭게 만든 것에 대해 오바마 행정부 차원에서 직접 문제를 제기하였다. 해당 규정에 따르면 중국 은행을 대상으로 컴퓨터를 파는 기업들이 백도어를 설치하는 것을 의무화하였으며 향후 다른 분야에도 확대 적용될 가능성을 남겨두었다(Mozur 2015). 이에 대해 오바마 대통령은 중국의 반테러법에 대해 반대하는 입장을 밝히며 외국 기업이 중국 정부에 모든 정보를 넘기라고 하는 것은 적절하지 않다고 언급하였다.

데이터 이슈에 대해 본격적으로 문제를 제기한 오바마 행정부의 경우 당시 대표적 이슈였던 화웨이에 대해 동맹국으로 하여금 사용하지 않도록 경고를 하였을 뿐 구체적인 행정조항을 통해 화웨이에 대한 거래를 완전히 제재하지는 않았다. 다만 미국에서는 데이터에 대해 국가가 기업들의 데이터의 자유로운 활용을 보장해야 한다는 입장을 견지하였는데 이 점을 강조하면서 경고의 실효성을 높이려는 시도를 지속해서 하였다. 전반적으로 보았을 때 이때의 문제 제기는 중국

기업들이 중국 정부 및 당 중심의 정보 관리 체계에 묶여 있다는 배경
에 근거하여 일반적인 수준에서 제기하는 데 그쳤으며 구체적인 혐의
를 기반으로 하여 강제성 있는 조처를 하지는 못하였다는 점을 특징
으로 들 수 있다.

## 2. 해외 동맹국과의 데이터 안보 '편 만들기' 노력

안보화의 척도를 평가하는 두 번째 단계는 청중 다수의 공감을 얻는
것이다. 최근 데이터 이슈가 한 국가를 넘어선 국제사회의 문제로 확
대되면서 국제공조가 이루어지고 있다. 따라서 미국의 동맹국 위주의
패권 구도 및 미국과 다른 중국 주도의 데이터 주권론의 영향력 확대
중 데이터 안보에 대한 국제사회의 양상이 어느 방향으로 전개되고 있
는지 살펴볼 필요가 있다. 이 부분에서 미국 정부는 단순히 국내적으
로 중국 기업의 제품 및 서비스의 위험성에 대한 공감을 얻는 것에서
나아가 국제적 측면에서 공감을 얻기 위해서 노력하고 있다. 특히 미
국 정부는 동맹국으로 분류되는 다른 국가에 대해 데이터 안보 측면에
서의 중국 기업의 위험성을 알리고 해당 기업의 제품 및 서비스를 사
용하지 않도록 유도하고 있다. 미국 정부는 중국 기업에 대해 중국 정
부가 데이터 문제에서 취하는 태도가 자주 변하므로 정책의 불확실성
이 크기 때문에 중국 기업을 단순히 경제적 논리에서만 접근해서는 안
된다고 주장하였다. 이에 따라 공감을 얻어냄과 동시에 미국이 취하고
있는 비상조치에 대한 정당성을 높이고 있다고 볼 수 있다.
　　대표적으로 화웨이의 5G 장비에 대해 다른 국가가 기지국 장비
를 도입하지 않도록 요청한 것을 사례로 들 수 있다. 화웨이의 장비는
다른 기업의 장비와 비교하였을 때 기술력 대비 가격이 저렴하여 많은

기업이 도입할 것으로 예상되었지만 미국의 개입으로 양상이 상당히 변화하였다. 미국과 긴밀한 관계를 유지하고 있는 호주의 경우 중국과의 이해관계 문제에도 불구하고 화웨이의 5G 장비를 도입하지 않았으며 서구 국가들 역시 화웨이 장비를 피해 다른 국가 기업의 장비를 채택하는 모습을 보였다. 미국은 데이터 안보에서의 미중경쟁의 양상에서 단순히 양국 간의 경쟁을 넘어서 동맹국을 동원하여 공감을 얻어내고 중국 기업의 세력 확장을 제어하려는 모습을 보인다. 이러한 결과 화웨이가 기술력이 발전하여도 미국의 견제 담론 때문에 판매처를 확보하지 못한다면 화웨이의 존립이 위협받을 수 있다.

또한 미국 정부의 경우 중국의 데이터 산업 발전에 대한 대응책으로 중국이 데이터 시장에 참여하지 못하도록 미국의 동맹국을 중심으로 새로운 '데이터 네트워크'를 설립하기 위해 준비하고 있다. 2018년 7월 워싱턴에서 열린 미일 간 네트워크 경제협력 대화에서 미국 상무부 차관 제임스 설리번은 자유로운 디지털 무역의 촉진을 위해 미일 중심으로 새로운 체제를 발전시켜나갈 것을 제안하였다. 또한 기존에는 미국의 IT 기업에 대한 대응책으로 일반 데이터 보호규칙(General Data Protection Regulation, GDPR)을 만든 EU와도 중국에 대한 포위망 형성을 통한 연대를 위해 노력하고 있다(손지영 2018). 특히 이러한 노력이 데이터 측면에서 다자간의 협력을 통해 미국의 데이터 부문에서의 우위를 유지하기 위한 전략임을 유의할 필요가 있다. 미국은 기본적으로 데이터에 대해 자유로운 이동을 주장하는 국가로 일본, EU와는 다른 노선을 지닌 것으로 여겨졌다. 하지만 중국이 데이터 주권론이라는 새로운 규범과 기술력을 통해 미국을 위협하자 미국은 동맹국을 통해 미국 규범의 영향력을 늘리려고 한다. 이러한 노력은 미국이 안보화의 중간 과정인 청중의 인정 측면에서 이미 구축한 동맹국

체제를 통해 유리한 고지를 점할 수 있다는 점에서 의의를 지닌다.

## 3. 미국 정부의 비상행위를 통한 대응

2017년 미국 트럼프 행정부에서 발간한 국가안보전략 보고서에서는 중국이 사회 통제를 위해 정보 및 데이터를 관리하는 국가라는 점을 강조하면서 중국 기업이 제공하는 기기 및 서비스에 대해 국가 안보의 차원에서 접근할 필요가 있다고 설명하였다. 실제로 미국은 단순히 중국 기업에 대해 경고하는 것에서 나아가 비상조치를 통해 중국 기업과의 거래를 차단하고 데이터 유출을 일으킬 수 있는 기기의 유통을 원천 차단하려고 하였다. 이러한 정책은 미국 기업들이 시장에서 지닌 우위를 바탕으로 이루어진다. 중국 제품의 경우 첨단 기술을 활용하는 부품에 대해서는 미국 기업에 의존하는 경우가 많았다. 하지만 데이터 측면에서 안보 문제가 발생할 때 미국 기업이 부품 공급을 중단하면 중국 제품이 안보 측면에서 위협이 될 가능성을 원천 차단할 수 있다는 점을 활용하여 미국이 중국 기업에 대해 견제하는 정책을 지속해서 발표하였다.

　원론적인 문제 제기를 넘어서 본격적으로 제도적 대응을 보여준 것은 트럼프 행정부가 들어선 이후부터이다. 트럼프 정부는 2017년에 발간한 국가안보전략 보고서에 따라 국가 안보 정책 및 대중(對中) 정책을 시행하고 있다. 이 문건에서는 데이터가 경제적 번영 및 미래 위상 유지에 중요한 요소라는 점을 언급하면서 중국에 대해 지속해서 미국이 우위를 점할 필요가 있다는 점을 강조하고 있다(최계영 2019). 이에 따라 미국 국내에서 중국 기업의 제품을 사용하지 않도록 견제하는 방향으로 정책을 펼쳐나가고 있다.

트럼프 행정부에 들어와서 가장 광범위하고 크게 논란이 된 정책은 블랙리스트 정책인데, 이는 미국이 데이터 및 IT 전반에 걸쳐 가지고 있는 우위를 활용한 대표적인 사례로 볼 수 있다. 이 정책의 대상이 된 기업은 미국 내에서의 영업이 금지되며 심하면 미국 기업이 해당 기업을 대상으로 한 거래를 하지 못하도록 제재가 가해진다. 기존에는 중국 기업의 제품을 구매할 수 없도록 규제하는 선에서 멈췄다면 블랙리스트는 이보다 한 단계 더 강력한 규제라고 할 수 있다. 부품을 공급받지 못하면 미국 시장에 진출하지 못하는 것을 넘어서 세계 수준에서 제품을 공급하는 것이 어려워지기 때문에 기업의 전반적인 운영에 큰 타격을 입을 수 있다는 점에서 중국 기업의 영향력을 억제하는 정책이라고 볼 수 있다.

다만 이 과정에서 미국 정부가 데이터의 이동에 대해 무조건 자율성을 강조하는 것은 아니라는 점을 명심할 필요가 있다. 최근에는 미국 역시 민감한 개인정보에 대해 '위험한 국가'로 데이터를 전송하는 것을 금지하는 법안을 발의하면서 데이터 주권론의 입장을 일부 수용하려는 모습을 보인다. 2019년 미국 의원 조시 홀리는 '국가 안보와 개인정보 보호법(National Security and Personal Data Protection Act)'을 발의하여 기업들이 수집한 사용자의 개인정보를 국가 안보에 유해할 수 있는 국가로의 데이터 전송을 금지해야 한다고 주장하였다. 이 의원은 중국 법은 중국 업체가 얻은 미국 시민의 정보를 중국 정부로 넘기게 되어 있다며 이러한 문제를 막기 위해 미국 역시 다른 국가가 민감한 정보에 쉽게 접근하는 것을 막을 필요가 있다고 주장하였다(문가용 2019). 이러한 이슈를 보았을 때 미국이 데이터의 자유로운 이동을 강조하고 다른 국가와 협력하기 위해 노력하는 것이 주요한 방향이지만 미국 내에서 제기되는 주권론에 대한 의견 역시 고려할 필요가 있을 것이다.

## III. 네트워크 인프라 데이터의 안보화: 화웨이를 중심으로

### 1. 백도어 및 중국 법률과 관련된 쟁점 분석

화웨이의 주력 제품은 통신장비와 스마트폰으로 볼 수 있다. 통신장비와 스마트폰 모두 인터넷 네트워크에 연결되어 네트워크와 기기 간의 상호작용을 통해 데이터가 지속해서 이동하는 것이 특징이다. 즉 데이터가 특정 기기 내에서 머무르는 것이 아니라 일정한 흐름을 형성하고 있으며 이에 따라 외부로부터의 개입, 해킹 이슈가 계속해서 제기되고 있다. 이러한 기술을 관리하는 궁극적인 기술은 클라우드 시스템으로 이 시스템은 상호 연결성에 기반을 두고 있다. 클라우드 시스템은 많은 데이터를 보관할 수 있는 특징을 가지고 있는데 이를 관리하는 기업의 경우 해당 시스템에 저장된 데이터를 열람할 수 있는 기술력을 가지고 있다. 일반적으로는 사용자의 프라이버시 보호 차원에서 클라우드 운영 기업의 데이터에 접근하는 경우가 거의 없지만 중국 정부가 안보에 대한 위협을 명목으로 데이터에 대한 접근을 시도할 경우 기술적으로는 가능하다는 점에서 문제가 발생할 수 있다.

화웨이 제품에 대해 주요하게 제기되는 문제는 백도어 문제이다. 즉 화웨이 제품에 특정 프로그램이 설치되어 있어 사용자가 인지하지 못하는 사이에 통신장비를 거쳐 가거나 핸드폰에 저장되는 데이터를 중간에서 가로챌 수 있다는 것이다. 실제로 2016년에는 뉴욕타임스에서 화웨이 스마트폰에서 Adups라는 하청 업체가 설치한 백도어 프로그램이 발견되었으며 사용자의 위치 정보, 메시지가 중국으로 보내진다고 보도하였다. Adups 측은 이에 대해 해당 백도어 프로그램의 경우 단순히 스팸 메시지 및 통화를 잡아내기 위해 만들어진 것이라고 설명하였으며 중국 정부와는 연관성이 존재하지 않는다며 정부가 개입했을 가능성에 대해 부인하였다(Apuzzo 2016).

또한 법률의 측면에서 보았을 때 중국의 국가정보법, 반간첩법 등에서는 중국 내 기업들이 중국 정부의 보안부서에 데이터를 제공해야 한다는 문구가 존재하는데 이를 근거로 하여 화웨이 제품의 데이터가 안전하게 보호되지 못할 수 있다는 의혹이 제기되고 있다. 실제로 중화인민공화국 반간첩법 제22조에서는 국가안전보장기관이 증거를 수집하는 경우 관련 조직 및 개인이 정보를 제공하여야 하며 거부할 수 없다고 규정하고 있다. 중국 법률의 경우 중국 내에서의 서비스에 적용되는 것이 일반적이지만 중국 정부가 필요로 하는 경우 해외의 사용자에게도 적용될 수 있다는 점에서 그 적용 범위가 모호하다.

백도어 프로그램의 경우 일반 사용자가 해당 프로그램의 존재를 인지하기는 쉽지 않기 때문에 데이터를 쉽게 가로챌 수 있는 특징을 지닌다. 또한 통신장비의 경우 광범위한 사용자의 데이터를 처리하는 과정에서 많은 양의 데이터를 수집할 가능성이 존재하기 때문에 미국은 이 문제에 대해 매우 예민한 반응을 보인다. 하지만 백도어 프로그램의 경우 중국 정부로 직접 데이터가 유출된다는 증거를 밝히기는 어려우므로 국가 안보에 대한 위협을 직접 입증하기는 어렵다. 따라서 미중 간의 논쟁 과정에서 백도어라는 기술적 문제가 안보 문제로 커지게 되며 안보화가 이루어지게 되었다.

## 2. 미국의 문제 제기를 통한 안보화 과정

첫째, 안보 행위자의 선포 측면에서 살펴보았을 때 미국이 화웨이 제품에 대해 가장 크게 문제를 제기한 것은 화웨이 제품에 존재하는 백도어를 통해 안보상으로 매우 중요한 데이터가 빠져나갈 수 있다는 것이다. 미국과 화웨이 간의 갈등은 매우 오래전부터 이어져 왔지만 데이터의 직접적인 유출과 관련하여 미국이 문제를 제기한 것은 2012년부터이다. 2012년 미국 하원 정보위원회에서는 화웨이 통신장비에 존재하는 백도어를 통해 정보가 유출될 수 있다며 이들이 안보에 큰 위협이 될 수 있다고 설명하였다.

　　이후 지속해서 화웨이에 대한 견제를 이어나가며 범위를 미국 국내에서 국제사회로 넓혀나갔는데, 예시로 2019년에는 마이크 펜스 미국 부통령이 뮌헨안보회의에 참가하여 미국의 동맹국들이 화웨이 제품을 사용하지 않을 것을 요구했다. 또한 미국 트럼프 대통령 역시 화웨이는 국가 안보의 문제이기 때문에 중국과 해당 문제를 논의하지 않을 것이며 NATO에 대해 화웨이와 협력하지 말 것을 요청하는 등 문제 제기를 지속해서 하는 모습을 보였다. 이를 통해 미국 정부는 반화웨이 여론을 형성하고자 하였다.

　　둘째, 청중의 인정 측면에서 보면 먼저 미국이 동맹국을 중심으로 데이터 측면에서의 화웨이의 위협을 알리고 화웨이 제품을 사용하지 않도록 설득하는 전략은 어느 정도 성공을 거둔 것으로 보인다. 2012년 미국 하원 정보위원회가 화웨이가 첩보 활동을 통해 미국 정부의 핵심 데이터를 유출하고 있다는 의혹을 제기한 이후 호주와 캐나다 등의 다른 정부 역시 화웨이에 대해 우려를 표함과 동시에 정부 기관에서 화웨이 제품을 사용하지 못하도록 막고 있다.

하지만 화웨이는 2013년 유럽원자핵공동연구소의 클라우드 저장 시설 파트너로 지정되기도 하였는데 이에 대해 화웨이가 이 연구소의 우수기업 명단에 올라가 있는 상태라고 평가하기도 한다(빈센트 모스코 2015). 이는 화웨이가 가격 경쟁력 측면에서 상대국을 설득할 경우 미국의 안보화 담론을 무력화할 수 있다는 가능성을 보여준다. 다만 화웨이에 대한 미국의 견제가 이어지고 있는 만큼 국제사회의 측면에서 미국의 동맹국 끌어들이기 전략이 지속된다면 화웨이로서는 글로벌 차원에 진출하는 것에 대한 어려움을 느낄 수 있다.

마지막으로 화웨이 제품의 데이터 유출에 대한 문제 제기는 곧 비상행위로 이어졌다. 2014년에는 미국 정부 차원에서 화웨이와 ZTE의 설비 구매를 금지한다고 발표하며 화웨이 제품에 대한 견제가 본격적으로 시작되었다. 이후 2019년 5월 트럼프 대통령의 행정명령을 통해 화웨이는 거래제한 기업으로 선정되었다. 데이터 유출에 대해 단순히 문제를 제기하는 것에서 나아가 실질적으로 무역 측면에서 화웨이 제품의 유통을 완전히 차단한 것이다. 특히 2019년 트럼프 행정부의 결정은 미국 기업들이 화웨이와 거래할 수 없게 하여 화웨이에 부품을 제공하지 못하게 함으로써 단순히 데이터 안보 측면에서의 견제를 넘어서 화웨이의 존립을 위기에 처하도록 하였다.

화웨이에 대한 데이터 측면에서의 문제 제기 이면에는 화웨이 포비아가 미국형 안보화 담론정치의 일환으로 작동하였는데 여기에서 백도어라는 것이 미래의 위협이라는 문제가 존재한다(김상배 2019). 즉 백도어가 존재한다고 해서 당장 국가 시설이 막대한 피해를 보게 되는 것은 아니며 안보 측면에서도 물리적으로 피해를 볼 가능성은 매우 낮다. 하지만 백도어가 존재한다는 사실 자체로도 중국 정부가 미국의 안보 관련 민감한 정보를 알 수 있는 통로를 확보한 것이기 때문에 그 자체로 미국에 대한 큰 위협으로 다가올 수 있다. 특히 화웨이가 중국 IT 기업 중 실질적으로 전 세계적인 영향력을 행사한 첫 번째 기업이라는 점에서 미국 정부의 입장에서는 화웨이의 영향력을 낮추어야 향후 다른 중국 기업의 세계 시장 진출을 막아낼 수 있을 것이다. 이러한 요인으로 인해 화웨이가 기준이 되어 화웨이에 대한 안보화가 다른 기업보다도 더욱 두드러지며 한 기업만을 대상으로 견제가 이루어졌다고 볼 수 있다.

## 3. 중국 기업 및 정부의 대응: 반박, 자립, 편 만들기

첫째, 기업 측면에서 보았을 때 화웨이는 미국 정부의 데이터 유출에 대한 의혹 제기를 적극적으로 반박하는 전략을 취하고 있다. 특히 화웨이는 백도어 이슈에 대해 타 기관으로부터 검증을 지속해서 받으면서 데이터가 다른 곳으로 유출될 가능성이 존재하지 않는다고 주장하였다. 런정페이 화웨이 회장은 이에 대해 미국이 제기하는 백도어 의혹을 부인하면서 희망하는 모든 국가와 노 백도어 협약을 맺겠다고 밝혔다(최지선 외 2019). 또한 과거에 탐지된 백도어에 대해서는 소프트웨어를 개발하는 과정에서 일어나는 실수에 불과하며 이 과정에서 중국 정부로 전송된 데이터는 존재하지 않았다고 설명하였다.

　동시에 화웨이는 데이터와 관련된 핵심 부품에 대해 미국에 대한 의존에서 벗어나 자체 부품을 활용함으로써 미국의 견제를 피하려고 노력하고 있다. 화웨이의 부품을 전문적으로 생산하는 자회사인 하이실리콘(HiSilicon, 海思半導體有限公司)의 경우 공정 대부분을 자체적으로 생산할 수 있도록 하여 최근 거래 제한에도 불구하고 지속해서 스마트폰의 생산을 이어나갔다. 이에 더해 화웨이는 최신 스마트폰 제품인 P30을 미국 부품을 사용하지 않고 완제품을 만들어내는 모습을 보이기도 하였다. 하지만 화웨이의 데이터 이슈로 인해 구글 모바일 서비스(Google Mobile Service)의 사용이 제한되면서 궁극적으로는 글로벌 시장 진출에 어느 정도 타격을 입고 있다. 화웨이가 데이터 이동 이슈에 대해 국제사회의 차원에서 신뢰를 얻지 못한다면 화웨이에 대한 견제가 지속해서 이루어질 수밖에 없다는 점에서 이는 해결되어야 할 문제로 남아 있다.

둘째, 정부 차원에서 보았을 때 중국 정부는 화웨이 문제에 대해 미국의 패권주의를 비판하면서 중국 기업이 다른 국가의 안보에 위협이 되지 않는다고 반박하였다. 위에서 언급한 뮌헨안보회의에 참가한 중국의 양제츠 정치국원은 중국 법률에 대해 미국이 제기한 방식의 정보 수집을 필요로 하지 않는다고 언급하였다. 시진핑 국가주석 역시 G20 정상회담과 같은 국제적 무대에서 화웨이 제재의 부당성을 강조하면서 화웨이에 대한 거래의 자율성이 보장되어야 한다고 강조하였다(이광영 2019).

또한 정부 차원에서 미국 정부의 제재로 인해 화웨이가 피해를 보는 것을 최소화하기 위해 제도적으로 지원을 하면서 중국 국내 및 미국의 안보화 담론에 참여하지 않는 다른 국가들을 중심으로 영향력을 늘려나가고 있다. 예를 들어 중국 정부는 국내 5G 이동통신 영업허가증을 기존 예상보다 6개월 앞당겨 발급하며 화웨이의 안정적 매출을 지원하였으며 러시아 대통령과의 정상회담에서 화웨이가 러시아 이동통신회사 MTS와 5G 이동통신 네트워크 구축계약을 따낼 수 있도록 도왔다(류근영 2019). 중국 정부에 우호적인 국가를 끌어들여 확실한 지원을 통해 중국의 '편 만들기' 작업을 성공적으로 수행한다면 미국의 안보화 과정에서 마지막 단계인 청중의 인정을 중국 입장에서 이루어내고 미국에 대한 대항을 위한 영향력 확대를 이루어냈다고 볼 수 있다.

문제는 중국 정부가 네트워크 장비 부문에서 상대적으로 미국의 편으로 분류되는 다른 국가에 대한 협박을 통해 안보화 문제를 경제적 보복과 같은 방식을 통해 해결하려고 한다는 점이다. 2019년 12월 우컨 독일 주재 중국대사는 독일이 자국 시장에서 화웨이를 배제하는 결정을 내린다면 뒷감당할 일이 있을 것이라고 언급하면서 중국 정부가 가만히 있지 않을 것이라고 말하였다(정연일 2019). 중국 정부는 화웨이 문제에 대해 미국에 양보할 수 없다는 입장을 강조하면서 협력과 동시에 강경한 대응을 이어나가고 있다. 중국 정부는 이미 검열과 관련하여 해외 기업의 중국 시장 진출을 제한하였으며 중국 정부의 엄격한 데이터 처리 규정을 따르도록 명시한 바가 있다. 이러한 상황에서 데이터 문제를 경제적 보복 등의 조치를 통해 해결하려고 한다면 데이터 이슈 역시 기존의 안보 틀의 측면에서 다뤄지며 미중 패권 구도로 이어질 가능성이 존재한다.

## IV. 이미지 데이터의 안보화: CCTV 기업을 중심으로

### 1. 데이터 유출에 대한 쟁점화

하이크비전(Hikvision), 다후아(Dahua) 등의 기업이 주력하고 있는 제품은 CCTV이다. CCTV 자체로는 한 기기에만 데이터가 저장되지만 하이크비전 측은 엣지 컴퓨팅과 같은 기술의 활용을 통해 다수의 CCTV를 사용하여 감시망을 구축하는 클라우드 시스템을 궁극적으로 지향하고 있다. 이에 대해 하이크비전은 자체 보안백서에서 비디오 감시 보안의 완전성을 개선하고 완성하기 위해 노력하며 해당 국가 및 지역 보안 규정을 준수한다고 밝혔다(하이크비전 2019). 개인의 CCTV를 통해 수집되는 영상 데이터는 기기에 있는 하드 디스크에 저장되는 것이 일반적이다. 다만 CCTV가 여러 대 있는 경우 인터넷을 연결하여 기기를 관리하기도 하는데, 이 과정에서 해킹에 의한 정보 유출 우려가 제기되고 있다. 실제로 IP 카메라의 경우 초기 아이디와 비밀번호를 바꾸지 않아 타인이 다른 사용자의 CCTV 영상을 보는 경우도 있으며, 이에 따라 기업들은 해당 문제를 고치기 위해 업데이트 및 클라우드 활용 등의 방안을 마련하고 있다.

한편 미국 정부가 의혹을 제기하는 부분은 CCTV를 통해 수집되는 데이터가 중국 정부로 유출될 수 있다는 부분인데, 그 실현 가능성에 대해서는 의견이 엇갈리고 있다. 2019년 5월부터 미국 정부는 하이크비전, 다후아를 비롯하여 중국 기업의 감시 기술과 관련된 제품들이 수집하는 데이터가 중국 정부로 넘어갈 수 있다는 의혹을 지속해서 제기하였다. 미국으로서는 과거 백도어가 발견된 전력, 중국 공산당에서 중국 내 제품을 대상으로 정보 수집을 한다는 점을 들어 데이터의 이동이 이루어질 가능성이 존재한다고 주장한다.

특히 미국 국토안보부에서는 2017년 하이크비전의 CCTV에서 해킹을 통해 사용자의 개인정보가 유출될 수 있다는 점을 경고하였다(US Department of Homeland Security 2017). 비록 여기에서는 비공식적 경로를 통해 유통된 제품이 문제가 된다는 점을 언급하였다. 하지만 이러한 경고를 통해 미국 정부가 하이크비전을 비롯한 중국 기업에 대해 안보의 측면에서 접근하는 근거를 마련하였다는 점에서 백도어를 단순한 실수가 아닌 의도적으로 설치된 장치로 보게 되었다.

반면 중국으로서는 해당 기업의 백도어는 기술적인 실수에 불과하며 중국 정부에서 그럴 이유가 없다는 점을 들어 백도어 이슈에 대해 불식하려는 모습을 보인다. 이 부분은 화웨이를 비롯하여 다양한 백도어 관련 해명에서 보편적으로 활용되는 설명인데, 기술적인 부분에서의 실수에 대해서는 중국 제품뿐만 아니라 다른 국가의 제품에서도 나타나는 현상이기 때문에 중국 제품에 대해서만 위협을 제기하는 것은 정당하지 못하다고 주장한다.

한편 중국에서는 안면인식 등에 사용되는 데이터에 대해 개인정보 보호 담론이 최근까지도 정착되지 않았기 때문에 이러한 정보를 보호하는 규범을 마련하는 과도기적 단계에 머물고 있다. 기존에는 CCTV를 통해 얻은 안면인식 데이터에 대해 국가 차원에서 활용할 수 있는 대상으로 보았다면 이제는 해당 데이터에 대해 법적인 제도를 통해 무분별한 수집을 막아야 한다는 인식이 퍼지고 있다. 따라서 이러한 데이터의 이동에 대한 규범이 중국 내에서 정착되고 있는 과정이기에 이러한 데이터 수집 문제 역시 변화가 일어날 수 있다는 점을 고려할 필요가 있다.

## 2. 미국의 문제 제기를 통한 안보화 과정

첫째, 안보 행위자의 선포 측면에서 미국이 하이크비전과 다후아와 같은 이미지 데이터를 저장하는 기기에 대해 본격적으로 문제를 제기한 것은 2017년부터이다. 그 이전에는 하이크비전을 비롯한 중국산 기기들이 미국 전역에서 가격 경쟁력을 내세워 점유율을 늘려나갔으며 군사 및 안보적으로 민감한 곳에도 다수 설치된 것으로 확인되었다. 미국 파이낸셜타임스는 중국 기업의 CCTV 2399대가 미국 연방정부 건물에 설치되어 있으며 미군 부대, 경찰 건물에도 설치되어 있다고 보도한 바가 있다(우은식 2019). 미국은 특히 하이크비전에 대해 중국 정부의 소유 기업이라는 배경에 대해 문제를 제기하며 안보 측면에서의 문제를 제기하였다. 하이크비전의 경우 중국 정부가 관리하는 중국전자과기집단(中国电子科技集团)이 최대주주일 정도로 사실상 국유기업에 가깝다고 보는 시각이 존재한다. 그러므로 중국 정부와의 밀접한 관계를 바탕으로 중국 정부의 필요에 따라 데이터를 제공할 수 있다는 것이 미국 측의 주장이다.

둘째, 청중의 인정 측면에서 살펴보면 미국을 비롯하여 국제사회 전반적으로 공감이 이루어지는 것으로 보인다. 미국 정부의 블랙리스트 제재 이후 두 기업은 ONVIF(Open Network Video Interface Forum)에서 퇴출당하였는데, 이로 인해 CCTV에 대한 국제 표준 인정을 받지 못하게 되었다. 이 표준에는 455개의 업체가 참여하고 있으며 전 세계적으로 영상 보안 시스템 장비가 대부분 ONVIF 표준을 따르고 있다(임채헌 2017). 따라서 중국 기업이 이 표준에서 퇴출당하였다는 것은 국제 표준에 참여하지 못한다는 것으로 점유율 측면에서 상당한 불이익을 받을 가능성이 존재한다. 다만 하이크비전을 비롯한 CCTV와 관련하여 동맹국을 대상으로 범위를 넓혀 화웨이와 같이 전방위적으로 제품의 사용을 금지하려는 노력은 다른 분야와 비교하였을 때 절반의 효과를 보고 있다고 할 수 있다. 예를 들어 미국과 함께 Five Eyes 안보 동맹에 속하는 호주의 경우 정부 기관에서 하이크비전의 CCTV 제품이 활용되는 것과 관련하여 안보상 문제는 없으며 단지 기존 제품에 대해 점검을 하겠다는 입장만을 밝혔다(Hancock 2018).

셋째, 비상행위의 측면에서 살펴보면 미국 상무부는 2018년 상원을 통해 2019 국방수권법(National Defense Authorization Act,

NDAA)이 통과되면서 미국 연방정부 소속 기관들이 하이크비전을 비롯하여 중국 CCTV 기업의 제품을 구매할 수 없도록 제한하였다. 미국 상원은 중국 CCTV 제품들이 국가 안보에 끼치는 영향에 관한 관심이 높아지고 있음을 지적하면서 이러한 법안의 필요성을 강조하였다 (He 2018). 이러한 조치는 미국 정부가 국내적 공감을 어느 정도 확인한 이후 영향력 확대를 위해 비상행위의 측면에서 하이크비전의 영향력 확대를 막으려는 조치라고 볼 수 있다.

또한 미국 상무부는 2019년 10월 새롭게 발표한 블랙리스트 기업 목록에 CCTV를 판매하는 기업인 하이크비전과 다후아를 포함했다. 이 조치로 인해 두 기업은 미국 내에서 기업을 운영할 수 없게 되었다. 이들 기업은 주로 디지털 감시 기술과 연관되어 있는데, 중국 내에서 감시 기술을 통해 기업 규모를 키워나갔다는 의혹을 받고 있다. 특히 미국 정부는 인권 침해 문제를 언급하며 두 기업이 대표적으로 신장 지역에서 중국 정부의 인권 유린에 참여한 점을 지적하였다. 블랙리스트에 올라가게 되면 미국에서 영업이 어려워질 뿐만 아니라 미국산 부품을 구입하는 것이 어려워지기 때문에 기기 생산이 상당한 차질을 빚게 된다는 점에서 기업에 큰 타격이 될 수 있다. 또한 기존 조치에서 연방정부 기관만을 대상으로 했던 것에서 나아가 미국 기업 전체를 대상으로 범위를 넓혔다는 점에서 안보화의 범위가 더욱 넓어졌다는 점을 알 수 있다.

## 3. 중국 기업 및 정부의 대응: 기존 규범에 대한 수용 및 새 규범 만들기

첫째, 기업 측면에서 살펴보았을 때 하이크비전 측은 미국 상무부의 블랙리스트 지정에 대해 해당 기업은 인권을 충분히 존중하고 있으며 미국과 세계 전역의 사람들을 보호할 의무를 다하고 있다고 주장하였다. 하이크비전 측은 자신들의 제품이 판매되는 과정에서 다른 제3의 업자를 통해 판매가 이루어지기 때문에 본사 차원에서 기기에 대한 조작이 사실상 불가능하다고 설명하였다. 실제로 미국에서 판매되는 하이크비전 제품의 경우 제3의 소매 판매자를 통해 제품 판매가 이루어지는 경우가 대부분이다. 따라서 하이크비전 측은 타 판매자가 제품을 받아 판매하는 과정에서 제품의 기능에 대한 수정이 이루어지는 것은 본사 차원에서의 규제가 사실상 불가능하며 이미 미국에도 상당한 점유율을 가지고 있는 하이크비전 본사 차원에서 조작할 필요가 없다는 것을 지속해서 주장하고 있다.

이에 더해 중국 기업 측에서는 미국 측이 제기한 인권 문제를 개선하기 위해 다양한 방안을 채택하고 있다. 예시로 하이크비전의 경우 미국 정부와 제재 문제에 대해 논의하기도 하였으며 미국 외교 관련 인사 및 인권 인사를 초청하여 강연을 진행하는 등의 방식으로 인권과 관련하여 제기된 이슈를 불식하기 위한 모습을 보인다. 이러한 점은 여전히 미국이 감시 기술과 관련하여 보편적인 인권 규범 차원에서의 우위를 가지고 있는 상황에서 지속해서 영업을 이어나가기 위한 타협책으로 볼 수 있다.

한편 중국 기업은 표준을 마련하여 미국의 견제에 대항하려는 모습을 보이기도 한다. 일례로 UN에서 안면인식 분야 국제표준을 마련하는 과정에 중국의 영향력이 커진 경우가 존재한다. UN 산하 국제전기통신연합(ITU)에 따르면 중국 기술 기업으로 위에서 나온 다후아를 비롯하여 ZTE, 차이나텔레콤(中国移动) 등의 기업들이 국제표준 설계를 위해 노력하고 있다(박선미 2019). 이 표준을 통해 아프리카, 중동

국가 등 국가 주도의 감시에 대해 우호적인 국가들을 중심으로 세력을 만들게 되면 표준에서의 우위를 점할 수 있으며 정부가 아닌 기업 주도의 영향력 확대가 가능해지게 된다. 이러한 점을 보았을 때 이미지 데이터를 활용하는 기업도 화웨이와 마찬가지로 미국 규범에 대한 순응 및 차별화의 양면에서의 접근이 이루어지고 있지만 개별 기업 차원이 아니라 전체 기업을 아우르는 표준의 차원에서 새롭게 경쟁이 이루어지고 있는 점을 주목할 필요가 있다.

둘째, 정부 차원에서 보았을 때 중국 정부의 경우 미국이 블랙리스트에 자국 기업들을 제재 대상으로 올려놓은 것에 대해 대응 조치를 생각하고 있다. 2019년 블랙리스트에 올라간 직후 황리빈 중국 공업정보화부 대변인은 중국의 권리와 이익을 지키기 위해 적절한 조치를 마련하겠다고 하였다. 다만 중국 측은 중국이 자국의 기술에 의존하지 않고 해외 산업발전과 연계하여 외국 기업 역시 중국의 기술 발전에 참여할 수 있도록 하겠다고 하였다. 특히 황 대변인은 블랙리스트 문제에 대해 언급하면서 이 조치가 중국 기술개발의 토대를 훼손할 수 없으며 미국에 대해 대응 조치를 적극적으로 생각할 것이라고 밝혔다(장연주 2019). 이는 중국 정부가 데이터 관련 갈등에 대해 미국에 정면으로 맞설 수 있다는 의지를 밝힌 것으로 볼 수 있기에 향후 미중 경쟁을 심화하는 요인이 될 것으로 생각된다.

또한 중국 정부는 하이크비전과 같은 기업에 대해 지원을 이어나가고 있다. 2019년 8월에는 중국 상하이에서 열린 제2회 세계 AI 대회에서 하이크비전을 동영상 인식 측면에서 AI 기술 혁신을 이끌 국가대표팀으로 추가하고 인공지능 분야에서의 하이크비전을 지원하겠다는 방침을 발표하였다. 특히 중국 정부는 일대일로 프로젝트와 연관하여 참여하는 국가들과 협약을 맺어 자국 기업의 상품이 해당 국가에 수출될 수 있도록 돕는 임무를 수행하고 있다. 아프리카 국가의 경우 국가 치안 안정화를 명목으로 도시에 감시 카메라를 설치하는 경우가 많은데, 이 과정에서 짐바브웨 도시에 하이크비전의 상품이 활용되는 등 중국 기업이 정부의 지원을 바탕으로 영향력을 확대하고 있다. 비록 미국 시장에 대한 진출이 제한되었더라도 CCTV와 같은 장비를 통한 감시 기술은 개발도상국 및 제3국가를 중심으로 많은 관심을 얻고 있기에 미국이 아닌 다른 유통 경로를 찾을 수 있을 것이다. 특히 이러한 활로는 중국 정부의 국제적 이니셔티브와 맞물려 형성된다는 점에서 중국의 '편 만들기'를 통해 청중의 인정을 얻어내는 것과 연관 지어 생각해볼 필요가 있다.

## V. SNS 데이터의 안보화: 틱톡(Tiktok)을 중심으로

### 1. 데이터 저장 및 이동에서의 쟁점 분석

대부분의 SNS의 경우 여러 국가를 서비스 대상으로 하고 있으므로 다양한 국가에서 수집되는 데이터의 관리 방법이 중요해진다. 이에 대해 중국 SNS 서비스의 경우 데이터 수집과 관련하여 많은 논란이 되고 있다. 다만 수집된 데이터의 활용과 관련된 부분의 경우 공개된 자료가 많지 않으며 특히 이는 데이터 안보의 측면에서 미중경쟁의 양상에 영향을 끼치는 중요한 변수이므로 아래 미중경쟁에 대해 다룰 때 깊게 다룰 필요가 있다. 따라서 이 부분에서는 현재 공개적으로 정리된 자료들을 통하여 개인정보와 관련된 데이터를 어떻게 관리하고 있는지 틱톡을 대표 사례로 들어 기술적인 측면에서 설명하고자 한다.

우선 틱톡의 경우 중국 내 서비스와 중국 외 전 세계를 대상으로 하는 서비스가 두 개의 다른 서비스로 분류되어 있다. 전자의 경우 抖音(Douyin, 두음)이라고 부르며 후자의 경우 Tiktok(틱톡)이라는 이름을 가지고 서비스하고 있다. 실제로 이 두 서비스는 서로 다른 내용의 영상을 보여주고 있으며 사용자 등록 역시 별개로 해야 한다. 우리가 흔히 알고 있으며 미국 등지에서 서비스되는 틱톡의 경우 싱가포르에 본사를 두고 있으며 중국 내에서는 오히려 인터넷 검열 때문에 접속할 수 없다. 따라서 중국의 抖音과 해외판 틱톡의 경우 기술적으로만 놓고 볼 때는 서로 다른 서비스임을 명심할 필요가 있다.

틱톡 본사의 경우 미국에서 논란이 되는 개인정보 및 데이터와 관련된 부분에 대해 미국에서 생성되는 데이터는 중국으로 이동하지 않고 미국 내의 데이터 서버에 저장되기 때문에 해외판 틱톡 사용자의 데이터가 중국으로 공유되는 일은 없을 것이라고 강조한 바가 있다. 틱톡 측에서는 틱톡 사용자의 데이터는 틱톡이 운영되고 있는 국가 제삼자의 데이터 센터에 보관되고 있으며 중국 공산당이 해외판 사용자의 데이터에 대한 접근 권한이 없다고 설명하였다. 하지만 틱톡의 개인정보처리방침에 따르면 '당사는 법에서 요구하거나 이하의 목적을 위하여 귀하의 정보를 공유하는 것이 합리적으로 필요하다고 판단되는 경우, 법 집행기관, 국가 당국 또는 기타 기관과 귀하의 정보를 공유합니다'라고 알리고 있는데 여기에 적용되는 법이 중국의 네트워크 안전법이며, 따라서 중국 정부의 요청에 따라 사용자 정보를 제공해야 할 수 있다는 의혹이 제기되었다(석대건 2019). 틱톡 데이터의 이동에 대해서는 미국과 중국 측이 서로의 주장을 믿지 못하는 상황이므로 의혹 제기가 계속해서 이어질 것으로 보인다.

## 2. 미국의 문제 제기를 통한 안보화 과정

첫째, 미국에서는 틱톡의 위험성을 선포하면서 안보 행위자의 선포를
시작하였다. 미국 내에서 틱톡을 사용하는 10대가 늘어나면서 영향력
이 늘어나게 되자 미국 측에서는 틱톡이 수집하는 데이터가 중국으로
흘러 들어갈 수 있다는 점을 지속해서 경고해왔다. 실제로 2019년 2월
에는 미국의 피터슨 국제경제 연구소(The Peterson Institute for Inter-
national Economics)에서 틱톡이 지나치게 많은 정보를 수집하고 있으
며 GPS 정보, IP 주소, 단말기 정보 등을 수집하여 이것이 중국 본사로
보내질 수 있다고 경고하였다.

 미국이 개인정보의 이동에 대한 틱톡 측의 해명에도 불구하고 틱
톡을 지속해서 국가 안보에 위협이 되는 요소로 보는 이유는 무엇보
다도 중국 정부의 데이터 정책에 대해 신뢰하지 못하고 있기 때문이
다. 중국 정부는 정치적인 필요에 따라 구두 명령을 통해 정치적으로
민감한 내용에 대해 검열하거나 SNS 접속 자체를 차단하는 모습을 보
여왔으며 이는 절차에 의해 처리되는 것이 아니므로 세계의 다른 기
업들은 중국 정부의 대응에 대한 불확실성을 안고 있다. 따라서 틱톡
에 대해서도 비록 데이터 센터가 분리되어있다고 하지만 중국 정부로
데이터가 넘어가게 되었을 때 중국 정부 측에서 자국 법률 등의 절차
상으로 문제가 없다고 하면 대응책이 없으므로 데이터의 유출에 대해
민감하다.

 또한 미국 측은 중국이 SNS 애플리케이션을 통해 데이터를 확보
하여 AI 기술을 발전하는 데 활용하고 나아가 군사적 측면에서도 이렇
게 개발된 AI를 활용할 가능성을 지속해서 제기하고 있다. 실제로 중
국이 AI 부문에서 급속한 발전을 이룰 수 있었던 배경에는 정부 주도

적으로 AI 산업 발전 계획을 체계적으로 설정한 것도 있지만 기업들이 자국의 방대한 인구수를 바탕으로 축적된 데이터를 활용할 수 있었기에 가능했다. 이미 중국 기업 차원에서는 빅데이터에 기반을 두어 마케팅 등의 전략에서 AI를 적극적으로 활용하고 있으며 이를 통해 AI 선두 주자였던 미국을 추격하고 있다. 또한 2017년 차세대 인공지능 발전계획을 통해 중국은 AI에 대한 5대 과제를 발표하였는데, 이 중 하나는 군민 협력 메커니즘을 통한 융합 패러다임 강화로 AI 분야에서도 군사적인 영향력을 늘리려 하고 있다(서병조 2017).

　둘째, 틱톡에 대한 안보화의 과정에서 공감대를 형성하는 것은 중요한 요소이지만 이에 대해서는 미국을 비롯한 전 세계에서 양분된 반응을 보인다. 우선 틱톡에 대한 우호도가 최근까지 매우 높았던 이유는 틱톡에서 제공하는 쇼트 비디오라는 형식 자체가 참신했기 때문이다. 이에 따라 미국을 비롯한 국제사회의 사용자들이 중국 문제에 대해 정치적으로 덜 민감한 경우 틱톡은 계속해서 서비스를 확장할 수 있을 것이다. 특히 틱톡은 중국의 다른 SNS 서비스와는 다르게 중국 내 서버와 해외 서버가 완전히 다른 데이터 서버를 사용하기 때문에 이러한 점 역시 공감대 형성에 긍정적인 요인으로 작용할 수 있다.

　하지만 미국 정부에서 집중적으로 틱톡을 국가 안보와 연관 지으며 위험성을 제기할 경우 여론이 바뀌며 틱톡이 인기를 잃게 되며 중국의 SNS 서비스가 기존의 검열받는 SNS라는 이미지에서 벗어나지 못할 것이다. 실제로 인도 등의 국가에서는 틱톡에 대해 사용자 프라이버시 차원에서 문제를 제기하면서 사용 금지 등의 조치를 취하기도 하였다. 이미 데이터에 대한 문제의식을 느끼고 있다는 점에서 향후 미국이 틱톡에 대해 안보 측면에서 문제를 제기하였을 때 동맹국 네트워크를 활용한다면 안보화 담론이 널리 받아들여질 가능성이 존재한다. 이러한 점에서 틱톡이 진출한 국가의 사용자들이 틱톡을 안보 측면에서 어떻게 받아들일 것인지에 대해 주의를 기울일 필요가 있다.

셋째, 비상행위의 측면에서 보았을 때 2019년 11월 미국의 외국인투자심의위원회(The Committee on Foreign Investment in the United States, CFIUS)가 바이트댄스가 미국의 소셜미디어 애플리케이션인 Musical.ly를 인수한 것에 대해 이것이 미국의 국가 안보에 위협이 되는지 조사에 들어가며 본격적으로 비상행위를 시행하려는 모습을 보인다. 특히 틱톡이 다른 국가보다도 미국에서 더 활발히 영향력을 늘릴 수 있었던 배경에는 이 기업의 인수가 있기에 이 문제에 대해 신중히 접근하고 있는 것으로 보인다.

또한 미국 내에서 안보와 직결된 분야에서의 틱톡 사용을 제한하면서 틱톡에 대한 안보화 측면에서의 접근이 강화되었다. 미군이 틱톡을 군인 고용 홍보 차원에서 활용한 이후 안보 측면에서의 문제 제기가 이루어지자 2019년 12월 미국 국방부에서 틱톡에 안보상의 문제가 있음을 지적하고 관련 부문에서 대책 마련을 지시하였으며 미국 해군과 육군에서는 정부에서 제공한 스마트폰에 틱톡 앱의 설치를 금지한다고 발표하였다(Vigdor 2020). 이는 단체 차원에서 직접 틱톡의 사용을 제한하였다는 점에서 향후 미국이 틱톡의 사용에 대해 더 개입할 여지를 남겼다.

특히 미국 정부의 틱톡에 대한 비상행위는 미국 및 동맹국에서 공감대가 형성되기 이전에 이루어졌다는 점에 주목할 필요가 있다. 위에서 살펴본 화웨이 및 CCTV의 경우 안보에 실질적으로 위협이 될 수 있다는 인식이 형성된 이후에 미국 정부가 사용 금지 조치 등을 취한 경우가 대부분이다. 반면 틱톡을 비롯한 SNS와 관련된 이슈의 경우 문제 제기가 이루어진 이후 짧은 시간 안에 비상행위로 이어지는 과정에서 틱톡에 대한 여론이 제대로 정리되지 않은 상황이다. 따라서 향후 틱톡에 대한 청중의 인정을 어떻게 끌어낼 것인지, 비상행위의 정당성을 어떻게 형성할 것인지에 대한 분석이 추가로 이루어져야 할 것이다.

## 3. 중국 기업 및 정부의 대응: 중국 이미지 최소화 및 법제화

첫째, 기업 차원에서는 상반되는 조치가 동시에 취해지고 있다는 점에 주목할 필요가 있다. 우선 틱톡의 경우 최근 미국 정부가 해당 기업에 대해 제재를 가하려는 움직임을 보이자 해외판 틱톡 기업에서 중국 이미지를 최소화하려는 노력을 보인다. 특히 해외판 틱톡의 데이터가 이미 미국 내 데이터센터에 보관되고 있다는 것을 강조하는 한편 정치적 문제에 대해서도 검열을 하고 있지 않다는 점을 분명히 밝히면서 논란을 잠재우려는 양상이 나타난다. 또한 최근에는 바이트댄스가 해외에 틱톡 글로벌 본부를 두는 조치를 통해 중국산 앱이라는 이미지를 완화하기 위해 노력하고 있다(방성훈 2019). 이러한 노력은 중국에 대한 부정적 인식을 인정하고 국제사회의 보편성을 인정하는 차원에서 이루어지는 것으로 전 세계 국가를 대상으로 청중의 인정을 얻기 위한 단계로 볼 수 있다.

하지만 틱톡이 여전히 중국 내에서 정치적으로 민감한 문제에 대해서 검열 기준을 세웠다가 최근에서야 가이드라인을 폐지한 점, 모기업인 바이트댄스가 중국 정부의 법령에 따라 관리되고 있다는 점에 대해서 명확하게 밝히지 않고 있는 점은 향후 틱톡의 세계화를 위한 과제가 될 것이다. 예시로 가디언지에서는 틱톡이 중국에서 정치적으로 민감한 문제에 대한 영상을 검열하도록 지침을 내렸다는 의혹을 제기하였는데, 이에 따르면 정치적으로 민감한 이슈에 대해 영상을 올리면 영상이 삭제되거나 업로드한 사용자 본인에게만 보인다고 설명하였다. 바이트댄스는 이에 대해 초기에는 틱톡 플랫폼상에서의 정치적 이슈로 인한 갈등을 최소화하기 위해 해당 지침을 활용했지만 글로벌 사용자에게 인기를 얻은 이후 이러한 지침을 이제는 적용하지 않는다고 설명하였다(Hern 2019). 이러한 신뢰성의 문제에 대해 바이트댄스가 어떻게 대응하는지에 따라 향후 틱톡이 중국의 SNS임이 밝혀졌을 때 전 세계 사용자들을 지속해서 유인할 수 있는 정도가 달라질 것이다.

둘째, 정부 차원에서는 SNS 문제에 대해 이를 포괄하여 데이터 처리에 대한 방식을 법률에 명문화하는 방식으로 미국의 문제 제기에 대응하고 있다. 특히 중국 법률에 따라서 공산당이 SNS 내용에 대해서 감시할 수 있다는 점을 지적할 필요가 있다. 중국 정부는 미디어에 대한 통제를 지속해서 이어나가고 있으며 기존의 중국 공산당은 국무원의 행정명령으로 사이버 공간을 규제하고 관리해왔다. 중국 SNS 서비스의 경우 대부분 新浪(시나), 腾讯(텐센트)와 같이 민간 기업에 의해서 운영되고 있지만 IT미디어 기업은 자체 검열 부서를 두고 있으며 문제가 발생하면 기업이 책임을 져야 한다(조복수 2019). 하지만 정부의 이러한 대응은 정치적인 목적에 의해서 불분명한 기준에 따라 조치를 취하는 것으로 인식되었으며, 기업 역시 정부의 정치적 요인에 의해 데이터를 관리하는 것으로 여겨졌다. 따라서 최근 중국의 의법치국의 의제화에 따라 사이버 보안과 관련된 법적 근거 마련을 위해 2017년 네트워크 안전법(中华人民共和国网络安全法)이 새롭게 제정되었다.

중국 정부의 법제화를 향한 흐름은 미국이 SNS에 대해 안보화의 측면에서 제기한 논리에 대한 대응으로 볼 수 있다. 미국이 중국 SNS

서비스에 대해 비판하는 주요 논리 중 하나는 중국은 공산당의 검열 과정이 명문화가 되어 있지 않으므로 기업 정보를 투명하게 공개하는 미국 기업과는 다르게 중국 기업이 비공식적 경로를 통해 중국 정부에 데이터를 넘길 수 있다는 것이다. 하지만 최근의 법제화를 통해 중국은 명목상으로는 미국, 유럽 등과 함께 보편적인 데이터 관리 규범을 가지게 되었으며 동시에 세계적으로도 중국이 개인정보의 보호를 위해 노력하는 국가라는 위상을 확보할 수 있게 되었다.

한편 중국이 새롭게 제정한 네트워크 안전법은 중국 정부가 개인정보를 더 용이하게 감시할 수 있도록 제도화한 사례로 볼 수 있다. 네트워크 안전법은 2017년 6월부터 시행되었으며 총 7장 79개의 조항으로 이루어져 있다. 구체적으로 항목에 따라 SNS와 연관된 부분을 보면 네트워크 안전법 제2조에서 이 법의 적용 범위를 중화인민공화국 내에 정보통신망을 보유한 모든 사업자로 지정하였는데, 이는 외국 기업이어도 중국의 법률을 따라야 한다는 것을 의미한다. 또한 중국 내의 기업이 해외로 진출한 경우에도 본사가 중국과 연관되어 있을 때는 중국 정부의 데이터 요청에 응해야 하는 구조가 형성되어 있다. 예를 들어 제28조에서는 정보통신망 사업자 등이 당국에 기술 제공과 수사에 협력하는 것을 의무화하여 인터넷 검열 및 정부 당국 개입의 법적 근거를 마련하였다.

## VI. 결론

지금까지의 데이터가 빅데이터 활용 등 기업 수준에서만 다루어졌다면 향후의 데이터 처리는 국가 안보의 차원에서 데이터 흐름의 주권을 쥐기 위한 경쟁이 이루어지는 구도로 이어질 가능성이 크다. 이러한 측면에서 보았을 때 기존 인터넷 및 IT 기기에서 강자의 지위를 차지하였던 미국과 기술력을 바탕으로 새로운 추격자로 등장한 중국 간의 경쟁은 앞으로 더욱 심화할 것이다. 특히 데이터 안보 측면에서의 경쟁이 무역 규제, 표준 경쟁 등 다양한 측면에서의 경쟁과 연관되어 있다는 점에서 향후 데이터 안보 문제에 대해 분석하는 것의 중요성은 더욱 커질 것이다.

지금까지는 안보화 이론의 측면에서 안보 행위자의 선포, 청중의 인정, 비상행위라는 세 단계의 분석 틀을 통해 미중 간의 데이터 안보 경쟁을 바라보아야 할 필요성을 제기하고, 국제정치에서 미중경쟁으로 쟁점이 되었던 네트워크 인프라, 이미지, SNS 데이터 문제에서 안보화가 어떻게 이루어졌는지 살펴보고 이에 대한 중국 측의 대응을 알아보았다. 화웨이를 기점으로 촉발된 데이터 이슈의 안보화가 다른 기기 및 서비스로 이어지는 과정에서 서로 비슷한 양상을 보이기도 하였지만 양국의 대응이 차이를 보이는 경우도 존재하였다. 그러므로 향후 SNS를 넘어서 다른 데이터를 사용하는 기기에 대해서도 분석이 이루어질 때는 더욱 다양한 양상에서 양국 간의 경쟁이 이루어질 것으로 기대된다.

미중 간의 데이터 안보 이슈에서 중요한 것은 기술 자체와 담론 사이에서 양국의 입장을 면밀히 살펴보는 것이다. 안보화 이론에 대한 분석에서 알 수 있었듯이 데이터 안보 이슈는 구성주의 측면에서 미국 정부가 문제를 제기하여 안보 문제로 새롭게 구성되고 이로 인해 중국 정부가 대항하는 구도가 형성되었다고 볼 수 있다. 빅데이터 등 다양한 이슈에서 중국의 기술 경쟁력이 높아지고 있는 상황에서는 기술에 대한 신뢰가 이루어지지 않으면 안보에 대한 문제 제기는 끊임없이 이루어질 수밖에 없다. 문제는 이러한 담론을 뒷받침할 기술적인 측면에서의 설명이 거의 없다는 점이다. 특히 위 세 기업에서 공통적으로 문제가 된 중국 정부로의 데이터 유출의 경우 명시적으로 알려진 자료가 존재하지 않기 때문에 진실 공방 수준을 넘어선 논의가 이어지지 못하고 있다.

데이터는 단순히 미중 간의 경쟁 구도에서 벗어나 IT 산업이 발달한 한국에도 큰 영향을 끼칠 수 있다는 점에서 데이터 안보에서의 미중경쟁 양상을 한국적 맥락에 적용해보는 노력이 향후 더 필요할 것으로 생각한다. 또한 이 논문에서는 안보화 이론의 시각을 통해 데이터 안보에서의 미중경쟁 양상을 살펴보았다. 하지만 향후 기술의 발전이 더욱 이루어지면서 단순한 말싸움을 통한 안보화를 넘어서 기술을 통해 실질적으로 이루어지는 위협에 대한 분석 역시 추가로 이루어져야 할 것으로 보인다. 한국에서도 데이터의 흐름에 대해 더 많은 관심을 가지고 기술적 지식에 기반을 둔 근거를 통해 데이터 안보에 대해 논의할 수 있기를 바라며 기술의 발전을 통해 이루어지는 데이터의 흐름을 국제정치적 시각에서 더 많이 분석할 수 있기를 기대한다.

# 참고문헌

김상배. 2015. "사이버 안보의 미중관계: 안보화 이론의 시각."『한국정치학회보』49집 1호, 71-98.

＿＿＿. 2019. "화웨이 사태와 미중 기술패권경쟁: 선도부문과 사이버 안보의 복합지정학." 『국제·지역연구』제28권 제3호, 126-156.

류근영. 2019. "중국 정부의 화웨이 지원 강화에 납품비중 높은 RFHIC도 한숨 돌려." 『비즈니스포스트』(6월 7일). http://www.businesspost.co.kr/BP?command=mobile _view&num=130599 (검색일: 2019.12.24.)

문가용. 2019. "미국, "영토 외에서 개인정보 저장할 수 없다"는 법 발의."『보안뉴스』 (11월 22일). https://www.boannews.com/media/view.asp?idx=84708 (검색일: 2019.12.22.)

박선미. 2019. "중국 기업들 안면인식 국제표준 마련에 참여중."『아시아경제』(12월 2일). https://news.naver.com/main/read.nhn?mode=LSD&mid=sec&sid1=104&oid=2 77&aid=0004582408 (검색일: 2019.12.22.)

방성훈. 2019. "틱톡, 중국 아닌 곳에 본부 설립 검토…싱가포르 유력."『이데일리』(12월 24일). https://www.edaily.co.kr/news/read?newsId=02332086622721800&mediaC odeNo=257 (검색일: 2019.12.25.)

빈센트 모스코. 2015.『클라우드와 빅데이터의 정치경제학』. 서울: 커뮤니케이션북스.

서병조. 2017. "중국의 인공지능(AI) 전략: '차세대 인공지능 발전계획(新一代人工智能 發展規划)'을 중심으로."『NIA Special Report』. 한국정보화진흥원.

석대건. 2019. "중국 공안이 틱톡으로 당신을 보고 있다…한국 사용자 정보, 무방비 상태." 『디지털투데이』(8 월 24일). http://www.digitaltoday.co.kr/news/articleView. html?idxno=214017 (검색일: 2019.11.20.)

손지영. 2018. "日·美·EU, 디지털 패권을 둘러싼 '데이터 무역권' 추진."『KOTRA 해외시장뉴스』(11월 2일). http://news.kotra.or.kr/user/globalBbs/kotranews/5/ globalBbsDataView.do?setIdx=244&dataIdx=170612 (검색일: 2019.12.25.)

우은식. 2019. ""美연방정부 건물에 중국산 카메라 2399대 설치"FT."『뉴시스』(7월 30일). https://news.v.daum.net/v/20190730183152251 (검색일: 2019.12.06.)

이광영. 2019. "시진핑, G20정상회담서 '화웨이, 화웨이'."『조선일보』(6월 28일). http://it. chosun.com/site/data/html_dir/2019/06/28/2019062801526.html (검색일: 2019.12.23.)

임채헌. 2017. "영상 보안 시스템(CCTV) 국내·외 표준화 동향."『TTA저널』제171권. 한국정보통신기술협회. 30-35.

장여주. 2019. "중국 '美 블랙리스트, 中기업 발전 해칠 수 없다'."『헤럴드경제』(10월 23일). https://news.v.daum.net/v/20191023151942384 (검색일: 2019.12.22.)

정연일. 2019. "獨 협박하는 中…"화웨이 5G망 안 쓰면 독일 車 가만 안둘 것"."『한국경제』

(12월 16일). https://www.hankyung.com/international/article/2019121602811
(검색일: 2019.12.22.)

조복수. 2019. 『중국의 사교 미디어, 웨이보·웨이신』. 서울: 커뮤니케이션북스.

조화순·김민제. 2019. "사이버공간의 안보화와 글로벌 거버넌스의 한계." 『정보사회와
미디어』 17집 2호, 77-98.

최계영. 2019. "미·중 ICT 기술패권경쟁과 상호의존성의 무기화." 『KISDI Premium Report』
19-05.

최지선·구가인. 2019. "런정페이 "화웨이는 심하게 망가진 비행기··· 매출 35조원
줄어들 것"." 『동아일보』(6월 18일). http://www.donga.com/news/article/
all/20190618/96039277/1 (검색일: 2019.12.25.)

하이크비전. 2019. 『Hikvision 보안백서』. 서울: Hikvision.

Apuzzo, Matt and Schmidt, Michael. 2016. "Secret Back Door in Some U.S. Phones
    Sent Data to China, Analysts Say," *New York Times* (November 15). https://www.
    nytimes.com/2016/11/16/us/politics/china-phones-software-security.html (Last
    Searched 2019.12.23.)

Hancock, Farah. 2018. "NZ Govt uses Chinese cameras banned in US," *Newsroom*
    (October 12). https://www.newsroom.co.nz/2018/10/11/274055/nz-government-
    using-cameras-banned-in-usv (Last Searched 2019.12.26.)

He, Laura. 2018. "China's two largest surveillance camera makers take a beating from US
    ban," *South China Morning Post* (August 3). https://www.scmp.com/business/
    companies/article/2158126/chinas-two-largest-surveillance-camera-makers-take-
    beating-us-ban (Last Searched 2019.12.27.)

Hern, Alex. 2019. "Revealed: how TikTok censors videos that do not please Beijing,"
    *The Guardian* (September 25). https://www.theguardian.com/technology/2019/
    sep/25/revealed-how-tiktok-censors-videos-that-do-not-please-beijing (Last
    Searched 2019.12.23.)

Mozur, Paul. 2015. "New Rules in China Upset Western Tech Companies," *New York
    Times* (January 28). https://www.nytimes.com/2015/01/29/technology/in-china-
    new-cybersecurity-rules-perturb-western-tech-companies.html (Last Searched
    2019.12.15.)

Rogers, Mike. 2012. "Investigative Report on the U.S. National Security Issues Posed
    by Chinese Telecommunications Companies Huawei and ZTE." U.S. House of
    Representatives.

The US Department of Homeland Security. 2017. "ICS Advisory (ICSA-17-124-01)-
    Hikvision Cameras." https://www.us-cert.gov/ics/advisories/ICSA-17-124-01 (Last
    Searched 2019.12.28.)

Vigdor, Neil. 2020. "U.S. Military Branches Block Access to TikTok App Amid Pentagon
    Warning," *New York Times* (January 4). https://www.nytimes.com/2020/01/04/us/

tiktok-pentagon-military-ban.html（Last Searched 2020.01.28.）

Wæver, Ole. 1995. "Securitization and desecuritization," In R. D. Lipschutz（Eds.）*On Security*, New York: Columbia University Press.

제8장

# 안면인식 기술과 미중 바이오 데이터 경쟁
패권–인권–주권의 3차원 게임

황지선

## I. 머리말

2019년 12월 1일부터 중국 정부는 국내 모든 신규 휴대폰 가입자에게 의무적으로 얼굴 스캔을 하도록 했다. 이는 지하철 탑승 시 얼굴 스캔, 대학 강의실 내에서의 안면인식 시스템 활용 등 중국이 안면인식 기술을 일상생활 속에 적극적으로 도입한 수많은 사례 중 하나에 불과하다. 이에 비해 세계 최고의 안면인식 기술을 보유했던 미국에서는 최근 샌프란시스코를 비롯한 여러 주 단위에서 안면인식 기술 사용에 대한 제동이 걸렸다. 안면인식 기술, 더 넓게는 생체인식 기술 분야에서 벌어지고 있는 경쟁은 4차 산업혁명에서 선도부문(leading sector)을 장악하기 위한 미국과 중국 사이의 경쟁이라는 큰 틀 속에서 작용하고 있다.

오늘날 미국과 중국 모두가 인공지능(AI) 산업의 육성을 국가의 주요 목표 중 하나로 설정할 정도로 선도부문 장악의 중요성을 인지하고 있으며 미국과 중국 사이의 AI 기술 경쟁에 대한 연구들이 활발하게 진행되고 있다. 중국의 AI 기술이 급속도로 성장함에 따라 도전국 중국에 대한 패권국 미국의 대응을 투키디데스의 함정이나 세력전이 이론 등으로 설명하려는 노력들이 이루어졌다. 그러나 21세기 속의 권력 게임을 이러한 시각으로만 본다면 변화하는 세계정치의 복잡한 모습을 포착하지 못할 위험성이 존재한다. 오히려 현재 일어나고 있는 미중 경쟁에서는 군사력과 경제력뿐만이 아니라 지식, 관념, 정보와 같은 새로운 권력 자원이 부상하면서 새로운 형태의 권력 게임이 벌어지고 있으며 '게임의 규칙' 자체를 놓고 벌이는 좀 더 복합적인 경쟁이 벌어지고 있다(김상배 2019).

최근 4차 산업혁명시대를 맞이하며 다양한 부문에서의 변화와 발전에 따라 미중 기술 경쟁에 대한 연구들은 꾸준히 증가하고 있다. 그러나 중국이 미국을 능가한 기술력을 보일 정도로 빠르게 발전한 분야인 생체인식 중에서 안면인식 분야에 대한 연구는 아직 미비하다. 존재하더라도 시장 동향 분석 보고서나 단편적인 사례 소개에 그치는 경우가 많다. 생체인식 기술 문제는 시장에서의 기술 장악뿐만 아니라 사회 프라이버시, 더 나아가 데이터 흐름에 대한 규제와 정책이 관여되는 문제다. 변화하는 세계 속 개인정보에 대한 연구들은 다수 존재한다. 정대경은 개인정보보호에 대한 국가별 정책의 차이와 개인정보보호강화를 위해 어떠한 정책들이 필요한지에 대한 연구를 했다(정대경 2012). 또 데이터의 흐름에 대한 연구들도 이루어졌다. 대표적으로 김성해는 정보주권의 실질적 내용이 무엇이며, 국제사회의 변화에 따라 정보주권의 강조점이 어떻게 변화했는지 등을 분석했다(김성해 2014). 그러나 프라이버시와 데이터의 흐름을 모두 고려하여 생체인식 기술 분야에서 기업, 사회, 정부 속의 다양한 권리 개념이 충돌하며 만들어지는 새로운 경쟁의 양상에 대한 연구는 없다.

본 논문에서 필자는 미국과 중국이 생체인식 분야에서 벌이는 경쟁을 분석하기 위해 기업, 사회, 정부 차원에서 일어나고 있는 패권, 인권, 주권의 세 가지 권리 개념의 충돌 양상을 살펴본다. 이를 통해 기술의 표준, 관념의 표준 그리고 제도의 표준을 세우기 위한 미국과 중국의 경쟁 양상을 파악하고자 한다. 이때 패권, 인권, 주권에 있어서 각각 한 가지 행위자의 이해관계만 작용하는 것이 아니며 이들의 목적이 한 가지로 정의되기는 어렵다는 점을 염두에 두고 문제를 바라볼 필요가 존재하며 패권, 인권, 주권 이 세 가지 권리 개념의 주체 그리고 이들이 추구하는 목적에 있어서 겹치는 부분이 발생할 수밖에 없다. 세 가지 권리 개념의 주체 사이에서 일어나는 상호작용을 파악하

고 이를 바탕으로 안면인식 기술과 미중 바이오 데이터 경쟁이 신흥권
력론에서 가지는 함의를 파악하는 것이 필자의 목적이다.

제II절에서는 생체인식 기술의 개념적 이해와 바이오 정보의 특성
에 대한 설명을 한다. 또한 생체인식 기술 시장과 기술 동향을 파악하
여 생체인식 기술과 이를 통해 수집되는 정보가 21세기 미중 경쟁 속
에서 가지는 중요성을 분석한다. 논의가 생체인식 기술이라는 광범위
한 분야에서 출발하지만 제III절에서부터는 생체인식 기술의 여러 분
야 중에서도 안면인식 분야에 초점을 맞춘다. 4차 산업혁명시대 속 선
도부문을 장악하기 위한 기업 차원의 기술 경쟁을 보여주기 위해 AI
와 맞물려 빠르게 성장하고 있는 분야에 집중하기 위함이다. 제IV절에
서는 미국과 중국의 상이한 인권 담론과 이를 바탕으로 한 프라이버시
정책이 안면인식 기술 경쟁에 미치는 영향에 대해 파악을 한다. 제V절
에서는 안면인식 기술의 발전을 위한 필수 요소로서의 바이오 데이터
를 다룬다. 데이터 자체의 특성과 데이터의 흐름에 대한 규정이 모두
안면인식 기술의 발전 수준에 영향을 미친다. 따라서 미국과 중국의
상이한 데이터 주권 인식을 바탕으로 제정되는 데이터 법안들이 상대
국에게 줄 수 있는 영향에 대한 분석도 한다. 결론에서는 이러한 패권,
주권, 인권의 세 가지 권리 개념 사이에서 일어나는 상호작용에 대해
파악을 하고 선도부문의 기술 장악을 위한 경쟁 정보혁명 속에서 부상
한 데이터 경쟁이 일어나는 양상을 밝힌다.


## II. 생체인식 기술의 이해

현재는 IT 중심으로 형성된 기술 패러다임이 앞으로 바이오 기술 패러

다임으로 옮겨갈 것이라고 전망할 수 있을 정도로 생체인식 기술이 빠른 성장 속도를 보여주고 있다. 생체인식 기술 자체에 대한 이해를 넘어 이를 통해 수집되는 바이오 데이터가 가지는 중요성에 대해서도 파악할 필요가 있다.

## 1. 생체인식 기술의 개념과 미중 경쟁 속 바이오 데이터의 중요성

생체인식 기술은 사람의 신체적, 행동적 특징을 자동화된 장치로 추출하여 개인을 식별하거나 인증하는 기술로, 바이오인식 기술이나 바이오메트릭스라고도 한다. 이를 사용하기 위해서는 누구나 가지고 있으며, 각 사람마다 고유하여, 변하지 않고 변화시킬 수 없으며, 센서에 의한 획득과 정량화가 쉬운 특징을 갖고 있어야 한다(연구성과실용화진흥원 2016). 생체인식 기술은 인증과 식별의 용도로 주로 이용되며 개인의 특징에 따라 구분했을 때는 신체적 특징과 행동적 특징으로 나눌 수 있다. 신체적 특징을 이용한 생체인식에는 대표적으로 지문인식, 얼굴인식(안면인식), 홍채인식 그리고 정맥인식이 있다. 이 중 행동적 특징을 이용한 생체인식에는 서명인식, 음성인식 그리고 걸음걸이 인식 등이 있다.

　생체인식 기술을 통해 수집되는 바이오 데이터는 21세기 국제정치의 맥락 속에서 이해해야 한다. 데이터의 확보와 보호가 21세기 국가들의 큰 관심사가 되면서 데이터 주권을 지키기 위한 노력이 치열해지고 있다. 기술의 빠른 발전에 따라 정보의 유통 또한 수월해지고 있으며 이에 따라 개인정보 보호를 위한 기술에 대한 수요가 늘고 있다. 이러한 기술 중에서 RFID(Radio Frequency Identification) 위치 기술과 함께 생체인식 기술이 대표적이다. 생체인식 기술을 위해 필요한 정보는 바이오 정보 또는 바이오 데이터라고 한다. 이때 바이오 데이터는 반드시 생체인식 정보만을 의미하지는 않는다. 최근 웨어어러블 기기나 디지털 헬스케어 서비스의 도입과 함께 수집되고 있는 체온, 심박수, 칼로리, 혈당 등의 정보 역시 바이오 정보이며, 특정 개인과 결부될 경우 개인정보라고 볼 수 있지만, 생체인식 정보인 것은 아니다. 이러한 정보를 지칭하는 용어로는 건강 정보 혹은 건강관련 정보(data concerning health)가 있다(국가인권위원회 2016). 그러나 본 논문에서는 바이오 데이터라는 용어를 생체인식 정보라는 제한적인 의미로 사용한다.

이때 바이오 데이터는 개인마다 다르다는 고유성(uniqueness)과, 시간의 흐름에도 크게 변하지 않는다는 불변성(pemanence)의 특징을 가지고 있기 때문에 이 정보가 유출될 경우 패스워드와 같이 자유로운 갱신이 불가하여 지속적인 바이오정보의 악용이 발생할 수 있다(금융보안원 2016). 따라서 비(非)바이오 데이터와는 달리 그 고유성과 불변성 때문에 한번 유출된다면 지속적으로 악용이 될 수 있기 때문에 데이터 자원으로서의 중요성이 더욱 크다고 판단할 수 있다. 바이오 데이터는 비밀번호나 카드보다는 보안성이 높지만, 개인을 식별할 수 있는 고유한 데이터가 유출되거나 위조될 수 있는 가능성이 여전히 존재한다.

대표적으로 눈이 감겨 있어도 잠금이 해제되었던 구글의 Pixel 4 스마트폰 그리고 위조 지문으로도 잠금이 해제되었던 삼성의 갤럭시 S10의 초음파 방식 지문인식 기술의 사례가 있었다. 그만큼 바이오정보가 주요 데이터 자원으로서의 가치를 가지고 있으며, 바이오 정보가 전자상거래와 보안시스템 등에서의 활용범위가 넓어짐에 따라 이는 프라이버시의 문제를 넘어 주요 권력 자원으로서 인식되고 있다.

바이오 데이터 유출로 인한 미중 마찰은 이전부터 존재해 왔다. 대표적으로 2013년 미국 에너지국 지문정보 유출 사건에서는 배후에 중국의 공격이 있을 가능성이 언급되었으며, 2015년 미국 연방 인사관리처 지문 유출 사건은 중국집단의 APT 공격에 의해 이루어진 것으로 확인되었다. 그러나 바이오 데이터의 규모가 해마다 커지고 있기 때문에 이 데이터의 유출이 국가 안보에 직접적인 위협이 될 가능성이 높아지고 있다.

또 데이터 자체의 성격을 살펴보자면, 데이터 자체의 생산자나 소유자(해당 국가의 개인이나 기관 등)로부터 데이터 사이의 패턴을 읽는 활용자(주로 미국의 인터넷 비즈니스 기업들)로 권력이 이동한다. 그런데 기업들이 수집하는 빅데이터의 국적과 그 빅데이터를 저장. 활용하는 기업의 국적이 다르다는 점에서 갈등이 발생할 소지가 있다(김상배 2018). 이렇게 데이터 자체의 특징과 바이오정보의 성격을 종합적으로 고려했을 때 미중 경쟁에 있어서 바이오정보의 중요성을 파악할 수 있게 된다.

생체인식 기술 중에서도 본 논문에서 필자가 중점적으로 다룰 내용은 안면인식 기술이다. 안면인식 시스템은 인공지능을 기반으로 하는 생체인식 시스템 기술 중 하나이며, 개인의 안면의 특징 정보를 수집해서 데이터베이스에 저장하고 이를 비교해 자동으로 신원을 식별할 수 있게 한다. 이 기술은 비접촉적인 방식으로 개인정보를 얻을 수 있으며 인공지능과 딥러닝을 통해 데이터세트를 수집한 후 개인을 식별할 수 있다. 안면인식 정보는 개인을 식별하는 용도뿐만이 아니라 개인의 감정 상태나 하는 말까지 파악할 수 있을 가능성이 있기 때문에 데이터 자원으로 높은 가치를 가진다.

## 2. 21세기 생체인식 기술의 발전

생체인식 기술(biometrics)은 bio(생명)와 metrics(측정하다)로 구성된 그리스 단어에서 기원한다. 지문의 특성을 이용한 지문인식이 1800년대 후반부터 발달하기 시작했으며 이는 홍채인식, 안면인식 등 다양한 분야의 신체적 특성을 이용하기 시작했다. 또한 기술의 발전에 따라 서명이나 음성 등 행동적 특성을 측정할 수 있게 되었다. 생체인식 기술은 그 보안성과 편리성 때문에 주목을 받고 있으며, 기존에는 오류가 많았지만 기술의 향상으로 인해 그 정확도도 해마다 높아지고 있다. 이 기술이 스마트폰에 탑재되기 시작하면서 생체인식 기술 시장이 더욱 활발하게 성장할 수 있게 되었다. 애플은 2013년 아이폰5s에 홈버튼에 손가락을 대고 잠금화면을 풀 수 있는 터치아이디 기능을 추가하여 출시하였다. 이렇게 생체인증 기술이 모바일 디바이스에 적용되면서 물리적 인증과 소프트웨어적인 인증의 경계가 허물어져 생체보안 기술이 다양한 분야로 확장되었다(오윤석 2019).

세계적인 생체인식 시장 규모를 생체 대상별로 나누면 지문인식이 생체인식 시장 중 66%로 가장 많은 비중을 차지하며, 그 다음으로는 얼굴인식이 12%, 홍채인식이 7%를 차지하는 것으로 조사되었고, 이러한 지문, 얼굴, 홍채를 이용한 생체인식은 전체 생체인식 시장에서 85%를 차지하는 것으로 조사되었다(과학기술진흥원 2018).

지문인식 기술이 지금까지 가장 자주 사용되는 기술이었다면 최근에는 지문인식보다 더 편리하고 보안성이 높은 안면인식 분야에서의 특허 출원 수가 빠르게 늘어나고 있다.

4차 산업혁명과 더불어 생체인식 기술 시장이 이전과는 다른 속도로 급속하게 성장하고 있다. 생체인식 기술의 실제적인 활용은 스마트폰

**표 1** 안면인식 시스템과 다른 시스템의 비교표

| 생체 인식 시스템 종류 | 편의성 | 정확성 | 안전성 | 장기 안정성 | 설치 비용 | 방해 요소 |
|---|---|---|---|---|---|---|
| 안면인식 | 매우 편리 | 정확 | 안전 | 안정적 | 보통 | 빛, 가림막 등 |
| 지문인식 | 비교적 편리 | 정확 | 보통 | 안정적 | 보통 | 손 오염, 기름, 피부 마모 등 |
| 홍채인식 | 보통 | 매우 정확 | 매우 안전 | 안정적 | 비쌈 | 콘택트 렌즈 등 |
| 음성인식 | 편리 | 보통 | 매우 안전 | 보통 | 저렴 | 소음, 감기 등 |
| 정맥인식 | 보통 | 정확 | 안전 | 안정적 | 비쌈 | 나이, 생리 변화 등 |

출처: 중국 치앤짠 산업연구원; 중국전문가포럼(2019) 재인용.

**표 2** 생체인식 분야별 기술적용 사례

| 분야 | 생체인식 기술적용 사례 |
|---|---|
| 금융 | ATM, 모바일뱅킹, 증권거래, 지불 및 결제수단 등 |
| 컴퓨터보안 | 전자상거래, 정보보안, 생체로그인(PC 등), 핸드폰 등 기기 사용자 인증 |
| 통신 | 콜센터, 인터넷폰 및 전화카드 |
| 출입관리 | 공항(출입국 심사, 불법 입국자 확인 등), 기업(출입통제, 근태관리 등) |
| 의료복지 | 환자 신분확인, 기록관리, 원격진료 등 |
| 공공분야 | 범죄자 식별(지문대조, 성분분석), 전자주민증, 선거관리 등 |
| 검역 | 안면인식을 통한 감염자 식별 |
| 엔터테인먼트 | 얼굴인식을 통한 인물사진 분류 및 관리, 닮은 사람 찾기 등 |

출처: 융합연구정책센터(2018).

산업에서 가장 돋보이고 있다. 미국에서 애플을 비롯한 스마트폰 제조
사와 더불어 중국의 화웨이나 비보 등의 제조사는 주로 지문인식 기술
을 탑재해왔으며 최근에는 안면인식 기술에 주목하고 있다. 스마트폰
외에도 생체인식 기술이 탑재된 기기의 보급이 확대되면서 핀테크, 헬
스케어 등 IoT 기반 서비스 확산이 시장의 성장 요인이며, 바이오인식
센서가 탑재된 모바일 기기, 바이오 인식 앱, 바이오 인식 인증시장이
더불어 성장할 것으로 전망된다(과학기술일자리 진흥원 2016). 이 기술
은 광범위하게 보았을 때 금융, 보안, 출입관리, 의료복지, 공공, 검역,
그리고 엔터테인먼트 등 다양한 분야에 적용되고 있다.

생체인식 기술 관련 주요 기업으로는 중국에서는 구디스(GOO-

DIX), 샤오미(XIAOMI), 텐센트(TENCENT), 알리바바(Alibaba) 그리고 센스타임(SenseTime)이 있고, 미국에서는 인텔(INTEL), 퀄컴(Qualcomn), 마이크로소프트(Microsoft), 구글(Google) 그리고 아이리텍(IRITECH)이 있다. 글로벌 시장 조사기관 트랙티카(Tractica)에 따르면 글로벌 생체인식 시장은 215년 20억 달러에서 25.3%의 연평균성장률을 보여 2024년 149억 달러에 이를 것을 전망한다. 바이오메트릭스 기술 중에서도 구글, 애플, 알리바바 등의 주요 글로벌 기업들은 제III절에서 살펴볼 안면인식 분야에서 적극적으로 M&A를 통한 기술 획득을 추진하고 있다. 안면인식 분야에서 선두주자인 미국의 경우 2022년까지 글로벌 안면인식 시장이 매년 20% 성장이 예상돼 90억 달러 규모로 성장할 것으로 예측된다. 또한 중국에서는 1990년대 미국, 일본, 독일 등 당시 연구개발의 주축으로부터 안면인식 기술을 도입하기 시작했으며, 2018년 미국 표준 기술연구소가 실시한 글로벌 안면인식 공급업체 정확도 테스트에서 세계 상위 5위를 모두 독차지했을 정도로 놀라운 발달 속도를 자랑한다.

　생체인식 기술 시장의 빠른 발전과 미국과 중국이 생체인식 기술을 발전시키기 위해 벌이는 치열한 경쟁에 비해 국제 표준이나 플랫폼을 수립하기 위한 노력은 아직 미숙하다. 생체인식 기술과 이를 통해 수집한 바이오 정보에 대한 인식에 있어서도 국제적 합의가 아직 이루어지지 않았기 때문에 이 분야에서의 미중경쟁을 살펴보아 21세기 경쟁의 양상을 파악할 필요성이 제기된다.

## III. 안면인식 분야에서 나타나는 '패권의 게임'

미중 기술 패권경쟁은 21세기에 들어와서 더욱 첨예하게 벌어지고 있으며, 특히 AI 분야에서 각국은 막대한 투자를 통해 기술을 육성하고 있다. 안면인식 기술은 AI와 결합된 형태로 발전하기 때문에 안면인식 기술 시장뿐만 아니라 미국과 중국의 AI 육성 정책에 대해서도 간략히 살피겠다. 미국과 중국 모두 AI 산업을 육성하고 있지만 AI 산업의 성장 양상은 각국에서 다르게 벌어지고 있다. 특히 미래의 선도부문으로 부상하고 있는 생체인식 기술 부문은 기술 패권과 함께 데이터 주권 그리고 인권 등의 권리 개념이 충돌하고 있기 때문에 미국과 중국에서 생체인식 기술의 발전은 다른 생태 환경 속에서 이루어질 수밖에 없다.

### 1. 표준 장악을 바탕으로 한 미국의 패권 유지 전략

애플, 아마존, 마이크로소프트, 구글 등의 빅테크 기업을 제외하면 미국에서 활동하는 주요 안면인식 소프트웨어 회사에는 페이스퍼스트(Facefirst), 리얼네트웍스(Realnetworks), 베리톤(veritone)그리고 파라비전(paravision)이 있다. 안면인식 시장은 2018년 45억 1000만 달러 규모로 평가되었으며, 2024년에는 90억 6000만 달러의 가치에 이를 것으로 예상된다(박희경 2019). 미국의 안면인식 시장은 미국에서는 법 집행, 자동차 업계, 의료 업계, 은행 및 금융 업계, 식음료 업계 그리고 여행 및 항공 업계 등 다양한 분야에서 사용되고 있지만 식별 대상이 백인 남성이 아닌 경우 오류가 발생할 확률이 더 높다는 점이나 프라이버시에 침해에 대한 시민사회에 있어서의 부정적인 인식 때문에 그 발전이 제한되고 있다.

안면인식이 AI와 연동되어 발전하는 산업인 만큼 안면인식 기술의 발전 양상을 이해하기 위해 미국의 AI 산업 발전에 대한 이해가 필요하다. 경쟁의 대상이 AI와 같은 가공할 파급력을 가진 범용 기술이라 단순히 AI 학술 논문의 양이나 특허 출원, 슈퍼컴퓨터의 성능혁신을 놓고 벌이는 경쟁이 아니라 AI를 통한 전 산업의 혁신과 글로벌 표준 장악을 위한 양적, 질적 경쟁이며, 나아가 일종의 글로벌 규범경쟁이라는 측면이 있다(김준연 2019).

최근 국제 생체인식 기술의 표준 설립에 참여하고자 하는 중국 기업들의 움직임이 있지만 아직까지는 미국이 안면인식을 포함한 생체인식 시장에서 오랫동안 우위를 차지해온 만큼 미국 기업들은 이 기술의 표준화에도 적극적인 관심을 기울여왔다. 국내적으로는 NIST(National Institute of Standards and Technology)를 설립하여 생체인식 기술의 표준화를 도모하고 있다. 국제적으로는 마이크로소프트나 구글 등이 글로벌 플랫폼으로 FIDO(fast identity online 연합)의 보안인증 기술인 '파이도 레디' 도입을 검토하면서 국내스마트폰 제조사, 금융권들도 생체인식 기술의 전자결제 적용을 계획하고 있다. 생체인증솔루션 BioPay도 개발되고 있으며 HTML5 기반의 인증서비스도 개발되고 있다(조병철 외 2015).

미국의 생체인식 기술은 중국에 비해 공공 및 민간 부문의 투자에 대한 의존도가 더 높다. 그러나 미중 패권경쟁이 AI분야에도 영향을 미치게 되면서 미국에서도 AI 기업의 기술경쟁력 향상을 장려하기 위한 정부의 움직임이 활발해지기 시작했다. 〈그림 1〉에서 볼 수 있듯이 미국의 AI 분야 정책은 AI 중요성 및 필요성 제기 → R&D 집중 → 분야별 세부전략 수립 및 가이드 개발 → 국가 전 분야 전략 수립의 흐

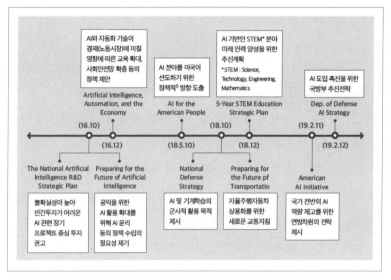

**그림 1** 미국 AI 관련 정책 추진현황
출처: 김규리(2019).

름으로 전개된다(김규리 2019). AI를 비롯한 4차 산업혁명에 발맞추어 나가려는 움직임은 오바마 행정부에서부터 본격적으로 시작되었다. 이 중에서는 특히 2011년 '선진 제조업 파트너십(Advanced Manufacturing Partnership, AMP)이 주목할 만하다. 이러한 AMP 형성을 통해 보여지는 국가적인 노력의 이면에는, 연방정부가 민간과 연계하여 질 높은 제조업 일자리와 세계적 경쟁력을 증강시키기 위한 기술 개발 투자를 촉진하려고 하는 노림수가 있었다(유인태 2018).

트럼프 행정부의 AI 정책은 이전 행정부의 정책과는 다른 성격을 띤다. 기존의 AI 관련 이니셔티브는 경제적인 우위를 차지하기 위한 목적이 더 컸다면, 트럼프 행정부에서는 AI산업의 성장을 경제적 우위 뿐만이 아니라 안보 차원에서의 우위를 차지하기 위한 목적도 강조한다. 트럼프의 'AI 이니셔티브'라고 명명되는 행정명령이 연방 차원에서 제시된 전략임을 보았을 때 AI 부문에서는 국가 주도 성장의 요소가 어느 정도는 가미되어 있다는 사실을 확인할 수 있다.

그 내용을 구체적으로 보자면, 트럼프의 'AI 이니셔티브'는 연방정부가 AI를 발전시키기 위한 다섯 가지 지침을 따르도록 한다. (1) 지속적인 AI R&D 투자를 장려할 것, (2) 연방 차원의 AI 자원을 풀어놓을 것, (3) AI 혁신에 있어서 장애물을 없앨 것, (4) AI 중심 교육과 훈련 기회를 통해 미국 노동자에게 권한을 부여할 것, (5) 미국 AI 혁신과 책임감 있는 사용을 지지하는 국제적 환경을 조성할 것이다(The Whitehouse 2018). 트럼프의 행정명령을 통해 AI 산업 성장에 대해 적극적인 역할을 할 것을 알 수 있었지만 구체적인 비용에 대한 문제나 해외 인재 유입을 위한 이민정책의 개선에 대해서는 언급이 부족하다는 비판이 제기되기도 했으며 미국에서는 여전히 기업과 민간 차원에서의 경쟁과 표준화를 위한 노력이 활발하게 이루어지고 있다.

한국과학기술기획평가원(2019)에 따르면, 중국은 2019년 기준으로 세계 1위 수준의 안면인식 시스템 기술력을 보유하고 있다. 중국의 안면인식 시스템 분야 대표 4대 유니콘 기업은 센스타임(商场科技), MEGVII(旷视科技), 클라우드워크(云从科技) 그리고 이투커지(依图科技)가 있으며 기업 가치가 현재 동종 업계 최고 수준이다. 미국 국가표준기술연구소(NIST)가 주관한 '얼굴인식 알고리즘 테스트(FRVT)대회에서 이투커지가 1, 2위, 센스타임이 3, 4위, 중국과학원 선전첨단기술연구원이 개발한 알고리즘이 5위를 차지하면서 중국이 세계에서 가장 높은 안면인식 기술력을 보유한다는 사실을 확인할 수 있었다. 중국 안면 인식 시장은 매우 빠르게 성장하고 있는데, 첸찬산업연구원(2019)의 보고에 따르면 중국의 안면인식 시장의 규모는 2017년에는 21.9억 위안이었으며 2022년에는 66.7억 위안으로 성장할 것으로 예상된다.

중국에서는 2020년까지 약 4억대의 CCTV를 설치하겠다는 목표를 가지고 있다. 현재는 도시에서는 실시간 영상 감시시스템인 톈왕(天网)으로 범죄 용의자와 실종자를 수색하는 데 활용하고 있다. 농촌지역에는 쉐량공정(雪亮工程)을 통해 안면인식 시스템과 AI 그리고 빅데이터 등의 기술을 결합한 감시카메라로 농촌 지역의 공공시설과 도로를 감시한다. 이 외에도 실생활에 가게 안에서 결제를 할 때, 대학 내 시설을 출입할 때, 공중 화장실에서 휴지를 사용할 때 그리고 최근에는 지하철 탑승할 때까지 일상생활 속에서 안면인식시스템이 활발하게 사용되고 있다. 또한 한국과학기술평가원(2019)에 따르면 행정·업무 등의 분야에서도 안면인식 기술 채용이 활발한데, 대표적으로 2017년도 12월부터 광저우시와 광저우시 공안국은 중국에서 처음으로 안면인식 기능을 이용한 디지털 신분증 발급을 시작했고 이는 본인인증 시 사용된다. 센스타임 등 중국 기업들은 기술을 정부에게 제공하고 있어 기업과 정부 간의 이해관계가 밀접하게 연결되어 있다고 해석할 수 있다.

〈그림 2〉에서 볼 수 있듯이 정부와 민간 부문 사이에서 일어나는 선순환이 중국의 안면인식 성장에 긍정적 영향을 미치는 것으로 볼 수 있다. 실제로 이투커지, 메그비 그리고 센스타임 등 안면인식에 특화된 기업들이 기술력을 바탕으로 대규모 투자를 유치하며 기업규모를 급속히 확대하고 있는 한편 중국 정부는 행정·치안 등 공공 서비스에 막대한 예산을 투입해 안면인식 기능을 도입하면서 시장·산업화를 견인하는 역할을 담당하고 있다(S&T GPS 2019). 중국은 안면인식 시장뿐만 아니라 AI 산업 자체의 육성에 큰 관심을 가지고 있다. 이러한 관심은 시진핑 정부 하에 급격하게 증대되었다.

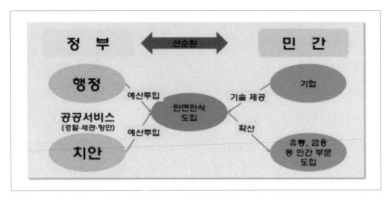

**그림 2** 중국 정부의 안면인식 성장 생태계
출처: IITP(2019); 한국과학기술평가원(2019) 재인용.

**표 3** 중국 정부의 AI 유관 정책

| 발표 일시 | 정책명 |
|---|---|
| 2015.5 | ① 중국제조 2025 |
| 2016.3 | ② 로봇산업발전계획 2016~2020 |
| 2016.5 | ③ 인터넷+ AI 3개년 실천방안 |
| 2016.9 | ④ 소비재 표준 및 품질 향상 계획 2016~2020 |
| 2017.7 | ⑤ 차세대 AI 발전계획 |

출처: 정보통신기술진흥센터(2019).

〈표 3〉에서 볼 수 있듯이 중국 또한 AI 산업 육성에 초점을 두고 있다. 2018년 10월 31일 중앙 정치국 집체 학습에서 시진핑 주석은 "AI는 신 과학기술 혁명과 산업 변혁을 이끄는 전략 기술이자 전 분야를 끌어올리는 선도·분수 효과가 가역한 기술"이라며 "중국이 세계 기술 경쟁의 주도권을 쥐도록 하는 핵심 수단이자 과학기술, 산업구조, 생산력을 비약시킬 전략 자원"이라고 정의했다. 또 나아가서 "중국의 거대한 데이터와 시장 잠재력을 지렛대로 활용하자"고 했다(이길목 2019).

중국의 안면인식 기술은 해외로도 활발하게 진출하고 있으며 진출 대상국은 대부분 개발도상국이다. 예를 들어 중국의 안면인식 기업 클라우드워크(云从科技)와 짐바브웨 정부는 2018년에 협상을 체결했다. 이 협상에 따르면 클라우드워크는 짐바브웨에서 금융, 교통, 공공안전과 교육 분야에서의 짐바브웨 정부의 스마트 산업으로의 전환을 돕게 되며 짐바브웨의 안면인식 데이터베이스가 설립된다(符雪苑 2018). 짐바브웨 정부는 수백만 명의 아프리카인들의 얼굴 데이터를 클라우드워크에 제공하여 안면인식 기술의 발전을 도울 것이다(Anna Gross 외). 안면인식 기술의 정확도 향상을 위해 여러 인종으로 구성된 데이터세트가 필요하다는 점을 고려했을 때 중국은 앞으로도 안면인식 감시 시스템을 해외에 활발하게 수출할 것으로 기대된다.

이때 중국에서도 안면인식을 비롯한 생체인식 기술의 표준화에 대한 움직임이 활발하게 일어나고 있는데, 기술적인 표준 설립에 아직까지는 기업이 주요 역할을 차지하고 있다. 텐센트, 핑안보험, 앤트 파이낸셜, 다화, 샤오미를 비롯한 많은 회사들이 공식적으로 설립된 안면인식국가표준위원회(人脸识别国家标准工作组)에 포함되었다(崔爽 2019). 이들 회사는 중국 국내 안면인식 기술 표준을 제시할 목표를 가졌지만 국제표준 설립에도 영향력을 미칠 것으로 전망된다. 안면인식국가표준위원회 외에도 중국의 ZTE, 다화테크 그리고 중국 텔레콤 등의 회사들이 UN의 ITU(International Telecommunication Union)에서도 국제적 표준을 적극적으로 내세우고 있다. ITU에서 지정한 표준은 기술의 개발과 활용에 있어서 규칙을 제공한다. 거의 200개의 회원국을 보유하는 ITU에서 비준된 표준은 중국 정부가 일대일로 이니셔티브 하에 인프라 건설과 감시 기술을 공급하고 있는 아프리카, 중동지역 그리고 아시아 지역에서 흔히 정책으로 받아들여진다(Gross, Murgia and Yan 2019). 기업들이 국제표준을 세울 때 자사의 기술에 부합하는 표준을 제시함으로써 국제시장에서의 우위를 점할 수 있기 때문에 국제표준을 장악하기 위한 미국과 중국의 기업들의 기술표준 세우기 경쟁은 앞으로도 치열하게 벌어질 것으로 예상된다.

## IV. 프라이버시 레짐에서 나타나는 '인권의 게임'

안면인식 정보는 개인정보의 범주에 속해 있기 때문에 인권과 프라이버시에 대한 담론이 안면인식 기술의 사용 범위와 안면인식 정보의 수집에 있어서 핵심적인 역할을 한다. 즉 안면인식 기술로 수집되는 개인정보에 대한 시민사회의 인식이 중요하며 관념의 표준을 세우기 위한 미중 간의 경쟁 양상도 살펴보아야 한다. 개인의 프라이버시에 대한 논의를 펼치기 위해서는 각국이 인권에 대해 가지는 다른 관념에 대한 비교가 필요하다. 따라서 본 논문은 미국과 중국 각국에서 인권에 대한 논의 속 프라이버시 개념에 대한 이해를 비교하고 이 개념이 안면인식 기술의 발전과 활용에 주는 영향에 대해 분석하였다.

### 1. 미국의 프라이버시: 국내외로 다르게 작용하는 인권 담론

미국에서는 전통적으로 프라이버시를 인간의 기본적인 권리로 규정해왔으며 프라이버시의 침해를 인권 침해의 측면에서 바라보아왔다. 따라서 기업과 시민사회 차원에서 인권을 이유로 개인정보의 무분별한 수집에 대해 강하게 견제하고 있다. 이에 따라 미국의 개인정보보호법과 안면인식 기술 시장이 직접적으로 영향 받기도 한다. 또한 안면인식 기술을 도입하는 범위가 제한적일 수밖에 없으며 국가사업으로 안면인식 감시 시스템을 설정하는 중국과는 단리 개인의 안면인식 정보 수집이 비공개적으로 이루어지기도 한다. 한편으로 미국이 중국과 공통적으로 국가의 안보를 위해 개인정보를 국가 차원에서 수집하기도 하면서도, 프라이버시가 소비자로서의 개인이 가지는 권리라고 간주하며 이를 지키기 위한 노력이 계속 이루어지고 있다.

미국에서는 프라이버시의 보호를 소비자의 권리로 인식하고 제한적 보호체제를 유지하고 있었다(조현석 2016). 따라서 미국에는 아직 하나의 포괄적인 개인정보보호법이 아닌, 개별 법률에 의해 특정 영역의 개인정보를 보호하는, 개별 접근방식을 채택하고 있다(LG CNS 2017). 프라이버시의 보장은 미국의 디지털경제 강화라는 효과를 가져올 수 있다. 따라서 오바마 행정부의 때에는 빅데이터 R&D 이니셔티브를 추진하면서 동시에 다양한 비국가 행위자의 의견을 수용한 소비자 프라이버시 권리장전도 선포하였다. 트럼프 행정부 하에서도 소비자의 프라이버시 보호를 위한 움직임은 계속되고 있다. 미국에서는 생체인식 정보와 프라이버시에 대한 관심도가 높아짐에 따라 텍사스주와 일리노이주를 따라 워싱턴주도 2017년에 생체인식 프라이버시 법안을 2017년에 통과시켰다(Gemalto 2019).

나아가서 2018년에 캘리포니아주는 소비자 프라이버시법(California Consumer PrivacyAct, CCPA)을 제정하였으며 이는 2020년에 발효되었다. CCPA에 따라 개인정보의 정의와 소비자의 권리, 그리고 사업자의 의무가 확대되며 CCPA에서 정의하는 개인정보에는 안면인식 정보를 비롯한 생체인식 정보가 포함된다. CCPA는 전국적인 차원의 법은 아니지만, 적용 범위가 확대될 가능성이 높으며 주로 기업 산업클러스터가 실리콘 밸리에 위치해 있다는 점을 고려했을 때 그 영향력은 클 수밖에 없다. 나아가 이는 미국 데이터 프라이버시 법안의 잠재적 모델로 손꼽히기도 한다. 그 외에도 미국 상무부 산하 통신정보 관리청(NTIA), 연방거래위원회(FTC), 일리노이주의 생체인식 개인정 보보호법 등에 나타난 생체인식 보안 요구사항은 ▲개인정보 보호를 염두에 두고 서비스를 설계할 것 ▲정보주체가 생체인식 기술의 보안 방안을 인지하도록 안내하고 동의를 받을 것 ▲생체정보의 탬플릿 데 이터 관리 방안을 개발할 것 등이 포함돼 있다(김선애 2019).

그러나 프라이버시와 생체인식 정보에 대한 규정이 각 주마다 다 르기 때문에 개인의 정보를 정부나 기업의 동의 없이 활용하는 경우가 발생하기도 한다. 최근에 안면인식 데이터 수집 방식에 대한 신뢰도를 떨어뜨린 사건에 대해 살펴보자면, 우선 IJB-C이 데이터세트에 대한 사건이 있었다. 고등정보연구계획국(Iarpa)는 미국 정보기관들에게 경쟁적 우위를 제공하기 위한 혁신적인 연구에 자금을 지원하는 미국 정부 기관이다. Iarpa Janus Benchmark-C(IJB-C)는 Iarpa의 안면인 식 이니셔티브며, IJB-C의 데이터세트에는 크리에이티브 커먼스 저작 권(Creative Commons license)을 통해 자유롭게 이용할 수 있는 데이 터가 포함되어있다. 그러나 미국 언론에서는 IJB-C에 포함된 데이터 세트에 이용된 안면인식 정보가 중국의 센스타임과 같은 기업들도 활 용할 수도 있다는 점을 지적한 바가 있다. 미국에서는 중국의 센스타 임이 신장–위그루 자치구에 대한 감시 시설에 기술을 제공했다는 점 에서 반감이 컸다.

또 기업 차원에서 개인의 안면인식 정보를 무분별하게 수집한 사 례를 살펴보자면, 2016 Microsoft Celeb을 살펴볼 수 있다. 마이크로 소프트가 약 100만 명의 데이터를 포함시킨 데이터세트를 microsoft celeb이라는 사이트에 저장했던 사건인데, 웹 서치 엔진을 통해 검색 한 개인의 얼굴을 이용하여 데이터 세트를 만들었는데 이 데이터세트

에 자신의 안면정보를 포함시키는 것에 동의한 사람은 없었으며 안면
인식 기술에 반대하는 사람들의 정보도 데이터세트에 포함되었다고
한다. 마이크로소프트는 항의가 잇따르자 이 사이트를 2019년에 폐지
했지만 올라가 있는 안면인식 정보를 다운받았다면 그 정보는 여러 차
례 재사용 가능했으며 이 정보가 해외 기업에 의해서도 이용된 것이
밝혀지면서 비판이 제기되었다. 그 외에도 FBI와 ICE에서 개인의 운
전면허 사진을 동의 없이 안면인식 기술로 스캔했다는 사실이 밝혀지
자 안면인식 기술 사용 시 개인의 정보 수집에 대한 규제가 필요하다
는 인식이 미국에서 확산되기 시작했다.

샌프란시스코와 매사추세츠주 서머빌에서는 정부의 감시에 대한
우려와 대중의 신뢰 문제를 이유로 경찰과 공공 기관들이 안면인식 기
술을 사용하지 못하도록 방지했다(Drew 2019). 또 오레곤과 뉴햄프셔
는 경찰이 바디 카메라를 이용한 안면인식을 이용하는 것을 금지했고
캐리포니아주 및 매사추세츠주의 일부 도시들은 시 공무원들이 법 집
행 등을 위해 안면인식 기술을 사용하는 것을 금지하기 시작했다(김수
현 2019). 주 의회 차원에서 안면인식 기술의 사용을 금지하는 경우가
점점 많아지고 있는데, 주마다 금지하는 범위가 다르기 때문에 하나의
통일된 정책을 가진 중국보다 안면인식기술을 이용한 인권 침해 사례
를 파악하기가 힘들다는 어려움이 있다.

기업들도 동참하고 있다. 구글은 '기술 및 정책에 대한 주요 질문'
이벤트를 통해, 효과적이라고 인정될 때까지는 일반적 목적의 안면
인식 도구를 제공하지 않겠다고 발표했다. 마이크로소프트도 '광범위
한 사회적 파장과 남용 가능성'이 있으므로 기업들이 이 기술의 채택
을 경찰에 맡겨서는 안 된다며, 의회에 이 기술을 규제할 것을 촉구했
다(홍석윤 2019). 이상의 사례들을 통해 미국은 인권 담론을 이용하여

국민들의 프라이버시를 무분별하게 침해하는 중국 정부를 국제적으로 비난하고 견제하면서도, 이 동일한 인권 담론이 미국 내에서는 기술의 빠른 발전을 저해하는 요소가 된다는 사실을 알 수 있다.

## 2. 중국의 프라이버시: 급속한 기술 성장을 가능케 한 창구

우리가 흔히 이해하는 인권의 개념은 서구에서 비롯되는 개념이며 미국은 이 개념을 토대로 중국에 대한 비판을 꾸준히 제기해왔다. 중국의 문화대혁명과 개혁개방 시기에 이루어졌던 인권에 대한 탄압이 미국을 비롯한 국제사회에서 강렬한 비판을 받았으며 이에 대해 중국에서는 국가의 주권이 인권보다 우위를 점하며 중국에서는 생존과 경제적 성장이 인권에 있어서 가장 중요하다고 주장했다. 이를 통해 중국의 인권에 대한 개념은 미국의 인권 개념과 사뭇 다르다는 사실을 알 수 있다. 소련과 함께 중국은 경제적, 사회적 권리를 지칭하는 2세대 인권의 부상에 기여했으며 이를 시민권과 정치권을 지칭하는 1세대 인권의 주요 대안으로 볼 수 있다(Kim 2018).

　　미국은 인권과 자유의 시각에서 프라이버시를 본다면, 중국에서는 미국에 비해 개인의 데이터 관리에 대한 접근을 정보와 콘텐츠의 보안에 강조점을 두며 해왔다. 기술의 발전에 따른 데이터의 초국적 유통이 이슈가 되고 또 스노든 사건으로 미국 정보기관의 전 세계적 정보수집 활동이 드러남에 따라 중국에서도 자국민의 개인정보를 지켜야 한다는 인식이 높아졌지만, 중국식 프라이버시는 여전히 미국과 큰 차이를 보이고 있다(Pfeifle 2017). 중국적 맥락에서 보는 프라이버시는 시민과 정부 사이의 관계가 아닌 개인과 기업 사이의 정보 관계를 말한다. 따라서 중국에서는 소비자 프라이버시 보안법과 동시에 정

부의 시민 개인정보 수집과 무분별한 안면인식 기술의 사용이 공존할
수 있다.

중국에서는 대학 교실이나 지하철 등 일상생활과 밀접한 다양한
장소에서 안면인식 기술을 이미 도입하고 있으며, 무단횡단이나 화장
실 휴지 절도 등 일상 속에서 자주 일어나는 불법 행위들을 포착하는
데 이 기술을 널리 사용하고 있다. 중국 국민들도 안면인식 기술 사용
의 프라이버시 침해에 대한 우려보다는 안면인식 기술을 이용하면서
누릴 수 있는 편리함에 집중하는 경향이 크다. ii미디어 연구(iiMedia
Research)에서 발표한 보고서에 따르면, 2018년에는 6,100만 안면인
식 결제 시스템 가입자에 비해 2019년에는 약 1억 1,800만 명의 중국
인이 가입했다. 2022년까지 리서치 컨설팅은 사용자 수가 전국 인구
의 약 절반인 7억 7,500만 명을 초과 할 것으로 예상하고 있으며 이 수
치는 앞으로 큰 폭으로 증가할 것으로 예상된다.

중국의 인권 개념을 살펴보았을 때, 개인의 프라이버시는 국가의
통제를 받을 수밖에 없다. 그러나 기술의 발전에 따른 데이터의 초국
적 유통이 이슈가 되면서 중국에서도 개인 권리 측면에서 프라이버시
를 인정하기 시작했다. 이때 중국적 맥락에서 보는 프라이버시는 시
민과 정부 사이의 관계가 아닌 개인과 기업 사이의 정보 관계를 말한
다. 따라서 소비자 프라이버시 보안법도 동시에 정부의 시민 개인정
보 수집과 무분별한 안면인식 기술의 사용이 중국에서는 공존할 수 있
다. 그러나 중국에서는 소비자의 권리로서 프라이버시에 대한 인식이
미국에 비해 강하지 않기 때문에  국가에서는 중국 국민들의 데이터를
미국에 비해 수월하게 이용할 수 있다.

알리바바 그룹이 개발한 '시티브레인(City Brain)'이라는 공공감
시 시스템은 안면인식이 적용된 카메라와 시민 도시를 감시할 수 있는

드론으로 구성되어 있으며, 사물인터넷(IoT)와 연결되어 있는 시스템을 통해 도시 내부에서 일어나는 일들을 실시간으로 파악할 수 있다. 이는 항저우에서 성공적으로 도입되었으며 중국뿐만이 아니라 말레이시아를 비롯한 아시아 여러 지역으로도 확산되고 있다. 반면에 미국에서는 사생활 침해와 인종차별 등의 문제로 시티브레인을 보는 시선이 시민사회에서 우호적이지 않으며 신기술에 우호적인 지역 정서가 있는 샌프란시스코에서도 안면인식 기술을 활용한 공공감시 시스템 설치가 부결되었다. 또한 중국은 2020년까지 중국의 모든 사람들을 각 시민에게 "순위"를 부여하는 재정 및 정부 정보를 엮어 방대한 국가 데이터베이스에 등록시키는 목표를 가지고 있다(BBC 2019).

프라이버시에 대한 논의가 중국에서 부재한 것은 아니다. 중국 내 최초의 안면인식 기술 관련 소송이 2019년 11월에 제기되었으며 항저우의 사파리파크에 저장성의 한 교수가 민감한 개인정보 수집을 사유로 소송을 제기했다. 그 이전에는 2018년 앤트파이낸셜에서 알리페이 내 신용 점수 시스템이 사용자의 데이터를 조회할 수 있도록 하는 디폴트 옵션을 설정해놓았다는 이유로 대중의 비난을 받은 사례가 있다. 같은 해에 중국 정부의 지원을 받은 소비자 보호 단체가 검색엔진 바이두가 사용자의 허가를 받지 않고 개인정보를 수집했다는 이유로 소송을 제기했다.

중국 인공지능 연구원 제프리 딩(Jeffrey Ding)의 BBC 인터뷰에 따르면, "이러한 비판이 과거에는 데이터 도난, 해킹, 상업적인 기업에 의한 남용에 대한 우려에 초점을 맞춰졌지만, 점점 더 많은 시민들은 중국 정부가 어떻게 개인 정보를 인구 추적을 위해 활용하고 있는지, 그 자체를 비판하는 것 같다"고 언급한 바가 있다. 이러한 우려의 목소리들이 나오고 있음에도 불구하고 중국에서는 여전히 국가의 안보와 이익을 위해 어느 정도의 프라이버시는 희생할 수 있다는 인식이 존재하기 때문에 미국에 비해 바이오 데이터를 수집하기에 우호적인 환경이 자리매김하고 있다고 볼 수 있다. 국가의 안보와 이익이 프라이버시에 비해 우선시되는 환경은 앞으로도 중국이 미국에 비해 안면인식 기술을 개발시키는 데 유리한 점으로 작용할 것으로 예상할 수 있다.

국가의 안보가 국민 개개인의 프라이버시보다 우선시되는 경우는 미국에서도 발견된다. 예를 들어 2001년 9·11 사태 직후 미국 정부는 국제 테러와의 전쟁을 위해 '미국 애국법'(US Patriot Act)을 제정하여 개인정보의 수집과 활용을 위한 감시활동을 강화했다. 국토안보부의 설립과 함께 위상과 권한이 강화된 미국 NSA는 프리즘 프로그램을 통해 국내외에 걸쳐서 테러활동에 대해 전방위적인 데이터 감시활동을 전개했다(조현규 2016). 이러한 점을 살펴보았을 때 미국 또한 국가의 안보가 위협되는 상황에서 국민들의 프라이버시를 어느 정도 제한한다는 사실을 알 수 있다. 미국과 중국이 국가의 안보와 직결된 사항에 있어서는 국민들의 개인정보 수집을 적극적으로 한다는 점에서 유사점이 있다는 것은 사실이다. 그러나 미국에서는 국가안보나 테러와 직접적으로 관련이 있는 사안에 대해서만 안보가 프라이버시에 우선하는 반면, 중국에서는 사회문화적이고 법제도 정치적인 차원에서 국권이 인권에 우선시되기 때문에 바이오데이터 수집에 있어서 환경이 근본적으로 다를 수밖에 없다.

## V. 데이터 법안에서 나타나는 '주권의 게임'

지구화와 정보화가 진전됨에 따라 국가 행위자뿐만이 아니라 기업이나 국제기구와 같은 초국가 행위자 그리고 시민단체나 개인 등이 바이오 데이터에 대해 첨예한 각축을 벌이고 있다. 미중이 벌이는 데이터 경쟁의 양상이 주권 게임을 보여주고 있으며, 안면인식 기술의 발전에 결정적인 역할을 하는 것이 데이터 레짐이기 때문에 데이터에 대한 제도 표준 설립이 미중 경쟁에 있어서 무시할 수 없는 부분이다. 미중 바이오 데이터 게임은 각 국가의 바이오 데이터에 대해 가지고 있는 상이한 주권 개념에 입각하고 있기 때문에 미중 바이오 데이터 경쟁 속 '주권의 게임'에 주목해야 한다.

### 1. 상대국의 '정책주권' 담론을 견제하는 패권국 미국의 데이터 레짐

김상배(2018)에 따르면, 미국의 데이터의 초국적 유통 담론은 오늘날 국가주권이 약화되고 있다는 인식에 기반을 두는데, 여기서 상정하는 주권 개념은 영토국가의 경계를 넘어서 활동을 통제하는 능력으로써 정부 차원의 '정책주권'을 말한다. 마이크로소프트 아일랜드 사건으로 인해 미국에서는 해외 데이터를 합법적으로 열람하여 상대국가의 정책주권을 지키기 위해 CLOUD(Clarifying Lawful Overseas Use of Data)법을 2018년 3월부터 시행했다. 이 사례는 미국이 안보를 빌미로 자국 기업이 하는 행위를 통제하려는 '패권적 마인드'를 보여줌과 동시에 상대국가의 정책주권을 약화시키려는 노력으로 해석할 수 있다.

데이터에 대한 정책주권을 내세우는 국가에 대한 견제를 시도하는 미국에서 CLOUD법에 대한 분석을 바탕으로 다른 국가들의 데이터 레짐과 충돌할 여지에 대해 살펴겠다. CLOUD법에는 역외 적용 조항이 포함되기 때문에 이 법안에 근거하여 미국 정부는 미국 IT 기업의 해외 서버에 저장된 데이터를 열람할 수 있게 되며 외국인에 대한 데이터를 합법적으로 확보할 수 있게 되었다.

뿐만 아니라 CLOUD법에서는 기존 국제 형사사법 공조 절차에 대한 대안으로서 해외 정부기관이 미국과 행정협정(executive agreement)을 체결할 경우, 양국이 이에 근거하여 자유롭게 광범위한 데이터를 상호 공유할 수 있도록 규정하고 있다(송영진 2018). 즉 클라우드 법은 최초에는 미국에 본사를 둔 기업이 해외에 있는 서버에 대한 데이터에 접근을 하기 위한 목적으로 제정되었지만 이 법안에 따라 미국과 행정협정을 체결한 나라는 미국에 있는 서버에 저장되어 있는 자료를 요청할 수가 있다. CLOUD법은 미국 정부에 의해 발부된 영장의 집행이 외국의 법률을 위반할 소지가 있는 경우, 그리고 대상자가 미국인이 아닌 경우에는 서비스 제공자가 영장 각하 또는 변경 청구를 할 수 있는 장치를 두어 서비스 제공자가 우려하는 외국 법률과의 충돌 문제를 사전에 예방하고자 하였다(송영진 2018). 그러나 이러한 규정으로 인해 법이 오히려 모호해져 미국이 상황에 따라 국익을 지키는 방향으로 이 모호성을 이용할 위험성도 존재한다.

미국과 행정협정을 맺기 위한 기준이 포함되어 있는 제2523조가 어떻게 해석될지에 대해 불확실성이 미국에서도 여전히 존재한다. 미국과 행정협정을 맺기 위해서는 데이터에 대한 법 집행 접근을 관장하는 국가의 기존 법정 체제에 대한 철저한 점검이 필요할 수 있으며, 정부는 개인정보 보호, 시민의 자유 및 언론의 자유에 대해 결함이 있다면 그 부분을 해결해야 미국 법무장관 및 의회의 승인을 받을 수 있을 것이다.

더 구체적으로 살펴자면 제2523조에서 나타나는 행정협정을 맺는 국가에 대한 요구에는 법치와 차별금지원칙에 대한 존중을 나타낼 것, 국제인권법상 의무 및 약속을 준수할 것, 프라이버시 침해로부터 보호, 공정한 재판을 받을 권리, 표현의 자유, 집회시위의 자유, 자의적인 체포 및 구금 금지, 고문 및 잔인한, 비인도덕 대우 또는 처벌 금지 등을 포함한 국제 보편적 인권의 존중을 나타낼 것, 세계적인 정보의 자유로운 이동을 보호하겠다는 의지를 나타낼 것 등에 대한 규정이 있다. 가치지향적인 표현들도 많이 포함하는 CLOUD 법은 '미국적인' 가치의 수용을 하지 않는 국가들에게는 상당히 불리한 조건이자 중국과 같은 데이터 현지화 정책을 추구하는 국가에 대한 견제로도 이해할 수 있다. 미국 기업들의 데이터 센터가 모여 있는 국가들의 입장에서는 CLOUD법이 해당 국가의 주권을 침해하는 일방적인 입법으로 간주될 수 있다. 이러한 문제는 인터넷 상의 국가관할권에 대한 확립된 국제 원칙이 없기 때문에 발생하는 법적 충돌이다(송영진 2018).

데이터에 대한 미국과 중국의 인식 차이는 데이터의 유통과 관련한 국제적 표준을 세우는 데 갈등 요소로 작용하고 있다. 미국의 데이터 주권에 대한 입장은 국제적 합의를 논의하는 국제적 틀을 수립하기 위한 오사카 트랙에서 대표적으로 살펴볼 수 있다. 이날 정상회의에서 트럼프 미국 대통령은 중국의 인터넷 통제를 겨냥해 "국가를 넘는 데이터 유통 등을 제한하는 것은 무역을 방해하고 프라이버시나 지적재산을 침해 하는 것이어서 반대한다"고 비판했다. 시진핑 주석은 이에 "각국의 자주적인 관리권을 존중하고 데이터의 질서 있는 안전 이용을 확보해야 한다"며 반박했다(차현아 2019). 이러한 의견의 충돌에도 불구하고 오사카 선언문의 11조는 아래와 같은 내용을 밝히고 있다.

데이터, 정보, 아이디어 및 지식의 국경 간 흐름은 개인 정보 보호, 데
이터 보호, 지적 재산권 및 보안과 관련된 해결 과제를 제기한다. 생산
성을 증대시키고 혁신을 창출하며, 지속 가능한 발전을 증진시킨다. 이
러한 과제를 지속적으로 해결함으로써 데이터 흐름을 더욱 촉진하고
소비자 및 비즈니스 신뢰를 강화할 수 있다. 이와 관련하여 국내 및 국
제의 법적 프레임워크를 존중해야 한다. 이러한 데이터의 자유로운 흐
름은 디지털 경제의 기회를 활용한다. 우리는 서로 다른 프레임워크의
상호 운용성을 장려하기 위해 협력하고 개발을 위한 데이터의 역할을
확인한다. 우리는 또한 무역과 디지털 경제 사이의 인터페이스의 중요
성을 재확인하고 공동 성명서 아래 진행중인 논의에 주목하고, WTO의
전자 상거래 업무 프로그램의 중요성을 재확인한다.

이를 살펴보았을 때 미국은 아직 패권국으로서 미국의 데이터 주
권 담론이 세계 데이터 질서에 큰 영향력을 미치고 있다는 사실을 확
인할 수 있다. 안보의 측면에서는 클라우드법을, 경제의 측면에서는
오사카 트랙을 살펴봄으로써 상대국의 정책주권에 기반한 정책에 도
전하여 패권을 유지하려는 미국의 모습을 살필 수 있다. 상대국의 '정
책주권'을 비판하는 미국의 데이터 주권 담론은 미국의 타 국가의 데
이터에 대한 접근성을 높이지만 상대적으로 데이터를 기반으로 하는
기술이 덜 발전한 국가의 경계와 이에 따른 보호주의와 마찰을 일으킬
수 있다. 데이터 보호주의를 표방하는 중국과 많은 개발도상국들이 입
장을 같이 하는 것을 고려했을 때, 앞으로도 미국의 데이터 주권 담론
이 세계 데이터 레짐의 핵심으로 남을지에 대해서는 의문을 제기할 수

있다.

## 2. '법정치적 주권' 담론을 바탕으로 한 중국의 데이터 레짐

데이터의 초국적 이동을 제한하는 중국이 원용하는 주권개념은 국가 (statehood) 차원의 권위로서 '법정치적 주권'이다. 중국은 미국의 데이터의 초국적 유통 담론에 대항하여 국가 안보와 질서 유지를 위해 개인정보 처리와 보관을 하는 서버를 중국 내에 설치하도록 의무화하는 개인정보 현지화 정책을 활발하게 펼치고 있다. 플랫폼을 장악하고 있는 IT 기업에 정보가 집중되는 상황에 대한 문제의식은 데이터의 국경 간 이동에 대한 규정 마련의 필요성을 일찍이 인식하고 이에 관한 법률인 GDPR을 통과시킨 EU와 공유하지만 오히려 정보이동권을 규정한 EU와는 다른 노선을 택한 것이다. 중국에서는 아직 생체인식 정보에 대한 프라이버시를 보장하는 구체적인 법률이 없지만, 개인의 데이터에 대한 규정을 포함하는 내용이 담긴 네트워크나 사이버보안법

**표 4** 중국의 주요 데이터 법률(선별해서 포함)

| | |
|---|---|
| 2017년 4월 | 국가 간 이전되는 개인정보 및 주요 해외 데이터에 대한 보안성 평가 방안 초안 |
| 2017년 6월 | 사이버보안법 |
| 2017년 7월 | 핵심 정보인프라 보안 보호제도 초안 |
| 2017년 8월 | 데이터 국경 간 이전 보안평가 지침 초안 |
| 2018년 5월 | 개인정보 보안기준 |
| 2018년 6월 | 사이버안보 정보보안등급보호규정 초안 |
| 2018년 11월 | 인터넷 개인정보안전규범 가이드라인 |
| 2019년 1월 | 중국 전자상거래법 |

출처: amchamshanghai.org(2019); 필자 번역.

들이 존재한다. 대부분의 법률들은 에드워드 스노든 폭로 사건 이후에 국익의 보호와 사이버안보의 차원에서 제기되었다.

가장 대표적인 법은 2017년에 발효된 인터넷안전법이며, 이는 네트워크안전법 또는 사이버보안법이라고도 불린다. 인터넷안전법은 2016년 중국의 입법기관인 전국인민대표대회에서 채택된 법으로 네트워크 설비 그리고 정보 데이터 등에 대한 조치를 포괄하는 법이며 사이버 공간에서의 프라이버시와 보안 관련 사안에 대해 포괄적으로 다룬 중국 최초의 법규라는 점에서 의의가 있다. 개인정보를 비롯한 데이터의 보안을 강화한 측면도 있으나 시민들의 온라인 활동에 대한 정부의 감시 및 해외기업에 대한 차별을 가져올 수 있는 규정을 포함하고 있다(박훤일 2017). 이처럼 중국 정부의 의도에 반하는 정보의 통제와 핵심정보 기반시설을 통제하기 위한 목적을 가진 사이버보안법은 개인정보에 대한 인식의 기반이 인권에서 나오는 미국의 법률과는 상이할 수밖에 없다.

비슷한 맥락에서 보았을 때 김상배(2019)에 따르면, 〈인터넷안전법〉은 표면적으로는 개인정보 보호와 국가와 국민의 안전을 목표로 내세웠지만, 실상은 자국 산업의 보호와 인터넷 콘텐츠의 통제와 검열 강화를 노리는 것으로 이해된다. 이는 데이터 유통을 다루는 중국의 법률 전반적으로 보았을 때 공통적으로 가지는 성격이다. Reichtstaffen(2019)은 중국의 데이터 관리 규범이 미국 회사에 주는 악영향으로 여섯 가지를 지적했다. 그중에 대표적으로 세 가지를 살펴보자면, 첫 번째는 데이터 현지화 의무 수행에 필요한 막대한 비용이다. 두 번째는 "개인 정보", "개인 민감 정보", 그리고 "중요한 데이터" 개념들의 경계의 불명확성과 모호성이다. 세 번째는 "의무"와 "장려"의 구별의 어려움이다. 이처럼 중국의 데이터 관련 법안은 자국 산업을 보호하며 미국 기업과의 경쟁에 있어서 우위를 차지할 수 있도록 한다.

사이버보안법 이후에 나온 중국의 개인정보 보안기준은 겉으로 살펴보았을 때 GDPR(General Data Protection Regulation)과 유사한 부분이 상당히 많다고 볼 수 있다. GDPR은 생체인식 기술의 발전에 따라 생체인식 정보를 개인정보를 명시하고 이를 관리하기 위한 법안이며 개인 정보에 대한 주권을 시민들에게 돌려주고자 하는 취지에서 발의되었다. 중국의 개인정보 보호 관련 법안의 발의를 촉진하기도 했지만 중국의 개인정보 보호 관련 법안은 GDPR과 차이점을 가지기도 한다. 추구하는 목적이 외관상 유사점이 많아 보이지만, 그 기저에 있는 논리는 유럽의 경우 사회와 시민, 중국의 경우에는 국가로부터 나오고 따라서 우선순위가 달라질 수밖에 없다. 또한 GDPR은 법안으로 위반 시 뚜렷한 처벌에 대한 기준이 마련되어 있는 반면에 개인정보 보안기준(Personal Information Security Specification)은 guibaotuijian, 즉 "장려된다"는 표현에서 그치기 때문에 이를 준수할 의무가 언제 발생하는 것이 모호하다는 것이다.

또한 2019년 12월 1일에 발효된 중국의 정보보안등급보호규정 (Multi-Level Protection Scheme, MLPS) 2.0에 따르면, 중국의 정부 부처, 기관, 그리고 기업들의 전산망은 점검의 대상이 되며 이들에 대한 5단계의 보안등급이 부여되었다. 이 규정은 중국 내 해외 기업들에도 적용될 예정이다. 점검에서 3등급 이하의 낮은 등급을 받게 되면 중국 공안의 감시를 연 1회 이상 받을 의무가 부과된다. 또한 2등급을 받게 되면 중국 정부의 요청에 따라 시험 절차를 거치고 관련된 자료를 보고해야 한다. 중국 사이버공안부는 MLPS가 중국 사회 전체를 지키기 위한 조치이며, 모든 전상만, 모바일 인터넷, 클라우드와 빅데이터, 각종 정보시스템 등 사이버 보안이 필요한 모든 대상에 전면 적용한다고 발표했다.

이처럼 중국에서 데이터 관련 법안들을 살펴보았을 때 데이터 주권을 통해 자국의 안보와 이익을 보장하려고 하는 중국의 의도를 살필 수 있다. 그러나 데이터 주권을 지키기 위해 현지화 정책에만 초점을 두는 것이 장기적으로 중국에게 이익이 될지에 대해서는 의문이 제기될 수 있다. 특히 안면인식 분야에서 기술로는 중국이 세계 1위를 차지하고 있으며, 안면인식 기술이 해외 시장에서도 성공적으로 도입되기 위해서는 중국인의 얼굴을 이용한 데이터세트도 중요하지만 기술의 정확도를 위해서는 인종의 다양성 또한 매우 중요하기 때문에 데이터의 현지화만을 강조할 수는 없을 것으로 보인다. 뿐만 아니라 중국의 테크 회사들이 타국에 데이터센터와 클라우드센터를 세우고 해외로 진출할 수 있기 위해 중국의 데이터 레짐과 타국의 데이터 레짐 간의 조율이 필요할 것으로 보인다. 특히 현재까지는 시민사회나 테크 기업보다 국가의 이익이 우위를 차지하지만 개인정보 데이터에 대해서는 중국 정부와 중국 기업이 완전히 통일된 입장을 가진 것은 아니다. Samm Sacks(2018)에 의하면 개인정보의 처리에 대해 중국 테크 기업들이 정부의 압박을 점점 더 받고 있다.

이 주장을 뒷받침하는 근거로 2018년 디디추싱(滴滴出行)의 카풀 서비스에서 일어난 사건을 예시로 든다. 2017년 이 서비스를 이용한 고객이 피살되는 사건이 발생한 후에도 프라이버시를 근거로 데이터를 제공하라는 법 집행관의 요구를 1차적으로 거절했다. 이 데이터가 결국 제공된 후에도 문제가 발생했는데, 디디가 온라인 서버 베이스를 정부 플랫폼과 연결해야 하는 의무를 이행하지 않았던 것으로 드러났다. Sacks는, 이 사건을 통해 세 가지 사실을 알 수 있다고 주장한다. 우선 기업과 정부 간의 데이터 공유 메커니즘이 매끄럽지만은 않다는 사실을 알 수 있다고 한다. 또 중국 정부가 기업들이 준수해야 하는 데이터 이전 규정을 어길 시 처벌하면서도 디디와 같은 기업들의 데이터에 대한 접근권도 동시에 강화하려고 한다는 사실도 알 수 있다. 세 번째로는 중국의 민간 기업과 국유기업이 차별적인 대우를 받고 있으며 개인 테크 기업은 중국을 과학기술 강국으로 만들고자 하는 시진핑 주석의 비전에 중요한 역할을 맡으면서도 정부 시스템과 괴리되었으며 데이터 관련 규정을 자사에게 유리한 방향으로 유도하기 위해 로비를 하고 있다는 사실을 알 수 있다고 한다.

## VI. 맺음말

본 논문에서는 미중 바이오 데이터 경쟁을 세 가지 권리 개념이 작동하는 3차원의 게임으로 규정했으며 패권, 인권, 주권이 안면인식 데이터가 미중 패권경쟁에서 가지는 함의를 살펴보았다. 순서대로 기업 차원에서 기술의 표준을 세우기 위한 경쟁, 시민사회 차원에서 관념의 표준을 세우기 위한 경쟁 그리고 정부 차원에서 제도의 표준을 세우기 위한 경쟁을 살펴보아 안면인식 시장에서의 미중 데이터 경쟁을 입체적으로 바라보았다.

우선 기업 차원의 경쟁을 바라보았을 때 중국과 미국 모두 넓게는 AI, 좁게는 안면인식 기술을 국가의 경제적 이익과 안보에 직결된 문제로 인지하고 있어 육성의 게임을 펼치고 있다는 사실을 알 수 있었다. 생체인식 기술 분야에서 미국이 패권을 잡고 있지만 중국에서도 국가의 적극적인 주도로 인한 기술력의 발전이 급속도로 이루어졌으며 기술력만 보았을 때에는 이미 미국을 능가했다는 사실을 알 수 있었다. 그러나 생체인식 기술의 패권경쟁 안에는 주권과 인권에 대한 담론들이 포함되어 있기 때문에 기술력의 승부가 바이오 데이터 경쟁의 승부를 결정하지는 못한다.

인권 측면에서 보았을 때 중국은 기술의 발전을 위해서 프라이버시의 보호보다는 국가차원의 경쟁력 제고, 즉 국권의 증대를 우선시하는 반면에 미국에서는 프라이버시가 특수 상황을 제외하고는 훼손해서는 안 되는 가치로 자리매김하고 있다는 사실을 알 수 있었다. 프라이버시가 미국에서 기본적인 인권이라고 여겨지는 만큼 미국이 중국을 견제하기 위한 프레임이자 국제적인 구성이라고 볼 수 있는 면이 있다. 실제로 중국의 안면인식 기술 사용에 대해 '빅브라더 사회', '감시 사회' 등의 부정적인 표현들을 담고 있는 미국 기사들이 다수다. 그러나 동시에 인권에 대한 시민사회의 인식이 강하게 작용하기 때문에 안면인식 기술의 발전을 위해 필요한 데이터의 수집에 있어서는 미국이 중국보다 어려움을 겪고 있다는 사실을 알 수 있었다.

주권의 측면에서 보았을 때 미국과 중국의 데이터 주권에 대한 상이한 이해가 상이한 데이터 규제법을 낳는다는 사실을 알 수 있었다. 미국에서는 대표적으로 CLOUD법으로 데이터의 초국적 이동을 보장하려는 움직임을 보이고 있는 반면에 중국에서는 데이터 현지화 정책을 벌이고 있다. 그러나 미국의 데이터 유통에 대한 주장은 현재까지는 미국이 인터넷 서비스 분야에서 가장 발전되었기 때문에 펼쳐지고 있는 것으로 분석할 수 있다. 그러나 생체인식 분야에서는 데이터 세트를 활용한 머신러닝이 이 기술의 발전과 확산에서 필수적인 역할을 하며, 데이터 세트를 위한 데이터 확보 분야에서는 중국의 제도적 환경이 유리하며, 프라이버시에 대한 걱정으로 개인과 시민사회의 견제가 미국에서 제기되고 있기 때문에 앞으로도 미국의 데이터의 초국적 유통 담론과 중국의 데이터 주권론이 충돌하는 양상으로 갈등이 전개될지에 대해서는 의문을 제기할 수 있다.

아울러, 패권, 인권, 주권은 상호작용을 하며 미중 데이터 경쟁의 구도를 역동적으로 형성한다고 볼 수 있다. 주권, 패권, 인권의 측면을 분리해서 접근하기보다는 상호작용이 미중 간 바이오 데이터 패러다임에 영향을 주는 국제정치학적 메커니즘을 이해해야 한다. 패권의 측면에서 인권관련 정책들이 바이오 데이터 수집에 방해가 되기도 하지만 인권의 측면에서는 프라이버시 보장이라는 대의명분에 도움이 되기도 한다. 또한 주권의 경쟁 구도는 패권과 인권에서 미중 경쟁 구도의 변화에 따라 변해야 한다. 구체적으로, 인권문제로 인해 미국의 생체인식 기술발달이 어려운 경우가 많아 미국의 이 분야 패권확장에 방해가 되지만 인권문제를 들어 중국을 압박하며 이 분야 중국의 패권을 견제하는 데 도움이 되기도 한다. 한편, 이러한 압박을 중국은 주권에 대한 침해로 방어하면서, 인권관련 느슨한 법제도를 빌미로 급격한 기술확산을 도모하는 것으로 보인다. 그렇다면 이러한 논의가 신흥권력론에서는 어떠한 함의를 가질까?

신흥권력론에 따르면 권력의 성격, 주체, 질서가 변환되며 노드 중심의 권력론을 넘어서 네트워크 권력론을 펼쳐야 한다. 신흥권력론은 개인과 집단의 속성과 보유자원 또는 전통과 제도에 의해서 부여받는 권력의 개념화를 넘어서 사실상의 관계적 맥락에서 발생하는 권력을 좀 더 적극적으로 개념화하려는 노력이며 그 핵심에는 네트워크라는 개념이 존재한다. 또 논하고자 하는 신흥권력론에는 세 가지의 측면이 존재한다. 첫째, 신흥권력은 세계정치 권력의 성격, 즉 그 구성요소와 작동방식 등이 변화하는 '권력변환'을 의미한다. 둘째, 신흥권력은 세계정치 권력의 주체가 국가 이외에도 비국가 행위자들이 세계정치의 전면으로 나서는 '권력분산'을 의미한다. 끝으로 신흥권력은 세계정치 권력의 구조, 즉 국가들 간의 세력분포가 변화하는 '권력이동'을 의미한다(김상배, 2015).

'권력변환', '권력분산', '권력이동'에서 미중 패권경쟁 속 안면인식 데이터는 여러 함의를 가진다. 우선 안면인식 기술은 AI와 결합하여 발전하며 기술이나 데이터와 같이 그 자체가 보유하고 있는 속성으로만 권력의 성격이 규정되는 것이 아니라 이 기술을 어떻게 사용할 것인지, 그리고 데이터를 무슨 기준으로 수집할 것인지 등에 대한 문제와도 이어지며 담론과 관념의 역할이 중요하다는 점을 통해 '권력 변환'의 차원을 파악할 수 있다. 두 번째로 안면인식 기술은 기본적으로 국가와 기업 사이의 관계가 전제로 되어 있지만 데이터 주권이나 인권과 관련된 담론을 형성하는 데는 시민단체 등 비국가 행위자들의 역할 또한 중요하기 때문에 안면인식 기술 경쟁에서의 '권력분산'을 찾아볼 수 있다. 마지막으로 '권력이동'의 차원에서 바라보았을 때 안면인식 기술에서 세계 최고의 기술력을 보유했던 미국에서 현재 안면인식 기술에서 1위의 기술력을 보유하고 있는 중국으로 권력의 이동이 어느 정도 일어났다고 볼 수 있지만, 동시에 인권이나 데이터 주권 등의 담론에 있어서는 미국의 담론이 아직은 세계적으로 보았을 때 수용이 되고 있기에, 한 가지 잣대로 평가해서는 안 되지만 권력이동이 여러 양상으로 분명히 나타난다는 사실을 파악할 수 있다.

결론적으로, 안면인식 기술 관련 경쟁을 국제정치의 시각에서 보았을 때 순수 기술발전이나 시장에서의 경쟁구도보다도 국제정치적 거시적 메커니즘인 패권, 주권, 인권 등의 미중 간 경쟁구도를 살펴보고 아울러 이러한 거시지표의 상호작용의 효과가 기술발전에 미치는 영향을 동시에 살펴보는 것이 필수적이다. 또 이러한 상호작용이 신흥

권력의 개념에 있어서 가지는 함의를 통해 21세기 권력의 변화에 대한 파악이 필요하다. 안면인식 분야에서 살펴볼 수 있는 미중 경쟁 구도는 21세기 정보혁명 속에서 더욱 활발하게 벌어질 미중 경쟁 구도의 양상을 암시적으로 보여주고 있다. 안면인식 정보를 비롯한 생체인식 정보는 신체적 정보, 외면적 정보뿐만 아니라 우리 안의 인간 게놈 정보와도 연결되며 미중 경쟁의 구도가 이러한 분야로 확장될 가능성이 크다. 여태까지 정보사회, 4차 산업혁명이 물리적인 영역에서 진행되었다면, 현재 바이오테크놀로지 관련 기술발달이 제기되면서 물리적인 영역을 넘어선 영역에서의 5차 산업혁명과 연결지어 생각하기도 하기 때문에 바이오 데이터를 바탕으로 발전하는 기술 분야에서 여러 권리 개념의 충돌과 상호작용 그리고 이것이 신흥권력론에서 가지는 의미에 대해서 인지하고 앞으로 어떠한 전략을 펼쳐나가야 할지에 대해 고민할 필요가 있다.

# 참고문헌

과학기술일자리진흥원. 2018. "신체적 특징을 이용한 바이오매트릭스(생체인식) 기술동향." 『S&T Market Report』 vol. 63.
국가인권위원회. 2016. "바이오 정보 수집, 이용 실태조사." 『16년도 인권상황실태조사 연구용역보고서』.
금융보안원. 2016. "바이오정보 사고사례 및 대응방안 조사." 보안연구부-2016-010.
김규리. 2019. "미국 인공지능(AI) 관련 최신 정책 동향." 『Special Report』.
김상배. 2014. 『아라크네의 국제정치학』. 경기도: 한울아카데미.
_____. 2015. "빅데이터의 국가전략: 21세기 신흥권력 경쟁의 개념적 성찰." 『국가전략』 21(3).
_____. 2018. "초국적 데이터 유통과 정보주권-국가주권 변환의 프레임 경쟁." 『사이버 국제정치경제』. 16-46.
_____. 2019. "[글로벌 디지털 거버넌스의 대응전략] 미중 데이터 규범경쟁과 한국: 유럽연합의 '데이터 주권론'이 주는 함의." EAI. http://www.eai.or.kr/ m/publication_01_view.asp?intSeq=10277&board=kor_report&keyword_option= &keyword=&menu=publish (검색일: 2019.12.26.)
김선애. 2019. "생체인식활용사례 FIDO 접목해 빠르게 확산." IT 정보마당. http://www. datanet.co.kr/news/articleView.html?idxno=138929 (검색일: 2019.12.28.)
김성해. 2014. "미국 패권의 후퇴, 국제정보질서 그리고 국가이익: 중견국 한국의 정보주권 실현을 위한 이론적 탐색." 『언론과 사회』 22(4): 54-94.
김수현. 2019. "미국 안면인식기술, 어디까지 왔을까." Kotra 해외시장뉴스.
김준연. 2019. "미중 AI 패권경쟁의 역사적 흐름과 최근 동향." 소프트웨어 정책연구소.
박훤일. 2017. "개인정보의 현지화에 관한 연구." 『경희법학』 52(4): 129-164.
박희경. 2019. "미국 내 안면인식 기술 이슈 및 동향." KIC 실리콘밸리.
송영진. 2018. "미국 CLOUD Act 통과와 역외 데이터 접근에 대한 시사점." 『형사정책연구』 29(2): 149-172.
연구성과실용화진흥원. 2016. "생체인식 기술 및 시장동향." 『S&T Market Report』 vol. 39.
오윤석. 2019. "생체인증 시장의 성장 및 전망." 『정보통신정책연구원』 제31권 686호.
유인태. 2018. "미국의 4차 산업혁명 담론과 전략, 제도." 서울대학교 국제문제연구소.
이강봉. 2019. "생체인식 기술로 미·중 승부-시민단체 반발로 미국 울고, 중국은 웃어." The Science Times. (검색일: 2019.12.23.)
이길성. 2019. "시진핑, AI 올인 선언 4개월 뒤...트럼프도 "최우선 투자" 행정명령." 『조선일보』. https://news.chosun.com/site/data/html_dir/2019/02/14/ 2019021400197.html (검색일: 2019.12.25.)
장덕환. 2019. "실행활에 더욱 가까이 다가온 중국의 안면인식 기술." Kotra 해외시장뉴스.
정대경. 2012. "국내외 개인정보보호정책 비교 분석-개인정보보호 법률과 전담조직을 중심으로." 『한국정보보호학회』 22(4): 923-939.

조병철·박종만. 2015. "다중 생체인식 기반의 인증기술과 과제." 『한국통신학회논문지』 40(1): 132-141.

조현석. 2016. "빅데이터 시대 미국-EU간 개인정보보호 분쟁과 정보주권에 대한 함의." 『21세기 정치학회보』 26(2): 99-120.

차현아. 2019. "구글·페북 세금 물릴까...오사카 트랙 출범." 『IT조선』. http://it.chosun.com/ site/data/html_dir/2019/06/28/2019062802736.html (검색일: 2019.12.29.)

하영선·김상배. 2018. 『신흥 무대의 미중 경쟁: 정보세계정치학의 시각』. 경기도: 한울엠.

하영선·남궁곤. 2018. 『변환의 세계정치』. 서울: 을유문화사.

한국과학기술기획평가원. 2019. "안면인식 도입 확산과 국내 활성화 방안 모색-중국의 안면인식 도입 사례를 중심으로." 『과학기술&ICT 정책·기술 동향』 no.148.

홍석윤. 2019. "샌프란시스코, '미국 최초' 공공기관 안면인식 기술 사용 금지." Econovil. http://www.econovill.com/news/articleView.html?idxno=363131 (검색일: 2019.12.24.)


BBC. 2019. "중국, 휴대폰 사용자 얼굴 등록 의무화." https://www.bbc.com/korean/news-50645555 (검색일: 2019.12.15.)

Face Recognition. http://web.archive.org/web/20190418151913/http://msceleb.org/ (검색일: 2019.12.25.)

Gemalto. 2019. "Biometric data and data protection regulations(GDPR and CCPA)." https://www.gemalto.com/govt/biometrics/biometric-data (검색일: 2019.12.26.)

Gimelstein, Shelli. 2019. "Storm on the horizon: How the U.S. Cloud Act may interact with foreign access to evidence and data localization laws," Data Catalyst.

Grosss, Anna, Madhumita Murgia and Yuan Yan. 2019. "Chinese tech groups shaping UN facial recognition standards," Financial Times. https://www.ft.com/content/c3555a3c-0d3e-11ea-b2d6-9bf4d1957a67 (검색일: 2020.01.02.)

Harvey, Adam. 2019. 1MS-Celeb-1M: A Dataset and Benchmark for Large-Scale.

Harwell, Drew. 2019. "FBI, ICE find state driver's license photos are a gold mine for facial-recognition searches," The Washington Post. https://www.washingtonpost.com/technology/2019/07/07/fbi-ice-find-state-drivers-license-photos-are-gold-mine-facial-recognition-searches/ (검색일: 2019.12.25.)

Kim, Hun Joon. 2018. "The Prospects of Human Rights in US-China Relations: A Constructivist Understanding." Oxford University Press.

LG CNS. 2017. "해외에서는 개인정보를 어떻게 보고 있을까?" IT solutions. https://post.naver.com/viewer/postView.nhn?volumeNo=10924275&memberNo=3185448 (검색일: 2019.12.13.)

Pfeifle, Sam. 2017. "China's evolving views on privacy." IAAP. https://iapp.org/news/a/chinas-evolving-views-on-privacy/ (검색일: 2019.12.14.)

Rechtschtaffen. 2019. "Navigating China's Data Maze: How Regulations Affect U.S companies," *The American Chamber of Commerce in Shanghai-Viewpoint.*

Sacks, Sam. 2018. "What I learned at Alibaba's Data Protection Summit," *CSIS.*

符雪苑. 2018. "向非洲出口黑科技 中国"鹰眼"将服务津巴布韦." 中国科技网. http://www.stdaily.com/kjrb/kjrbbm/2018-04/12/content_658070.shtml (검색일: 2020.01.03.)

崔爽. 2019. "人脸识别国家标准瞄准这些方面." 中国科技网. http://www.stdaily.com/kjrb/kjrbbm/2019-12/10/content_841219.shtml (검색일: 2020.01.03.)

제9장

# 영화산업의 디지털 변환과 미중 매력경쟁
## 실리우드와 찰리우드, 그리고 그 사이의 한류

이성윤

# I. 서론

21세기에는 중국이 부상하여 신흥무대의 미중 경쟁이 세계정치의 핵심적인 구도가 되어가고 있다. 미중 경쟁은 기술, 표준, 매력의 세 가지 측면에서 이루어지고 있는데, 이때 미중 매력경쟁은 미중 기술경쟁과 미중 표준경쟁의 양상에 대해서도 영향력을 행사하는 매우 중요한 국제정치적 이슈이다. 미중 매력경쟁은 상대방의 마음을 얻는 콘텐츠를 생산하고 이를 통해 누가 더 많은 감동을 이끌어낼 수 있는지의 게임인 것이다. 미중 매력경쟁에서는 콘텐츠의 생산뿐만 아니라 콘텐츠의 전파, 소비자들과의 소통, 이와 관련된 국가의 제도 및 문화가 핵심적인 요소로 작용한다. 이 글은 실리우드(실리콘밸리＋할리우드)와 찰리우드(차이나＋할리우드) 개념을 중심으로 미중 매력경쟁의 양상을 분석해 보고자 한다(김상배 2017).

실리우드는 실리콘밸리와 할리우드의 합성어로, 정보 및 문화 산업에서의 미국의 패권을 상징하는 용어이다. 이는 영화제작 과정에 컴퓨터에 의한 영상과 음향의 처리 기법이 도입되는 현상을 의미한다고 볼 수 있다. 미국은 영화 제작에 특수효과를 도입하여 기술력을 커뮤니케이션과 문화의 지배로 전환했던 것이다. 이러한 미국의 영향력으로 인해 2010년 이후의 글로벌 영화산업에서 북미 시장은 지속적으로 30% 이상의 점유율을 확보해 왔다. 한편 찰리우드는 중국과 할리우드의 합성어로, 영화산업에서의 중국의 성장을 나타내는 용어이다. 이는 영화산업에 대한 중국 기업들의 투자가 늘어나면서 중국 자본이 할리우드를 사들일지도 모른다는 미국 측의 우려를 반영한다고 볼 수 있다. 중국은 영화 제작 기술을 향상시키고 해외 영화사들을 매수함으로써 실리우드에 대항해 왔던 것이다. 이를 통해 중국은 전 세계 박스오피스 기준으로 미국에 이은 세계 2대 영화 시장으로 발전했다(김상배 2017).

하영선·김상배(2018)에 따르면 미중 매력경쟁은 실리우드로 대표되는 미국의 문화 패권에 대해 중국의 영화산업이 급속도로 성장하면서 찰리우드를 모색하게 됨으로 인해 본격화되었다. 이후 미중 매력경쟁은 영화산업 및 디지털 문화 콘텐츠 시장에서의 기술경쟁과 표준경쟁을 동반했다. 우선 기술경쟁의 측면에서 영화산업과 IT 특수효과, 컴퓨터 그래픽 기술 등을 도입하는 블록버스터 전략을 채택한 실리우드와 자체적인 기술 개발, 합작, 투자 및 인수 등을 통해 이에 대응하고자 하는 찰리우드가 대립하게 되었다. 또한 표준경쟁의 측면에서 할리우드 영화의 표준이 중국 시장에 진출하여 중국 영화 기업들과 관객들에게 전파되는 현상과 중국 시장에 대한 원활한 진출을 위해 할리우드가 중국 정부와 관객들이 제시하는 표준을 준수하는 현상이 동시에 나타나고 있다. 이는 중국 시장이 엄청난 규모로 인해 미국과 중국 간의 경쟁의 승패를 좌우할 정도의 주요한 변수로 작용할 수 있기 때문인 것으로 보인다.

이와 같은 미중 매력경쟁에 대한 묘사는 네트워크 세계정치이론의 분석틀에 기반을 두고 있다. 네트워크 세계정치이론은 국가의 권력과 21세기에 등장한 초국적 네트워크 세력에 해당하는 비국가 행위자의 권력 간의 관계를 분석하는 이론으로, 네트워크 권력, 네트워크 국가, 네트워크 질서의 세 가지 가정을 도출해냈다. 첫 번째로, 네트워크 세계정치이론은 국제정치의 행위자를 의미하는 노드와 노드들이 맺는 관계의 구조로부터 생성되는 네트워크 권력 개념을 상정한다. 두 번째로, 네트워크 세계정치이론은 주권 원칙과 영토성을 기초로 삼아 작동하는 기존의 근대적 국가와 달리 초국가 네트워크 세력과의 관계도 함께 고려하는 네트워크 국가 개념을 상정한다. 세 번째로, 네트워크 세계정치이론은 국가들과 비국가 행위자들이 형성한 무정부 질서와 위계 질서 사이의 네트워크 질서 개념을 상정한다(김상배 2014).

이러한 분석틀에 따르면 21세기의 미중 경쟁은 미국과 중국이라는 네트워크 국가가 네트워크 권력을 활용하여 각자 자신이 주도하는 네트워크 질서를 수립하기 위해 벌이는 경쟁이라고 볼 수 있다. 이때 '더 좋은 것'이 아닌 '더 큰 것'이 이기도록 하는 '규모의 사다리'와 기존의 정책과 제도를 변화시킬 수 있는 국가의 능력을 요구하는 '체제의 걸림돌'이 미중 경쟁의 주요한 변수가 된다(하영선·김상배 2018). 이러한 네트워크 세계정치의 사례를 극명하게 보여주는 것이 영화산업 분야에서 미국과 중국이 벌이는 매력경쟁이라고 생각된다. 영화산업에서 촉발된 미중 매력경쟁은 21세기에 다양한 분야로 확대되고 있는 추세이다.

초기의 실리우드와 찰리우드 간의 경쟁은 마블로 대표되는 할리우드 영화 제작사들의 흥행 성공과 완다 그룹으로 대표되는 중국 영화 기업들의 성장 등 영화산업 분야에만 한정된 상태로 이루어졌다. 하지만 이후 디지털 시대의 정보혁명으로 인해 실리우드와 찰리우드가 소비자들의 일상생활로 침투할 수 있게 되면서 실리우드 현상과 찰리우드 현상이 나타나기 시작했다. 넷플릭스와 유튜브, 유쿠와 아이치이, 아마존과 알리바바 등의 기업들이 성장했고, 할리우드와 찰리우드의 기술력은 OTT 서비스, 전자 상거래, 온라인 게임 분야를 장악하게 되었던 것이다. 현재 실리우드와 찰리우드는 차세대 문화 자원으로 성장할 수 있는 잠재력을 갖춘 웹툰에 주목하여 다양한 웹툰 플랫폼들을 형성하고 있다. 향후의 실리우드 비전과 찰리우드 비전의 실현 가능성은 할리우드와 찰리우드의 기술력을 빌려 웹툰을 성공적으로 영화화할 수 있는지 여부에 의해 영향을 받을 것이라고 생각된다.

이처럼 21세기에는 한국에서 독자적으로 발전한 새로운 만화 콘텐츠이자 하루에 천만 명 이상의 구독자들을 불러 모을 정도의 파급력을 갖는 웹툰의 중요성이 대두되고 있다(Park 2014). 웹툰의 첫 번째 특성은 작가와 독자 간 쌍방향 소통의 활성화가 가능하다는 것이다. 웹툰은 독자들에게 무료 서비스를 제공하고, 독자들은 웹툰의 매 화마다 별점과 댓글을 남김으로써 웹툰에 대한 피드백을 제공한다. 웹툰의 두 번째 특성은 세로 스크롤 방식을 활용하여 다양한 스토리를 구현한다는 것이다. 웹툰은 책장을 넘기면서 보는 방식이 아닌, 마우스로 '세로 스크롤'을 통해 위에서 아래로 내리면서 읽는 방식을 채택하여 작화의 형식의 틀에 의해 제약받지 않는 창의적인 그림 연출을 가능하게 했다. 웹툰의 세 번째 특성은 웹툰 작가들이 웹툰 자체에서 발생하는 수익 이외에 미리보기와 광고를 통해 추가적인 수익을 얻을 수 있다는 것이다. 웹툰 작가들은 다음 회차를 다른 독자들보다 먼저 볼 수 있도록 하는 유료 결제 시스템인 미리보기와 웹툰의 등장인물이 광고 대상이 되는 상품을 홍보하는 그림을 웹툰 하단에 링크와 함께 추가하는 방식의 광고를 적극적으로 활용하게 된다.

매력의 측면에서의 혁신을 통해 기술과 표준의 측면에서의 약세를 극복해야 하는 한국은 웹툰을 활용하여 한국과 할리우드의 합성어인 콜리우드(코리아+할리우드) 비전의 실현 가능성을 모색해야 한다고 생각된다. 현재 한국은 한국 드라마 중심의 한류 1.0과 K-팝 중심의 한류 2.0을 거쳐 한류 3.0의 시대를 맞이하게 되었고, 이에 따라 새로운 문화 자원을 모색해야 하는 상황에 놓여 있다. 이때 한류 3.0의 문화 자원의 유력한 후보였던 온라인 게임의 한계를 극복하고 한류 3.0의 문화 자원이 될 잠재력을 지닌 콘텐츠가 웹툰이라고 볼 수 있다. 웹툰은 온라인 게임과 달리 창의적인 스토리텔링과 한국만의 문화를 대변하는 것을 가능하게 하기 때문이다. 한국은 미국과 중국보다 빠르게 웹툰 사업에 착수했고, 이미 웹툰의 영화화를 시도한 적도 많다. 콜리우드 비전은 한국의 웹툰이 해외에서 선풍적인 인기를 얻도록 한 후 이를 소재로 영화를 제작하여 한류의 팬층을 한국 영화의 소비자로 전환시킴으로써 한국 영화산업의 성장을 도모할 때 실현될 수 있을 것이다.

　제II절에서는 실리우드와 실리우드를 기반으로 하는 미국의 문화 패권을 분석할 예정이다. 마블의 성장과 함께 이루어진 할리우드 영화의 흥행은 넷플릭스와 유튜브, 아마존 등의 기업들과 결합하여 실리우드 현상을 유발했고, 최근에는 웹툰을 기반으로 하는 실리우드 비전의 가능성이 모색되고 있다. 제III절에서는 찰리우드와 찰리우드를 기반으로 하는 중국의 도전을 분석할 예정이다. 중국 정부의 적극적인 지원으로 가능해진 찰리우드는 유쿠와 알리바바 등의 기업들과 결합하여 찰리우드 현상을 유발했고, 최근에는 웹툰을 기반으로 하는 찰리우드 비전의 가능성이 모색되고 있다. 제IV절에서는 미중 매력경쟁 속에서 성장한 한류의 흐름을 살펴본 후, 한국이 콜리우드 비전을 실현할 수 있는 방안을 제시할 것이다. 마지막으로 결론에서는 실리우드, 찰리우드, 콜리우드 각각의 방향성을 정리하면서 글을 마무리하고자 한다.


## II. 실리우드의 부상과 미국의 문화 패권

### 1. 할리우드 영화의 흥행과 미국의 문화 패권

할리우드 영화의 흥행은 크게 세 가지 측면으로 구분해 볼 수 있다.

첫 번째로, 할리우드 영화는 영화의 제작 방식에 있어서의 변화를 불러일으켰다. 할리우드 영화의 흥행으로 인해 대부분의 영화는 특수효과를 활용하게 되었고, 이는 막대한 규모의 자본을 투입하여 제작되고, 이후 블록버스터 영화 양식과 결합되었다. 이로 인해 영화 제작자들은 영화에 자신이 원하는 효과를 삽입할 수 있게 되었고, 특수효과를 만들 수 있을지 여부를 따진 후 스토리를 구상했던 과거의 방식에서 벗어나 자유로운 구상을 할 수 있었다. 또한 할리우드 영화는 OSMU(One Source Multi Use) 전략을 보편화시키는 계기를 마련했다. 영화와 관련된 TV와 비디오 등이 같이 출시되는 현상이나 영화와 함께 다양한 미디어를 경험해야만 스토리의 전체적인 구도를 파악할 수 있는 트랜스미디어 스토리텔링이 나타났던 것이다(김상배 2017).

두 번째로, 할리우드 영화는 다양한 국가들의 제작 표준이 되어가고 있다. 이때, 할리우드 영화 제작사들은 포화 상태에 다다른 북미 영화 시장을 넘어 중국 시장 공략을 목표로 삼고 있다. 이를 위해 이들은 단순하지만 인상적인 시각효과에 초점을 맞춘 액션영화나 애니메이션을 내세우고 있고, 영화 장르와 영화 콘텐츠 내용을 중국 시장 공략을 위해 맞춤형으로 제작하고 있으며, 합작 촬영 방식을 초월한 합자회사, 파트너십, 공동 투자 등의 형식으로 중국과 협력하고 있다. 하지만 상반된 이해관계로 인해 할리우드 영화 제작사들과 중국 영화 제작사들 간의 갈등이 발생하기도 한다. 할리우드 영화 제작사들은 중국 시장으로의 진출을 추구하지만, 중국 영화 제작사들은 실리우드의 영화 제작 기법과 마케팅 등의 노하우를 전수받기만을 원하고 있기 때문이다(김상배 2017).

세 번째로, 할리우드 영화는 특정 이념이나 가치를 전달하기보다는 탈장소화된 맥락 안에서 악에 맞서 싸우는 선의 구도를 설정하고 있다. 글로벌 관객들을 대상으로 하여 보다 개방적인 문화 코드와 보편적인 스토리텔링을 담기 위해서 노력했던 것이다. 이로 인해 이전에 할리우드 영화가 표방했던 자유주의, 민주주의, 자본주의 등의 서구적 이념과 가치가 영화 속에서 탈색되었다. 특히 할리우드 영화 제작사들은 관객들이 영화의 메시지를 거부감 없게 수용하도록 하기 위해 환상주의 이데올로기를 동원하기도 했다. 글로벌 관객들은 할리우드의 보편적 콘텐츠들 속에서 미국 영화와 미국 자체에 대한 호감을 갖게 된다(김상배 2017).

할리우드 영화 제작사들은 미국 군산복합체와 제휴하여 실리우드를 형성했고, 이는 미국의 패권 재생산에 있어서 결정적인 역할을 수행했다고 볼 수 있다. 영화 〈스타워즈〉의 흥행을 통해 미국 군산복합체는 할리우드의 특수효과를 만들기 위해 사용된 컴퓨터 디자인과 상호 엔터테인먼트 분야의 기술이 기본적으로 군사 목적을 위해서 개발되는 시뮬레이션 기술과 유사하다는 것을 깨닫게 되었고, 이를 계기로 할리우드와 미국 군산복합체의 협력이 시작되었다. 이러한 과정을 거쳐 탄생하게 된 실리우드는 영화의 관객들에게 현실과 판타지의 경계에서 대안적인 공간과 역사를 제공해 주었고, 관객들은 영화 속의 영웅과 영웅이 행사하는 폭력에 심취되어 미국의 지배 이데올로기에 대한 문제를 잊어버리게 되었다. 실리우드는 부르주아적 패권의 전제조건에 해당하는 공공 문제와 사적 문제, 정치와 경제, 일과 오락 등의 구분을 희미하게 하면서 작동하는 판타지 권력과 기존 권력의 경계선을 해체하는 권위의 사유화를 통해 문화적 차원에서 독점적 지배력을 행사하면서 미국의 패권을 부활시켰던 것이다(김상배 2006).

할리우드 영화의 흥행을 대표하는 기업은 마블이라고 생각된다. 마블은 마블 코믹북의 인기가 떨어지면서 찾아온 파산의 위기를 극복하고 독립 제작사로 성장하여 영화 〈아이언맨〉의 흥행을 기점으로 미국 영화산업의 독보적인 아이콘이 되었다. 이후 디즈니가 마블을 인수하면서 마블은 메이저 영화 스튜디오로서의 이미지를 갖게 되었다. 〈캡틴 아메리카〉, 〈어벤져스〉, 〈스파이더맨〉 등의 시리즈들이 전 세계적인 인기를 얻었던 것이다. 이와 같은 마블의 성공 배경에는 마블 시네마틱 유니버스가 있다고 볼 수 있다. 마블 시네마틱 유니버스는 마블이 닉 퓨리라는 캐릭터를 중심으로 마블 코믹스의 캐릭터들이 존재해 왔던 각각의 생태계들을 하나로 수렴시킨 거대한 세계를 의미한다. 이로 인해 마블은 캐릭터들 간 유기적 서사의 관계를 통합시켜 각각의 영화들이 연결되는 서사 상호관계를 의미하는 네트워크 네러티브를 구성하는 전략을 활용할 수 있었다(지승학 2019).

마블 영화의 관객들은 영화가 끝난 후에도 마블의 정교한 서사 상호관계에 매료되어 이를 다시 확인하거나 재해석하려는 욕구에서 벗어나지 못하게 된다. 따라서 마블 영화의 관객들은 DVD 및 디지털 다운로드로 이전의 마블 영화를 다시 보고 다음 마블 영화를 기다리면서 마블 영화의 충실한 팬층을 형성한다(지승학 2019). 또한 마블은 각각의 캐릭터들이 전체 세계관의 내러티브에 기여하는 서사 방식인 트랜스미디어 스토리텔링 전략을 활용할 수 있었다. 이러한 마블의 전략은 마블 코믹북이라는 만화의 캐릭터들을 마블 영화라는 슈퍼 히어로 액션 영화의 주인공들로 전환하는 트랜스미디어 스토리텔링뿐만 아니라 마블 영화의 내용을 드라마, 게임, 애니메이션 등과 연결하는 트랜스미디어 스토리텔링도 포함했던 것이다(김휘·박성호 2018). 마블에 대한 전 세계적인 열광은 미국의 국가 이미지 향상으로 이어져 미국의 문화 패권을 뒷받침하게 되었다.

하지만 할리우드 영화 및 실리우드를 통한 미국 패권의 재생산이 마블 사례에서처럼 항상 성공적이기만 했던 것은 아니다. 미국은 할리우드 영화의 전 세계적 확산을 위해 영상 및 음향 서비스 부문의 완전 자유무역을 관철시키고자 했으나, 문화적 예외를 주장하고 각국의 선호에 따라 무역에 대한 제한을 허용하기를 원했던 유럽 국가들은 이에 반대했다. 유럽 국가들은 개인주의, 자본주의적 가치, 가부장적 제도 등을 포함하는 아메리칸 스탠더드를 전파할 수 있는 실리우드에 대항하여 스크린쿼터제를 고수했던 것이다(김상배 2017). 또한 다양한 국가들이 영화와 관련된 국가 전략을 수립하여 미국 중심의 영화산업 구조의 변동을 유발하기 위해 노력해 왔다. 중국의 찰리우드가 이에 대한 대표적인 사례이고, 인도의 볼리우드와 뉴질랜드의 웰리우드의 위상도 점차 높아지고 있는 추세이다.

## 2. 실리우드 현상의 본격화

실리우드 현상은 컴퓨터와 TV가 결합된 양방향 IPTV가 도입되고 UCC가 활발하게 보급되면서 시작되었던 것으로 보인다. 할리우드의 인터넷 커뮤니티 버전인 실리우드 현상에서는 할리우드의 기술력이 영화관을 넘어 국민들의 사적 생활의 공간으로 스며들어가게 된다(김상배 2010). 이에 따라 생산자와 소비자 간 네트워크를 형성하는 것과 소비자들에게 양질의 콘텐츠를 제공하는 것이 중요해지고 있다. 실리우드 현상을 통해서는 OTT 서비스, 전자 상거래, 디지털 게임 등이 핵심 자원으로 부상하고 있다.

　OTT 서비스는 기존 매체와는 달리 특정 망에 종속되지 않고 인터넷만 연결되면 동영상을 이용할 수 있도록 해 주는 서비스를 의미한다. OTT 서비스 사용자는 시공간의 제약을 받지 않고 원하는 콘텐츠

를 시청할 수 있게 된다(함민정·신유진·이상우 2018). 현재 미국에서
는 넷플릭스와 유튜브가 실리우드 2.0의 선두 주자로서 전 세계의 사
용자들에게 OTT 서비스를 제공하고 있다. 우선 넷플릭스는 빅 데이
터 분석을 통해 사용자의 콘텐츠 기호를 파악하고 이와 부합하는 영화
와 TV 프로그램을 추천하는 서비스를 제공하고 있다. 넷플릭스는 수
많은 사용자들을 겨냥하여 자사에서 자체 제작한 드라마인 넷플릭스
오리지널 시리즈를 추천하고 있다. 넷플릭스는 넷플릭스 오리지널 시
리즈의 〈하우스 오브 카드〉, 〈못 말리는 패밀리〉, 〈오렌지 이즈 더 뉴
블랙〉 등의 작품들을 통해 계속해서 돌풍을 일으켜 왔다. 넷플릭스는
할리우드의 기술력의 영향을 받아 태깅한 각 영화별 메타데이터를 기
반으로 다양한 장르를 만드는 마이크로 장르 시스템을 활용하여 추천
알고리즘의 정확도를 높였고, 빅 데이터 속에서 체계적이고 자동적인
통계적 규칙 및 패턴을 찾아내는 데이터 마이닝을 활용하여 성공적인
드라마들을 제작했던 것이다(김진욱 2019).

또한 유튜브는 구독자들에게 다양한 정보를 제공하고, 댓글 기능
을 통해 영상을 업로드하는 자와 영상 시청자들 간의 소통의 장을 마
련해 준다. 그런데 유튜브에 업로드되는 영상들 중 사용자가 직접 제
작한 것들보다 할리우드 영화 및 실리우드의 문화 콘텐츠를 다운받아
편집한 것들의 비중이 높아지고 있다. TV 프로그램 영상이나 스포츠
하이라이트, 뮤직 비디오 등이 이에 해당한다고 볼 수 있다. 유튜브에
대한 할리우드 영화 및 실리우드의 영향력은 2007년 유튜브에서 가장
인기 있었던 20개의 영상들 중에서 무려 13개가 온전한 의미의 UCC
가 아닌 사전에 전문 문화 생산자들이 제작한 작품과 관련이 있었을
정도였다(김상배 2010).

전자 상거래는 인터넷이나 통신을 통한 상품의 거래를 의미한다.

최근에는 전자 상거래와 관련된 업체들의 경쟁이 증가하고 있고, 모바일 기술의 진보로 인해 기존 PC 기반 유선 인터넷 전자상거래 채널뿐만 아니라 모바일 상거래 채널이 주요한 채널로 대두되며 PC 채널을 대체해 가고 있다(김명수·이동주 2017). 이때 미국에서는 아마존이라는 플랫폼의 전자 상거래 채널 독점 현상에 주목할 필요가 있다. 할리우드의 기술력과 실리우드를 바탕으로 형성된 아마존은 그 자체로 판매상이자 배송업체이자 시장이 되고, 쇼핑 검색은 구글에서보다 아마존에서 더욱 많이 이루어지기 때문에 판매 영역에서 아마존과 경쟁하는 플랫폼들은 아마존의 지배 체제 하에서 불이익을 얻게 된다. 특히 아마존이 보유하고 있는 최고의 유통과 물류 시스템은 아마존의 전자 상거래 채널 독점 현상에 기여한다. 아마존은 AWS 클라우딩 서비스의 오프라인 버전이 등장하여 재고 관리 시설에 대한 투자 및 독립판매자들을 위한 개방을 시도했던 것이다. 이에 따라 사용자는 보다 다양한 선택지를 얻고, 판매자는 아마존의 마켓플레이스 등의 솔루션을 공유하며, 아마존은 투자 명분과 여력을 확보하여 지속적인 경쟁 우위를 누릴 수 있게 된다(강형구·전성민 2018).

　디지털 게임은 디지털 코드에 의해 작동하는 일렉트로닉 게임을 의미하고, 비디오 게임, PC 게임, 모바일 게임, 온라인 게임 등을 포함한다(오은석 2007). 미국은 세계 게임 시장 점유율 1위를 차지하고 있는 국가이자 게임의 산업화와 대중화가 가장 먼저 진행된 국가이고, 미국에는 게임을 긍정적으로 생각하는 문화가 형성되어 있다(배장은·김승인 2014). 특히 미국에서는 할리우드의 기술력과 스마트폰의 대중화에 힘입어 모바일 게임이 유행하게 되었다. 스마트폰의 등장으로 인해 멀티미디어 콘텐츠를 수용할 수 있게 되었고, 엔터테인먼트 시장이 발전했던 것이다. 이후 데이터 전송 속도 향상을 추구했던 이동통신 업체들의 노력으로 인해 네트워크가 업그레이드되었고, 3D 게임과 멀티 플레이어 타입의 게임이 발달하게 되었다. 이로 인해 미국에서는 최초로 무료 모바일 게임 서비스를 제공한 Ad-Supported Game, 게임 공급자가 직접 소비자에게 모바일 게임을 판매하는 D2C 사이트, 간단한 퍼즐 게임을 의미하는 캐주얼 게임, 모바일 게임 제작 틀에 해당하는 플래시 등의 출현이 가능해졌다(오은석 2007).

이처럼 영화의 흥행으로 성장하게 된 실리우드는 전 세계인의 일상생활 속으로 침투하고 있다. 실리우드는 21세기의 문화 권력을 갖춘 '21세기의 문화 제국'이라는 이름으로 불릴 정도의 위상을 갖게 된 것이다. '21세기의 문화 제국'으로서의 실리우드는 근대적 국가의 경쟁 및 대외적 팽창 속에서 나타난 문화 제국주의와는 다른 새로운 형태의 권력과 질서를 기반으로 하여 작동된다. 이에 따라 실리우드는 탈영토적이고, 탈중심적이며, 외부의 경계를 갖지 않으면서 확산되어 가고 있다고 볼 수 있다.

## 3. 웹툰 중심의 실리우드 비전과 미국의 과제

향후 실리우드 비전의 양상은 웹툰을 중심으로 전개될 것으로 보인다. 웹툰은 현재 미국에서 가장 빠르게 성장하고 있는 만화 산업 플랫폼이 되었고, 많은 웹툰 어플리케이션들이 미국에 정착하고 있는 추세이다. 스마트폰의 보편화와 함께 웹툰은 미국 국민들의 휴식 시간 속에 빠르게 스며들어 갔고, 웹툰 기업들은 틈새시장을 공략할 수 있는 새로운 기회를 얻게 되었던 것이다. 이때 다양한 웹툰 어플리케이션들은 웹툰 작가들과 독자들을 연결해 주는 매개체의 역할을 수행한다. 특히 타파스는 미국의 대표적인 인기 웹툰 어플리케이션으로, 웹툰 작가들에게는 자신의 작품을 선보일 기회를 제공하고 독자들에게는 신선한 콘텐츠를 접할 기회를 제공한다.

타파스는 타파스미디어의 산하 웹사이트로, 영미권 최초의 웹툰 포털 사이트에 해당한다. 타파스는 다양한 방식으로 웹툰 작가들을 도와 자유롭고 창의적인 창작 활동이 이루어질 수 있도록 하고 있다(La Shure and Park 2016). 우선 타파스는 쉽고 유용한 툴들을 제공하여 웹툰 작가들의 무료 출판을 후원하고, 광고 수입, 지원 프로그램, 유료 결제 등을 통해 웹툰 작가들이 초기에 수입을 얻는 것을 가능하게 한다. 또한 타파스는 5만 명 이상의 창작자들과 수백만 명의 독자들을 위한 커뮤니티를 형성했고, 독자적인 웹툰들을 만들어 내기 위한 스튜디오 타파스를 운영하고 있다. 타파스에서 웹툰 작가들에게 수익을 분배하는 방식은 웹툰의 조회 수에 따라 분배하는 방식에서 광고 수익을 기준으로 분배하는 방식으로 변경되었다. 이 외에 독자들이 웹툰 작가들에게 패트리온 등의 모금 후원 사이트를 통해 기부할 수 있었지만 이러한 기부 시스템은 이후에 중단되었다. 이와 같은 성격을 갖는 타파스는 미국의 사이트 순위에서 DC 코믹스의 2배를 기록하는 성과를 보이게 되었다. 타파스는 다음 '만화 속 세상' 웹툰들 중 일부를 수용 및 번역하여 게시했던 적도 있다.

하지만 실리우드 비전이 실현되어 자리를 잡기까지는 시간이 더 필요하고, 이때 미국 정부가 주어진 역할을 수행할 수 있는지 여부가 관건이 된다. 첫 번째로, 미국 정부는 미국의 영화 제작사들이 미국의 웹툰을 영화화할 수 있도록 지원해 주어야 한다. 할리우드의 기술력을 바탕으로 이루어진 실리우드 현상과 달리 현재의 실리우드는 웹툰 분야에서 이를 온전히 활용하고 있지 않다. 진정한 실리우드 비전은 미국의 웹툰들이 영화화되어 전세계적인 흥행을 거둘 때 실현될 수 있다

고 생각된다. 이를 위해서는 여러 웹툰들을 연결할 수 있는 하나의 거
대한 세계관 즉, 마블 시네마틱 유니버스의 웹툰 버전이 요구될 것으
로 보인다. 이때 미국 정부는 미국의 웹툰들이 할리우드의 기술력을
빌려 성공적으로 영화화될 수 있는 날까지 할리우드 영화 제작사들과
협력해야 한다고 볼 수 있다.

두 번째로, 미국 정부는 그레이 프로파간다 전략에 대한 국제사
회의 비판을 해소할 수 있어야 한다. 그레이 프로파간다 전략은 영화
의 관객들로 하여금 현실과 영화 속의 내용을 혼돈하게끔 유도하는 전
략에 해당한다. 이는 미국 정부가 할리우드 영화를 이용하여 미국 정
부의 정책을 정당화하는 것을 의미한다고 볼 수 있는데, 영화〈아이언
맨〉이 대표적인 사례가 된다. 우선 미국 정부는 관객들에게 공군에 대
한 긍정적 이미지를 심어주기 위해 공군 기지에서의 촬영과 공군들의
영화 출현을 허용했다. 또한 미국 정부는 아프가니스탄에는 테러리스
트들이 만연해 있고, 미국이 이들을 물리치는 것이 세계 평화에 기여
한다는 메시지를 전달하기 위한 목적을 갖고 영화〈아이언 맨〉의 주인
공 토니 스타크가 아프가니스탄의 테러리스트를 박멸하기 위해 파워
수트를 개량한다는 배경 설정에 동의했다. 이와 같은 미국 정부의 전
략은 미국 정부와 할리우드 영화 제작사들 간의 부적절한 밀월관계를
형성한다는 비판을 받아 왔다(김현수·김형수 2018). 미국 정부와 할리
우드 영화 제작사들의 협력은 시장에서의 독점 또는 미국적 이데올로
기의 지나친 전파로 이어지는 수준으로까지 진행되어서는 안 되는 것
이다.

## III. 찰리우드의 부상과 중국의 도전

### 1. 중국 영화산업의 성장과 중국의 도전

중국 영화산업의 성장 역시 크게 세 가지 측면으로 구분해 볼 수 있다. 첫 번째로, 중국의 영화 기술력이 할리우드와 경쟁 가능한 수준으로 성장했다. 이는 경제성장과 국민소득 증가 및 중국 정부의 영화산업 육성 정책 및 신흥 감독들, 편집자들, 제작자들의 유입으로 인한 영화 장르의 다양화에 기인한다. 2000년대까지는 중국의 영화들은 고대 무협 장르에 상업성을 결합한 오락물에 불과하다는 평가를 받고 있었다. 하지만 2010년대가 되어서부터는 중국 영화의 기술이 향상되어 할리우드의 영화 기술 수준을 따라잡고 있다. 이후 중국 영화는 여가 생활을 즐기기 위해 극장을 방문하는 대규모의 인구를 활용하여 박스오피스 순위의 최상위권을 차지할 수 있게 되었다(김상배 2017).

두 번째로, 모바일 인터넷을 사용하여 영화를 소비하는 자들의 수가 늘어나면서 중국 인터넷 서비스 기업들이 영화산업에 활발하게 진출하기 시작했다. 이와 함께 영상 콘텐츠를 확보한 후 스트리밍 서비스와 광고로 매출을 올리는 새로운 비즈니스 모델이 형성되었다고 볼 수 있다. 특히 바이두와 알리바바, 텐센트를 의미하는 BAT가 이러한 분야에서 주목할 만한 성과를 내고 있다. 바이두는 영화 배급과 제작보다는 인터넷 전용 콘텐츠를 통한 온라인 시장을 공략하고 있고, 알리바바와 텐센트는 영화의 제작 및 유통, 연예 기획, 홍보 및 결제를 포함하여 영화산업 전반으로 진출하고 있었던 것이다. 이러한 추세가 지속되면서 인터넷 플랫폼을 장악한 기업이 중국과의 콘텐츠 기업을 돈으로 사들이는 상황이 벌어질 수도 있다는 전망이 나타나고 있다(김상배 2017).

세 번째로, 중국 영화는 영화의 제작과 장르를 포함하는 형식적인 측면에서 할리우드와 마찬가지로 보편성을 추구하게 되었다. 하지만 중국 영화는 영화의 콘텐츠에 담긴 문화 코드와 매력을 포함하는 내용적인 측면에서는 정치적 자유의 제약이 존재하는 중국형 모델을 벗어나지 못하고 있는 것으로 보인다. 이러한 상황에서 인터넷 플랫폼 사용자들의 선호가 중요해져서 그들의 규모가 콘텐츠 생산자들에게 영향력을 행사할 수 있는 프로듀시지 모델이 형성될 수 있을지 여부가 중국 영화의 내용적 측면에서의 관건이 된다. 중국의 인터넷 기업들이 보다 보편적인 콘텐츠를 제공하고 소비자들이 이에 호응하게 된다면, 중국은 중국 영화의 내용적인 측면의 한계를 극복할 수 있게 될 것이다. 이는 향후 실리우드와 찰리우드의 승패를 결정짓는 데에 영향을 미치는 중요한 요소들 중 하나라고 생각된다(김상배 2017).

중국뿐만 아니라 인도, 뉴질랜드 등의 국가들이 영화산업에서의 미국 패권에 대항하고 있는데, 이들의 전략은 '밖을 향함'이라는 용어로 설명될 수 있다고 생각된다. '밖을 향함' 전략은 다른 국가의 영화를 수용하고 이로부터 배울 점을 찾아 자국의 영화에 적용하는 것과 관련이 있고, 상호 이익을 위한 협력, 할리우드와의 공생, 미래 개척에 대한 협업의 세 가지 유형을 갖는다. 상호 이익을 위한 협력은 선진적인 외국 콘텐츠를 지원하고 분석하여 자국 영화의 활력을 높이고 네트워크를 확충하는 것이고, 할리우드와의 공생은 할리우드 영화에 부가 가치를 더해 주거나 자국의 요소를 할리우드 영화에 삽입하는 것이며, 미래 개척에 대한 협업은 미디어 융합 트렌드 속에서 미래의 영화 제작을 도모하는 것이라고 볼 수 있다. 이와 같은 '밖을 향함' 전략은 전 세계의 국가들에게 새로운 정책 패러다임을 요구하고 있다(심상민

2013).

중국은 '밖을 향함' 전략 중 상호 이익을 위한 협력과 할리우드와의 공생의 측면에 주목하고 있는 것으로 보인다. 상호 이익을 위한 협력과 관련하여 중국은 자본의 극대화를 위한 보편주의를 채택하여 문화적 수준을 제고하고 할리우드 영화산업의 규모와 수준을 따라잡고자 한다. 중국은 미국의 극장 산업체를 인수하려는 중국 민간 기업의 자금을 지원하고, 영화 제작 등의 업무에 종사하는 신흥 기업들을 위해 시장 진입 장벽을 낮춰줌으로써 이러한 목표를 달성해 가고 있다고 생각된다. 할리우드와의 공생과 관련하여 중국은 미국과 함께 영화 시장에서의 적대적 경쟁관계에서 탈피하여 상호 기술 및 자본 이전과 핵심 자산 교류에 합의했다. 할리우드는 부족한 자금력, 소재, 아이디어 파워 등을 중국 자산으로부터 충당하기 위해 중국 자본과의 결합을 강력히 원했고, 중국은 할리우드의 핵심 역량인 콘텐츠 제작, 상호 협업 및 보완이 가능한 극장 체인, 특수효과 기술 등의 부문에 관심을 집중하고 있어 미국과 중국의 영화 관련 정책의 '우아한 결혼 시나리오'가 진행되고 있는 것이다(심상민 2013).

중국 영화산업의 성장을 대표하는 기업은 완다 그룹이라고 생각된다. 부동산을 기반으로 성장한 완다 그룹은 완커 그룹, 헝다 그룹과 함께 중국의 3대 부동산 기업이었지만, 끊임없는 사업다각화를 추진하여 부동산, 문화 및 레저, 금융, 유통 등 4개 핵심 부문으로 구성된 대형 기업 그룹으로 진화했다. 특히 선전증권거래소에 상장된 자회사인 완다 시네마는 현재 중국 국내에서 200개 이상의 영화관과 2천 개이상의 스크린을 보유하고 있고, 중국 영화관 시장 점유율 1위를 차지했다. 이후 부동산 경기가 침체 국면에 접어들면서 완다 그룹은 탈부동산화를 시도하여 부동산의 비중을 줄이고 종합 엔터테인먼트 기업으로의 대변신을 가속화하고 있다. 이때 완다 그룹에게 세계 최대 수준의 IMAX와 3D스크린 운영 업체인 미국 AMC의 인수는 중요한 전략적 의미를 가진다. 이를 통해 완다 그룹은 글로벌 영화 시장의 다크호스로 떠올랐고, 추가 해외 진출의 발판을 마련했으며, 국제 경쟁력 제고와 최적의 수직적 통합구조 마련을 위한 발판을 형성할 수 있었던 것이다(선지아·김명숙 2016).

## 2. 찰리우드 현상의 본격화

중국 규제 당국이 해외 투자에 대한 통제를 강화하면서 완다 그룹의 해외 기업 인수 합병이 현저하게 감소하게 되었다. 또한 완다 그룹 회장 왕젠린이 당국에 억류되어 출국이 금지됐다는 미국 내 반중 웹사이트 보도로 인해 완다 그룹 주식가가 폭락했던 적이 있다(유세진 2017). 이와 같은 사실들에 기반하여 완다 그룹 및 찰리우드의 쇠퇴와 관련된 주장이 대두되고 있다. 이러한 상황에서 중국에서도 OTT 서비스, 전자 상거래, 디지털 게임 등의 자원들이 성장하고 있다. 중국은 향후 찰리우드 현상을 활용하여 미국과 문화 패권경쟁을 이어가야 할 것으로 보인다.

우선 중국에서는 유쿠와 아이치이가 OTT 서비스를 담당하고 있다. 유쿠는 유튜브의 중국 버전으로, 인터넷과 TV, 모바일의 3망을 이용하여 뉴스와 영화, 드라마 등 동영상을 제공하는 중국의 대표 동영상 사이트로 인식되고 있다. 유쿠는 유튜브와 달리 비디오를 업로드할 때에 시간과 용량에 제한이 없다는 차이점을 갖고, 여러 중국 TV 프로덕션 회사 및 중국 TV 방송사에 영상 콘텐츠를 제공하며, 사용자가 직접 제작한 동영상을 보유하고 있다(찬우미·권상희 2014). 유쿠는 설립

초기에는 유튜브의 운영 전략을 모방하고, 사용자 업로드를 핵심적 운영 개념으로 채택하여 개인적으로 업로드 한 비디오를 네트워크 플랫폼에 통합하면서 발전했다. 하지만 이후 유쿠에서는 강한 중심화 경향이 나타나기 시작했고, 유쿠는 자체 프로그램 경영을 위해 노력했다. 특히 유쿠의 자체 프로그램은 사이트가 계획, 테마 선택, 촬영 및 후기 편집을 하는 칼럼 형식으로 비디오 제작 분야에서 많은 상을 수상했고, 자체 제작 프로그램은 중국의 비디오 웹 사이트에서 매우 큰 비중을 차지하게 되었다(이기항·안병진·송만용 2019).

한편 아이치이는 '품질을 즐겁게 누리자'라는 기업 모토를 지향하면서 고해상도의 다양한 전문 동영상 서비스를 제공하는 업체이다. 아이치이는 드라마와 영화 중심 콘텐츠를 제공하는 플랫폼으로 시작하여 종합적인 콘텐츠를 제공하는 플랫폼으로 자리를 잡아 나가고 있다. 아이치이는 영화, 드라마, 예능 프로그램 등 10만 건 이상의 콘텐츠를 보유하고 있고, 〈별에서 온 그대〉 등의 중국 내 독점 방영권을 얻어 막대한 수익을 거두었다. 이후 아이치이는 자체 제작사인 마동 작업실을 통해 전문 자체 제작 콘텐츠 분야에 진입했고, '기술+콘텐츠'를 뉴미디어시대의 특징이라고 선언한 후 iJOY라는 새로운 비즈니스 브랜드를 출시했다. 이러한 성격을 갖는 아이치이는 주로 광고와 소수의 유료 회원을 통해 수익을 얻는데, P2P 기반의 온라인 방송 서비스 업체인 PPStream과의 합병으로 인한 운영 비용 절감 효과와 이용자 확대 효과를 활용하여 수익을 증대시키고 있다(박성은·이건웅 2016).

또한 중국에서는 알리바바라는 세계 인터넷 기업이 전자 상거래를 담당하고 있다. 알리바바는 중국 기업들의 국내외 판로 개척 지원을 위해 B2B 전자상거래 서비스로 출발했고, 중국 경제의 호황과 회원사들의 폭발적인 성장에 힘입어 영업 실적을 비약적으로 증가시켰다. 이후 알리바바는 C2C 사이트인 타오바오와 2C 전용 플랫폼인 텐마오를 런칭했고, 공동구매 사이트인 쥐화쏸과 오픈마켓형 해외직구 사이트인 알리익스프레스를 개시했다. 최근에 알리바바는 물류와 배송, 온라인 마케팅 서비스, 클라우드 서비스 등을 활용하여 완전한 전자 상거래 생태계를 구축해 나가고 있다. 특히 알리바바는 eBay와 같은 개방형 플랫폼을 기반으로 연계된 서비스를 제공하고 있다. 개방형 플랫폼은 구매자와 판매자에게 온라인 거래 기회와 정보 공유의 장을 제공하고 중개 수수료를 받는 형태로, 누구나 접근할 수 있는 오픈 마켓 방식에 해당한다. 판매자들이 지불하는 플랫폼 서비스 이용료, 판매 커미션, 온라인 스토어 개설비, 상품 등록비, 광고비 등이 알리바바의 주요 수입원이 된다(션지아·김명숙 2016).

그리고 중국에서는 크게 세 가지 원인으로 인해 디지털 게임이 성장할 수 있었다. 첫 번째로, 디지털 게임의 고객층이 변화했다. 빠르게 증가한 인터넷 사용자와 스마트폰 게임 사용자가 디지털 게임의 잠재적인 고객이 됨으로써 고객층이 확장되었던 것이다. 두 번째로, 첨단기술이 급속하게 발전했다. 인터넷 기술의 발달로 기존의 게임 사용자들이 인터넷의 스마트폰 또는 일반 컴퓨터에 접속하여 편리하게 게임에 접속할 수 있게 되었다. 세 번째로, 자유롭게 게임 시간을 선택할 수 있게 되었다. 디지털 게임은 휴식 시간에 할 수 있었고, 출근 시간에 틈을 내서 할 수도 있었기 때문에 많은 사무직의 환영을 받았다. 이로 인해 중국에서는 웹 게임과 모바일 게임의 자체적인 연구 개발이 시작되었고, 많은 우수한 디지털 게임이 등장하여 큰 효과를 거둘 수 있었다. 특히 텐센트에서 제작한 〈아레나 오브 베일러〉와 폭풍집단이 제작한 〈오버워치〉가 디지털 게임 중에서도 모바일 전자게임의 발전에 기여했다(유봉구 2019).

이처럼 중국 영화의 기술력 향상으로 인해 처음 대두된 개념인 찰리우드는 중국 인터넷 기업들의 전략의 일환이 되어가고 있다. 찰리우드는 중국 영화의 내용적인 측면에서의 한계를 극복하기 위해 영화관의 관객들이 아닌 영화관 밖의 시민들을 주요 타깃으로 삼게 된 것이다. 이때 10억 인구로 대표되는 중국의 광대한 규모는 찰리우드 현상의 성공 가능성을 증폭시켜줄 수 있는, 미국이 예상하지 못했던 변수가 된다. 중국의 모든 소비자들이 찰리우드가 생산한 콘텐츠들을 이용할 경우, 찰리우드는 최소 10억 명의 충실한 지지자들을 획득하게 되기 때문이다. 이러한 상황에서 중국 인터넷 기업들의 노력으로 보편적인 콘텐츠들이 생산되어 해외에서 인정을 받게 된다면 찰리우드는 '21세기의 문화 제국'으로서의 실리우드에 대항할 수 있는 힘을 얻게 될 것으로 보인다.

## 3. 웹툰 중심의 찰리우드 비전과 중국의 과제

향후 찰리우드 비전의 양상 역시 웹툰을 중심으로 전개될 것으로 보인다. 웹툰은 현재 중국에서 광대한 규모를 활용하여 발전시킬 가능성이 매우 높은 플랫폼이고, 미국에 비하면 부족하지만 중국에서도 다양한 웹툰 어플리케이션들이 형성되어 가고 있다. 이러한 웹툰 어플리케이션들로 인해 웹툰 작가들은 새로운 방식으로 수익을 창출할 수 있는 기회를 얻게 된다. 한국을 포함한 다른 국가들의 웹툰을 번역하여 수용하는 경우가 많은 미국과 달리 중국에서는 대부분의 인기 웹툰 어플리케이션들은 중국의 대기업들에 의해 생산된다. 특히 쿠웨이칸만화는 모든 연령층이 즐길 수 있는 웹툰들을 소비자들에게 제공하는 웹툰 어플리케이션이다.

쿠웨이칸만화는 중국 내에서 최고의 이용자 수를 자랑하는 중국의 1위 웹툰 플랫폼이다. 쿠웨이칸만화는 컴퓨터로 접속했을 때에는 상당히 느리다는 단점이 있지만, 모바일로 접속했을 때에는 신속하게 양질의 서비스를 제공해 준다. 쿠웨이칸만화의 사용법은 매우 편리하고, 중국이 생산한 콘텐츠들은 내용적인 측면의 한계를 갖는다는 비판을 극복하기 위해 중국형 모델을 탈피하여 다양한 가치를 반영하는 웹툰들을 선보인다. 쿠웨이칸만화의 대부분의 웹툰 콘텐츠들은 무료로 제공되어 많은 독자들이 새롭게 유입되고 있다. 쿠웨이칸만화는 한국의 웹툰들을 중국어로 번역하여 게시하기도 하는데, 이때 전문적인 번역 시스템이 작동되어 중국의 독자들은 마치 중국에서 생산된 웹툰을 읽는 듯한 느낌을 받게 된다.

하지만 찰리우드 현상이 실현되어 자리를 잡기까지는 시간이 더 필요하고, 이때 중국 정부가 주어진 역할을 수행할 수 있는지 여부가 관건이 된다. 첫 번째로, 중국 정부는 중국의 영화 제작사들이 중국의 웹툰을 영화화할 수 있도록 지원해 주어야 한다. 최근 향상된 중국의 영화 제작 기술을 바탕으로 이루어진 찰리우드 현상과 달리 현재의 찰리우드는 웹툰 분야에서 이를 온전히 활용하고 있지 않다. 진정한 찰리우드 비전은 중국의 웹툰들이 영화화되어 전 세계적인 흥행을 거둘 때 실현될 수 있다고 생각된다. 이를 위해서는 일차적으로는 쿠웨이칸만화의 시도와 같이 보편적인 가치들을 담을 수 있는 웹툰들이 많이 생산되어야 한다. 이차적으로는 중국 웹툰에 대한 전 세계적 인지도를 향상시킨 후 웹툰의 영화화가 성공적으로 이루어져야 한다. 이때 중국 정부는 웹툰의 영화화 과정에서 기술 및 자금 지원을 수행하되, 중국 중심주의적 웹툰을 영화화 대상으로 선정하는 것을 지양해야 한다고 생각된다.

두 번째로, 중국 정부는 중국 자체에 대한 국제사회의 비판을 해소할 수 있어야 한다. 주변 국가들은 중국의 불공정한 무역 관행과 관련하여 지속적으로 문제를 제기해 왔던 것이다. 우선 중국은 다국적 기업들을 불법적으로 매수하여 미국이 중국의 WTO 가입을 허용하도록 압력을 넣게 했다. 중국은 WTO에 가입한 후 중국에 의해 매수된 다국적 기업들은 신속하게 다른 국가들의 공장과 일자리를 중국으로 이전시켰고, 이는 다른 국가들의 무역 적자로 이어졌다. 또한 중국은 사이버해킹 등을 통해 다른 국가들의 기술을 모방하여 이를 수출했다. 이러한 중국의 행위는 저작권 도용, 미국의 하이 테크놀로지에 대한 청사진 절도에 해당한다. 그리고 중국은 위안의 가치를 시장 가치보다 훨씬 낮은 비율의 달러로 불법적으로 고정함으로써 통화를 조작해 왔다. 중국의 통화 조작은 중국 기업의 수출에 대한 보조금이자 다른 국가들에 대한 관세 장벽으로 작용하게 된다. 중국 정부가 정책을 변경하여 중국의 국가 이미지를 개선하지 않는 한, 중국에서 생산한 콘텐츠가 전 세계적으로 환영받기는 어려울 것으로 보인다. 미국의 국가 이미지를 과도하게 긍정적으로 포장해 왔고, 향후 이를 지양해야 하는 미국 정부와는 달리 중국 정부는 최우선적으로 다른 국가들의 중국에 대한 인식을 긍정적으로 바꾸기 위해 노력해야 한다고 생각된다.


## IV. 한류의 성장과 한류 3.0

### 1. 한류 1.0과 한류 2.0

한류 현상은 한국의 드라마, 영화, 대중음악 등이 세계 각지로 활발하게 진출하는 현상을 의미한다(김상배 2014). 현재는 유튜브와 SNS 등 콘텐츠의 전파 경로가 다양해지면서 한류 열풍이 가속화되고 있는 상황이다. 한류는 아시아 각국의 문화 산업 시장의 콘텐츠 부족 현상을 해결하는 동시에 아시아에서 부정적으로 인식되었던 해외 선진 문화 상품에 대한 대안으로서의 역할을 수행함으로써 아시아에서 흥행할 수 있었던 것이다. 한류는 한국 드라마 중심의 한류 1.0과 K-팝 중심의 한류 2.0으로 구분되고, 한국의 엔터테인먼트 기업들은 한류의 성공적인 글로벌 진출을 위해 노력해 왔다(조은미 2018).

한류 1.0의 핵심이었던 한국 드라마는 한국 사회와 한국 문화를 홍보하고 한국 상품의 소비를 확산시킬 수 있는 중요한 경로가 되었다(황순학·양혜란·천세학 2016). 중국에서 방영된 연속극 〈사랑이 뭐길래〉, 일본에서 방영된 미니 시리즈 〈겨울연가〉, 전 세계로 수출되었던 〈대장금〉과 〈별에서 온 그대〉 등이 한국 드라마의 대표적인 콘텐츠였다고 볼 수 있다(박노현 2013). 이와 같은 한국 드라마는 패션문화와 음식문화, 오락문화, 관광문화 등을 중국에 전파하게 되었다. 중국 시청자들의 드라마 자체에 대해 높은 선호도와 함께 한국 상품 판매량도 급증했던 것이다. 또한 일본에서는 한국에서 최초로 방영된 지 2년이 되지 않은 드라마들이 일본으로 수출되는 홀드백 현상이 매우 빠르게 일어났다. 이러한 과정을 거쳐 한국 드라마 시청은 한국의 연예인과 한국인 및 한국 자체에 대한 애정과 관심으로 이어져 한국어를 공부하거나 한국 제품을 구매하는 외국인들이 증가하도록 했다. 하지만 이후 한국 드라마는 스토리에 대한 고민보다는 인기 배우를 캐스팅하는 데에 집중하게 되어 완성도가 떨어진다는 비판에 직면했다. 개연성이 부족한 선정적인 내러티브와 감정 과잉의 클리셰가 빈번하게 나타난다는 것이다(황순학·양혜란·천세학 2016).

한편 한류 2.0의 핵심이었던 K-팝은 아시아와 유럽, 미국, 중동 시장의 관심을 받는 세계적인 문화 콘텐츠로서 자리를 잡게 되었다(이 은솔·이우창 2017). 싸이와 방탄소년단은 한류 2.0의 흥행을 직접적으로 보여주는 사례이다. 한국에서 발행된 것과 동일한 한국어 앨범이 한국을 넘어 전 세계의 팬들을 확보했다는 점은 한류의 새로운 가능성의 지평을 열어주었다. 이후 K-팝은 음악을 넘어 하나의 문화이자 한국을 알리는 수단으로 부상했고, 광범위한 경제적, 정서적 파급력을 발휘했다. 한류 총 수출액은 11조 원을 초과하게 되었고, 특히 방탄소년단은 4조 원 이상의 연평균 국내생산 유발 효과와 1조 원 이상의 관광객, 수출품 등의 부가가치 유발 효과를 일으켰던 것이다. K-팝 중심의 한류 2.0은 글로벌 문화 트렌드로 성장하게 되었는데, 베트남에서는 K-팝 스타일의 아이돌 그룹인 365가 형성되어 인기를 끌었을 정도였다(Jang and Song 2017). 하지만 K-팝은 아이돌 음악이라는 댄스 스타일의 음악만을 지칭한다는 점에서 한계를 지닌다. 아이돌이 아닌 다양한 장르의 음악을 만드는 한국의 뮤지션들은 아직 세계적으로 인정을 받지 못하고 있는 상황이다(이승연·장민호 2019).

## 2. 한류 3.0의 시대와 콜리우드

한류 1.0과 한류 2.0은 저렴한 가격 경쟁력과 접근성이 높은 무료 서비스를 제공하는 유통 매체 환경의 이점을 기반으로 성장했고, 한류 드라마 스타와 K-팝 아이돌을 양산하면서 마케팅에 성공할 수 있었다. 하지만 이에 따라 한류 1.0과 한류 2.0에서 파생된 킬러 콘텐츠들은 일시적인 트렌드에 머물게 될 가능성이 있기 때문에, 한류의 지속가능한 발전을 위해서 한국은 한류 3.0에 부합하는 콘텐츠들을 개발해야 한다. 특히 한류는 자본주의적 욕망을 포장한 것이고 동아시아의 틈새 시장을 공략한 것에 불과하다고 주장하는 한류에 대한 비판론을 극복해야 하는 것이다. 현재 세계에서는 스마트 디바이스의 발전으로 인한 스마트 콘텐츠들이 활성화와 한국적 정서의 영향력 증가에 따라 온라인 게임과 웹툰이 한류 3.0의 문화 자원이 될 가능성이 가장 높아졌다(이재홍 2014).

온라인 게임은 사용자들이 PC와 인터넷을 이용하여 온라인으로 접속해서 동시에 같은 게임을 즐길 수 있도록 하는 컴퓨터 게임의 일종이다. 온라인 게임은 기존의 컴퓨터 게임과 달리 익명의 참여자들이 다자간 정체성을 공유하게 되는 네트워크 형태의 게임이어서 사용자들의 몰입 정도가 매우 크기 때문에 전 세계적 흥행에 성공할 수 있었다(김상배 2014). 이로 인해 한국의 게임 산업 매출액은 10조 원을 초과했고, 한국은 온라인 게임 세계 시장과 글로벌 게임 시장에서 각각 2위와 6위를 차지할 수 있게 되었다(이재홍 2014). 온라인 게임은 정부의 인프라 구축 지원과 관련 업체들의 해외 진출 노력 덕분에 국내와 해외 시장에서 경쟁력을 갖추어 높은 수익을 낼 수 있게 되었던 것이다. 부가가치의 측면에서도 온라인 게임은 아케이드 게임, PC 게임, 비디오 게임 등과 달리 지속적인 고성장을 기대할 수 있는 콘텐츠이다. 온라인 게임 관련 업체들은 온라인 게임의 타이틀을 판매하고 난 후에도 유료 가입 및 아이템 구매 제도 등을 통해 추가적인 수익을 얻을 수 있고, 이용자들이 네트워크 서버를 거쳐야만 한다는 매체적 특성을 활용하여 광고 수익을 얻을 수 있기 때문이다(최진아·김동원 2010).

웹툰은 디지털 패러다임에서 하나의 독자적인 서사체를 형성하고 있는 콘텐츠 양식으로, 출판 단행본을 기반으로 하여 비정기적으로 연재되는 미국과 일본 등 외국의 만화와는 달리 제작 및 유통 과정이 디지털화되어 있고 정기적으로 연재되는 한국의 새로운 만화 형식이다(강명주 2019). 웹툰은 인터넷 및 인터넷 PC의 대중화, 아날로그 콘텐츠의 디지털화, 오프라인 콘텐츠의 온라인화 등을 통해 등장한 디지털 만화의 혁신적인 양상인 것이다. 웹툰 플랫폼들은 포털을 통해 다양한 스토리의 작품들을 집대성하여 규모의 경제를 실현하고, 포털 상으로 온라인 출판을 지원함으로써 웹툰 작가들의 새로운 시도를 지원하고 있다. 이로 인해 한국의 웹툰 플랫폼에서 소비자들은 일상적인 에피소드들을 그려내는 웹툰, 사랑, 삶, 죽음 등의 심오한 주제를 다루는 웹툰, 사회의 현실을 적나라하게 드러내는 웹툰 등 다양한 장르의 웹툰들을 자유롭게 찾아볼 수 있게 되었다(Kim 2012). 이와 같은 웹툰 플랫폼들은 국내에 정착한 후 해외로 사업을 확장하여 혁신적인 성과를 이루고 있다. 네이버는 웹툰의 국내 사업 성공을 기반으로 '라인'을 통해 일본 및 중국으로 진출했고, 레진코믹스는 웹툰 유료화 사업을 선도한 후 중국의 텐센트동만과 콰이칸에 진출했다고 볼 수 있다(박종천·이재수 2018). 이러한 상황에서 서적 판매, 캐릭터 사무용품, 음료 등의 2차 활용과 글로벌에서 창출되는 각종 부가가치 및 해외 수출을 고려하면 한국 웹툰 시장은 2020년에 1조 원 규모에 도달할 것으로 예상된다(이태훈 2018).

한류 3.0의 문화 자원을 소재로 영화를 제작한다면 한류 3.0에 대한 해외의 지지를 한국 영화의 흥행으로 이어지도록 할 수 있을 것이라고 생각된다. 이때 실리우드와 찰리우드의 경쟁 구도에 참여 가능한 콜리우드 비전의 형성이 가능해진다. 전 세계의 사람들이 열광하는 기존의 작품을 영화화할 경우 이들은 해당 영화에 대해서도 큰 관심을 보일 가능성이 높기 때문이다. 이때 온라인 게임을 영화화하기 위해서는 게임의 캐릭터와 세계관, 퀘스트와 보스 몬스터 등의 설정을 재구성하는 절차가 필요하다. 또한 웹툰을 영화화하기 위해서는 웹툰의 캐릭터와 스토리를 차용하여 각색하는 절차가 필요하다. 따라서 향후 온라인 게임과 웹툰 중 한류 3.0의 중심이 될 수 있는 적절한 문화 자원을 선정하는 작업이 매우 중요해질 것으로 보인다.

## 3. 한류 3.0의 문화 자원으로서의 웹툰

이 글은 웹툰에 주목하여 한국은 웹툰을 한류 3.0의 문화 자원으로 적극적으로 활용해야 한다고 주장하고자 한다. 웹툰은 온라인 게임의 한계를 극복할 수 있는 문화 콘텐츠이기 때문이다. 우선 온라인 게임은 크게 두 가지의 한계를 갖는다고 생각된다. 첫 번째로, 한국의 온라인 게임은 기술적 측면에서는 세계적으로 인정을 받고 있지만, 글로벌화를 위한 창의적인 스토리텔링의 측면에서는 매우 취약한 모습을 보이고 있다. 두 번째로, 한국만의 문화를 대변하는 온라인 게임이 아직 개발되지 않고 있다(이태훈 2018). 이와 달리 웹툰은 창의적인 스토리텔링을 완벽하게 구현할 수 있고, 한국의 전통적인 문화를 웹툰의 요소로 포섭할 수 있다. 웹툰의 특성과 한국 웹툰 작가들의 개성 있는 스토리의 매력이 결합되면 웹툰은 충분히 한류 3.0의 중심이 되어 더 많은 국가들을 진출 대상으로 삼아 확산될 수 있을 것이다. 해외에서 한국의 웹툰에 대한 수요가 급증하고 한국의 웹툰에 대한 두터운 팬층이 생겼을 때, OSMU 전략을 가속화하여 웹툰을 영화화한다면, 해당 영화는 선풍적인 열광의 대상이 되어 흥행에 성공하게 된다고 볼 수 있다(Lee, Cho and Kim 2018). 이와 같은 흥행의 성공이 지속적으로 반복될 경우, 한국의 영화산업은 급격한 속도로 성장하여 콜리우드 비전

의 실현을 가능하게 할 것이다. 콜리우드 비전이 실현된다면 그 후에
는 역으로 한국의 OTT 서비스, 전자 상거래, 디지털 게임이 발전하는
선순환의 형성을 모색해 볼 수도 있다.

한국이 미국이나 중국보다 앞서 웹툰의 영화화의 전 세계적인 흥
행 성공을 실현하기 위해서는 다양한 전략들이 요구된다. 첫 번째로,
크로스미디어 스토리텔링을 사용하지 않아야 한다. 크로스미디어 스
토리텔링은 광고 및 마케팅 분야에서 유사한 콘텐츠를 다양한 미디어
를 통해 소비자들에게 전달함으로써 최적의 커뮤니케이션 효과를 창
출하는 전략이라고 볼 수 있다(전지니 2018). 하지만 크로스미디어 스
토리텔링은 웹툰과 영화의 결합에 있어서는 적절하지 않은 방식이라
고 생각된다. 콜리우드의 형성을 위해서는 동일한 스토리를 갖는 웹툰
과 영화를 동시에 방영해서는 안 되는 것이다. 웹툰과 영화를 동시에
방영할 경우, 시너지 효과가 일어나지 않고 오히려 작품에 대한 대중
들의 부정적인 평가가 이루어질 가능성이 높기 때문이다.

두 번째로, 반복과 변주의 조화를 활용해야 한다. 음악과 시에서
도 반복과 변주가 중요하듯이, 웹툰을 영화화할 때에도 반복과 변주가
필수적인 요소가 된다. 영화는 웹툰의 주제의식과 소재, 주인공 등의
기본적인 틀은 유지하되, 영화의 내용이 웹툰의 내용과 완벽히 일치
하게 되면 대중이 신선함을 느끼지 못할 수 있으므로, 사건의 전개에
있어서 변화를 줄 필요가 있는 것이다. 세 번째로, 슈퍼스트링 세계관
을 적극적으로 영화에 도입해야 한다. 슈퍼스트링 세계관은 한국의 일
부 인기 웹툰들이 공유하는 세계관으로, 목성이 내행성 궤도로 다가오
는 비상 상황에서 지구를 구하기 위해 차원을 넘어 온 능력자들이 악
의 세력과 전쟁을 치른다는 설정을 내포하고 있다. 웹툰이 한류 3.0으
로 성장했을 때 해외의 팬들이 슈퍼스트링 세계관의 존재를 인식할 수

있도록 한다면, 슈퍼스트링 세계관을 공유하는 웹툰의 영화화가 보다 쉽게 흥행에 성공할 것으로 보인다. 마블 시네마틱 유니버스와 유사한 슈퍼스트링 시네마틱 유니버스의 가능성이 도출되기 때문이다. 이러한 전략이 구현된다면 해외의 팬들은 웹툰을 원작으로 하는 한국의 영화들을 분석하고 후편을 기대하게 될 수 있다.

하지만 웹툰을 영화화하여 실리우드, 찰리우드와 경쟁할 콜리우드 비전의 실현으로 연결하는 것은 웹툰 및 영화산업에 종사하는 비국가 행위자들의 노력만으로는 이루어지기 어렵다. 따라서 한국 정부가 직접 비국가 행위자들과 협력하여 웹툰 및 영화산업의 발전에 기여해야 한다고 생각된다. 이는 한국이 기업과 시민 사회, 정부를 포괄하는 메타 거버넌스의 기능을 수행하는 네트워크 지식 국가로 성장하기 위한 초석이 될 것이다. 이처럼 한국이 시장의 무정부 상태, 국가 통제의 위계 질서, 시민사회의 다층 질서를 통합하고 네트워크의 안정성과 보안성을 유지하기 위해서는 정부가 비국가 행위자들의 자율성을 침해하지 않는 수준에서 역량을 발휘해야 한다(김상배 2010).

첫 번째로, 한국 정부는 웹툰 포털 플랫폼의 개선을 위해 노력해야 한다. 한국의 웹툰은 해외의 독자들에게 인기를 끌고 있지만, 현재는 해외의 독자들의 웹툰에 대한 수요에 비해 공식적 공급처가 부족한 상황이다. 이때 해외의 독자들은 주로 해외로 진출한 한국의 웹툰 포털 플랫폼을 이용하는데, 저작권의 문제가 발생할 경우 웹툰에 대한 해외의 인기가 급감하게 된다. 네이버의 라인 웹툰이 이와 관련된 대표적인 사례가 된다. 라인 웹툰은 해외에 웹툰을 수출하기 위한 플랫폼으로, 영어, 태국어, 중국어, 인도네시아어 번역 서비스를 제공하고 있다. 이때 1차 라인 웹툰 공모전의 조항이 가장 큰 문제가 되었다. 1차 라인 웹툰 공모전에는 원창작자의 저작권 및 개인정보를 사실상 네이버에 귀속시킨다는 조항이 있었는데, DeviantArt와 한국의 커뮤니티들에서 이에 대해 강하게 반발했던 것이다. 한국 정부는 해외의 저작권 의식 및 개인정보 보호의식이 투철하다는 사실에 주의하면서 한국의 웹툰 플랫폼들과 다른 국가와의 저작권 갈등을 효율적으로 중재할 수 있어야 한다고 생각된다(최보광 2015).

두 번째로, 한국 정부는 웹툰의 불법 복제를 방지해야 한다. 한국에서는 스마트 디바이스의 보급이 확대되고 시간과 장소에 관계없이 콘텐츠를 이용할 수 있는 환경이 구축되면서 온라인에서 제공되는 불법 복제물의 유통이 급속도로 확산되었다. 특히 한국의 웹툰은 크게 두 가지의 이유로 인해 웹툰을 불법 복제하는 불법 서비스 웹사이트의 공격으로부터 효과적으로 보호받지 못하고 있다. 첫 번째로, 해외 서버를 통해 웹툰을 유통하는 경우 국내 저작권법의 효력이 미치지 않아 불법적으로 게시된 웹툰 저작물의 삭제 또는 전송 중단 등의 직접적인 행정조치가 불가능하다. 두 번째로, 문체부 장관의 승인만 있으면 방송통신심의위원회를 거치지 않고도 불법 콘텐츠 URL을 차단할 수 있게 하는 저작권법 개정안이 발의되었지만, 이는 법제사법위원회를 통과하지 못했다(윤희돈·조성환 2019). 이와 같은 불법 복제는 미국의 기술 패권에 도전했던 한글과컴퓨터의 실패에 중대한 영향을 미친 요인이었다. 한국 사회에서 만연해 있었던 불법 복제에 대한 문화적 차원의 관용과 느슨한 지적 재산권 레짐으로 인해 한글과컴퓨터의 아래아한글의 높은 불법 복제율이 유지되었고, 이는 아래아한글의 실제 매출액 감소로 이어져 한글과컴퓨터가 아래아한글을 포기하는 데에 기인했다(김상배 2003). 한국 정부는 다른 분야에서 같은 실수를 반복해서는 안 되고, 웹툰 저작권 보호 기술을 개발하고 민관 합동 저작권 보호 시스템을 구축하는 등의 노력을 해야 할 것으로 보인다(윤희돈·조성환 2019).

　세 번째로, 한국 정부는 한국이 '밖을 향함' 전략을 사용하여 미국의 패권에 대항할 수 있는 힘을 갖추도록 해야 한다. 이때 인기를 얻은 웹툰을 영화화하는 전략은 미래 개척에 대한 협업에 해당한다. 한국은 이를 뒷받침할 수 있도록 상호 이익을 위한 협력과 할리우드와의 공생을 모색해야 할 것으로 보인다. 우선 한국은 상호 이익을 위한 협력을 채택하여 미국의 디지털 입체 영화 기술을 모방할 수 있어야 하는데, 이를 위해서는 크게 세 가지가 요구된다. 추가적으로 제작 설비를 투입해야 하고, 각 장면 간 깊이감의 보정이나 깊이값의 연결성을 고려하는 깊이 보정 단계를 도입해야 하며, 배경과 피사체 간 텍스쳐 교차 방지 및 깊이감 설정과 자유도 증가가 이루어질 수 있도록 해야 하는 것이다(이재우 2010). 또한 한국은 할리우드와의 공생을 채택하여 미국을 포함한 다른 국가들과 영화산업에 있어서 협력해야 한다. 웹툰이 성공적으로 한류 3.0의 문화 자원이 되었을 때, 한국은 다른 국가들과 합작하여 웹툰의 영화화를 추진하여 시너지 효과를 얻을 수 있을 것으로 보인다. 한국 정부는 '밖을 향함' 전략의 완성을 위해 설비를 구매할 지원금을 제공하고 포럼이나 세미나, 컨퍼런스 등을 적극적으로 주도하는 역할을 수행해야 한다고 생각된다.

## V. 결론

미중 매력경쟁은 실리우드와 찰리우드를 중심으로 전개되어 왔고, 할리우드와 찰리우드의 대립, 실리우드 현상과 찰리우드 현상의 대립을 넘어 현재는 실리우드 비전과 찰리우드 비전의 대립이 이루어지고 있

다. 할리우드 영화의 흥행은 미국의 할리우드 영화들이 영화의 제작
방식을 변화시켰고, 영화의 표준을 설정했으며, 탈장소화된 맥락의 이
야기를 전달하게 되었다. 한편 중국 영화산업의 성장은 중국의 영화
들의 기술력 성장, 중국 인터넷 서비스 기업들의 영화산업 진출, 중국
의 영화들의 형식적 측면에서의 보편성을 토대로 가능해졌다. 마블과
함께 미국의 문화 패권을 상징하던 실리우드에 대해 완다 그룹과 함께
중국의 도전을 상징하는 찰리우드가 대항하기 시작했던 것이다. 하지
만 초기의 할리우드 및 실리우드와 찰리우드는 각각 유럽 국가들의 반
대에 직면했다는 한계와 내용적인 측면에서의 보편성을 결여하고 있
었다는 한계를 지니고 있었다.

이후 정보화와 인터넷 및 스마트폰의 발달로 인해 실리우드 현상
과 찰리우드 현상이 나타났고, 이후 OTT 서비스, 전자 상거래, 디지
털 게임이라는 세 가지 분야에서 미중 매력경쟁이 지속되었다. 이때
실리우드 현상을 대표하는 기업들은 넷플릭스, 유튜브, 아마존이고,
찰리우드 현상을 대표하는 기업들은 유쿠, 아이치이, 알리바바라이다.
양측의 기업들은 영화관 안의 관객들을 넘어 스마트폰을 자유롭게 사
용하고 온라인 문화에 적응하게 된 영화관 밖 시민들의 일상생활 속에
서 강력한 영향력을 행사하게 되었다. 이에 따라 '21세기의 문화 제국'
으로서의 실리우드와 규모의 변수를 적극적으로 활용하는 찰리우드의
경쟁 구도가 재정립되었다.

현재의 실리우드와 찰리우드의 경쟁은 웹툰이라는 새로운 콘텐
츠를 대상으로 하여 벌어지고 있다. 미국 측은 타파스의 성장과 더불
어 웹툰 시장을 장악하기 위해 노력하고 있고, 중국 측은 미국에 비해
서는 뒤처진 상태이지만 쿠웨이칸만화의 성장과 더불어 웹툰 어플리
케이션들을 만들어 내기 시작했다. 하지만 진정한 실리우드 비전 또는

찰리우드 비전의 실현은 자국의 웹툰을 해외에 알리고 이를 기존의 영화 제작 기술을 활용하여 영화화한 후 흥행에 성공하게 될 때 가능해진다고 생각된다. 아직 미국과 중국 모두 이를 실현하지 못했고, 각각 그레이 프로파간다 전략과 중국 자체에 대한 국제적인 비판을 해소해야 한다는 추가적인 과제를 갖고 있는 상황에서 향후 미중 매력경쟁의 승패는 쉽게 단정 짓기 어려울 것으로 보인다.

이러한 전망은 매력의 측면을 통해 기술의 측면과 표준의 측면에서의 약세를 극복해야 하는 한국에게 매우 유리한 상황을 제공한다. 웹툰 자체가 한국에서 독자적으로 형성된 만화 양식이고, 한국에는 이미 성공적으로 국내에 정착한 후 해외 수출을 시도하는 웹툰 플랫폼들이 많기 때문이다. 한국은 현재 한국 드라마로 대표되는 한류 1.0과 K-팝으로 대표되는 한류 2.0을 넘어 한류 3.0의 시대를 맞이하여 새로운 문화 자원을 모색해야 한다. 이때 한국은 창의적인 스토리텔링과 한국만의 문화의 반영이 어려운 온라인 게임 대신 웹툰의 가능성에 주목할 필요가 있다고 생각된다. 해외에 진출하여 인기를 얻은 웹툰을 영화화할 수 있다면 실리우드와 콜리우드에 대적할 콜리우드 비전의 실현 가능성이 도출되기 때문이다.

콜리우드 비전을 실현하기 위해 한국은 크로스미디어 스토리텔링 전략을 사용하지 않아야 하고, 반복과 변주의 조화를 활용하여 대중이 영화에 몰입할 수 있도록 해야 하며, 슈퍼스트링 세계관을 영화 제작 과정에 반영할 필요를 가진다. 하지만 이와 같은 과정은 비국가 행위자들의 노력만으로는 이루어질 수 없고, 한국 정부의 개입을 요구한다. 한국 정부는 웹툰의 플랫폼의 문제점들을 해결해야 하고, 웹툰의 불법 복제 방지를 위한 제도를 도입해야 하며, '밖을 향함' 전략을 효과적으로 완성시켜야 한다. 웹툰 및 영화산업과 관련된 한국의 정부와 비국가 행위자들의 협력이 이루어질 때 한국은 미국과 중국의 영화 패권 사이에서 중추적 중견국으로서의 영향력을 발휘할 수 있는 것이다.

# 참고문헌

강명주. 2019. "고전 서사를 활용한 웹툰의 환상성 연구."『우리문학연구』63. 우리문학회.

강형구·전성민. 2018. "국내 전자상거래의 규제 및 글로벌 경쟁 이슈: 시장지배력, 데이터
주권, 아마존 효과를 중심으로."『법경제학연구』15(3). 한국법경제학회.

김명수·이동주. 2017. "전자상거래 사이트의 시스템 품질 및 정보 품질과 이용 의도:
전자상거래 채널과 상품 가격의 조절 효과를 중심으로."『e-비즈니스연구』18(1).
국제e-비즈니스학회.

김상배. 2003. "정보화시대의 한글민족주의: 아래아한글살리기운동의 정치경제."
『한국정치학회보』37(1). 한국정치학회.

_____. 2006. "실리우드의 세계정치: 정보화시대 문화제국과 그 국가전략적 함의."
『국가전략』12(2). 세종연구소.

_____. 2010.『정보혁명과 권력변환』. 한울아카데미.

_____. 2014.『아라크네의 국제정치학: 네트워크 세계정치이론의 도전』. 한울아카데미.

_____. 2017. "정보문화 산업과 미중 신흥권력 경쟁: 할리우드의 변환과 중국영화의 도전."
『한국정치학회보』51(3). 한국정치학회.

김새미. 2018. "외교대상(target)과 실행체계를 중심으로 본 문화외교의 쟁점과 추이: 영국과
독일 사례를 중심으로."『통합유럽연구』9(1). 서강대학교 국제지역문화원.

김진욱. 2019. "영화산업에서 빅데이터의 활용방안 연구-'넷플릭스(Netflix)' 분석기술
중심으로."『한국예술연구』25. 한국예술종합학교 한국예술연구소.

김현수·김형수. 2018. "미국 정부의 허리우드 영화 정책: 그레이 프로파간다 전략을
중심으로."『세계지역연구논총』36(3). 한국세계지역학회.

김휘·박성호. 2018. "디즈니 마블의 트랜스미디어 스토리텔링 특성 연구."『만화애니메이션
연구』. 한국만화애니메이션학회.

박노현. 2013. "텔레비전 드라마와 한류 담론: 한류 진화론과 위기론에 대한 비판적 고찰을
중심으로."『한국문화연구』45. 동국대학교 한국문화연구소.

박성은·이건웅. 2016. "중국 온라인 동영상 플랫폼의 발전 현황과 사례 분석."
『한국콘텐츠학회논문지』16(5). 한국콘텐츠학회.

박종천·이재수. 2018. "지속가능한 한류를 위한 문화콘텐츠 전략: K-Comics의 사례를
중심으로."『국학연구』36. 한국국학진흥원.

배장은·김승인. 2014. "국내외 게임 산업 동향분석을 통한 가상현실 기반의 기능성 게임
발전방안."『디지털디자인학연구』14(3). 한국디지털디자인협의회.

선지아·김명숙. 2016. "중국 민영기업의 글로벌 M&A를 통한 다각화 전략에 관한 연구:
완다(萬達)그룹을 중심으로."『국제경영리뷰』20(2). 한국국제경영관리학회.

_____. 2016. "중국 전자상거래 기업들의 다각화 전략에 관한 비교연구: 알리바바(阿里)와
징둥(京東)을 중심으로."『국제경영리뷰』20(1). 한국국제경영관리학회.

송은지·이종오. 2016. "한국전통문화의 전파를 통한 해외 한류 사례 연구: 헝가리

무궁화무용단을 중심으로."『글로벌문화콘텐츠학회 학술대회』. 글로벌문화콘텐츠학회.

심상민. 2013. "콘텐츠정책 새 흐름: 밖을 향함: 해외 선도국들 영화콘텐츠 정책변동을 중심으로."『인문콘첸츠』30. 인문콘텐츠학회.

오은석. 2007. "미국 디지털 게임 경향에 대한 고찰."『한국디자인문화학회지』13(3). 한국디자인문화학회.

유봉구. 2019. "중국 인터넷게임산업의 발전과정과 그 정책적 특징 연구."『외국학연구』48. 중앙대학교 외국학연구소.

유세진. 2017. "[올댓차이나]완다그룹 주가, 회장 구금설 부인에도 폭락세."『뉴시스』. https://news.naver.com/main/read.nhn?mode=LSD&mid=sec&sid1=104&oid=003&aid=0008144824 (검색일: 2020.1.4.)

윤희돈·조성환. 2019. "효과적인 웹툰 저작권 보호 방법에 관한 연구." 『한국정보전자통신기술학회 논문지』12(1). 한국정보전자통신기술학회.

이기항·안병진·송만용. 2019. "중국 앱 서비스 사례와 총체적 사고방식의 관련성 – 텐센트, 징동닷컴, 메이투안, 유쿠를 중심으로-."『기초조형학연구』20(2). 한국기초조형학회.

이승연·장민호. 2019. "K-pop 음악의 글로벌 성공 요인 분석." 『한국엔터테인먼트산업학회논문지』13(4). 한국엔터테인먼트산업학회.

이영선·황복희. 2017. "전통문화가치 인식에 대한 탐색적 연구–생활문화(한복, 한식, 한옥)를 중심으로-."『한국디자인포럼』54. 한국디자인트렌드학회.

이은솔·이우창. 2017. "케이팝(K-Pop)의 현황과 국내 음악콘텐츠의 미래." 『글로벌문화콘텐츠학회 학술대회』. 글로벌문화콘텐츠학회.

이재우. 2010. "입체영화 시대의 한국영화 기술경쟁력 제고 방안."『한국콘텐츠학회지』8(1). 한국콘텐츠학회.

이재홍. 2014. "한류 확산에 따른 게임의 확장 가능성 연구."『한국게임학회 논문지』14(1). 한국게임학회.

이태훈. 2018. "웹툰의 영화화 트렌드에 대한 영화산업의 대중예술성 분석연구: 영화 "신과 함께(2017)"를 중심으로."『디지털융복합연구』16(5). 한국디지털정책학회.

전지니. 2018. "웹툰과 영화의 크로스미디어 기획 연구–'강철비', '창궐'의 사례를 중심으로." 『구보학보』20. 구보학회.

조은미. 2018. "한류문화 콘텐츠 영향 및 한류콘텐츠 산업 마케팅 방안 연구."『경영교육저널』29(1). 대한경영교육학회.

주미영. 2016. "국제적 신뢰를 위한 문화외교와 정부지원에 대한 비교 연구."『국제지역연구』20(3). 한국외국어대학교 국제지역연구센터.

지승학. 2019. "마블의 네트워크 내러티브와 그 전략들."『문화과학』99. 문화과학사.

찬우미·권상희. 2014. "동영상 사이트 이용자에 대한 가치구조 연구: 관여도에 따른 유튜브(YouTube)와 유쿠(YouKu) 비교를 중심으로."『사이버커뮤니케이션 학보』31(3). 사이버커뮤니케이션학회.

최보광. 2015. "웹툰 세계화를 위한 글로벌 유통 플랫폼 연구."『서울행정학회 학술대회 발표논문집』. 서울행정학회.

최진아·김동원. 2010. "한국 온라인게임업체의 국제마케팅 전략에 관한 연구: 일본에서의 현지와, 유통, 촉진을 중심으로." 『한국유통학회 학술대회 발표논문집』.

하영선·김상배. 2018. 『신흥무대의 미중경쟁: 정보세계정치학의 시각』. 한울엠플러스.

함민정·신유진·이상우. 2018. "OTT를 통해 제공되는 콘텐츠 특성에 관한 연구: 이용자 특성과 이용 장소를 중심으로." 『한국콘텐츠학회논문지』 18(3). 한국콘텐츠학회.

황순학·양혜란·천세학. 2016. "한국 드라마의 성공 요인과 중국의 문화산업에 미치는 영향." 『문화산업연구』 16(3). 한국문화산업학회.


Jang, Wonho and Jung Eun Song. 2017. "Webtoon as a new Korean wave in the process of glocalization," *Kritika Kultura* 29.

Kim, Se-joon. 2012. "Manhwa: A Boundless Treasure Trove of Cultural Content," *Koreana* 26.

La Shure, Charles and Seok-hwan Park. 2016. "Websites Offer Korean Webtoos in English," *Koreana* 30.

Lee, Sung-Hee, BooYun Cho and JaeYoung Kim. 2018. "Reformatting and Re-Reading: the Emerging Importance of Webtoons as a Original Contents Source," 『인터넷전자상거래연구』 18(5). 한국인터넷전자상거래학회.

Park, Seok-hwan. 2014. "From Webtoon to Smartoon Manhwa in Digital Transition," *Koreana* 28.

엮은이

김상배　서울대학교 정치외교학부 교수
서울대학교 외교학과 학사 및 석사, 미국 인디애나대학교 정치학 박사
『사이버 안보의 국가전략 2.0: 국제규범의 형성과 국제관계의 동학』(2019)
『버추얼 창과 그물망 방패: 사이버 안보의 세계정치와 한국』(2018)
『사이버 안보의 국가전략: 국제정치학의 시각』(2017)
『아라크네의 국제정치학: 네트워크 세계정치이론의 도전』(2014)
『정보혁명과 권력변환: 네트워크 정치학의 시각』(2010)


지은이

장형욱　서울대학교 정치외교학부 3학년

정은교　서울대학교 정치외교학부 외교학전공 3학년

김채윤　서울대학교 정치외교학부 외교학전공 졸업예정, 워싱턴 대학교

　　　　교환학생

이수범　서울대학교 정치외교학부 외교학전공 3학년

이수빈　서울대학교 경영학과 학사, 서울대학교 정치외교학부 외교학

　　　　석사과정

오한결　서울대학교 정치외교학부 외교학전공 4학년

이건표　서울대학교 정치외교학부 외교학전공 4학년

황지선　서울대학교 정치외교학부 외교학전공 3학년

이성윤　서울대학교 정치외교학부 정치학전공 4학년